王阳明全集

全译本

石玉 译著

九

天津出版传媒集团
天津古籍出版社

卷之三十二　附录一　年谱一

先生讳守仁，字伯安，姓王氏。其先出晋光禄大夫览之裔，本琅琊人，至曾孙右将军羲之，徙居山阴。又二十三世迪功郎寿，自达溪徙余姚，今遂为余姚人。寿五世孙纲，善鉴人，有文武才。国初诚意伯刘伯温荐为兵部郎中，擢广东参议，死苗难。子彦达缀羊革裹尸归，是为先生五世祖。御史郭纯上其事于朝，庙祀增城。彦达号秘湖渔隐，生高祖，讳与准，精《礼》《易》，尝著《易微》数千言。永乐间，朝廷举遗逸，不起，号遁石翁。曾祖讳世杰，人呼为槐里子，以明经贡太学卒。祖讳天叙，号竹轩，魏尝斋瀚尝立传，叙其环堵萧然，雅歌豪吟，胸次洒落，方之陶靖节、林和靖，所著有《竹轩稿》《江湖杂稿》行于世，封翰林院修撰。自槐里子以下，两世皆赠嘉议大夫、礼部右侍郎，追赠新建伯。父讳华，字德辉，别号实庵，晚称海日翁，尝读书龙泉山中，又称龙山公。成化辛丑，赐进士及第第一人，仕至南京吏部尚书，进封新建伯。龙山公常思山阴山水佳丽，又为先世故居，复自姚徙越城之光相坊居之。先生尝筑阳明洞，洞距越城东南二十里，学者咸称阳明先生云。

译文

先生姓王，名守仁，字伯安。其先祖是晋代光禄大夫王览的后裔，本为琅琊人氏，曾孙右将军王羲之一代迁徙到山阴。二十三世孙迪功郎王寿举家自达溪迁徙至余姚，至今定居余姚。迪功郎王寿的五世孙王纲是先生的五世祖，善于识人察人，有文韬武略之才。明朝建立之初，被诚意伯刘伯温举荐为兵部郎中，后升为广东参议，因平定苗民起义而殉国。其子王彦达以羊皮裹其尸归于故乡。御史郭纯将王纲的事迹上报朝廷后，朝廷在增城为其修建了祀庙。先生的高祖王彦达号秘湖渔隐，名与准，精通《礼》《易》，曾经撰写了长达数千字的《易微》一书。永乐年间，朝廷下诏各地举荐隐居民间的贤能之士，高祖没有应荐，后自号遁石翁。先生曾祖王世杰，时人称其为槐里子，以明经贡士身份入职太学直至故去。先生祖父王天叙，号竹轩，魏瀚曾为其写了《竹轩先生传》，文中说其居室简陋，喜爱吟咏高雅豪放的诗歌曲调，胸襟恣意洒脱，犹如陶渊明、林和靖一般，现行于世的著作有《竹轩稿》《江湖杂稿》，被封为翰林院修撰。从先生曾祖以下两代人都被追赠嘉议大夫、礼部右侍郎，追封新建伯。先生之父王华，字德辉，别号实庵，晚年自称海日翁，因曾在龙泉山中读书，又被后人称为龙山公。成华辛丑（1481）年间，科考得中状元，官至南京吏部尚书，后进授新建伯。龙山公时常想起山阴旧地山水秀丽，又是先祖旧居之地，于是举家从余姚迁徙至越城光相坊定居。先生曾在距越城东南二十里的地方修筑阳明洞，因此，后人皆称其为阳明先生。

宪宗成化八年壬辰九月丁亥，先生生。

译文

先生出生于明宪宗成化八年，时为壬辰年（1472）九月丁亥日。

是为九月三十日。太夫人郑娠十四月。祖母岑梦神人衣绯玉云中鼓吹，送儿授岑，岑警寤，已闻啼声。祖竹轩公异之，即以云名。乡人传其梦，指所生楼曰瑞云楼。

译文

丁亥年（1472）九月三十日，先生母亲太夫人郑氏已有孕十四个月。祖母岑氏当夜睡梦中有仙人着红衣佩良玉于云中鼓吹，手报赤子送予岑氏，岑氏敏然而醒，便听见了先生的啼哭之声。祖父竹轩公听祖母讲述自己的梦境后十分惊讶，遂为先生取名王云。此梦在同乡之间流传，大家都将先生出生的楼称为瑞云楼。

十有二年丙申，先生五岁。

译文

明宪宗成化十二年，岁在丙申（1476），先生五岁。

先生五岁不言。一日与群儿嬉，有神僧过之曰："好个孩儿，可惜道破。"竹轩公悟，更今名，即能言。一日诵竹轩公所尝读过书，讶问之，曰："闻祖读时已默记矣。"

译文

先生五岁还不会说话。有一天先生正与一群孩童嬉戏，恰有神僧路过，见到先生说："真是个聪慧伶俐的孩子，可惜道破了天机。"竹轩公听后恍然大悟，为先生更名王守仁，更名后先生立刻能说话了。有一天，竹轩公忽然听到先生在背诵自己曾读过的书，十分惊讶地问他为何能成诵，先生回答说："我在听到祖父诵读时已经默背下来了。"

十有七年辛丑，先生十岁，皆在越。

译文

明宪宗成化十七年，岁在辛丑（1481），先生十岁，自出生以来一直在越城。

是年龙山公举进士第一甲第一人。

译文

这一年，先生的父亲龙山公科举夺魁，状元及第。

十有八年壬寅，先生十一岁，寓京师。

译文

明宪宗成化十八年，岁在壬寅（1482），先生十一岁，居京师。

龙山公迎养竹轩翁，因携先生如京师，先生年才十一。翁过金山寺，与客酒酣，拟赋诗，未成。先生从傍赋曰：“金山一点大如拳，打破维扬水底天。醉倚妙高台上月，玉箫吹彻洞龙眠。”客大惊异，复命赋蔽月山房诗。先生随口应曰：“山近月远觉月小，便道此山大于月。若人有眼大如天，还见山小月更阔。”明年就塾师，先生豪迈不羁，龙山公常怀忧，惟竹轩公知之。一日，与同学生走长安街，遇一相士，异之曰：“吾为尔相，后须忆吾言：‘须拂领，其时入圣境；须至上丹台，其时结圣胎；须至下丹田，其时圣果圆。’”先生感其言，自后每对书辄静坐凝思，尝问塾师曰：“何为第一等事？”塾师曰：“惟读书登第耳。”先生疑曰：“登第恐未为第一等事，或读书学圣贤耳。”龙山公闻之笑曰：“汝欲做圣贤耶？”

译文

龙山公将竹轩翁接至京城奉养天年，于是竹轩公带着先生一同入京，这一年先生刚满十一岁。竹轩翁在入京途中路过金山寺，与客人畅饮至尽兴之处，欲赋诗一首却未能成言。先生在祖父旁赋诗：“金山如拳般大小，却仿佛击破了扬州江面直耸青天。酒酣之时倚靠着妙高台赏月，也可以在白龙洞里吹箫安眠。”客人听后大为惊讶，于是又让先生以“蔽月山房”为题作诗一首，先生随口赋曰：“山离得近，月亮离得远，于是就说山比月亮大。若是有人的眼睛比天还大，那就能发现是月亮大山小了。”第二年，先生跟随塾师学习，性情十分的豪迈不羁，龙山公常常为此十分忧虑，唯有竹轩公明白他为何会有如此性情。一天，先生与同学行走在长安街上，路遇一道士，看到先生之后十分惊讶，对先生说：“我为你相面，往后你要记得我说的话：‘你的胡须长至脖子的时候，便能踏入圣境，长至胸部时，便能产生圣人之像，长至肚脐时，便能圆满完成圣人境界。’”先生有感于道士的话，自此以后，每每对着书本便静坐凝神而思。先生曾问私塾老师：“什么是第一等大事？”老师回答说：“第一等大事便是读圣贤之书，得科举及第。”先生怀疑道：“科举及第恐怕不是第一等重要的事，应当是读书学习先人圣贤吧。”龙山公听先生如此说，便笑问先生：“你想要做圣贤之人吗？”

二十年甲辰，先生十三岁，寓京师。

译文

明宪宗成化二十年，岁在甲辰（1484），先生十三岁，居京师。

母太夫人郑氏卒，居丧哭泣甚哀。

译文

这一年，先生母亲太夫人郑氏离世，先生因丧守孝，哀泣恸哭。

二十有二年丙午，先生十五岁，寓京师。

译文

明宪宗成化二十二年，岁在丙午（1486），先生十五岁，居京师。

先生出游居庸三关，即慨然有经略四方之志。询诸夷种落，悉闻备御策；逐胡儿骑射，胡人不敢犯。经月始返。一日，梦谒伏波将军庙，赋诗曰：“卷甲归来马伏波，早年兵法鬓毛皤。云埋铜柱雷轰折，六字题文尚不磨。”时畿内石英、王勇盗起，又闻秦中石和尚、刘千斤作乱，屡欲为书献于朝。龙山公斥之为狂，乃止。

译文

先生出游至居庸三关，心中慷慨激昂而生发出为天下四方谋划筹略的志向。遂出关探寻不同外族群落，欲详闻他们对于大明军队的防御策略，追逐着胡人骑射，胡人也不敢与先生相犯，一个月后方才返还。一天，先生梦到拜谒伏波将军庙，醒后赋诗一首：“马援能平定交趾叛乱胜利归来，是因为他在年轻时便能熟读兵法。而如今在边境留下铜柱上刻下的‘铜柱折，交趾灭’六个字还尚未消失。”当时京师之地有石英、王勇等匪盗四起，又听说秦中地区有石和尚、刘千斤等人作乱，先生多次想要写下自己平定叛乱的策略上书朝廷，皆因龙山公斥责其狂诞而作罢。

孝宗弘治元年戊申，先生十七岁，在越。

译文

明孝宗弘治元年，岁在戊申（1488），先生十七岁，居住在越城。

七月，亲迎夫人诸氏于洪都。

译文

当年七月，先生在洪都亲自迎娶夫人诸氏。

外舅诸公养和为江西布政司参议，先生就官署委禽。合卺之日，偶闲行入铁柱宫，遇道士趺坐一榻，即而叩之，因闻养生之说，遂相与对坐忘归。诸公遣人追之，次早始还。

译文

先生的岳父诸养和当时官任江西布政司参议，于是先生到官府衙门下聘。成亲当日，先生偶然间闲步到铁柱宫，遇到一个道士在榻上静坐，于是相对而坐叩问道法，道士向先生讲说养生之道，先生听得入迷，以至于忘了归家。待到次日清晨，岳父派人寻找到他之后方才归家。

官署中蓄纸数箧，先生日取学书，比归，数箧皆空，书法大进。先生尝示学者曰："吾始学书，对模古帖，止得字形。后举笔不轻落纸，凝思静虑，拟形于心，久之始通其法。既后读明道先生书曰：'吾作字甚敬，非是要字好，只此是学。'既非要字好，又何学也？乃知古人随时随事只在心上学，此心精明，字好亦在其中矣。"后与学者论格物，多举此为证。

译文

官衙中存有几箱纸，先生每日到官衙便在其中取纸练习书法，待到先生返乡时，几箱纸都已用尽，先生书法水平也大有进益。先生曾跟学者说："我刚开始学习书法时，对着古帖摹写，仅仅是得了前人书家书法之形。后来拿起笔时，从不轻易开始落笔书写，而是先静心凝神，将每个字的字形在心中演示过，方才落笔，长此以往，才开始领悟其中法门。后来看到明道先生程颢在书中说：'我在写字时心中充满着敬重与体悟，并不是在意要把字写好的技巧，而是将其当作一种学习方式。’但既然不是为了将字写好，那又是在学什么呢？才知道古人在任何时间任何事情都要用心去学习，待到心中聪明通透，书法能写好也是其中的必得之果。”后来先生和学者们谈论到格物时，也时常例举此事为证。

二年己酉，先生十八岁，寓江西。

译文

明孝宗弘治二年，岁在己酉（1489），先生十八岁，居住在江西。

十二月，夫人诸氏归余姚。

译文

当年十二月，先生偕夫人诸氏回到余姚。

是年先生始慕圣学。先生以诸夫人归，舟至广信，谒娄一斋谅，语宋儒格物之学，谓圣人必可学而至，遂深契之。明年龙山公以外艰归姚，命从弟冕、阶、宫及妹婿牧相与先生讲析经义。先生日则随众课业，夜则搜取诸经子史读之，多至夜分。四子见其文字日进，尝愧不及，后知之曰：“彼已游心举业外矣，吾何及也！”先生接人故和易善谑，一日悔之，遂端坐省言。四子未信，先生正色曰：“吾昔放逸，今知过矣！”自后四子亦渐敛容。

译文

这一年，先生开始对先贤圣人之学心生仰慕。先生携夫人诸氏返回余姚，船行至广信时，拜谒了在此讲学的大儒娄谅，请教宋代儒者的儒格物之学，娄谅说：“圣人的境界一定是可以通过学习而达到的。”先生深以为然。第二年，龙山公因父丧丁忧回到余姚，让堂弟王冕、王阶、王宫和妹婿牧相给先生讲析经义。先生日间随家中众人学习课业，夜间则寻找众多经书、史书和诸子百家著作来阅读学习，常常学习到夜半时分。王冕、王阶等四人见先生做文章水平日益精进，时时觉得自愧不如，后来知道先生在学问上所用工夫后说：“他的境界已经高于科举内容之上了，我怎么能与之相比呢？”先生待人接物虽然和善且平易近人，但喜欢与人戏言，有一天先生忽然对这样的言行心生懊悔之意，于是反省自己昔日言行，变得端坐省言。王冕、王阶等四人见他变化颇大，不敢相信，先生严肃地说："我往日言行放纵不羁，如今已经知道往日的错误，自当改过！"从此以后，王冕、王阶等四人也日渐变得端正严肃。

五年壬子，先生二十一岁，在越。

译文

明孝宗弘治五年，岁在壬子（1492），先生二十一岁，居住在越城。

举浙江乡试。

译文

这一年，先生到浙江参加乡试得中举人。

是年场中夜半见二巨人，各衣绯绿，东西立，自言曰："三人好作事。"忽不见。已而先生与孙忠烈燧、胡尚书世宁同举。其后宸濠之变，胡发其奸，孙死其难，先生平之，咸以为奇验。

译文

这一年，考场中半夜忽然有两个巨人分别穿着绿色和红色的衣服，分东西而站，兀自言语："适宜三人一起共事。"然后忽然消失不见了。后来，先生和孙燧、胡世宁同时得中举人。后来宁王叛乱，胡世宁最先发现他的叛乱之事，孙燧在平乱中牺牲，最终先生平定了这次叛乱。知道这事的人无意不以此为奇谈。

是年为宋儒格物之学。先生始侍龙山公于京师，遍求考亭遗书读之。一日思先儒谓众物必有表里精粗，一草一木，皆涵至理，官署中多竹，即取竹格之。沉思其理不得，遂遇疾。先生自委圣贤有分，乃随世就辞章之学。明年春，会试下第，缙绅知者咸来慰谕。宰相李西涯戏曰："汝今岁不第，来科必为状元，试作来科状元赋。"先生悬笔立就。诸老惊曰："天才！天才！"退有忌者曰："此子取上第，目中无我辈矣。"及丙辰会试，果为忌者所抑。同舍有以不第为耻者，先生慰之曰："世以不得第为耻，吾以不得第动心为耻。”识者服之。归余姚，结诗社龙泉山寺。致仕方伯魏瀚平时以雄才自放，与先生登龙山，对弈联诗，有佳句辄为先生得之，乃谢曰：“老夫当退数舍。”

译文

也是这一年，先生开始钻研宋儒格物之学。先生最初在京师侍奉父亲时，四处寻找朱熹先生的遗存著作阅读。一天，先生想到朱熹曾说过世间万物都有表面内里之分，也都有精细与粗糙之分，一草一木，都包含着终极真理。当时官衙中种植了许多竹子，于是先生选取竹子进行探究。先生苦苦思索不得其道，最终以病倒而告终。先生认为自己和圣贤之人有着天分上的区别，于是转而专心研究当时学子都在研究的辞章之学。第二年春天，先生参加会试不得中，交好的师友仕宦都前来安慰先生。宰相李西涯戏言说：“你今年没有考中，下次恩科必然得中状元，何不提前为下次科考夺魁作诗一首？”先生听后拿起笔一气呵成，在场众人都大为惊叹：“天才！天才！”聚会结束众人散后有一些忌惮先生的人说：“此人若是在下次科举得中，必不将我等放在眼里。”先生丙辰年间先生再次参科举，果然被之前忌惮他的人打压而不得中。当时同住的举子因落第而自觉惭愧羞耻，先生便安慰他说：“世上人都因为落第而觉得羞耻，但我认为落地之后便灰心丧气，信心动摇才是最该感到羞耻的。”先生此言令相识之人都对他十分佩服。回到余姚后，先生在龙泉山寺创办了一个诗社。当时已经辞官归隐的布政使魏瀚个性热情豪放，二人引为知己，常同登龙山，一起对弈联诗，先生总是佳句频出，魏瀚听后连声说：“老夫与你相比实在是比不上啊！”

十年丁巳，先生二十六岁，寓京师。

译文

明孝宗弘治十年，岁在丁巳（1497），先生二十六岁，居住在京师。

是年先生学兵法。当时边报甚急，朝廷推举将才，莫不遑遽。先生念武举之设，仅得骑射搏击之士，而不能收韬略统驭之才。于是留情武事，凡兵家秘书，莫不精究。每遇宾宴，尝聚果核列阵势为戏。

译文

先生从这一年开始学习兵法。当时国家边疆受到侵袭，战况紧迫，朝廷想从各地选拔将才，但大家都惶惶不安，惊惧不定，应征者甚少。先生认为朝廷所设立的武举制度选拔出来的人才都只是在骑射搏击等武力方面有一技之长，而不是真正有韬略、善用兵的将才，于是先生开始在兵法上十分用心，但凡与战事兵法相关的书籍，每一部先生都深入研究过。每每参加各种集会宴请，他总是喜欢收集果核用以排兵列阵演练军事。

十一年戊午，先生二十七岁，寓京师。

译文

明孝宗弘治十一年，岁在戊午（1498），先生二十七岁，居住在京师。

是年先生谈养生。先生自念辞章艺能不足以通至道，求师友于天下又不数遇，心持惶惑。一日读晦翁上宋光宗疏，有曰："居敬持志，为读书之本；循序致精，为读书之法。"乃悔前日探讨虽博，而未尝循序以致精，宜无所得。又循其序，思得渐渍洽浃，然物理吾心终若判而为二也。沉郁既久，旧疾复作，益委圣贤有分。偶闻道士谈养生，遂有遗世入山之意。

译文

这一年，先生开始心醉于养生之道。先生觉得仅以修学诗词文章难以探求大道所在，行走于各地访师问友却又数次错过不得其时，因疑惑不得解，心中倍感苦恼。一天，先生读到朱子上书给宋光宗皇帝的《上光宗疏》，看到其中写道："精神集中且有目标是读书的根本之道，循序渐进、熟读精思是读书的方法。"才发现之前自己所学虽然广博，却不曾循序渐进、熟读精思，所以并没有什么心得。经过反思之后，先生又再一次循序渐进地深入学习，但是仍然感觉理在外物而不在自己内心，理心二分，不得其道。先生为此而沉思日久，郁郁寡欢，导致旧疾复发，更加认为自己和圣贤之人的鸿沟难逾。在偶然间遇见了道士谈论养生之道，便有了放下世事，隐入山林的想法。

十有二年己未，先生二十八岁，在京师。

译文

明孝宗弘治十二年，岁在己未（1499），先生二十八岁，居住在京师。

举进士出身。

译文

先生参加科举得中二甲，被赐进士出身。

是年春会试，举南宫第二人，赐二甲进士出身第七人，观政工部。

译文

这一年春闱会试中，先生获得南宫第二名，殿试被皇上赐进士出身，名列二甲第七名，被派遣到工部实习政事。

疏陈边务。

译文

这一年先生向朝廷上疏了《陈言边务疏》。

先生未第时尝梦威宁伯遗以弓剑。是秋钦差督造威宁伯王越坟，驭役夫以什伍法，休食以时，暇即驱演八阵图。事竣，威宁家以金帛谢，不受，乃出威宁所佩宝剑为赠，适与梦符，遂受之。时有星变，朝廷下诏求言，及闻达寇猖獗，先生复命上边务八事，言极剀切。

译文

先生还没有考中时，曾梦到威宁伯王越托梦赠予他弓和剑。这年秋天，先生被点为钦差督造威宁伯的墓地，督造过程中，他以军队的管理方式来安排参与建造的士兵的分工和作息，制定了轮番休息、工作的制度，有闲暇的人则演练八阵图。威宁伯的墓地修建工程结束之后，威宁伯的家人想要以黄金锦缎感谢先生，先生拒而不受，于是把威宁伯生前所佩宝剑赠予先生，这恰好和先生的梦境不谋而合，先生这才欣然接受。此时，观测星宿的官员天上的星象忽然出现了异常的变化，上报朝廷后，朝廷下诏要求全国各地官员各自进言自己的看法，为国分忧。与此同时，先生听闻边疆匪寇猖獗，在

《陈言边务疏》中言辞激烈的针对边关政务提出了八条建议。

十有三年庚申，先生二十九岁，在京师。

译文

明孝宗弘治十三年，岁在庚申（1500），先生二十九岁，居住在京师。

授刑部云南清吏司主事。

译文

这一年先生被任命为刑部云南清吏司主事。

十有四年辛酉，先生三十岁，在京师。

译文

明孝宗弘治十四年，岁在辛酉（1501），先生三十岁，居住在京师。

奉命审录江北。

译文

这一年，先生奉命去江北调审刑事案件的审案卷宗并平反冤狱。

先生录囚多所平反。事竣，遂游九华，作《游九华赋》，宿无相、化城诸寺。是时道者蔡蓬头善谈仙，待以客礼。请问。蔡曰："尚未。"有顷，屏左右，引至后亭，再拜请问。蔡曰："尚未。"问至再三，蔡曰："汝后堂后亭礼虽隆，终不忘官相。"一笑而别。闻地藏洞有异人，坐卧松毛，不火食，历岩险访之。正熟睡，先生坐傍抚其足。有顷醒，惊曰："路险何得至此？"因论最上乘曰周濂溪、程明道是儒家两个好秀才。后再至，其人已他移，故后有会心人远之叹。

译文

先生在江北调审的案件中有冤屈的大多都雪冤平反了。调审事毕，先生顺路取道到九华山游玩，期间写下了《游九华赋》。游玩途中，先生借宿于无相寺、化城寺等地，路遇一位被称为蔡蓬头的道士，十分擅长于方外神仙之道，先生便以礼相待并向他请教如何能得到神仙修炼之术，蔡道士回答说："你尚未达到应有的境界。"过了一会儿，先生屏退身边众人，邀请蔡道士到后边的凉亭中，再次恭敬地施礼求问，蔡道士依旧回答说："你尚未达到应有的境界。"先生再三求问之下，蔡道士终于回答他说："你在后堂和凉亭中虽然对我施以大礼由心求道，但你始终没有放下凡尘，依旧心系官场。"先生听后大笑着离开了。路过地藏洞时，又听说这里有一位得道高人，常年在松针上静坐修行，不食烟火，于是立刻攀沿着悬崖峭壁想要前去拜访。寻到高人时，他正在酣然入睡，先生默默不言，坐在高士旁边，轻轻地抚摸他的足底和掌心。过了一会儿，高人醒来见先生在旁，非常惊奇地问他："这条路如此惊险，你是怎么到这里的？"二人一见如故，一起探讨佛、道、儒中最幽深的真理，谈论到周敦颐、程明道二人时，都认为他们是儒家学问的集大成者。待到后来，先生再到这个地方寻这位高人时，发现他已离开此地到别处去了，因而在后来写道诗中写道："明白我心所想的人已经离开此处到了远方，只空留一个洞府，我虽见到了老僧的面容，却未来得及询问他如何称呼。"

十有五年壬戌，先生三十一岁，在京师。

译文

明孝宗弘治十五年，岁在壬戌（1502），先生三十一岁，居住在京师。

八月，疏请告。

译文

这年八月，先生上书告病请辞。

是年先生渐悟仙、释二氏之非。先是五月复命，京中旧游俱以才名相驰骋，学古诗文。先生叹曰："吾焉能以有限精神为无用之虚文也！"遂告病归越，筑室阳明洞中，行导引术。久之，遂先知。一日坐洞中，友人王思舆等四人来访，方出五云门，先生即命仆迎之，且历语其来迹。仆遇诸途，与语良合。众惊异，以为得道。久之悟曰："此簸弄精神，非道也。"又屏去。已而静久，思离世远去，惟祖母岑与龙山公在念，因循未决。久之，又忽悟曰："此念生于孩提，此念可去，是断灭种性矣。"明年遂移疾钱塘西湖，复思用世。往来南屏、虎跑诸刹，有禅僧坐关三年，不语不视，先生喝之曰："这和尚终日口巴巴说甚么！终日眼睁睁看甚么！"僧惊起，即开视对语。先生问其家。对曰："有母在。"曰："起念否？"对曰："不能不起。"先生即指爱亲本性谕之，僧涕泣谢。明日问之，僧已去矣。

译文

这年先生逐渐醒悟过来求仙长生之道和求佛涅槃之道皆是不可取的。先生在五月的时候结束了江北的差事回京复命，发现京中名士旧交纷纷模仿古体诗词吟诗作文，引为时尚。先生见此景感叹道："我怎能把如此有限的人生消耗在那些毫无意义的虚词空文中呢？"于是向朝廷告病请辞，回到越城，在四明山南侧建造了阳明洞，平日里在此修行道家导引之术。时间久了，便有了能预知事情的能力。一天，先生正在洞中静坐修行，王思舆等四位友人来访，四人刚刚出了五云门，先生便命仆人前去相迎，并详细和仆人说明了四位友人前来的路线。仆人果然在途中迎接到了四位友人和先生所言并无出入。友人们十分惊讶于先生能未卜先知，都认为先生已经悟得道法。又过了一段时间，先生醒悟过来说道："这不过是摆弄神异力量，枉费神思罢了，并非修身养性的正途。"于是又屏弃各种杂念，专心修行。慢慢地，他内心开始再次平静，寻到了超脱世俗的宁静，觉得各种凡尘琐事都渐渐离自己远去了，唯有祖母岑氏与父亲龙山公一直在脑海中盘旋不能离去，辗转反侧间，先生竟不知该如何是好。又过了一段时间，先生忽然明白过来说："这种对长辈的孺慕之情是我自小与生俱来的，若连这种亲情都要断绝的话，那岂不是断绝人伦，泯灭人性？"于是第二年先生告病到钱塘西湖，重新开始考虑入世之事。这期间，先生常在南屏寺、虎跑寺等庙宇间来回访游，遇见一位闭关禅修三年的僧人，不言不语，也不睁眼，先生便向僧人喝道："你这个和尚整天不断地在说些什么！整天睁大眼睛在看些什么！"僧人听到后骤然站起，睁开眼睛和先生对答，先生问僧人家中是否还有人在，僧人回答说："母亲尚在。"先生说："那你想念你的母亲吗？"僧人回答："如何能不想念呢？"先生于是向僧人道明对亲人的孺慕之情本是与生俱来的，不必强行斩断，僧人听了深有感触，流下了眼泪，并向先生表达了谢意。第二天，先生问起这位僧人，被告知他已经还俗离开寺中了。

十有七年甲子，先生三十三岁，在京师。

译文

明孝宗弘治十七年，岁在甲子（1504），先生三十三岁，居住在京师。

秋，主考山东乡试。

译文

这年秋天，先生担任山东乡试的主考官。

巡按山东监察御史陆偁聘主乡试，试录皆出先生手笔。其策问议国朝礼乐之制："老、佛害道，由于圣学不明；纲纪不振，由于名器太滥，用人太急，求效太速。及分封、清戎、御夷、息讼，皆有成法。"录出，人占先生经世之学。

译文

当时巡按山东的监察御史陆偁聘请先生主考山东乡试，试卷和最后的编录都由先生一人经手。先生在策问中设置了国朝礼乐制度等方面的问题："佛、道二教盛行，是因为儒学衰微；朝廷纲纪不振，由于滥授名号；用人之道、诸王分封、清除夷戎、抵御外敌、平息民讼等事都应制定法令。"人们看过编录出来的试卷之后无不称赞先生的经世之学。

九月改兵部武选清吏司主事。

译文

九月，先生改任兵部武选清吏司主事。

十有八年乙丑，先生三十四岁，在京师。

译文

明孝宗弘治十八年，岁在乙丑（1505），先生三十四岁，居住在京师。

是年先生门人始进。学者溺于词章记诵，不复知有身心之学。先生首倡言之，使人先立必为圣人之志。闻者渐觉兴起，有愿执贽及门者。至是专志授徒讲学。然师友之道久废，咸目以为立异好名。惟甘泉湛先生若水时为翰林庶吉士，一见定交，共以倡明圣学为事。

译文

这一年，先生开始讲学并收录门徒。当时的士人都沉溺于复古文潮，喜欢诵读前人辞章，已然不知知行合一的身心之学为何物。先生于是带头倡导心学，认为人必须先以圣人为目标立下志向，方能成为有识之士。听闻此说法的人越来越多，这种理论逐渐兴盛起来，于是有了想要行弟子礼以求学拜师的人，后来先生便专心致志于讲学一事上。但在当时庄重诚敬的师友之道已经荒废很久了，大家都认为先生此举是为了标新立异、沽名钓誉，唯有当时的翰林庶吉士湛若水和先生一见如故，引为知己，共同倡导弘扬先圣学问为己任。

武宗正德元年丙寅，先生三十五岁，在京师。

译文

明武宗正德元年，岁在丙寅（1506），先生三十五岁，居住在京师。

二月，上封事，下诏狱，谪龙场驿驿丞。

译文

二月，先生向皇上进言，被下诏入狱，贬谪至龙场驿当驿丞。

是时武宗初政，奄瑾窃柄。南京科道戴铣、薄彦徽等以谏忤旨，逮系诏狱。先生首抗疏救之，其言：“君仁臣直。铣等以言为责，其言如善，自宜嘉纳，如其未善，亦宜包容，以开忠谠之路。乃今赫然下令，远事拘囚，在陛下不过少示惩创，非有意怒绝之也。下民无知，妄生疑惧，臣切惜之！自是而后，虽有上关宗社危疑不制之事，陛下孰从而闻之？陛下聪明超绝，苟念及此，宁不寒心？伏愿追收前旨，使铣等仍旧供职，扩大公无我之仁，明改过不吝之勇，圣德昭布，远迩人民胥悦，岂不休哉！”疏入，亦下诏狱。已而廷杖四十，既绝复苏。寻谪贵州龙场驿驿丞。

译文

这年，明武宗朱厚照刚刚亲政，宦官刘瑾当权，当时的南京科道戴铣、薄彦徽等人因为谏言弹劾刘瑾忤逆了圣意，被下诏抓捕投入狱中。先生率先向朝廷上书声援戴铣、薄彦徽等人，奏疏上说："臣听闻君主仁慈则臣子正直。如今戴铣等人领谏官之职，自然有直言进谏的责任。若他们所进之言是正确的，那陛下就应当采纳并嘉奖他们；即使他们所说的不妥，陛下也应该包容，以此打开言官忠诚正直的言路。但陛下您赫然下令，以早已过去的事拘囚戴铣等人。于陛下而言，此举不过是对戴铣等人稍微表示惩罚，并非对他们有恼怒诛杀之意，但是普通民众并不了解实情，容易妄生疑惧，臣恳请陛下三思！如果戴铣等人遭受牢狱之灾，自此之后，若有人做危害社稷的不轨之事，陛下又将从哪里得知呢？陛下您是极具智慧的，若是思及此事，怎么能够不寒心呢？微臣在此真心恳求您收回前旨，让戴铣等仍旧官复原职，来宣示陛下大公无私、宽广仁慈的胸襟，表明勇于改过的气度；如此圣德昭布，您治下的臣民也都会因此欢欣鼓舞，这岂不是一桩美谈！"皇上看过奏疏后，先生也被下诏入狱，随后被杖责四十，重刑让先生昏迷过去，所幸后来又苏醒过来了。此事之后，先生被贬谪到龙场驿当驿丞。

二年丁卯，先生三十六岁，在越。

译文

明武宗正德二年，岁在丁卯（1507），先生三十六岁，居住在越城。

夏，赴谪至钱塘。

译文

夏天，先生前去赴任途中到了钱塘。

先生至钱塘，瑾遣人随侦。先生度不免，乃托言投江以脱之。因附商船游舟山，偶遇飓风大作，一日夜至闽界。比登岸，奔山径数十里，夜扣一寺求宿，僧故不纳。趋野庙，倚香案卧，盖虎穴也。夜半，虎绕廊大吼，不敢入。黎明，僧意必毙于虎，将收其囊，见先生方熟睡，呼始醒，惊曰："公非常人也！不然，得无恙乎？”邀至寺。寺有异人，尝识于铁柱宫，约二十年相见海上。至是出诗，有“二十年前曾见君，今来消息我先闻”之句。与论出处，且将远遁。其人曰：“汝有亲在，万一瑾怒逮尔父，诬以北走胡，南走粤，何以应之？”因为蓍，得明夷，遂决策返。先生题诗壁间曰：“险夷原不滞胸中，何异浮云过太空？夜静海涛三万里，月明飞锡下天风。”因取间道，由武夷而归。时龙山公官南京吏部尚书，从鄱阳往省。十二月返钱塘，赴龙场驿。

译文

先生到钱塘时，刘瑾又派心腹跟踪他。先生料想自己不能幸免于难，于是假装跳入江中逃脱了追杀。先生跟随商船行至舟山时，遇到飓风大作，一日一夜间已经到了闽地。登上岸后，在山中走了几十里地后，天色已晚，便到一间寺庙借宿，寺中僧人因戒律原因没有应允。先生只能去了附近野庙度夜，此庙原为一个虎穴，先生累极便倚靠着香案歇息，夜深时分，老虎在庙外绕庙吼啸，却不敢入内。天亮后，寺中僧人以为先生已经命丧虎口，到野庙中想要窃取先生的行囊，却见先生在野庙中酣然熟睡，在僧人的呼唤之下，方才醒来，僧人非常惊讶道：“先生定非常人，不然怎么会安然无恙呢？”于是将先生邀请到寺中。寺中有一位高人道长，正是当年与先生在铁柱宫相识之人，他还预言了二十年后两人将在海上相见。于是道长赋诗一首，诗中说：“二十年前我就和你见过，我早已知道了你要到这里来的事。”二人相谈叙旧，先生表达出想要远遁归隐山林之意。道长对先生说：“你还有亲人在家中，万一刘瑾发怒，逮捕你的父亲，诬告你外逃，你该怎样应对？”先生犹豫不决之下，道长为他卜了一挂，得到地火明夷卦，先生这才决定返回贵阳赴任。临行前，先生在殿中墙壁上题诗一首：“一切艰难险阻，在我看起来，不应停滞于心中，就如天上漂浮的一朵朵白云，从来都是自由自在。夜深人静时，我胸中思绪如海中波涛般翻涌不息，我将如高僧云游般乘天地之正气，以明月光辉照亮前路。”随后择小道，经武夷山回到家中省亲。当时，恰逢先生父亲被任命为南京吏部尚书，于是先生经由鄱阳到南京参见父亲，当年十二月，先生辞别父亲奔赴龙场驿。

是时先生与学者讲授，虽随地兴起，未有出身承当，以圣学为己任者。徐爱，先生妹婿也，因先生将赴龙场，纳贽北面，奋然有志于学。爱与蔡宗兖、朱节同举乡贡，先生作《别三子序》以赠之。

译文

在这期间，先生随时随地学者讲授学问，门人也随之兴起，但尚未有门人挺身而出以继承往圣绝学为己任。先生的妹婿徐爱因为先生即将奔赴龙场驿上任，于是行拜师之礼，愈加刻苦向学。徐爱和蔡宗兖、朱节共同在乡试中举，先生写了《别三子序》赠送给他们。

三年戊辰，先生三十七岁，在贵阳。

译文

明武宗正德三年，岁在戊辰（1508），先生三十七岁，居住在贵阳。

春，至龙场。

译文

这年春天，先生到了龙场。

先生始悟格物致知。龙场在贵州西北万山丛棘中，蛇虺魍魉，蛊毒瘴疠，与居夷人鴃舌难语，可通语者，皆中土亡命。旧无居，始教之范土架木以居。时瑾憾未已，自计得失荣辱皆能超脱，惟生死一念尚觉未化，乃为石墩自誓曰："吾惟俟命而已。"日夜端居澄默，以求静一，久之，胸中洒洒。而从者皆病，自析薪取水作糜饲之。又恐其怀抑郁，则与歌诗。又不悦，复调越曲，杂以诙笑，始能忘其为疾病夷狄患难也。因念："圣人处此，更有何道？"忽中夜大悟格物致知之旨，寤寐中若有人语之者，不觉呼跃，从者皆惊。始知圣人之道，吾性自足，向之求理于事物者误也。乃以默记《五经》之言证之，莫不吻合，因著《五经臆说》。居久，夷人亦日来亲狎。以所居湫湿，乃伐木构龙冈书院，及寅宾堂、何陋轩、君子亭、玩易窝以居之。思州守遣人至驿侮先生，诸夷不平，共殴辱之。守大怒，言诸当道。毛宪副科令先生请谢，且谕以祸福。先生致书复之，守惭服。水西安宣慰闻先生名，使人馈米肉，给使令，既又重以金帛鞍马，俱辞不受。始朝廷议设卫于水西，既置城，已而中止，驿传尚存。安恶据其腹心，欲去之，以问先生。先生遗书析其不可，且申朝廷威信令甲，议遂寝。已而宋氏酋长有阿贾、阿札者叛，宋氏为地方患，先生复以书诋讽之。安悚然，率所部平其难，民赖以宁。

译文

这年，先生开始参悟格物致知之理。龙场在贵州西北的丛山密林中，各种毒蛇蛊虫遍布，瘴气疠病流行，一起居住的少数民族方言难以听懂，能和他们沟通的人，大多都是由中原逃亡而来的亡命之徒。在此之前，这里的人没有固定的住所，于是先生教他们制土墙，架木梁建房居住。此时刘瑾之事依旧是先生心中未能解决的遗憾。先生自认荣辱得失都能超脱物外，唯有生死二字还难以参明，于是立一石墩，起誓说："我就听天由命吧！"先生于是日夜静坐静思，以寻求心静专一，久而久之，心胸越发地开阔洒脱。与先生共同赴任的人都因水土不服而生病了，先生便亲自劈柴打水煮粥照顾众人，先生又害怕同行者因遭遇坎坷而郁郁寡欢，于是为众人吟唱诗歌，众人依然难以开怀，先生又为众人吟唱家乡的歌谣，说起诙谐幽默的戏言，这才让众人摆脱了身患疾病和身处蛮夷之地的内心困境。观此情景，先生在心中思考着："如果圣人遇到这种情况，会如何应对呢？"在一天夜半时分半睡半醒间，先生仿佛听到有人和自己言语，忽然悟出了格物致知之理，不禁坐起惊呼，众人都被他的惊呼声惊醒。至此先生方才明白，想要成为圣人的途径，已经在自己心中一切具足，只需要向自己的内心寻找就行了，向外界事物寻求最高深的道理并非正确的道路。于是先生又用默记在心中的《五经》内容来自证，发现没有不与之吻合的，因而写下了《五经臆说》一书。在龙场居住了一段之间之后，当地部落的人也和先生越来越亲近了，于是先生带众人伐木建造了龙冈书院、寅宾堂、何陋轩、君子亭以及玩易窝用以居住学习。先生名声日益兴盛，思州太守心生嫉妒，便派人到驿站侮辱先生，当地部落之人为先生不平，一起殴打了来人。太守听说之后大怒，向朝廷报告了此事。当地按察副使毛科写信向先生晓以祸福利害，并让先生向太守道歉，先生给毛科回复了一封书信表达了自己不愿向太守致歉的原因，太守看到书信之后不禁感到惭愧拜服。水西宣慰安贵荣听说了先生的才名，心生仰慕，派人给先生送去了金银粮食，布帛鞍马等财物，还送去了仆役以供差遣，但先生全都拒不接受。当初朝廷商议要在水西设置卫所，已经开始建造城池了，过了不久却又中断了，仅有驿站存留了下来，安贵荣因其建在自己治地的重要位置，想要将其除掉，他将这个问题去信请教先生，先生看来之后给他回信细细分说了他想法中的不妥之处，并跟他讲明了相关的朝廷法令，安贵荣看过信后放弃了这个想法。后来，当地宋氏一族的酋长阿贾、阿札发起叛乱，因宋氏在安贵荣管辖之地作乱，先生便给安贵荣写信进行劝责，安贵荣接到信后感到惶恐不安，于是听从先生的劝告率领部下将宋氏叛乱平息，至此，百姓才得以回归安宁的生活。

四年己巳，先生三十八岁，在贵阳。

译文

明武宗正德四年，岁在己巳（1509），先生三十八岁，居住在贵阳。

提学副使席书聘主贵阳书院。

译文

当地提学副使席书聘请先生为贵阳书院主事。

是年先生始论知行合一。始席元山书提督学政，问朱陆同异之辨。先生不语朱陆之学，而告之以其所悟。书怀疑而去。明日复来，举知行本体证之《五经》诸子，渐有省。往复数四，豁然大悟，谓："圣人之学复睹于今日。朱陆异同，各有得失，无事辩诘，求之吾性本自明也。"遂与毛宪副修葺书院，身率贵阳诸生，以所事师礼事之。

译文

这一年，先生第一次提出了"知行合一"的观点。最初席书官任提督学政，向先生请教朱学和陆学的异同。先生回答时并没有和他说起朱学和陆学有何异同之处，而是向他讲述了自己悟出的"知行合一"理论，席书听后心存怀疑离开了。第二天，他又再次来寻先生，以《五经》中诸子所言来一一印证先生所说的“知行合一”理论，逐渐开始有所感悟，如此往来四次之后，方才恍然大悟道：“今天终于再次得见圣人的学问了！朱学和陆学有差异，也有相通的地方，它们各自有自己的长处和不足，与其去分辨二者的异同是非之处，倒不如审视自己内心的是非之处，以求自性清明。”于是和按察副使毛科一起重新修整了贵阳书院，亲自率领当地学子以师生之礼延请先生。

后徐爱因未会先生知行合一之训，决于先生。先生曰：“试举看。”爱曰：“如今人已知父当孝，兄当弟矣，乃不能孝弟，知与行分明是两事。”先生曰：“此被私欲隔断耳，非本体也。圣贤教人知行，正是要人复本体。故《大学》指出真知行以示人曰：‘如好好色，如恶恶臭。’夫见好色属知，好好色属行。只见色时已是好矣，非见后而始立心去好也。闻恶臭属知，恶恶臭属行。只闻臭时，已是恶矣，非闻后而始立心去恶也。又如称某人知孝，某人知弟，必其人已曾行孝行弟，方可称他知孝知弟。此便是知行之本体。”爱曰：“古人分知行为二，恐是要人用工有分晓否？”先生曰：“此正失却古人宗旨。某尝说知是行之主意，行实知之功夫；知是行之始，行实知之成，已可理会矣。古人立言所以分知行为二者，缘世间有一种人，懵懵然任意去做，全不解思惟省察，是之为冥行妄作，所以必说知而后行无缪。又有一种人，茫茫然悬空去思索，全不肯着实躬行，是之为揣摸影响，所以必说行而后知始真。此是古人不得已之教，若见得时，一言足矣。今人却以为必先知然后能行，且讲习讨论以求知，俟知得真时方去行，故遂终身不行，亦遂终身不知。某今说知行合一，使学者自求本体，庶无支离决裂之病。”

译文

后来徐爱因为没能领会先生知行合一理论，心有疑惑未能解决，去请教先生。先生对他说：“试着把你心中的疑惑举例说明一下。”徐爱说：“如今世人都明知对父母应该孝顺，对兄长应该尊敬，但往往做不到上孝父母下敬兄长，由此可见知与行分明是两码事。”先生回答说：“你这是被私欲迷惑了，已经脱离了知与行的本意了。圣贤教人知和行，意在让人明白知与行的本义。因此《大学》用‘如好好色，如恶恶臭’来启示学者，什么是真正的知与行。看了美的东西觉得好看是知，而后想要再看是行，这是因为在见到美丽的事物那一刻就已经起了喜欢的念头了，而不是看到之后才起心立意要去喜欢它。同样的，闻到恶臭是知，讨厌恶臭是行，闻到恶臭时立即就心生厌弃了，而不是在闻之后才起心动念要去讨厌它。又比如，我们说某人知孝悌，一定是他在平日里已经做到了孝悌的行为，如此我们才能称他是知晓孝悌之人。这就是知与行的原意。”徐爱说：“古时候的人将知与行一分为二，难道是想让人们有意将知与行分开来钻研吗？”先生说：“这正是违背了先贤本来的宗旨。我以前曾说知是行的主意，行是知的功夫；知是行的出发点，行是知的结果。先贤将知行一分为二的是因为世间有一类人，只是稀里糊涂地随意去做事，根本不仔细思考琢磨，完全是肆意妄为，因此必须说先有知，然后才能言行无误。还有另一种人，只是漫无目的地空想，而不愿亲自身体力行，所以对他们来讲，必须身体力行地去做了，才能明白所知是真实的。这是先贤对这两类人不得已而实行的适合他们的教化方式。只要明白了这一点，一句话便能让其明白其中的道理。现在的人却认为无论是谁都应当先知其理，然后才能去实践，而且总是在学习讨论中去求知其理，待到确认此理是真切的时候，才开始去做，因此可能终其一生也没能真正开始去实践，也就终身没能真正做到知。我如今所说的知行合一，是要让学者向内寻求自己本来心性，因而也就不会有知行分开的毛病了。”

五年庚午，先生三十九岁，在吉。

译文

明武宗正德五年，岁在庚午（1510），先生三十九岁，居住在吉安。

升庐陵县知县。

译文

这年先生升任庐陵县知县。

先生三月至庐陵，为政不事威刑，惟以开导人心为本。莅任初，首询里役，察各乡贫富奸良之实而低昂之。狱牒盈庭，不即断射。稽国初旧制，慎选里正三老，坐申明亭，使之委曲劝谕。民胥悔胜气嚣讼，至有涕泣而归者。由是囹圄日清。在县七阅月，遗告示十有六，大抵谆谆慰父老，使教子弟，毋令荡僻。城中失火，身祷返风，以血禳火，而火即灭。因使城中辟火巷，定水次兑运，绝镇守横征，杜神会之借办，立保甲以弭盗，清驿递以延宾旅。至今数十年犹踵行之。

译文

先生三月到庐陵上任，在政事上从不依靠严刑峻法，而是以开导人心为根本。上任之初，先生就询问了当地乡差，派人察访各乡的贫富善恶的实际状况。虽然当时县衙积压了很多前任知县留下的案件卷宗，先生却没有轻易断案，而是沿袭了开国之初的制度，谨慎挑选了里正及三老，让他们在申明亭中坐定，每当有前来诉讼之人时，便让他们先进性调节劝说。在他们的劝诫下，前来诉讼之人大多懊悔于一时意气而进行诉讼，甚至有泪流满面而返家的。时间久了之后，庐陵县的民风日益清明。先生在庐陵任县令七月有余，下发了十六个告示，大多是谆谆劝慰当地乡亲父老要教育家中子弟明事理，不要放荡邪肆。后来遇到城中发生火灾，先生亲自祝祷，以自己的血祭祷上天，祈求大风停歇，随后大火便熄灭了。此事之后，先生下令在城中各处布置消防工事，修浚水路，杜绝了镇守当地的宦官的横征暴敛，取消了向迎神赛会无偿出借物品的制度，建立保甲制度来维护地方治安，整顿当地驿站旅店以迎接各方游人旅客。先生在当地的种种政策，至今虽然已经数十年了，但仍然在执行并惠及乡里。

语学者悟入之功。先生赴龙场时，随地讲授。及归，过常德、辰州，见门人冀元亨、蒋信、刘观时辈俱能卓立，喜曰：“谪居两年，无可与语者，归途乃幸得诸友。悔昔在贵阳举知行合一之教，纷纷异同，罔知所入。兹来乃与诸生静坐僧寺，使自悟性体，顾恍恍若有可即者。”既又途中寄书曰：“前在寺中所云静坐事，非欲坐禅入定也。盖因吾辈平日为事物纷拿，未知为已，欲以此补小学收放心一段功夫耳。明道云：‘才学便须知有用力处，既学便须知有得力处。’诸友宜于此处着力，方有进步，异时始有得力处也。”

译文

先生也谈到过关于学者领会真理的功夫。在去龙场赴任时，先生总是随地讲学。在归途中，先生路过常德、辰州时，见到门人冀元亨、蒋信、刘观时等人都能对心学内心坚定，毫不动摇，十分欢喜说：“我被贬谪贵阳两年期间，并没有什么能够畅所欲言的人，此次归途中有幸能和各位友人相见真是十分荣幸。我后悔当时在贵阳时讲授了自己的知行合一观点，当地的人大多都持相异的观点，并不知道如何踏入此学的入门之道。此次正好和众位学子共同在寺中静坐参悟，让大家参悟自己内心本性所在，你们中有人似乎已经领悟到了一些内容。”先生出发后在途中给他们写信说道：“之前在寺中告诉诸位的静坐一事，并不是想要让大家进行禅修入定的修习，而是因为我们平日里被各种杂念所烦扰，已经不知道真正的自己为何物了，因此想要以静坐来学习体会一下寻找自己内心的功夫罢了。程明道曾说：‘人在刚刚开始学习的时候，要知道在什么地方用功；在学的过程中则要知道自己从中获得了什么。’众位友人如果在此处做足了功夫，一定会有进步，待到时间渐久，便能明白其中所得了。”

冬十有一月，入觐。

译文

这年冬天，十一月，先生入京觐见皇上。

先生入京，馆于大兴隆寺。时黄宗贤绾为后军都督府都事，因储柴墟巏请见。先生与之语，喜曰：“此学久绝，子何所闻？”对曰：“虽粗有志，实未用功。”先生曰：“人惟患无志，不患无功。”明日引见甘泉，订与终日共学。

译文

先生进京之后，住在大兴隆寺中。当时的后军都督府都事黄绾因储巏的邀请和先生相见，先生和他相谈后十分惊喜于他的学识说：“这些学说消失已经很久了，你都是从哪里听闻的呢？”黄绾回答说：“我虽然有志于这些学问，但是在这上面尚未做足功夫。”先生说：“不怕学问功夫浅，怕的是没有深入研习的志向。”第二天，先生向湛若水引荐了黄绾，并与其约定整天共同学习。

按宗贤至嘉靖壬午春复执贽称门人。

译文

按黄宗贤在明嘉靖壬午年春重新向先生行拜师礼，成为先生门人。

十有二月，升南京刑部四川清吏司主事。

译文

十二月，先生升任刑部四川清吏司主事。

论实践之功。先生与黄绾、应良论圣学久不明，学者欲为圣人，必须廓清心体，使纤翳不留，真性始见，方有操持涵养之地。应良疑其难。先生曰：“圣人之心如明镜，纤翳自无所容，自不消磨刮。若常人之心，如斑垢驳蚀之镜，须痛刮磨一番，尽去驳蚀，然后纤尘即见，才拂便去，亦不消费力。到此已是识得仁体矣。若驳蚀未去，其间固自有一点明处，尘埃之落，固亦见得，才拂便去，至于堆积于驳蚀之上，终弗之能见也。此学利困勉之所由异，幸勿以为难而疑之也。凡人情好易而恶难，其间亦自有私意气习缠蔽，在识破后，自然不见其难矣。古之人至有出万死而乐为之者，亦见得耳。向时未见得里面意思，此功夫自无可讲处，今已见此一层，却恐好易恶难，便流入禅释去也。”

译文

先生也谈论了对实践功夫的看法。先生和黄绾、应良谈论时，先生认为先圣绝学已被埋没良久，如果学者想要无限接近圣贤之人，必须内心清明，没有丝毫杂念，内心本性方能显现，才能有空间修炼自己的涵养。应良心中有不明之处，对先生提出疑问，先生回答说：“圣人的内心如明镜般洁净，无论多微小的瑕疵都不会留下，自然不需要打磨。一般人的内心，却有如被锈蚀斑驳的镜面，必须痛下决心打磨一番，将斑驳腐蚀之处都去除，然后其中的瑕疵才会显现，如此一来，这些瑕疵不需要多大的力气便能消除了，这样才能见到镜子的本来面目。若是镜子上的锈蚀斑驳之迹没有去处，即便其中还有明亮的地方落上尘埃，虽然也能在拂拭之下去除，但待到尘埃累积，和斑驳之处融为一体之后，这点光亮之处最终也没法看到了。这就是学知利行和困知勉行之间的差异所在，希望千万不要因为它困难而对它生起怀疑之心。喜欢容易的事，讨厌困难的事是人之常情，只其中也有被自己私心和习性纠缠蒙蔽之处，但在勘破这些私心和陋习之后，想要改变也不是什么困难的事。从中也可以看得出来古人不惧万死一生而甘愿为之的毅力。先前不知道其中的道理，这种实践功夫自然没有地方可以去讲说践行，但如今已经知道了，却依旧因好易恶难而心生恐惧，这便沦为了空想之流了。”

按先生立教皆经实践，故所言恳笃若此。自揭良知宗旨后，吾党又觉领悟太易，认虚见为真得，无复向里着己之功矣。故吾党颖悟承速者，往往多无成，甚可忧也。

译文

按先生所教授的学问都是经过了自己亲身实践得来的，所以言辞才能如此恳切。自从继承学习先生致良知的学问宗旨以来，我们之中有人将一些虚假的领悟错认为是真正有所得，认为这门学问非常容易，于是不再往深处用功钻研。因此，我们当中那些领悟迅速的人，往往难以学有所成，这种情况十分令人忧心。

六年辛未，先生四十岁，在京师。

译文

明武宗正德六年，岁在辛未（1511），先生四十岁，居住在京师。

正月，调吏部验封清吏司主事。

译文

这年正月，先生调任吏部验封清吏司主事。

论晦庵、象山之学。王舆庵读象山书有契，徐成之与辩不决。先生曰："是朱非陆，天下论定久矣，久则难变也。虽微成之之争，舆庵亦岂能遽行其说乎？"成之谓先生漫为含糊两解，若有以阴助舆庵而为之地者。先生以书解之曰："舆庵是象山，而谓其专以尊德性为主。今观《象山文集》所载，未尝不教其徒读书，而自谓理会文字颇与人异者，则其意实欲体之于身。其亟所称述以诲人者曰：'居处恭，执事敬，与人忠。'曰：'克己复礼。'曰：'万物皆备于我，反身而诚，乐莫大焉。'曰：'学问之道无他，求其放心而已。'曰：'先立乎其大者，而小者不能夺。'是数言者，孔子、孟轲之言也，乌在其为空虚乎？独其'易简觉悟'之说，颇为当时所疑。然'易简'之说出于《系辞》，'觉悟'之说，虽有同于释氏，然释氏之说亦自有同于吾儒，而不害其为异者，惟在于几微毫忽之间而已。亦何必讳于其同而遂不敢以言，狃于其异而遂不以察之乎？是舆庵之是象山，固犹未尽其所以是也。吾兄是晦庵，而谓其专以道问学为事。然晦庵之言，曰：'居敬穷理。'曰：'非存心无以致知。'曰：'君子之心常存敬畏，虽不见闻，亦不敢忽，所以存天理之本然，而不使离于须臾之顷也。'是其为言虽未尽莹，亦何尝不以尊德性为事，而又乌在其为支离乎？独其平日汲汲于训解，虽韩文、《楚辞》《阴符》《参同》之属，亦必与之注释考辨，而论者遂疑玩物。又其心虑恐学者之躐等，而或失之于妄作，必先之以格致而无不明，然后有以实之于诚正而无所谬。世之学者挂一漏万，求之愈烦，而失之愈远，至有弊力终身，苦其难而卒无所入，而遂议其支离。不知此乃后世学者之弊，而当时晦庵之自为则亦岂至是乎？是吾兄之是晦庵，固犹未尽其所以是也。夫二兄之所信而是者，既未尽其所以是，则其所疑而非者，亦岂尽其所以非乎？仆尝以为晦庵之与象山，虽其所以为学者若有不同，而要皆不失为圣人之徒。今晦庵之学，天下之人童而习之，既已入人之深，有不容于论辩者。而独惟象山之学，则以其尝与晦庵之有言，而遂藩篱之。使若由、赐之殊科焉则可矣，而遂摈放废斥，若碔砆之与美玉，则岂不过甚矣乎？故仆尝欲冒天下之讥，以为象山一暴其说，虽以此得罪无恨。晦庵之学既已章明于天下，而象山犹蒙无实之诬，于今且四百年，莫有为之一洗者。

使晦庵有知，将亦不能一日安享于庙庑之间矣。此仆之至情，终亦必为兄一吐露者，亦何肯漫为两解之说以阴助于舆庵已乎？”

先生对程、朱二人的学问也深有研究。王舆庵读了陆象山的书觉得十分投契，徐成之因醉心朱子之学而与他辩论，最终没有结果，便向先生请教。先生听后说：“以朱学为正宗而以陆学为邪说的说法在很久以前已经形成了，久而久之，这种思想十分难以转变过来。虽然对成之想要争论的地方有所微辞，但舆庵怎么能急着去反驳呢？”徐成之看到先生的这种说法后认为他在含糊其辞，并且是倾向于王舆庵的。先生写信给他解释说：“王舆庵心醉于陆九渊的学问，认为象山之学是以尊崇先天的道德本性为主的。但现在从《象山文集》中的内容来看，他也积极劝导门人多读书，虽然他的表述方式和其他人并不相同，但本质上都是一样的。他也曾说过：‘平时的生活起居要端庄恭敬，办事情的时候严肃认真，对待他人要忠诚；克制自己的私欲，使言行举止合乎礼节；万物之理我都具备了，反躬自问诚实无欺，便是最大的快乐；做学问之道没有别的，就是找回来丢失了的本心罢了；首先把心这个身体的重要部分树立起来，其他次要部分就不会被引入迷途。’这样十分推崇并教诲门人的话，这些不正是孔孟所说的话吗？如何能说它是空洞虚无的呢？唯独他的‘易简觉悟’学说被当时文人所怀疑。但是‘易简’之说出自《易经·系辞》，‘觉悟’之说虽然和佛教说法有相同之处，虽然佛教的教义也有一些源自儒家学说，他们却没有将这些看作是教义中异端，其原因在于二者之间有着些微的差异罢了。我们又何必因为说法相同便不敢使用这些词语了呢？难道是因为思想的差异使我们不对他们进行细究明察去区别它们了吗？我认可王舆庵对象山先生学问的认同，但我本来也没有认为陆象山的学问全都是正确的。你赞同朱子的学说，认为他以追求学问为毕生事业。但我们再看看朱子的言论中也有：‘自己保持谨慎敬重的态度，对事物要探究它的道理；若是不专心一志便不能达到致知；君子应当心中时常有着敬畏之心，即便没有人看到听到，也不可有丝毫疏忽，这是保存心中本具的天理本应做到的，不能让它有顷刻的偏离。’这样的话虽然朱子的话没有说得非常明显，但其实际上也是主张遵循先天的道德本性的，又怎么能说他的话是没有条理的呢？只不过因为他平时专注于训释解说之道，即便是韩愈的文章以及《楚辞》《阴符经》《参同契》这些文章，也一定要进行考证注释，因此学者们都认为他考据成癖，玩物丧志。又因为他心中忧虑求学之人不按部就班进行学习，便会沦为虚妄之谈，于是向来要求先明理致知，然后再用实践来在心意诚正上加以证实有无错谬。世上的学者都只提到了他学稳重最突出的部分，却不知已经将他的学说遗漏了许多，当他们在这点上钻研得越多，离真正的朱子学问即便越来越远，乃至终其一生都被困于其中无法深入钻研，他们便以此来妄议朱子之学是没有条理的。不知道这是由于后世学者学问不精而出现的弊病，还是朱子本人当时就是这样做的。因此，你对朱子学问的认同我也认为是正确的，本来我也没有说朱子的学问全都是正确的。你们二人现在所赞同他们的这些观点，既然都并不全是正确的，那么那些怀疑他们的学说不正确的观点，难道就全都是错误的了吗？我之前就认为程朱二人，虽然学说主张有所不同，但都无愧于圣贤弟子的名声。如今天下学者自幼便开始学习钻研朱子的学问，它已深深刻入当下文人骨髓之中，有了不容辩驳的地方。只有象山先生的学说因两人学说有过辩论，最终得出是朱非陆的结论，于是陆象山的学说逐渐被世人所摒弃。若是朱陆二人学说的地位如仲由子路和端木赐子贡两人一样也就罢了，然而如今世人对待两人的学说就好像美玉和山石的差别一样，将象山的学说摒弃了，这样岂不是太过分了吗？因此我曾想要冒天下之大不韪将象山的学说昌明于天下，即便是因此而获罪心中也不会有任何悔恨。如今朱子的学说已经在天下昌明盛行了，象山先生的学说却依旧如蒙尘明珠一般遭受着不合实际的污名对待，至今已经四百年了，依旧没有一个人为其学说洗白冤屈。假使朱子泉下有知，见象山学说遭受如此对待，也将无法心安理得地安享太庙之祭啊。这是我心中最为真挚的情感，终究是要向你吐露一番的，又怎么能将我自己对两家学说的态度含糊其辞来暗中支持與庵呢？”

二月，为会试同考试官。

译文

二月，先生担任会试同考官。

是年僚友方献夫受学。献夫时为吏部郎中，位在先生上，比闻论学，深自感悔，遂执贽事以师礼。是冬告病归西樵，先生为叙别之。

译文

这一年，先生同朝为官的好友方叔贤拜先生为师。方叔贤当时任吏部郎中，官职比先生高，在和先生谈论学问时，深觉自愧不如，于是向先生执弟子礼，拜先生为师。当年冬天，方叔贤因病辞职返回西樵，先生写下诗文为其送行。

十月，升文选清吏司员外郎。

译文

十月，先生升任文选清吏司员外郎。

送甘泉奉使安南。先是先生升南都，甘泉与黄绾言于冢宰杨一清，改留吏部。职事之暇，始遂讲聚。方期各相砥切，饮食启处必共之。至是，甘泉出使安南封国，将行，先生惧圣学难明而易惑，人生别易而会难也，乃为文以赠。略曰："颜子没而圣人之学亡，曾子唯一贯之旨传之孟轲绝，又二千余年而周、程续。自是而后，言益详，道益晦。孟氏患杨、墨，周、程之际，释、老大行。今世学者皆知尊孔、孟，贱杨、墨，摈释、老，圣人之道若大明于世。然吾从而求之，圣人不得而见之矣。其能有若墨氏之兼爱者乎？其能有若杨氏之为我者乎？其能有若老氏之清净自守、释氏之究心性命者乎？吾何以杨、墨、老、释之思哉？彼于圣人之道异，然犹有自得也。而世之学者，章绘句琢以夸俗，诡心色取，相饰以伪，谓圣人之道劳苦无功，非复人之所可为，而徒取辩于言辞之间，古之人有终身不能究者，今吾皆能言其略，自以为若是亦足矣，而圣人之学遂废。则今之所大患者，岂非记诵辞章之习？而弊之所从来，无亦言之太详、析之太精者之过欤？某幼不问学，陷溺于邪僻者二十年，而始究心于老、释。赖天之灵，因有所觉，始乃沿周、程之说求之，而若有得焉。顾一二同志之外，莫予翼也，岌岌乎仆而复兴。晚得于甘泉湛子，而后吾之志益坚，毅然若不可遏，则予之资于甘泉多矣。甘泉之学，务求自得者也。世未之能知，其知者且疑其为禅。诚禅也，吾犹未得而见，而况其所志卓尔若此？则如甘泉者，非圣人之徒欤？多言又乌足病也？夫多言不足以病甘泉，与甘泉之不为多言病也，吾信之。吾与甘泉，有意之所在，不言而会，论之所及，不约而同，期于斯道，毙而后已者，今日之别，吾容无言？夫惟圣人之学，难明而易惑，习俗之降愈下而抑不可回，任重道远，虽已无俟于言，顾复于吾心，若有不容已也，则甘泉亦岂以予言为缀乎？”

译文

当月，湛若水奉命出使安南国，先生为其送别。起先是先生被调到南京任职，经湛若水和黄绾向当朝太宰杨一清进言之后，得以留在吏部。当值之余，众人齐聚一堂相互切磋学问。众人每次相约砥砺切磋，必定饮食起居都在一处。直到湛若水即将出使安南临行前，先生感慨于先贤之学难以昌明，也容易走上迷途，感慨于人生也如此，离别容易但难以相聚，于是写下一篇文章为湛若水送别。大意如下：“颜回去世之后，圣人之学就逐渐衰微了，唯有曾子一人传承下来并传至孟子，至此便断绝了。待到两千多年后，周敦颐和程明道两人才将往圣绝学恢复并传承下来。自他们之后，各种言论越来越多，真正的大道却越来越无法显现了。孟子传承圣人之学的时候，恰逢杨朱‘为我’之说和墨翟‘兼爱’之说盛行，儒学由此衰微；待到周程二人的时代，又遇上佛道二教大为兴盛，使得儒学难以凸显。当今学者都尊孔孟为正统，而将杨朱、墨翟的学说贬为邪说，同时也排斥佛、道。于是圣贤之学好像被已经世上学者所接受，大放光彩。然而我跟从前人对圣学的阐明去探求它；却没能见到圣人的境界。这里边有像杨朱‘为我’之说和墨翟‘兼爱’之说的思想吗？有道家清净自守、佛教潜心于生死的精神吗？我如何用杨朱、墨翟、佛教和道教的思想来解释圣学思想呢？这些思想虽然和圣人之学有不同之处，但依然有他们自己的独到之处。再看如今的学者，文章遣词造句过于雕琢而流于俗套，彼此之间以虚文互相伪辩，用相互粉饰来佯装实行圣学。都认为花了极大功夫学习圣人之学，却并未获得什么收获，就说往圣绝学已经不是通过学习就可以达到的了。只在言语间诡辩，认为古人里也有终其一生研学圣人之学却无法企及的人，如今自己能了解一些皮毛大概便也就足够了，这种态度之下，圣人之学逐渐荒废了。如今最令人担忧的，难道不是只会记诵辞章这类陋习？然而再探究这些弊病的由来，难道不是因为对这些辞章过度解读所造成的吗？我小时候并没有认真做学问，后来又沉迷于一些偏门邪道，然后开始醉心研究释老之道。依靠上天的庇佑，逐渐有所觉悟，这才沿着程周二人的学说开始寻求正道，并在这个过程中若有所得。除了屈指可数的几位志同道合的同仁对我的说法表示了期待之外，其他人都不认同我的想法，正在它即将覆灭时，却又再次复兴起来了。后来，得到甘泉的鼓励，使我的意志更加坚定了，但真正使我意志坚如磐石的，是甘泉对我的诸多帮助。甘泉做学问，一定要求探寻自己的心得体会。世间不了解他的人，都误以为他修习的是禅宗之道。即便他研习的真的是禅宗，我尚且未能领会，更何况他如此卓尔不凡的追求呢？那么，试问除了圣人的弟子之外，还有谁能如甘泉一样做学问？众多的诽谤之言又怎能伤害到甘泉呢？这些毁谤之言无法伤害到甘泉，是因为甘泉本身不会在意毁谤之言，我是非常相信这点的。我与甘泉相交，心中所想之事，不必明言彼此便能领会；我们的想法主张，不用商量也能一致。我们都是愿意对圣人之学倾注终生，至死方休的人。今日一别，不知何时能再见，我岂能不赠予肺腑之言？圣人之学难以昌明，也容易让人心生疑惑的，而当下的风俗习惯却愈发下降到更低俗的层次，无法回归。我们寻求正道之途依旧任重而道远，虽然我们之间的情谊已经无需使用言语表达，但反观我心，好像有什么想要奔涌而出，那么甘泉或许可以把我这些话当做一些点缀吧？”

七年壬申，先生四十一岁，在京师。

译文

明武宗正德七年，岁在壬申（1512），先生四十一岁，居住在京师。

三月，升考功清吏司郎中。

译文

三月，先生升任考功清吏司郎中。

按《同志考》，是年穆孔晖、顾应祥、郑一初、方献科、王道、梁谷、万潮、陈鼎、唐鹏、路迎、孙瑚、魏廷霖、萧鸣凤、林达、陈洸及黄绾、应良、朱节、蔡宗兖、徐爱同受业。

译文

根据《同志考》记录，这一年穆孔晖、顾应祥、郑一初、方献科、王道、梁谷、万潮、陈鼎、唐鹏、路迎、孙瑚、魏廷霖、萧鸣凤、林达、陈洸及黄绾、应良、朱节、蔡宗兖、徐爱一起跟随先生学习。

十二月，升南京太仆寺少卿，便道归省。

译文

十二月，先生升任南京太仆寺少卿，赴任途中，先生顺道回余姚省亲。

与徐爱论学。爱是年以祁州知州考满进京，升南京工部员外郎，与先生同舟归越，论《大学》宗旨。闻之踊跃痛快，如狂如醒者数日，胸中混沌复开。仰思尧、舜、三王、孔、孟千圣立言，人各不同，其旨则一。今之《传习录》所载首卷是也。其自叙云："爱因旧说汨没，始闻先生之教，实骇愕不定，无入头处。其后闻之既久，渐知反身实践，然后始信先生之学为孔门嫡传，舍是皆傍蹊小径，断港绝河矣。如说格物是诚意功夫，明善是诚身功夫，穷理是尽性功夫，道问学是尊德性功夫，博文是约礼功夫，惟精是惟一功夫，诸如此类，皆落落难合。其后思之既久，不觉手舞足蹈。"

译文

先生和徐爱一起探讨学问见解。徐爱这年结束了祁州知州任期，考核合格进京复命，升任南京工部员外郎，和先生一起乘船回越城，途中两人一起讨论《大学》要旨。徐爱听到先生的见解之后，心中茅塞顿开，情绪非常激昂兴奋，如痴如狂了好几天。回想起尧帝、舜帝、夏禹、商汤、周文王、孔子、孟子等神人留下的学说，虽然每人的学说都有不同之处，但宗旨确实是殊途同归的。当时讨论的情形，徐爱记录在了《传习录》卷首，他在序言中说：“因为之前先贤的学说被埋没已久，初闻先生的主张时，我实在是惊骇不已，完全无从入手。待到学习先生的学说一段时间之后，逐渐明白了亲身实践的重要性，然后才相信了先生是真正继承了圣人学说之人，其他的都只是无法触及正道的旁门左道。比如先生曾说格物是诚意的功夫，明善是诚身功夫，穷理是尽性功夫，道问学是尊德性功夫，博文是约礼功夫，惟精是惟一功夫。……如此种种，都与他人的见解不一样，但思考久了之后，明白了其中道理，不禁高兴得手舞足蹈。”

八年癸酉，先生四十二岁，在越。

译文

明武宗正德八年，岁在癸酉（1513），先生四十二岁，居住在越城。

二月，至越。

译文

二月，先生到达越城。

先生初计至家即与徐爱同游台、荡，宗族亲友绊弗能行。五月终，与爱数友期候黄绾不至，乃从上虞入四明，观白水，寻龙溪之源，登杖锡，至雪窦，上千丈岩，以望天姥、华顶，欲遂从奉化取道赤城。适久旱，山田尽龟拆，惨然不乐，遂自宁波还余姚。绾以书迎先生。复书曰：“此行相从诸友，亦微有所得，然无大发明。其最所歉然，宗贤不同兹行耳。后辈习气已深，虽有美质，亦渐消尽。此事正如淘沙，会有见金时，但目下未可必得耳。”先生兹游虽为山水，实注念爱、绾二子。盖先生点化同志，多得之登游山水间也。

译文

先生刚到越城时，计划和徐爱同游天台山和雁荡山，却因族中亲友有事耽搁未能成行。五月末，和徐爱等几位朋友一起等候黄绾共同出游却没能等到，于是一行人取道上虞进入四明山，随后游览了白水山，再前往寻找了龙溪的源头，探访杖锡寺，后来又登上雪窦山千丈岩，在那里欣赏了天姥山、华顶山的秀丽风景。后来，又计划经奉化前往赤城。却恰好遇到奉化大旱，田地龟裂，民不聊生，入目皆是凄惨的景象，让众人郁郁寡欢，于是他们没有在此地久留，取道宁波回到了余姚。黄绾写了一封信迎接先生。先生给他回信说："这次和诸位友人共同游玩，获得一些微微小的收获，但是并没有什么大的发现。此行最遗憾的便是你没能和我们同行。同行的后辈中，虽然也有非常优秀的，但大多都被世俗习气浸染已深，本来的质朴之气已经逐渐消失殆尽了。这正如水中淘沙，明知最终会见到金砂，但眼下不一定马上就能见到。"先生这次出行虽然名为游山玩水，但实际上时时顾念着徐爱和黄绾两人。先生很多点化弟子的契机都是在游览山水的时候出现的。

冬十月，至滁州。

译文

寒冬十月，先生到了滁州。

滁山水佳胜，先生督马政，地僻官闲，日与门人遨游琅琊、瀼泉间。月夕则环龙潭而坐者数百人，歌声振山谷。诸生随地请正，踊跃歌舞。旧学之士皆日来臻。于是从游之众自滁始。

译文

滁州山水名胜众多，先生在这里主要是督查马政，任地偏僻，工作清闲。白天，先生时常和门人在琅琊、瀼泉间游玩，夜间则数和众人环绕龙潭而坐，闲谈歌咏，歌声响彻山谷，有时共谈之人甚至多达数百人。众门人随时都可以向先生请教，大家都非常活跃，歌舞不绝。一些研习程朱理学的学者，也都前来求学。"从游者众"这种说法开始从滁州传播开来。

孟源问："静坐中思虑纷杂，不能强禁绝。"先生曰："纷杂思虑，亦强禁绝不得。只就思虑萌动处省察克治，到天理精明后，有个物各付物的意思，自然精专无纷杂之念。《大学》所谓知止而后有定也。"

译文

孟源问先生："在静坐中思虑纷杂而来，无法强行清理干净，应当怎么办？"先生回答说："这些纷杂的思虑，也不能强行去清除。应当在念头萌动的时候便察觉并及时纠正，使念念归正，最后达到天理净，达到'物各付物'的境界，自然就内心清净毫无杂念了。这便是《大学》中所说的'知道应该达到的境界才能够使自己志向坚定'。"

九年甲戌，先生四十三岁，在滁。

译文

明武宗正德九年，岁在甲戌（1514），先生四十三岁，居住在滁州。

四月，升南京鸿胪寺卿。

译文

四月，先生升任南京鸿胪寺卿。

滁阳诸友送至乌衣，不能别，留居江浦，候先生渡江。先生以诗促之归曰："滁之水，入江流，江潮日复来滁州。相思若潮水，来往何时休？空相思，亦何益？欲慰相思情，不如崇令德。掘地见泉水，随处无弗得。何必驱驰为？千里远相即。君不见尧羹与舜墙？又不见孔与蹠对面不相识？逆旅主人多殷勤，出门转盼成路人。"

译文

滁州众位友人送别先生到了乌衣江畔，都在江边等待先生渡江，舍不得就此离去。先生于是赋诗一首催促友人尽快回家，诗文如下："滁河之水滚滚流入长江，江中潮水日复一日冲刷滁河，我却不知道何时能回来。对朋友的思念之情就好像这潮水一般日复一日永无休止。但是空说一番相思之情又有什么用呢？倒不如让自己成为尊崇高尚德行的人来告慰这满腔相思。挖开土地便能见到的泉水，又有哪不能得到呢？即便远隔千里之外也如同就在身边一般，又何必疾驰前往？对同好圣贤之学的人，就如同舜帝对尧帝那样见羹见墙的仰慕和珍惜，遇上道不同之人则如孔子与盗跖那样即使见面也不会相识。如同客舍旅店的主人对待旅客虽然热情周到，旅客出门后却转瞬间便成立陌生人。”

五月，至南京。

译文

五月，先生抵达南京。

自徐爱来南都，同志日亲，黄宗明、薛侃、马明衡、陆澄、季本、许相卿、王激、诸偁、林达、张寰、唐愈贤、饶文璧、刘观时、郑骝、周积、郭庆、栾惠、刘晓、何鳌、陈杰、杨杓、白说、彭一之、朱篪辈，同聚师门，日夕渍砺不懈。客有道自滁游学之士多放言高论，亦有渐背师教者。先生曰：“吾年来欲惩末俗之卑污，引接学者多就高明一路，以救时弊。今见学者渐有流入空虚，为脱落新奇之论，吾已悔之矣。故南畿论学，只教学者存天理，去人欲为省察克治实功。”王嘉秀、萧惠好谈仙佛，先生尝警之曰：“吾幼时求圣学不得，亦尝笃志二氏。其后居夷三载，始见圣人端绪，悔错用功二十年。二氏之学，其妙与圣人只有毫厘之间，故不易辨，惟笃志圣学者始能究析其隐微，非测亿所及也。”

译文

自徐爱到南京任职后，先生门人间的关系越来越亲厚了，黄宗明、薛侃、马明衡、陆澄、季本、许相卿、王激、诸偁、林达、张寰、唐愈贤、饶文璧、刘观时、郑骝、周积、郭庆、栾惠、刘晓、何鳌、陈杰、杨杓、白说、彭一之、朱篪等人齐聚师门，日夜学习，不曾懈怠。有人从滁州而来，跟先生说滁州的学子多有喜好高谈阔论的，也有一些渐渐地背离师门之学了。先生回答说：“我这些年来，想要改变这些鄙陋的风气，因此引导门人时，总是将一些高深的道理讲解给他们听，想要以此来挽救时代的弊病。如今才发现有部分学子因此而渐渐流入虚假空谈不得正法，发表一些出格且不合时宜的奇怪言论，我现在已经心生悔意了。因此，在南京讲学时，我主要给教授给学子们的是存天理去人欲，并以此来践行省察克治的功夫。”王嘉秀、萧惠喜好谈论仙佛之道，先生曾告诫他们说：“我年少的时候寻求圣人之学而不得其道，也曾专心研究佛、道二教。后来在贵阳蛮夷之地生活了三年，才堪堪探索到圣人之学的头绪，我十分后悔在错误的方向上浪费了二十年的时间。佛、道两家的思想的精妙之处和圣人之学的区别并不大，只是在毫厘之间，因而难以分清他们，只有专心致志于圣人之学的人，才能探究分析出其中隐秘而微小的区别，这些绝不是仅凭揣测便能理解的。”

十年乙亥，先生四十四岁，在京师。

译文

明武宗正德十年，岁在乙亥（1515），先生四十四岁，居住在京师。

正月，疏自陈，不允。

译文

正月，先生上疏请辞，朝廷没有允许。

是年当两京考察，例上疏。

译文

这一年，正值南京和北京一起考核各地官吏政绩，先生依旧例上疏。

立再从子正宪为后。

译文

先生将侄子正宪过继到自己名下，立为后嗣。

正宪字仲肃，季叔易直先生兖之孙，西林守信之第五子也。先生年四十四，与诸弟守俭、守文、守章俱未举子，故龙山公为先生择守信子正宪立之，时年八龄。

译文

正宪字仲肃，是先生三叔王兖的孙子，是表弟王守信的第五个儿子。先生这一年四十四岁，和守俭、守文、守章几个弟弟都还没有儿子，因此父亲龙山公为先生选择了王守信的第二子王正宪过继立为后嗣，当时正宪八岁。

是年御史杨典荐改祭酒，不报。

译文

同在此年，御史杨典推荐先生出任国子监祭酒一职，未被朝廷采纳。

八月，拟《谏迎佛疏》。

译文

八月，先生拟写了《谏迎佛疏》。

时命太监刘允、乌思藏赍幡供诸佛，奉迎佛徒。允奏请盐七万引以为路费，许之。辅臣杨廷和等与户部及言官各疏执奏，不听。先生欲因事纳忠，拟疏欲上，后中止。

译文

当时明武宗命令太监刘允携带经幡到西藏恭迎活佛入京，刘允奏请以七万盐引作为路费，皇上欣然应允。辅臣杨廷和等人和户部官员以及御史言官纷纷上疏劝阻皇上此番举动，皇上不予采纳。先生也打算像他们一样进献忠言，于是拟学奏疏打算呈给皇上，但奏章最终未能上呈。

疏请告。

译文

先生再次上疏请求告假。

是年祖母岑太夫人年九十有六，先生思乞恩归一见为诀，疏凡再上矣，故辞甚恳切。

译文

这年先生祖母岑氏已经九十六岁了，先生非常希望从朝廷能开恩让自己回老家看望祖母，于是再次言辞恳请地上疏请求告假。

十有一年丙子，先生四十五岁，在南京。

译文

明武宗正德十一年，岁在丙子（1516），先生四十五岁，居住在南京。

九月，升都察院左佥都御史、巡抚南、赣、汀、漳等。

译文

九月，先生升任都察院左佥都御史，巡抚南直隶、江西、汀州、漳州等地。

是时汀、漳各郡皆有巨寇，尚书王琼特举先生。

译文

当时汀州、漳州等地匪寇肆虐，兵部尚书王琼特地举荐先生前往平寇。

十月，归省至越。

译文

十月，先生回到越城省亲。

王思舆语季本曰："阳明此行，必立事功。"本曰："何以知之？"曰："吾触之不动矣。"

译文

王思舆对季本说："王阳明此行必定会建立极大的功业。"季本说："你凭什么这么说？"王思舆说："我以各种方式试探他，他都坚定不为所动。"

十有二年丁丑，先生四十六岁。

译文

明武宗正德十二年，岁在丁丑（1517），先生四十六岁。

正月，至赣。

译文

正月，先生到达江西。

先生过万安，遇流贼数百，沿途肆劫，商舟不敢进。先生乃联商舟，结为阵势，扬旗鸣鼓，如趋战状。贼乃罗拜于岸，呼曰："饥荒流民，乞求赈济！"先生泊岸，令人谕之曰："至赣后，即差官抚插。各安生理，毋作非为，自取戮灭。"贼惧散归。以是年正月十六日开府。

译文

先生路过万安时，遭遇了一群数百人的流寇肆意劫掠，使得过往商船都不敢进入此地。于是先生联合了往来商船，列为作战阵势，挥旗鸣鼓，做出备战的姿态。于是贼寇都在岸上俯首下拜，大声呼喊："我们都是因饥荒而逃难的流民，请求官府予以救济！"先生听后将船靠岸，让人告诫他们说："到了赣州之后会立即派人对他们进行救济赈灾。所有流民必须各自安心地重新开始自己的生活，不允许再有胡乱抢掠的为非作歹知行，这样只是把自己推向死亡之路罢了。"流贼听后心生惧意而散开了。正月十六日先生正式到赣州开府就任。

行《十家牌法》。

译文

先生推行了《十家牌法》。

先是，赣民为洞贼耳目，官府举动未形，而贼已先闻。军门一老隶奸尤甚，先生侦知之，呼入卧室，使之自择生死。隶乃输情吐实，先生许其不死。试所言悉验。乃于城中立《十家牌法》。其法编十家为一牌，开列各户籍贯、姓名、年貌、行业，日轮一家，沿门按牌审察，遇面生可疑人，即行报官究理。或有隐匿，十家连坐。仍告谕父老子弟："务要父慈子孝，兄爱弟敬，夫和妇随，长惠幼顺。小心以奉官法，勤谨以办国课，恭俭以守家业，谦和以处乡里。心要平恕，毋得轻易忿争；事要含忍，毋得辄兴词讼。见善互相劝勉，有恶互相惩戒。务兴礼让之风，以成敦厚之俗。"

译文

在此之前，赣州有百姓受贼寇贿赂成为他们的耳目，官府准备剿匪时，经常还未行动，官府的一举一动就被匪寇知道了。官衙中有一个老吏尤其奸诈狡猾。先生经过调查知道了这个人，于是把他叫进自己卧室中，厉声让他自行选择交代实情或是接受死刑。老吏听闻此言，立即将实情告知于先生，先生调查之后证实了他所说的都是实情之后，才赦免了他的死罪。了结此事之后，先生开始在城中推行《十家牌法》。法令具体内容是将每十户人家编为一牌，分别记录了每一户的籍贯、姓名、年貌、行业，每天由一家轮值，依次按照门牌号审查家中情况，一旦发现陌生人或可疑人员，必须立即上报官府，由官府进一步审查，如果有隐瞒不报的情况，则此牌十户人家共同入罪。此外，先生还贴出告示告诫当地父老乡亲："务必要父慈子孝，兄弟友爱，夫妇和睦，尊老爱幼。小心遵守国家律法，勤勤恳恳缴纳税款，恭谨俭约以传承家业，待乡亲邻里要谦虚和蔼。内心要平和宽仁，不要轻易与人起纷争，做事要宽容忍耐，不要一言不合便到官府提起诉讼。遇到好的行为要相互勉励，看到不好的行为要相互监督惩戒以改正并杜绝。务必让守礼谦让的风气在邻里之间流行，形成敦厚亲和的风俗。"

选民兵。

译文

先生还下令选拔民兵。

先生以南、赣地连四省，山险林深，盗贼盘据，三居其一，窥伺剽掠，大为民患，当事者每遇盗贼猖獗，辄复会奏请调土军狼达，往返经年，靡费逾万，逮至集兵举事，即已魍魉潜形，班师旋旅，则又鼠狐聚党，是以机宜屡失，而备御益弛。先生乃使四省兵备官，于各属弩手、打手、机快等项，挑选骁勇绝群、胆力出众者，每县多或十余人，少或八九人，务求魁杰。或悬召募，大约江西、福建二兵备各以五六百名为率，广东、湖广二兵备各以四五百名为率，中间更有出众者，优其廪饩，署为将领。除南、赣兵备自行编选，余四兵备官仍于每县原额数内拣选可用者，量留三分之二，委该县贤能官统练，专以守城防隘为事。其余一分，拣退疲弱不堪者，免其着役，止出工食，追解该道，以益募赏。所募精兵，专随各兵备官屯扎，别选官分队统押教习之。如此，则各县屯戍之兵，既足以护守防截，而兵备募召之士，又可以应变出奇，盗贼渐知所畏，平良益有所恃而无恐矣。

译文

因为南直隶和江西连接了四个省份，范围内崇山峻岭，路险林深，无数匪寇盘踞在深山里，在三地来回流窜，伺机劫掠百姓。成为了百姓生活中最大的祸患。当地主事官员每当遇上匪盗肆虐，便会上疏要求调遣狼达土军前来剿匪，一来一回历时需一年，花费军饷动辄过万两。待到兵力齐备再想剿匪时，贼寇却早已遁入深山难觅踪影，军队班师返回后，狡猾的匪寇却又开肆意抢掠，如此一来，剿匪一事总是先机尽失，长此以往，防御守备工事便越发松懈了。先生到任后，调集四省的兵力，在所有部门中挑选擅长于弓弩、战斗、机快等项目的士兵，每个县少则八九人，多则十余人，所挑士兵各个骁勇善战，胆识过人，都是军中豪杰。如此在江西、福建两地各组建了约五六百名的军事队伍，广东、湖广两地各组建了四五百名的军事队伍。又在这些人里挑选出极为优秀的提拔为将领，并提高其军饷待遇。除了南直隶和江西两地的兵备是由先生亲自编选，其余四处仍然在所属各县原来的额数中拣选处可用的，留下三分之二，交给该县有能力的军官统领练兵，专门用来防御匪寇。剩下的三分之一里，劝说其中病弱的人离开军队，免除他们的兵役，将这部分军饷用来重新招募新兵。所招募到的精兵，也随各地兵备官扎营，另组一个小队选出军官统一为他们教习训练。这样的政策之下，各县屯戍的官兵，便足以拦截匪盗，守护当地百姓了，而专门召集的那些骁勇善战的军队，又可以出其不意地应变各种突发情况。多番交锋之下，匪寇逐渐对这些军事力量越来越畏惧，乃至不敢频繁作乱，百姓们也就因为有所依仗而不再惧怕匪寇了。

二月，平漳寇。

译文

二月，先生平定了漳州寇乱。

初，先生道闻漳寇方炽，兼程至赣，即移文三省兵备，克期起兵。自正月十六日莅任才旬日，即议进兵。兵次长富村，遇贼大战，斩获颇多。贼奔象湖山拒守。我兵追至莲花石，与贼对垒。会广东兵至，方欲合围，贼见势急，遂溃围而出。指挥覃桓、县丞纪镛马陷，死之。诸将请调狼兵，俟秋再举，先生乃责以失律罪，使立功自赎。诸将议犹未决，先生曰："兵宜随时，变在呼吸，岂宜各持成说耶？福建诸军稍缉，咸有立功赎罪心，利在速战。若当集谋之始，即掩贼不备，成功可必。今既声势彰闻，各贼必联党设械，以御我师，且宜示以宽懈。而犹执乘机之说以张皇于外，是徒知吾卒之可击，而不知敌之未可击也。广东之兵意在倚重狼达土军，然后举事，诸贼亦候吾土兵之集，以卜战期，乘此机候，正可奋怯为勇，变弱为强。而犹执持重之说，以坐失事机，是徒知吾卒之未可击，而不知敌之正可击也。善用兵者，因形而借胜于敌，故其战胜不复，而应形于无穷。胜负之算，间不容发，乌可执滞哉！”于是亲率诸道锐卒进屯上杭，密敕群哨，佯言犒众退师，俟秋再举。密遣义官曾崇秀觇贼虚实，乘其懈，选兵分三路，俱于二月十九日乘晦夜衔枚并进，直捣象湖，夺其隘口。诸贼失险，复据上层峻壁，四面滚木礌石，以死拒战。我兵奋勇鏖战，自辰至午，呼声振地。三省奇兵从间鼓噪突登，乃惊溃奔走，遂乘胜追剿。已而福建兵攻破长富村等巢三十余所，广东兵攻破水竹、大重坑等巢一十三所，斩首从贼詹师富、温火烧等七千有奇，俘获贼属、辎重无算，而诸洞荡灭。是役仅三月，漳南数十年逋寇悉平。

译文

先生上任之前便听说了漳州等地匪寇肆虐，在前往江西的途中便向三省发出文书，定下出兵剿匪的时间。正月十六日先生到任，十天之后，便开始计划出兵剿匪之事。军队驻扎长富村时正好遇到匪寇作乱，双方激战，官军斩获颇多。匪寇溃逃至象湖山，官军乘胜追击，在莲花再次与贼寇激战。此时，恰好遇上广东援兵到来，准备对匪寇进行围剿，匪寇见形势紧急，击溃围剿官兵逃出。最终指挥覃桓、县丞纪镛因战马陷入土坑不幸战死。有在场的将士请求再次调遣广西土司军队，待到秋天再来围剿贼寇，先生听后以战事失利责罚了他们，并要求他们戴罪立功。众将领犹豫不决之时，先生说：“用兵之法在于随机应变，战事瞬息万变，怎能等到万事俱备之后再进行战斗呢？福建的诸位将士若是有立功赎罪的决心，便应当锐意出战，速战速决。若战斗之初众人便集思广益出谋划策，定能攻其不备，大败贼寇。如今贼寇已经知道了官军的行动，必定会联合余孽，构筑工事来防御官军，此时可以故意让他们看到官兵备战松懈的表象，乘机向外散布说官军正仓皇无措，以此迷惑贼寇，这是知道我军可以出击，而不知道敌军不可以出击。至于广东的兵士们希望能够求援于广西土司军队然后再对匪寇进行围剿，此时贼寇也在观察我们养精蓄锐，静待战机。若是诸位能够乘此机会主动英勇出击，则能变弱为强。但若我们一直求稳而犹豫不决，只会错失良机，这是只知道我军不能打，而不了解敌军正可以打。擅长于带兵的人，都会因时因地制宜制定作战计划战胜敌人，所以他们每次取得胜利的作战方式都不一样。两军交战，胜负只在瞬息之间，如何能如此犹豫不决！”于是先生亲自率领官军屯兵上杭，设置岗哨，对外宣称在此犒劳军士，等待援军，秋天再出击。同时派遣斥候探寻贼寇的消息，趁着匪寇防御松懈，二月十九日趁着晦日夜晚空中无月，兵分三路，齐头并进，直取象湖匪徒盘踞之地，夺取其防御关卡。贼寇失去了重要防御关卡，退而盘踞到山顶峭壁之上，向山下投放滚木礌石，抵死相抗。官军从辰时奋勇激战至午时，激战呼声振动天地。之前挑选的精锐士兵从山间小道呐喊着突围而上，贼寇大败，惊呼奔逃，官兵乘胜追击，最终剿灭了贼寇。随后，福建的官兵又剿灭了长富村等三十余地的匪寇据点，广东官兵也攻破了水竹、大重坑等十三个匪寇据点，荡平了所有匪寇据点。斩首抓捕的贼寇詹师富、温火烧等七千余人，缴获无数匪寇窝藏的财物。此次战事仅历时三个月，至此，困扰漳南数十年的匪寇之患终于平息。

是月奏捷，具言福建佥事胡琏、参政陈策、副使唐泽、知府钟湘、广东佥事顾应祥、都指挥杨懋、知县张戬劳绩，赐敕奖赉，其余升赏有差。初议进兵，谕诸将曰：“贼虽据险而守，尚可出其不意，掩其不备，则用邓艾破蜀之策，从间道以出。若贼果盘据持重，可以计困，难以兵克，则用充国破羌之谋，减冗兵以省费。务在防隐祸于显利之中，绝深奸于意料之外，此万全无失者也。”已而桓等狃于小胜，不从间道，故违节制，以致挫衄。诸将志沮，遂请济师。先生独以为见兵二千有余，已为不少，不宜坐待济师以自懈，遥制以失机也，遂亲督兵而出，卒成功。

译文

当月，先生上奏捷报，在奏折中细数了福建佥事胡琏、参政陈策、副使唐泽、知府钟湘、广东佥事顾应祥、都指挥杨懋、知县张戬劳的功劳，皇上为众人赐下了奖赏，其余将士也都按功行赏。计划出兵剿匪前，先生对众将士说："贼寇虽然盘踞险要之地，但我们依旧可以趁其不备，攻其不意，参考邓艾攻破蜀国时使用的计策，从山间小道出击；若是贼人盘踞不出，拒不迎战，我们可以将其围困；难以用兵力强攻下来，则可以采用赵充国平定羌南时使用的策略，减少出兵以节省军费。务必以我们的有利条件来布防，出其不意地剿灭匪寇，如此才是出兵的万无一失之策。"后来覃桓等人贪图小范围的胜利，违反了最初的计划，因此导致了战事失利。众将领因战败而士气低迷，于是想要土兵支援，但先生认为官军尚有两千余人，战力尚存，不应该坐等援军而失去先机，于是亲自带兵督战，最终大获成功。

四月，班师。

译文

四月，先生班师。

时三月不雨，至于四月，先生方驻军上杭，祷于行台，得雨，以为未足。及班师，一雨三日，民大悦。有司请名行台之堂，曰时雨堂，取王师若时雨之义也。先生乃为记。

译文

三月一直没有下雨，到了四月，先生带军驻扎上杭，亲自上祭台求雨成功，但雨量不足，待到先生班师时，大雨一连下了三天，当地百姓久旱逢甘霖十分喜悦。当地官员请先生为官署大堂起名，先生为其命名为"时雨堂"，意为朝廷官兵于百姓而言就像及时雨一般，并写下了《时雨堂记》一文。

五月，立兵符。

译文

五月，先生发布了军队改革政策。

先生谓："习战之方，莫要于行伍；治众之法，莫先于分数。"将调集各兵，每二十五人编为一伍，伍有小甲；五十人为一队，队有总甲；二百人为一哨，哨有长，有协哨二人；四百人为一营，营有官，有参谋二人；一千二百人为一阵，阵有偏将；二千四百人为一军，军有副将。偏将无定员，临事而设。小甲于各伍之中选才力优者为之，总甲于小甲之中选才力优者为之，哨长于千百户义官之中选材识优者为之。副将得以罚偏将，偏将得以罚营官，营官得以罚哨长，哨长得以罚总甲，总甲得以罚小甲，小甲得以罚伍众。务使上下相维，大小相承，如身之使臂，臂之使指，自然举动齐一，治众如寡，庶几有制之兵矣。编选既定，仍每五人给一牌，备列同伍二十五人姓名，使之连络习熟，谓之伍符。每队各置两牌，编立字号，一付总甲，一藏本院，谓之队符。每哨各置两牌，编立字号，一付哨长，一藏本院，谓之哨符，每营各置两牌，编立字号，一付营官，一藏本院，谓之营符。凡遇征调发符，比号而行，以防奸伪。其诸缉养训练之方，旗鼓进退之节，务济实用行之。

译文

先生说："军队训练的方式，莫过于整顿队伍；而治理众多军队的方法，最重要的是分而治之。"于是开始整顿军队，将每二十五人编为一伍，每伍设有小甲长；五十人为一队，设总甲长；每二百人为一哨，设哨长，每哨有协哨两人；四百人编为一营，设营官，设参谋两人；一千二百人编为一阵，设偏将军；二千四百人为一军，设副将。偏将人数不固定，依据战临事来定。小甲在各伍中选才能优异的人担任，总甲于小甲中选才能优异的人担任，哨长在千户和百户的义官中选才能优异的人担任。副将可以惩罚偏将，偏将可以惩罚营官，营官可以惩罚哨长，哨长可以惩罚总甲，总甲可以惩罚小甲，小甲可以惩罚普通兵士。务必使军队上下互相配合，命令传达有序，让全军令行禁止，如使用自己的手臂一般自然整齐，治理众军将士如同驱使一个人一般，不久，整个军队都变得训练有素。整队完成之后，又给每五人发放一个叫作伍符的木牌，上写了同伍二十五人的姓名，用来让同伍之人互相认识熟悉。每队都发放两个队符，编写序号，一个由总甲持有，一个放置在官衙中。每哨发放两个哨符，编写序号，分别由哨长和官衙持有。每营发放两个营符，编写序号，分别由营官和官衔持有。凡是要征调军队，都要比对编号才能出发，以此防范作奸犯科之人。此外，先生还四处搜集整理训练军队的方法和前进后退的鼓点旗帜号令，务求在使用中能经济实用。

奏设平和县，移枋头巡检司。

译文

先生请奏设立平和县，将巡检司改建到枋头。

先生以贼据险，久为民患，今幸破灭，须为拊背扼吭之策，乃奏请设平和县治于河头，移河头巡检司于枋头。盖以河头为诸巢之咽喉，而枋头又河头之唇齿也。且曰："方贼之据河头也，穷凶极恶，至动三军之众，合二省之力，而始克荡平。若不及今为久远之图，不过数年，势将复起，后悔无及矣。盖盗贼之患，譬诸病人，兴师征讨者，针药攻治之方，建县抚辑者，饮食调摄之道。徒恃攻治，而不务调摄，则病不旋踵，后虽扁鹊、仓公，无所施其术也。"

译文

当地山贼盘踞险要之地，长期骚扰劫掠百姓，如今虽然有幸将其剿灭，但仍然需要控制扼要之地，防患于未然，先生以此为由奏请设里平和县治理河头，将河头巡检司改建到枋头。因为河头是众多匪巢往来的咽喉要塞，而枋头又是河头的重要关卡。先生又说："之前贼人盘踞险要之地，穷凶极恶，以致三军开动，集两省兵力，才能荡平贼匪。如果现在不建立长久可用的防御工事，几年之内，匪盗贼寇必定卷土重来，到那时再后悔就来不及了。贼匪对百姓来讲，就好像人生病一样，派兵征讨犹如以针药治病，而建立平和县来构筑防御工事，则好像是日常在饮食生活中调理养生。仅仅靠治疗手段，而不注意平时保养，那么不久之后依然还会患病，病到深处，即便扁鹊、淳于意等神医再世也必然回天乏术。"

按是月闻蔡宗兖、许相卿、季本、薛侃、陆澄同举进士，先生曰："入仕之始，意况未免摇动，如絮在风中，若非粘泥贴网，亦自主张未得。不知诸友却何如？想平时工夫，亦须有得力处耳。”又闻曰仁在告买田霅上，为诸友久聚之计，遗二诗慰之。

译文

按当月先生听闻蔡宗兖、许相卿、季本、薛侃、陆澄等人一起考中举人，先生说：“初入仕途，意志还尚未坚定，如同风中飘絮若没被泥土蛛网粘住，是没有办法控制自己去向何处的。不知道诸位有如今什么想法？再看平时所做的功夫，也应当在其中有所收获了吧。”又听说徐爱告假后在湖州买了田地，计划作为以后诸位友人相聚之处，于是作诗两首表达自己的欣慰之情。

六月，疏请疏通盐法。

译文

六月，上疏奏请疏通盐法。

始，都御史陈金以流贼军饷，于赣州立厂抽分广盐，许至袁、临、吉三府发卖。然起正德六年至九年而止。至是，先生以敕谕有便宜处置语，疏请暂行，待平定之日，仍旧停止。从之。

译文

之前，都御史陈金为了获得剿灭流贼的军饷，在赣州设立盐场制盐并抽取广盐销售的税额，允许广盐贩卖至袁州、临安、吉安三府。从正德六年一直到正德九年才结束。先生到这里之后，因为得到皇帝诏令，有便宜处置的权力，于是上疏请求下令暂时实行之前的盐法，待到匪乱平定，仍旧停止。朝廷允许了。

九月，改授提督南、赣、汀、漳等处军务，给旗牌，得便宜行事。

译文

九月，先生改授提督监管南、赣、汀、漳等地军务，皇上下诏赐给先生军旗军牌，可以便宜行事。

南、赣旧止以巡抚莅之，至都御史周南会请旗牌，事毕缴还，不为定制。至是，先生疏请，遂有提督之命。后不复，更疏以“我国家有罚典，有赏格。然罚典止行于参提之后，而不行于临阵对敌之时；赏格止行于大军征剿之日，而不行于寻常用兵之际，故无成功。今后凡遇讨贼，领兵官不拘军卫有司，所领兵众，有退缩不用命者，许领兵官军前以军法从事；领兵官不用命者，许总统官军前以军法从事。所领兵众，有对敌擒斩功次，或赴敌阵亡，从实具报，覆实奏闻，升赏如制。若生擒贼徒，问明即押赴市曹，斩之以徇，庶使人知警畏，亦可比于令典决不待时者。如此，则赏罚既明，人心激励，盗起即得扑灭，粮饷可省，事功可建”。又曰：“古者赏不逾时，罚不后事。过时而赏，与无赏同；后事而罚，与不罚同。况过时而不赏，后事而不罚，其何以齐一人心，作兴士气？虽使韩、白为将，亦不能有所成。诚得以大军诛赏之法，责而行之于平时，假臣等令旗令牌，便宜行事。如是而兵有不精，贼有不灭，臣等亦无以逃其死矣！”事下兵部尚书王琼，覆奏以为宜从所请。于是改巡抚为提督，得以军法从事，钦给旗牌八面，悉听便宜。既而镇守太监毕真谋于近幸，请监其军。琼奏以为兵法最忌遥制，若使南、赣用兵而必待谋于省城镇守，断乎不可，惟省城有警，则听南、赣策应。事遂寝。

译文

南、赣二地的军务管理之前只以当地巡抚代替，后来周南到这里任都御史，上疏奏请朝廷发下旗牌，事情结束之后归还，并不作为此处专门持有。先生上任后又再次请奏，于是才有了任命提督等事，后来也没有恢复。先生又上疏说：“我们国家本就有着严格的奖罚制度。但是惩罚制度只在奏请之后才会施行，临阵对敌的时候并没有执行；奖赏制度却只在军队作战时才会施行，平常的训练中并没有施行，因此无法成功坚持下去。今后如果需要发兵剿匪，若是将领没约束好手下兵士，或士兵违抗军令畏缩不前，都应当应允带兵将领依照军法处置；若是带兵将领有不服从军令的，也应当允许掌军之人依军法处置。参与剿匪的将士如果有斩获匪徒有功或在战场上杀敌阵亡的，在核实之后，应当根据赏罚制度进行嘉奖。如果在战斗中有匪寇被活捉，也应当在审问清楚之后立即处斩，以此警示百姓，才不会让法令成为一纸空文。如此一来，不仅赏罚分明，还能激励军心，匪寇一旦作乱，就会立即被剿灭，不仅将士能建功立业，也能为军队节约粮饷。”先生又说：“古时率兵之人，不会拖延有功者的奖赏，也不会在事后才对有过者进行惩罚。不当时立即进行嘉奖或惩罚，那么就和没有嘉奖、没有惩罚是一样的了。更何况，事后有功者没有得到嘉奖，有过错者也不受到惩罚，如何能够让众将士心服口服，齐聚一心，士气振兴？即便让韩信、白起来担任这样的军队的将领，也没办法让军队有所建树。因此微臣诚心请求皇上能赐下令旗令牌，让微臣能便宜行事及时在军中施行奖惩制度。否则，军队不能凝聚力量，无法剿灭贼寇，那臣等最后也难逃一死！”当时先生好友王琼任兵部尚书，也上疏请朝廷采纳先生的建议。于是朝廷将先生的职务从改巡抚为提督，给了他军旗军牌各八面，准许他便宜行事，及时施行军中法令。不久，镇守当地的太监毕真想要向皇上邀宠，奏请到先生军营监军。王琼上奏皇上，认为用兵之道最怕有人在远处插手掣肘，如果南、赣之地需要用兵，却必须等待镇守省城的宦官下令，那是万万不行的，只能省城遇到侵袭，等待南、赣两地驰援。于是，毕真的请求便被搁置下来了。

按敕谕有曰：“江西南安、赣州地方，与福建汀、漳二府，广东南、韶、潮、惠四府，及湖广郴州桂阳县，壤地相接，山岭相连，其间盗贼不时生发，东追则西窜，南捕则北奔。盖因地方各省，事无统属，彼此推调，难为处置。先年尝设有都御史一员，巡抚前项地方，就令督剿盗贼。但责任不专，类多因循苟且，不能申明赏罚，以励人心，致令盗贼滋多，地方受祸。今日所奏及各该部覆奏事理，特改命尔提督军务，抚安军民，修理城池，禁革奸弊。一应军马钱粮事宜，但听便宜区画，以足军饷。但有盗贼生发，即便设法调兵剿杀，不许踵袭旧弊，招抚蒙蔽，重为民患。其管领兵快人等官员，不问文职武职，若在军前违期，并逗遛退缩者，俱听军法从事。生擒盗贼，鞫问明白，亦听就行斩首示众。”

译文

按皇帝下诏说：“江西南安、赣州两地和福建汀州、漳州两地，广东南、韶、潮、惠四府，和湖广郴州桂阳县，几地治下土地互相接壤，山岭相连，时常有匪盗作乱，一旦追击，则来回逃窜于各地，无法断绝。这是因为各省军事力量不能统一调度，官员间彼此推诿责任。之前曾在这些地方派遣了一位都御史，巡抚上述各地，督查剿匪进程。但始终不能明确责任，其原因在于官员延续旧习，敷衍草率，不能讲奖罚制度贯彻分明，军心涣散，以至于匪盗越发猖獗，为祸一方百姓。如今对于奏章中提及的事和军部覆奏事项，特命你为提督，总管军务，安定军民，修理城池，杜绝作奸犯科之事。一应军马钱粮事宜，你都可以便宜处理，用以充足军饷。一旦当地有匪寇作乱，便立即带兵剿灭，绝不允许重新兴起旧习，招抚匪寇蒙蔽朝廷，使百姓不得安宁。军中官兵不论将领士卒，不论文官武官，一旦有在阵前违反军令、畏缩不前的，都应立即军法处置。剿匪过程中捕获的匪贼，一经审问无误，必当斩首示众。”

抚谕贼巢。

译文

先生前往匪寇据点安抚晓谕贼寇。

是时漳寇虽平，而乐昌、龙川诸贼巢尚多啸聚，将用兵剿之，先犒以牛酒银布，复谕之曰：“人之所共耻者，莫过于身被为盗贼之名；人心之所共愤者，莫过于身遭劫掠之苦。今使有人骂尔等为盗，尔必愤然而怒；又使人焚尔室庐，劫尔财货，掠尔妻女，尔必怀恨切骨，宁死必报。尔等以是加人，人其有不怨者乎？人同此心，尔宁独不知？乃必欲为此，其间想亦有不得已者。或是为官府所迫，或是为大户所侵，一时错起念头，误入其中，后遂不敢出。此等苦情，亦甚可悯。然亦皆由尔等悔悟不切耳。尔等当时去做贼时，是生人寻死路，尚且要去便去。今欲改行从善，是死人求生路，乃反不敢耶？若尔等肯如当初去做贼时拼死出来，求要改行从善，我官府岂有必要杀汝之理？尔等久习恶毒，忍于杀人，心多猜疑，岂知我上人之心，无故杀一鸡犬尚且不忍，况于人命关天？若轻易杀之，冥冥之中，断有还报，殃祸及于子孙，何苦而必欲为此。我每为尔等思念及此，辄至于终夜不能安寝，亦无非欲为尔寻一生路。惟是尔等冥顽不化，然后不得已而兴兵，此则非我杀之，乃天杀之也。今谓我全无杀人之心，亦是诳尔；若谓必欲杀尔，又非吾之本心。尔等今虽从恶，其始同是朝廷赤子。譬如一父母同生十子，八人为善，二人背逆，要害八人，父母之心，须去二人，然后八人得以安生。均之为子，父母之心，何故必欲偏杀二子？不得已也。吾于尔等，亦正如此。若此二子者，一旦悔恶迁善，号泣投诚，为父母者，亦必哀悯而赦之。何者？不忍杀其子者，乃父母之本心也。今得遂其本心，何喜何幸如之？吾于尔等，亦正如此。闻尔等为贼，所得苦亦不多，其间尚有衣食不充者。何不以尔为贼之勤苦精力，而用之于耕农，运之于商贾，可以坐致饶富，而安享逸乐，放心纵意，游观城市之中，优游田野之内。岂如今日，出则畏官避仇，入则防诛惧剿，潜形遁迹，忧苦终身，卒之身灭家破，妻子戮辱，亦有何好乎？尔等若能听吾言，改行从善，吾即视尔为良民，更不追尔旧恶。若习性已成，难更改动，亦由尔等任意为之。吾南调两广之狼达，西调湖湘之土兵，亲率大军，围尔巢穴，一年不尽，至于两年，两年不尽，至于三年。尔之财力有限，吾之兵粮无穷，纵尔等皆为有翼之虎，谅亦不能逃于天地之外矣。呜呼！民吾同胞，尔等皆吾赤子，吾终不能抚恤尔等，而至于杀尔，痛哉！痛哉！兴言至此，不觉泪下。”

译文

当时漳州匪寇之乱虽已平定，但乐昌、龙川依旧有很多匪贼作乱，先生准备带兵围剿，发兵攻打之前，先准备了酒肉银钱犒赏招抚，然后张贴告示劝诫匪徒说：“人们都以被称作匪盗贼寇为耻，因遭受匪寇劫掠而同仇敌忾。如今，若是有人痛骂你们是强盗匪徒，你们必然也会怒发冲冠；要是有人也来劫掠你的财产妻儿，焚烧你的房屋，你们难道就不会对其恨之入骨，宁死也要为家人和自己报仇吗？那么你们就这样加入成为匪盗的一员，受过匪盗灾祸的百姓如何能不憎恨你们呢？将心比心，你们难道不知道其中的痛苦吗？我想你们之中必然有不得已而加入匪盗中的，你们或许是被官府逼迫，或许是因乡绅地主压榨，走投无路，一时之间起了错误的念头而加入匪盗团伙，不敢离开。你们这种迫不得已的情况是非常值得同情的。但你们如今依旧没有彻底悔悟。当初你们去当山匪时，是由良民百姓走向必死之路，你们尚且敢去，如今给你们机会弃恶从善改过自新，是给你们一条重生的路，怎么反而不敢了？如果你们敢像当初投贼一样破釜沉舟拼死走出贼窝，自愿弃恶从善，那官府一定会对你们从轻发落。你们加入匪盗团伙沾染恶习已久，连杀人都能够忍受，必然对我所说的话心生疑虑，你们却不知道我们怀着仁爱百姓的心，连无故杀死鸡犬都不忍心，何况是无故杀人？若是我不分青红皂白将你们全部处死，那冥冥之中也会有因果报应殃及我的子孙后代，我又何苦这样做呢？我每每想到这些，便夜不能寐，无非是想要为你们找到一条生路。但是如果你们顽固不化不听劝诫，那我也只能起兵剿杀，这便不是我有意要将你们全部剿杀，而是顺应天理惩奸除恶。若我说现在毫无收剿你们的想法，那是诓骗你们的，但我从本心出发，绝没有过要将你们全部剿灭的想法。你们如今虽然有过恶行，但依旧是朝廷的子民。就如同一对父母有十个孩子，其中八个都是善良听话的，另外两个有忤逆之心，想要伤害八个善良的孩子，父母便必须要杀掉这两个孩子才能挽救八个善良的孩子。但在父母心中，他们都是自己的孩子，为什么就必须要杀掉这两个孩子呢？这也是不得已而为之。在我心中，你们也如这两个孩子一样。如果这两个孩子能从内心幡然悔悟，自此弃恶从善，那么做父母的必然会心生怜悯而原谅他们之前的过错。这是为什么呢？因为为人父母者是决不忍心杀害自己的孩子的，如今孩子们能弃恶从善，回归本心，那父母将会多么的欢喜啊！在我心中，你们也一样，你们虽然落草为寇，但你们劫掠所得也不多，甚至有食不果腹衣不蔽体的时候。那你们为何不将劫掠百姓的精力用在农耕劳作或是行商坐贾之上，若能如此，你们一定能衣食无忧，安享逸乐，甚至有闲情逸致时可以各地游玩，纵情山水之间。哪里会像现在一样，外出要躲避官府搜查和百姓的仇视，回到山中还要担心官兵围剿，四处逃窜藏身，终身忧苦不定，最终只能连累家人，落得个家破人亡的下场，这有什么好的呢？如果你们能听从我的劝诫，弃恶从善，我必将你们看做良民，不再追究你们之前的恶行，但若是你们恶习已成，不愿改过自新，那我也只能任由你们继续下去。我现在调集了两广官兵和湖湘土司狼兵，将亲自率领大军对你们进行围剿，一年不能剿灭，那我便用两年乃至三年，你们钱财粮草都是有限的，但是朝廷兵马的粮草却能不断供应，纵然你们插翅也难逃我大军的剿杀。唉！所有百姓都是我的同胞，你们原本是朝廷的良民百姓，我作为父母官最终不能抚慰救济你们，却要率兵剿杀你们，这让我非常痛心啊！写到这里，我竟不知不觉间潸然泪下。”

按，是谕文蔼然哀怜无辜之情，可以想见虞廷干羽之化矣。故当时酋长若黄金巢、卢珂等，即率众来投，愿效死以报。

译文

按，这篇告示字里行间充满了哀怜无辜之情，甚至能够体会到虞舜以文德教化天下之意。因此，当时的酋长黄金巢、卢珂等人看过告示后随即率领匪众前来投诚，并愿以死报效朝廷。

疏谢升赏。

译文

此事上呈朝廷后，皇上下诏为先生升官并进行封赏。先生写奏疏感谢皇上恩典。

朝廷以先生平漳寇功，升一级，银二十两，纻丝二表里，降敕奖励，故有谢疏。

译文

朝廷因先生平定漳州匪寇之乱有功，皇上下诏为先生升官一级，赏赐官银二十两，丝绸两匹。先生因此上疏谢恩。

疏处南、赣商税。

译文

先生上疏奏请处理南安、赣州两地的商税问题。

始，南安税商货于折梅亭，以资军饷，后多奸弊，仍并府北龟角尾，以疏闻。

译文

起初，南安往来货物的税款都上交至折梅亭，用以充盈军饷，后来在商税上多有欺上瞒下之事，于是先生把南安商税并入了北龟角尾。因此上疏呈达天听。

十月，平横水、桶冈诸寇。

译文

十月，先生平定了横水、桶冈寇乱。

南、赣西接湖广桂阳，有桶冈、横水诸贼巢，南接广东乐昌，东接广东龙川，有浰头诸贼巢。大贼首谢志珊，号征南王，纠率大贼钟明贵、萧规模、陈曰能等，约乐昌高快马等大修战具，并造吕公车。闻广东官兵方有事府江，欲先破南康，乘虚入广。先是，湖广巡抚都御史陈金题请三省夹攻。先生以桶冈、横水、左溪诸贼荼毒三省，其患虽同，而事势各异。以湖广言之，则桶冈为贼之咽喉，而横水，左溪为之腹心；以江西言之，则横水、左溪为之腹心，而桶冈为之羽翼。今议者不去腹心，而欲与湖广夹攻桶冈，进兵两寇之间，腹背受敌，势必不利。今议进兵横水、左溪，克期在十一月朔。贼见我兵未集，师期尚远，必以为先事桶冈，观望未备。乘此急击之，可以得志。由是移兵临桶冈，破竹之势成矣。于是决意先攻横水、左溪，分定哨道，指授方略，密以十月己酉进兵。至十一月己巳，凡破贼巢五十余，擒斩大贼首谢志珊等五十六，从贼首级二千一百六十八，俘获贼属二千三百二十四。众请乘胜进兵桶冈，先生复以桶冈天险，四塞中坚，其所由入，惟锁匙龙、葫芦洞、察坑、十八磊、新池五处，然皆架栈梯壑，于崖巅坐发礌石，可以御我师。虽上章一路稍平，然迂回半月始达，湖兵从入，我师复往，事皆非便。况横水、左溪余贼悉奔入，同难合势，为守必力。善战者，其势险，其节短。今我欲乘全胜之锋，兼三日之程，争百里之利，以顿兵于幽谷，所谓强弩之末，不能穿鲁缟矣。莫若移屯近地，休兵养威，使人谕以祸福，彼必惧而请伏。或有不从，乘而袭之，乃可以逞。因使其党往说之。贼喜，方集议，而横水、左溪奔入之贼果坚持不可，往复迟疑，不暇为备，而我兵分道疾进，前后合击，贼遂大败。破巢三十余，擒斩大贼首蓝天凤等三十四，从贼首级一千一百四，俘获贼属二千三百，捷闻，赐敕奖谕。

译文

南、赣两地西接湖广桂阳，南接广东乐昌，东临广东龙川，桶冈、横水、浰头等地有很多匪寇盘踞作乱。众匪贼的首领谢志珊自称征南王，率领钟明贵、萧规模、陈曰能等人，纠集乐昌的高快马等匪寇带头人大肆制造作战兵器，并制作了吕公车。他们听闻广东的官兵将要去府江出征，于是准备先攻破南康，乘机进入广东作乱。最初，湖广巡抚都御史陈金奏请集结三省兵力对其进行夹击。先生认为桶冈、横水、左溪诸地都有匪贼作乱为祸三省，但各地情况并不完全相同。针对胡广的匪寇来说，桶冈是进攻的咽喉要塞，而横水、左溪是贼寇盘踞的后方腹地所在；而对江西来说，则横水、左溪为大主要根据地，而桶冈是其爪牙。若是进攻时不先攻其要害，而是和湖广兵力一起夹攻桶冈，在两股匪贼据点之间出兵，那官兵必将腹背受敌，这样作战对官兵而言不利于战事。建议官兵先进兵横水、左溪，力求十一月上旬攻克两地。横水、左溪匪寇见官兵尚未集结三地兵力，短时间内没有合力出击，必定认为官兵要趁其不备先攻桶冈，官兵则可以趁此机会突然袭击，必然能一举击破，然后再出兵桶冈，必然能势如破竹。于是最终决定先攻横水、左溪。出击之前先布置了岗哨，定制作战方针，计划在十月己酉日发兵。十一月己巳日，官兵已经剿杀了匪贼据点五十多处，擒获斩杀大贼首谢志珊等五十六人，斩杀贼寇共计二千一百六十八人，俘获二千三百二十四人。众人请求乘胜发兵攻击桶冈，先生却认为桶冈是天险之地，四周皆有天险，能进入的地方只有锁匙龙、葫芦洞、察坑、十八磊、新池五处，然而这五个地方都需要架栈道天梯，如果贼寇在山顶扔下滚木便可以防御官兵。虽然从上章取道稍微安全易行一些，然而绕道需要半个月才能到达，湖广官兵和先生所率军队要进入都不方便。何况横水、左溪溃败的匪贼都逃入桶冈，共同构筑防卫之事，守卫力量必然十分强劲。善于作战的指挥者，面对险峻形势时，进攻的节奏需要短促有力，官兵如果要乘胜追击，则是急行军奔赶百里与贼寇争利，到那时官兵已经疲劳不堪，如同强弩之末，力量连薄薄的绢布也不能穿透。官兵不如班师到桶冈附近屯兵休养，同时让人向桶冈贼寇晓之以理，说明祸福利弊，必然会有贼人自愿投案，若是他们无动于衷，那么官兵也可趁其人心散乱之事发起攻击，如此便可一举攻破。于是决定让之前归降的匪寇前去劝降，贼人听了十分欢喜，集结商议愿意归降。但从横水、左溪溃败逃入的匪贼却坚持不愿归降。官兵趁贼寇慌张迟疑，防备疏泄时大举进攻，前后夹击大败匪寇。此战剿灭匪寇据点三十余处，擒获斩杀大贼首蓝天凤等三十四人，斩杀贼众一千一百零四人，俘获匪寇二千三百人。捷报传到朝廷，朝廷发下诏令嘉奖了众将士。

是役也，监军副使杨璋，参议黄宏，领兵都指挥许清，指挥使郑文，知府邢珣、季敩、伍文定、唐淳，知县王天与、张戬，指挥余恩、冯翔，县丞舒富，随征参谋等官指挥谢泉、冯廷瑞、姚玺，同知朱宪，推官危寿、徐文英，知县陈允谐、黄文鹫、宋瑢、陆璥，千户陈伟、高睿等咸上功。

译文

这次战事中，监军副使杨璋，参议黄宏，领兵都指挥许清，指挥使郑文，知府邢珣、季敩、伍文定、唐淳，知县王天与、张戬，指挥余恩、冯翔，县丞舒富，随征参谋等官指挥谢泉、冯廷瑞、姚玺，同知朱宪，推官危寿、徐文英，知县陈允谐、黄文鹫、宋瑢、陆璥，千户陈伟、高睿等人都居功甚大。

酋长谢志珊就擒，先生问曰：“汝何得党类之众若此？”志珊曰：“亦不容易。”曰：“何？”曰：“平生见世上好汉，断不轻易放过，多方钩致之，或纵其酒，或助其急，待其相德，与之吐实，无不应矣。”先生退语门人曰：“吾儒一生求朋友之益，岂异是哉？”

译文

贼首谢志珊被擒获之后，先生问他：“你是如何让这么多人愿意听从你的指挥的？”谢志珊说：“此事也非常的不容易。”先生问：“如何不容易？”谢志珊说：“我但凡遇到走投无路的好汉，都不会轻易放过，会送给他钱财酒肉或是助其解决燃眉之急，用各种方式交好他们，待到他们愿意与我交心时，再告诉他们实情，他们无一不愿与我共事。”后来先生跟他的门人说道：“我们儒士一生所追求志同道合的友人方式，不也是这个道理吗？”

十二月，班师。

译文

十二月，先生班师。

师至南康，百姓沿途顶香迎拜。所经州、县、隘、所，各立生祠。远乡之民，各肖像于祖堂，岁时尸祝。

译文

大军行至南康，沿途百姓夹道欢迎。军队所经过的各个州、县、隘、所，百姓都自发为先生建立生祠。偏远乡县的百姓，也都把先生的肖像挂在正堂，逢年过节都会祭拜。

闰十二月，奏设崇义县治，及茶寮隘上堡、铅厂、长龙三巡检司。

译文

闰十二月，先生奏请设立崇义县，并在茶寮隘设置上堡、铅厂、长龙三个巡检司。

先生上言，横水、左溪、桶冈诸贼巢凡八十余，界乎上犹、大庾、南康之中，四方相距各三百余里，号令不及，以故为贼所据。今幸削平，必建立县治，以示控制。议割上犹、崇义等三里，大庾、义安三里，南康、至坪一里，而特设县治于横水，道里适均，山水合抱，土地平坦。仍设三巡检司以遏要害。茶陵复当桶冈之中，西通桂阳、桂东，南连仁化、乐昌，北接龙泉、永新，东入万安、兴国，宜设隘保障。令千户孟俊伐木立栅，移皮袍洞隘兵，而益以邻近隘夫守焉。议上，悉从之，县名崇义。

译文

先生进言朝廷说，横水、左溪、桶冈有匪贼据点八十余处，散布在上犹、大庾、南康之中，各地相距三百余里，军令无法及时传达，因此被匪贼长期盘踞。如今有幸将其剿灭，需要建立行政县来治理。建议划分上犹、崇义各三里，大庾、义安各三里，南康、至坪各一里，设县治理横水，此范围大小合适，地理上呈山水合抱之势，且土地平坦。但仍然要设立上堡、铅厂、长龙三个巡检司来防守重要关卡。茶陵位于桶冈中心位置，西接桂阳、桂东，南连仁化、乐昌，北接龙泉、永新，东与万安、兴国接壤，应当设置关隘以防止贼寇入侵。下令千户孟俊伐木立栅，撤掉皮袍洞的守兵，用邻近关隘的隘夫代为守关。奏折呈上之后，朝廷对先生的奏议悉数采纳，设立了崇义县。

十有三年戊寅，先生四十七岁，在赣。

译文

明武宗正德十三年，岁在戊寅（1518），先生四十七岁，居住在江西。

正月，征三浰。

译文

正月，出征三浰。

与薛侃书曰："即日已抵龙南，明日入巢，四路皆如期并进，贼有必破之势矣。向在横水，尝寄书仕德云：'破山中贼易，破心中贼难。'区区剪除鼠窃，何足为异？若诸贤扫荡心腹之寇，以收廓清平定之功，此诚大丈夫不世之伟绩。数日来，谅已得必胜之策，奏捷有期矣，何喜如之！梁日孚、杨仕德诚可与共学。廨中事累尚谦。小儿正宪，犹望时赐督责。"时延尚谦为正宪师，兼倚以衙中政事，故云。

译文

先生给薛侃写信说："我今天已经抵达龙南，明天发兵攻打山匪，兵分四路齐头并进，肯定能势如破竹击败山匪。之前在横水时，我也曾写信给杨仕德说：'打败山中匪贼容易，但是想要打败自己心中之贼却非常难。'只是剿杀区区毛贼匪盗，又有什么值得惊讶的呢？若是众学者能够荡清自己内心的纷杂念头，最终达到身心清明平静，这不正是大丈夫能做出的最伟大的功绩吗？这段时间以来，想必你已经悟得了静心之法，想必很快就能听到你的好消息了，没有比这更令我欣慰的了！梁日孚、杨仕德治学至诚，你可以和他们共同参学。现在我公事太多，不得空闲，还希望你能够监督教导我的儿子正宪的学业。”当时，先生请薛侃当正宪的老师，同时也将部分政事委托给他，因此才有了这封信。

二月，奏移小溪驿。

译文

二月，先生请奏移建小溪驿。

小溪驿旧当南康、南安中。丙子，大庾峰山里民惧贼仇杀，自愿筑城为卫。至是年二月，奏移驿其中。

译文

小溪驿之前在南康、南安之间。丙子年，大庾峰山的百姓因为害怕山贼劫掠，自发修筑了城墙进行防御。到了戊寅年二月，先生奏请将小溪驿移到城中。

三月，疏乞致仕，不允。

译文

三月，先生上疏请求辞官，皇上没有允许。

以病也。

译文

先生以生病为由上疏。

袭平大帽、浰头诸寇。

译文

先生带兵攻打大帽、浰头等地的匪寇。

先生议攻取之宜，先横水，次桶冈，次与广东徐图浰头。方进兵横水时，恐浰头乘之，乃为告谕，颇多感动。惟池仲容曰：“我等为贼非一年，官府来招非一次，告谕何足凭？待金巢等无事，降未晚也。”金巢等至，乃释罪，推诚抚之，各愿自投。于是择其众五百人从征横水。横水既破，仲容等始惧，遣其弟池仲安来附，意以缓兵。先生觉之。比征桶冈，使截路上新池，以迂其归，内严警备，外若宽假。被害者皆言池氏凶狡，两经夹剿无功。其曰：“狼兵易与耳，调来须半年，我避不须一月。谓来不能速，留不能久也。”咸请济师，不从。乃密画方略，使各归部集，候期遏贼。及桶冈破，贼益惧，私为战守之备。复使人赐酋牛酒，以察其变。贼度不可隐，诈称龙川新民卢珂、郑志高等将行掩袭，故豫为防，非虞官兵也。佯信之，因怒珂等擅兵仇杀，移檄龙川，使廉实，将伐木开道讨之。贼闻且信且惧，复使来谢。会珂等告变，先生欲借珂以绐三浰，密语珂曰：“吾姑毁状，汝当再来，来则受杖三十，系数旬，乃可。”珂知，既喜诺。先生复授其意参随，密示行杖人，令极轻。至是假怒珂，数罪状，且将逮其属尽斩之，而阴纵其弟集兵。先生先期召巡捕官，佯曰：“今大征已毕，时和年丰，可令民家盛作鼓乐、大张灯会乐之，亦数十年一奇事也。”又曰：“乐户多住龟角尾，恐招盗，曷迁入城来？”于是街巷俱然灯鸣鼓。已旬余，又遣指挥余恩及黄表颁历三浰，推心招徕之。时仲容等疑先生图已，既得历，稍安。黄表辈从容曰：“若辈新民，礼节生疏，我来颁历，若可高坐乎？”于是仲容率其党九十三人，皆悍酋，来营教场，而自以数人入见。先生呵曰：“若皆吾新民，不入见而营教场，疑我乎？”仲容惶恐曰：“听命耳。”即遣人引至祥符宫，见物宇整洁，喜出望外。是时十二月二十三也。先生既遣参随数人馆伴，复制青衣油靴，教之习礼，以察其志意所向。审其贪残终不可化，而士民咸诟于道曰：“此养寇贻害，先生复决歼魁之念矣。”逾日辞归，先生曰：“自此至三浰八九日，今即往，岁内未必至家。即至，又当走拜正节，徒自取劳苦耳。闻赣州今岁有灯，曷以正月归乎？”数日，复辞，先生曰：“正节尚未犒赏，奈何？”初二日，令有司大烹于宫，以次日宴。是夕，令龙光潜入甲士，诘旦，尽歼之。先生自惜终不能化，日已过未刻，不食，大眩晕，呕吐。先时尝密遣千户孟俊督珂弟集兵以防其变，及是夜将半，自率军从龙南、冷水直捣下浰。九连山横亘数百里，四面陡绝，须半月始达，而贼已据险。先生选精锐七百余，皆衣贼衣，佯奔溃，乘暮至贼崖下。贼下招之，我兵佯应。既度险，扼其后路。次日，从上下击，西路伏起，一鼓擒之。抚其降酋张仲全等二百余人。视地里险易，立县置隘，留兵防守而归。

译文

先生计划先攻打横水，其次是桶冈，然后再和广东官兵一起与广东攻打浰头。在攻打横水时，为了不让浰头匪寇乘机袭击官兵，便发出告谕，且动之以情，有很多匪寇听过告谕后被感化。匪寇池仲容说："我们当山贼也不是一两年了，官府来招降也不是一次两次了，告示上说的话怎么能信了？等到前去归降的金巢等人真的没事了，我们再去归降也来得及。"金巢等人前去归降，真的被从轻发落，并被官兵以诚心相待，他们更加心服口服自愿归降。先生在归降的人中挑选了五百人，和官兵一起征讨横水匪寇。横水匪寇被剿灭之后，池仲容等人终于开始害怕了，于是派自己的弟弟池仲安假意归降，想要使用缓兵之计。先生察觉了他们的意图，于是紧接着带兵征讨桶冈，又派人在新池阻挠池仲安，使他只能绕道而回，在军队内部严加警戒，却故意让匪寇觉得官兵防备松散。被匪寇骚扰的百姓都说池氏手下的匪寇十分的凶残狡猾，官府两次剿杀都无功而返。先生说："虽然用狼兵能轻易对付他们，但调遣狼兵过来至少需要半年之久，而我们回去只需不到一个月。狼兵不能及时赶到，也不能在此久留。"大家都希望请兵增援，先生没有同意，重新秘密制定了进攻计划，让各个部队先行回到驻地，等待出击的最佳时机。待到桶冈被攻破后，池仲容等人更加恐惧，加强了防御守备。先生再次给他们的首领送去酒肉试探他们的态度。匪寇觉得已无法继续躲藏了，于是假称加强了防御是因为得知龙川卢珂、郑志高等将带人偷袭自己，并不是为了抵抗官兵。先生假装相信了他们，又因为气愤卢珂等人随意残杀百姓，带兵前往龙川剿杀，部队从廉实伐木开道前去征讨。贼寇听说之后惊慌失措，派人前往官衙谢罪。卢珂派人告知先生池仲容等人正在谋划作乱，于是将计就计，打算借攻打卢珂之名佯攻三浰，于是暗中写信给卢珂说："我会假意来攻打你们，到时你们前来归降，这样的话，我只会将你们杖责三十，拘押几个月，不会处以重刑。"卢珂知道后，十分欢喜地接受了。先生又示意自己的手下秘密让行刑的人施杖刑的时候从轻处置。到了阵前，先生故意表现得对卢珂非常愤怒，细数其无数罪行，并扬言说要将他的所有手下全部逮捕并处以斩刑，暗中却放任他的弟弟回去纠集兵力。先生先召见了巡捕官，假意告诉他："现在剿匪之事已经结束了，正值风调雨顺，五谷丰登之时，何不让百姓举办灯会，大兴乐舞来庆祝这数十年一遇的美事呢？"又说："今年获得丰收的百姓大多都住在龟角尾，可能会招来盗匪，把他们迁入城中来吧。"命令传达下去之后，街头巷尾都灯火通明，锣鼓喧天。十多天后，又派指挥余恩及黄表下发新年历给三浰的匪贼，推心置腹招揽他们。当时池仲容等人依旧怀疑先生在设计对付自己，待拿到年历后心中才稍微安定了一些。黄表等人从容对他们说："你们现在改过自新，对各种礼节尚且生疏，我是来颁布新年历的，怎么能坐于上位呢？"于是池仲容带领九十三个手下随他们驻扎到军中演武场，其中几个人去见了先生。先生呵斥他们说："如果你们真的悔过自新了，为什么要驻扎于演武场，而不来见我？难道是在怀疑我吗？"池仲容等人惶恐说道："遵先生命令。"于是十二月二十三日先生派人带领他们住到祥符宫，他们见此处房屋整洁，用具齐全，都喜出望外。先生又派遣了几名随从入馆相伴，为他们制作青衣油靴，教他们学习礼数，观察他们的行为和想法是否真的改过向善了。经观察发现，这些匪寇依旧贪婪残暴，难以教化，士兵百姓都对先生说："这简直就是纵容匪寇留下祸害！"于是先生再次下决心剿杀这股匪寇。过了几天，几人前来告辞，要求回去，先生说："从这里到三浰需要八九天，你们今天出发，年前未必能到家。等你们到家了，又到了春节走访亲友的时候了，这不是平白让自己辛苦一番吗？听说赣州今年春节有灯会，你们为什么不等到正月再回去呢？"又过了几天，他们再次请求告辞返回，先生又对他们说："还没到春节犒赏大家呢，怎么就要走了呢？"初二那天，先生令当地官员在祥符宫准备了丰盛的食物，第二天了为他们大摆宴席。当天夜里，先生命令士兵潜入匪寇的住处对其进行剿杀，到天明时，将匪徒全部歼灭。先生对于无奈下剿杀了这些无法教化的匪寇感到十分痛心，直到当天未时，依旧滴水未进，最终头晕呕吐病倒。之前先生暗中派千户孟俊监督卢珂的弟弟集结手下，以防止其发生兵变，当天半夜，先生亲自率军从龙南、冷水直捣匪巢，攻下三浰。匪寇故意在河中错落放置了很多阻水石，先生身先士卒穿着草鞋率先渡河，其余将士紧跟其后，没有一个溺水的。贼寇据点的山门修筑得十分坚固，先生选了上百名士兵，带着军旗炮火，悄悄从后山进攻。不久，后山炮灰纷飞，军旗飘扬，山上的贼寇惊慌失措，最后官兵攻破山门，剿灭了山匪。当时是正月初七。兵备副使杨璋，守备指挥郏文，知府陈祥、邢珣、季敩，推官危寿，指挥余恩、姚玺，县丞舒富都随先生同去剿匪。此次剿匪攻破贼寇据点三十八个，擒获斩首贼首五十八人，匪贼二千余人，剩余匪徒溃逃九连山。九连山绵延数百里，四面都是陡峭的山崖，官兵需要行军半个月才能到达，官兵到达时匪贼已经占据了天险之地。先生挑选了七百多名精锐之兵，让他们穿着匪寇的衣服，佯装被击败溃逃，下午的时候到了贼匪盘踞的山崖之下。山上的匪寇贼下来招揽官兵，官兵假装答应。待到过了天险之处，便占据了山匪的退路。第二天，官兵从九连山上下夹击，在西侧埋伏的官兵也突然出击，一鼓作气，擒拿了贼寇。安抚了归降的匪徒张仲全等二百余人。战后，先生看此处地势天险，易守难攻，在此处建立了县治，设置关隘，留下士兵防守，然后才带兵归还。

先生未至赣时，已闻有三省夹攻之议，即谓夹攻大举，恐不足以灭贼，乃进《攻治疏》。谓朝廷若假以赏罚，使得便宜行事，动无掣肘，可以相机而发，一寨可攻，则攻一寨，一巢可扑，则扑一巢，量其罪恶之浅深，而为剿抚之先后，则可以省供馈征调之费。日剪月削，澌尽灰灭。此则如昔人拔齿之喻，齿拔而儿不觉者也。若欲夹攻以快一朝之忿，则计贼二万，须兵十万，积粟料财，数月而事始集。兵未出境，贼已深逃，锋刃所加，不过老弱胁从之辈耳。况狼兵所过，不减于盗。近年江西有姚源之役，福建有汀、漳之寇，府江之师，方集于两广，偏桥之讨，未息于湖、湘，若复加以大兵，民将何以堪命？此则一拔去齿，而儿亦随毙者也。是疏方上，而夹攻成命已下矣。先生又以为夹攻之策，名虽三省大举，其实举动次第，自有先后。如江西之南安，有上犹、大庾、桶冈等处贼巢，与湖广桂东、桂阳接境，夹攻之举，止宜江西与湖广会合，而广东于仁化县要害把截，不与焉。

赣州之龙南，有浰头贼巢，与广东龙川接境，夹攻之举，止宜江西与广东会合，而湖广不与焉。广东乐昌、乳源贼巢，与湖广宜章县接境，惠州贼巢，与湖广临武县接境，仁化县贼巢，与湖广桂阳县接境，夹攻之举，止宜湖广、广东二省会合，而江西于大庾县要害把截，不与焉。若不此之察，必欲通待三省兵齐，然后进剿，则老师费财，为害匪细矣。今并力于上犹也，则姑遣人佯抚乐昌诸贼，以安其心。彼见广东既未有备，而湖广之兵又不及己，乃幸旦夕之生，必不敢越界以援上犹。及上犹既举，而湖广移兵以合广东，则乐昌诸贼其势已孤。二省兵力益专，其举益易，当是之时，龙川贼巢相去辽绝，自以为风马牛不相及，彼见江西之兵又彻，意必不疑。班师之日，出其不意，回军合击，蔑有不济者矣。疏上，朝廷许以便宜行事。桶冈既灭，湖广兵期始至。恐其徒劳远涉，即奖励统兵参将史春，使之即日回军，及计斩浰头，广东尚不及闻。皆与前议合。

译文

先生还没到江西时，已经听说了三省兵力想要共同出击，但是三方夹击是极其大的军事行动，恐怕难以一举歼灭匪寇，于是写了《攻治疏》上呈朝廷。认为朝廷如果定下赏罚制度，让军队在外可以便宜行事而不受掣肘，可以伺机发兵，在进攻时可以视攻打的难易程度抉择攻打顺序，能攻下一寨一巢则极力攻下一寨一巢，如此便可以节省下很多调兵遣将的花费。经过长时间分开讨伐，方能慢慢使匪寇绝迹。就如前人所说，给孩子拔牙时，牙齿拔掉了孩子还不知道一样。若是为了一时之气，三省夹击，那么想要剿灭两万匪贼需要派出十万官兵，花费无数粮草军饷，历时数月才能集结完毕。官兵还未出动，匪寇早已潜逃，能够捕获的也不过是被抛弃的老弱病残罢了。况且若是调集狼兵前来相助，狼兵过境之处，对百姓的骚扰并不亚于匪寇。这些年，江西有姚源之战，福建有汀州、漳州平寇之战，府江军队才在两广集结，湖湘两地的将士征讨偏桥还没结束，若是又大举出兵，那必将民不聊生。这便如同虽然拔掉了生病的牙齿，但是孩子也因此而丧命。奏疏呈至朝廷时，皇上已经下达了三省共同进攻的命令。先生又再次上疏说虽然夹攻之策名义上由三省共同举兵，但实际上各自行动应当有先后顺序。江西南安有上犹、大庾、桶冈等多处贼巢盘踞的地方和湖广桂东、桂阳接壤，若要夹攻则应当江西与湖广共同出击，而广东将士可以在仁化县阻截匪寇咽喉要害之道，杜绝匪寇逃窜。赣州的龙南浰头的匪寇据点和广东龙川接壤，若要夹攻则应当江西与广东共同出击，而湖广将士不用参与。广东乐昌、乳源的匪寇据点与湖广宜章县接壤，惠州匪寇据点与湖广临武县接壤，仁化县匪寇据点与湖广桂阳县接壤，夹攻之策应由湖广、广东共同出击，江西将士在大庾县阻截咽喉要害之道，杜绝匪寇逃窜。若是不明白这点，非要等到三省兵力集结完毕再进攻，这个过程必定使得军队劳顿，军饷浪费。如今既已经集兵于上犹，姑且派人假意安抚乐昌等地的匪寇，使其放下戒心，匪寇看广东没有军事防备，而湖广兵力又鞭长莫及，必然贪图生存机会，必定不敢越界以援上犹匪寇。待到平定了上犹匪乱，再将湖广兵力移至广东，一起进攻乐昌，此时的乐昌贼寇也就势单力孤了。两省的兵力出击越是集中，越容易一举攻下匪寇，等到那时，龙川各匪寇相距甚远，无法互通有无，料想他们也无法重新集结，待到我们班师返回时，再出其不意攻其不备，定能将他们全部攻下。奏疏呈上朝廷后，皇上立即允许先生便宜行事。桶冈匪寇剿灭后，湖广兵力才到，先生担心他们长途跋涉却徒劳无功，便立即嘉奖了参将史春，让他马上带兵返回，后来直到三浰寇乱都平定了，广东还不知道。所有经过和结果都如先生奏疏中所说的那样。

四月，班师，立社学。

译文

四月，先生班师返回，建立了社学。

先生谓民风不善，由于教化未明。今幸盗贼稍平，民困渐息，一应移风易俗之事，虽未能尽举，姑且就其浅近易行者，开导训诲。即行告谕，发南、赣所属各县父老子弟，互相戒勉，兴立社学，延师教子，歌诗习礼。出入街衢，官长至，俱叉手拱立。先生或赞赏训诱之。久之，市民亦知冠服，朝夕歌声，达于委巷，雍雍然渐成礼让之俗矣。

译文

先生认为民风彪悍是因为教育感化程度不够，如今匪寇之乱已平，百姓能够得以休生养息，这些移风易俗的举措，虽然不能立即全部施行，但可以暂时先选择其中容易做到的，对百姓进行教导。于是在南、赣各县发出告示，劝诫各地父老乡亲，要求百姓相互劝诫勉励，建立社学，延请老师教育子女，学习诗歌礼仪。要求人们在街道上见到官员，都要行礼。先生对各种礼仪行为都以赞赏表扬循循善诱。久而久之，百姓都逐渐变得知书达理，守礼谦让的风俗渐渐在当地形成。

按《训蒙大意示教读刘伯颂等》曰："今教童子者，当以孝悌忠信、礼义廉耻为专务。其培植涵养之方，则宜诱之歌诗，以发其志意；导之习礼，以肃其威仪；讽之读书，以开其知觉。今人往往以歌诗习礼为不切时务，此皆末俗庸鄙之见，乌足以知古人立教之意哉？大抵童子之情，乐嬉戏而惮拘检，如草木之始萌芽，舒畅之则条达，摧挠之则衰痿。故凡诱之歌诗者，非但发其志意而已，亦所以泄其跳号呼啸于咏歌，宣其幽抑结滞于音节也。导之习礼者，非但肃其威仪而已，亦所以周旋揖让，而动荡其血脉，拜起屈伸，而固束其筋骸也。讽之读书者，非但开其知觉而已，亦所以沉潜反复而存其心，抑扬讽诵以宣其志也。若责其检束，而不知导之以礼，求其聪明，而不知养之以善，彼视学舍如囹狱而不肯入，视师长如寇仇而不欲见矣，求其为善也得乎？"

译文

按《训蒙大意示教读刘伯颂等》大意是说："现在教育孩童，应当把孝悌忠信礼义廉耻作为专门的功课。要培养孩子的内涵教养，应当以吟唱诗歌来引导激发他们的志趣；教导他们学习礼仪来肃整他们的仪容；劝导他们读圣贤之书来启发他们的智慧。现在人们都认为吟唱诗歌、学习礼仪是不合时宜的，却不知这些认知正是庸俗鄙薄的，他们完全不能明白古人建立这种教育方式的本意呢！一般说来，孩童的性情是喜欢嬉戏玩耍讨厌约束的，就像草木刚开始发芽时，如果让它舒展畅快地生长，就能迅速发育繁茂，如果摧残阻挠它就会很快枯萎。所以让孩子们学习吟唱诗歌，不只是为了引导激发他们的志趣，也是用这种方式来消耗他们蹦跳呼喊的精力，在音律中宣泄他们心中的郁结和不快。引导他们学习礼仪，不仅是为了庄严他们的仪容，也是借此让他们在揖让叩拜的动作中活动血脉，在起跪屈伸中强健筋骨。教导他们读书，不仅是为了启发他们的智慧，也是为了让他们在反复思索中涵养他们的本心，在抑扬顿挫的朗诵中找到他们的志向。如果只一味地要求他们约束自己，却不用礼仪来引导他们，一味地要求他们的聪明智慧，却不培养他们的善良的本性，使得他们觉得学校像是监狱一样，不愿去上学，把老师当做强盗仇人一样不愿意见，如何能培养他们善良的本性呢？”

五月，奏设和平县。

译文

五月，先生奏请设立和平县。

和平县治本和平峒羊子地，为三省贼冲要路。其中山水环抱，土地坦平，人烟辏集，千有余家。东去兴宁、长乐、安远，西抵河源，南界龙川，北际龙南，各有数日程。其山水阻隔，道路辽远，人迹既稀，奸宄多萃。相传原系循州龙川、雷乡一州二县之地，后为贼据，止存龙川一县。洪武中，贼首谢士真等相继作乱，遂极陵夷。先生谓宜乘时修复县治，以严控制，改和平巡检司于浰头，以遏要害。议上，悉从之。

译文

和平县所辖之地原本是和平峒羊子地，是三省匪寇往来的必经之地，这里土地坦平，被山水环抱，人烟密集，有上千户百姓居住于此。此地东边到兴宁、长乐、安远，西边到河源，南界龙川，北边到龙南，各自都需要几天的路程，途中山险水恶，人迹罕至，一路上有无数匪徒歹人。据说原来是循州龙川、雷乡一州二县所属之地，后来被山贼占据，只剩下龙川这一个县尚存。洪武年间，贼首谢士真等人相继作乱，于是当地民生逐渐衰败。先生认为应该及时恢复县治来防范匪寇作乱，于是将和平巡检司改立到浰头，用以守卫要害之地。将建议呈上之后，朝廷悉数同意了。

六月，升都察院右副都御史，荫子锦衣卫，世袭百户。辞免，不允。

译文

六月，先生升任都察院右副都御史，朝廷御赐其子承荫锦衣卫，世袭百户。先生上疏请求辞去荫封，不被允许。

旌横水、桶冈功也。先生具疏辞免曰："臣过蒙国恩，授以巡抚之寄。时臣方抱病请告，偶值前官有托疾避难之嫌，朝廷谴之简书，臣遂狼狈莅事。当是时，兵耗财匮，盗炽民穷，束手无策。朝廷念民命之颠危，虑臣力之薄劣，本兵议假臣以赏罚，则从之，议给臣以旗牌，则从之，议改臣以提督，则从之，授之方略，而不拘以制，责其成功，而不限以时，由是臣得以伸缩如志，举动自由，一鼓而破横水，再鼓而灭桶冈。振旅复举，又一鼓而破三浰，再鼓而下九连。皆本兵之议，朝廷之断也。臣亦何功之有，而敢冒承其赏乎？况臣福过灾生，已尝恳疏求告，今乃求退获进，引咎蒙赉，其如赏功之典何？"奏入，不允。

译文

朝廷表彰先生平定横水、桶冈寇乱的功劳，先生都上疏拒绝了。在奏疏中先生说："微臣已经受到了朝廷过多的恩典，得任巡抚一职。当时我因病想要请求辞官，但恰好遇上前任巡抚托词生病以躲避责任，朝廷下诏谴责，我这才匆忙之间接任。那时候兵力虚弱，粮草匮乏，匪盗横行，民不聊生，官府对此束手无策。朝廷顾念民生艰难，而我能力有限，兵部尚书奏请朝廷赐予我阵前赏罚的权力，赐予我军旗军牌，允许我改任提督，朝廷都悉数应允，让我能够不受掣肘自己制定进攻计划，及时给将士按军功进行赏罚，因此我才能自如地排兵布阵，一举拿下横水匪寇，随后攻下桶冈。班师整顿军队后，又一鼓作气攻破三浰并接连拿下九连山。这些都是兵部尚书的建议，朝廷的决断，我又有什么功劳敢于领受这些赏赐呢？我怕获得的恩典过重，物极必反，上疏请求辞官，如今我在求退之时反而获得升官，自己有过失之处却得到赏赐，这不符合封赏的制度啊。"奏疏呈上之后，被朝廷拒绝了。

七月，刻古本《大学》。

译文

七月，先生刻印了古本《大学》。

先生出入贼垒，未暇宁居，门人薛侃、欧阳德、梁焯、何廷仁、黄弘纲、薛俊、杨骥、郭治、周仲、周冲、周魁、郭持平、刘道、袁梦麟、王舜鹏、王学益、余光、黄槐密、黄鎣、吴伦、陈稷刘、鲁扶黻、吴鹤、薛侨、薛宗铨、欧阳昱，皆讲聚不散。至是回军休士，始得专意于朋友，日与发明《大学》本旨，指示入道之方。先生在龙场时，疑朱子《大学章句》非圣门本旨，手录古本，伏读精思，始信圣人之学本简易明白。其书止为一篇，原无经传之分。格致本于诚意，原无缺传可补。以诚意为主，而为致知格物之功，故不必增一敬字。以良知指示至善之本体，故不必假于见闻。至是录刻成书，傍为之释，而引以叙。

译文

先生带兵征讨匪寇期间，没有闲暇时间为门人讲学，但门人薛侃、欧阳德、梁焯、何廷仁、黄弘纲、薛俊、杨骥、郭治、周仲、周冲、周魁、郭持平、刘道、袁梦麟、王舜鹏、王学益、余光、黄槐密、黄鎣、吴伦、陈稷刘、鲁扶黻、吴鹤、薛侨、薛宗铨、欧阳昱等人都时常聚在一起相互切磋学习，不曾懈怠。待先生得胜归来，这才有精力专注于和门人师友交流学问，他日夜和众人研究发扬《大学》的主旨思想，为门人指明钻研圣人之学的方向。之前先生在龙场时，认为朱熹的《大学章句》和圣人之学的主旨并不是十分契合，于是自己手录了古本《大学》，日夜研究，最终发现圣人之学本就是简明易懂的，《大学》仅有一篇，不存在经传的区别。格物致知本就是诚意的本源，没有什么需要补足的。以诚意为主，来修习致知格物的功夫，因此不需要再增加一个敬字。以良知指导原本至善的本心已经足够了，不必借助见闻。先生重新刻录了《古本大学》，加上自己的注释，并亲自为其作序。

刻《朱子晚年定论》。

译文

先生又刻录了《朱子晚年定论》一书。

先生序略曰："昔谪官龙场，居夷处困，动心忍性之余，恍若有悟。证诸《六经》《四子》，洞然无复可疑。独于朱子之说，有相抵牾，恒疚于心。切疑朱子之贤，而岂其于此尚有未察？及官留都，复取朱子之书而检求之，然后知其晚岁固已大悟旧说之非，痛悔极艾，至以为自诳诳人之罪，不可胜赎。世之所传《集注》《或问》之类，乃其中年未定之说，自咎以为旧本之误，思改正而未及。而其诸《语类》之属，又其门人挟胜心以附己见，固于朱子平日之说犹有大相缪戾者。而世之学者，局于见闻，不过持循讲习于此，其于悟后之论，概乎其未有闻。则亦何怪乎予言之不信，而朱子之心无以自暴于后世也乎？予既自幸说之不缪于朱子，又喜朱子之先得我心之同然，且慨夫世之学者，徒守朱子中年未定之说，而不复知求其晚岁既悟之论，竞相呶呶，以乱正学，不自知其已入于异端，辄采录而裒集之，私以示夫同志。庶几无疑于吾说，而圣学之明可冀矣。"

译文

先生在序中写道："之前我谪居在龙场蛮夷之地，身处困境，历经困苦而磨炼身心意志之后，恍然有所了悟，随后以《六经》《四子》之书逐一验证自己的观点，都清楚明了没有什么不同的。唯独和朱子的学说有所出入，这一直在我心中有所困扰。我也曾怀疑过朱子的学说是错误的，但是又怎么知道他对于这方面没有理解到？于是我回京任职之后，又重新通读了朱子的书寻求答案，这才知道他在晚年间已经彻底通晓领悟了自己之前学说的错漏之处，对此十分痛心悔恨，觉得自己不仅误导了自己也误导了其他学者，认为自己的罪过难以饶恕。如今世上流传的《四书集注》《大学或问》等书，都是他中年时期思想尚未定格时的学说，朱子已经发现了自己就说重点错误之处，想要修正却没来得及。《朱子语类》等文字，又是他的弟子裹挟着争强好胜之心附会自己的意思，固然就与朱子本来的说法大相径庭。然而现在的学者见闻有限，依循旧例讲习这些朱子还未确定的学说，对于朱子晚年悔悟之后的观点，大概并未听说过。如此情形之下，我所说的话无人相信，朱子的心迹无法昭示后世，又有什么奇怪呢？我既为自己的学说不与朱子抵牾而感到幸运，又欣喜于朱子能在我之前已经领悟了这些道理，但也感慨于世俗的学者只会守陈朱子中年时尚未形成定论的学说，而不去探求其晚年领悟正道之后的学说，争论不断，扰乱正学，却不知自己已堕入异端了。因此我采录搜集了相关的论说文字，私下里给同道学者们看，或许他们会不再怀疑我的学说，如此一来圣人之学能得以昌明也就在望了！”

《与安之书》曰：“留都时，偶因饶舌，遂至多口，攻之者环四面。取朱子晚年悔悟之说，集为《定论》，聊借以解纷耳。门人辈近刻之雩都，初闻甚不喜，然士夫见之，乃往往遂有开发者，无意中得此一助，亦颇省颊舌之劳。近年篁墩诸公尝有《道一》等编，见者先怀党同伐异之念，故卒不能有入，反激而怒。今但取朱子之所自言者表章之，不加一辞，虽有褊心，将无所施其怒矣。有志向者一出指示之。”

译文

先生在《与安之书》说：“我留任京城时，偶然间因为自己多嘴，说了一些不该说的话，导致了众多人对我学说的攻击。于是采录了朱子晚年悔悟之后的学说集录为《朱子晚年定论》，想要借此来排解一些纷争。门人最近在雩都刻录了此书，我刚知道时非常不认可，然而学者们看过此书之后，逐渐能够领悟其中理论，无意间能有这样的效果，也算是为我省下了不少口舌。近年来篁墩的学者编录了《道一》，有些看过此书的人十分偏激，完全不能接受与其相左的意见，若是有人一再辩论便会激怒他。现在我摘取了一些朱子自己的言论，不曾多加一言一语，那些学者虽然对自己的言论有偏袒，但在我的书中应该也找不到可以激怒他们的地方了。若是有对此种学说认可的人看到这本书，或许还可以起到为其指引方向的作用。”

八月，门人薛侃刻《传习录》。

译文

八月，先生门人薛侃刊刻了《传习录》。

侃得徐爱所遗《传习录》一卷，序二篇，与陆澄各录一卷，刻于虔。

译文

薛侃拿到了徐爱留下的《传习录》一卷，并序二篇，又和陆澄分别录了一卷，在虔州刊刻出版。

是年爱卒，先生哭之恸。爱及门独先，闻道亦早。尝游南岳，梦一瞿昙抚其背曰："尔与颜子同德，亦与颜子同寿。"自南京兵部郎中告病归，与陆澄谋耕霅上之田以俟师。年才三十一。先生每语辄伤之。

译文

这一年徐爱去世，先生十分悲痛。徐爱是先生最早的一批门人，也是最先理解领悟先生学说的人。他曾在南岳游玩时，梦到一僧人拍着他的背说："你的德行和颜回一样高尚，你的寿命也将和颜回一样。"于是告病辞去自南京兵部郎中一职回到老家，和陆澄一起在霅上购置田地耕作等待先生剿匪归来。这一年他才三十一岁，后来先生每每说起他都十分伤心。

九月，修濂溪书院。

译文

九月，先生带人修葺了濂溪书院。

四方学者辐辏，始寓射圃，至不能容，乃修濂溪书院居之。

译文

当时先生学说越传越广，各地学者都前来听他讲学，最初还只是住在习射场附近的馆舍内，后来人越来越多，渐渐地馆舍无法再容纳更多的人了，于是先生带人修葺了濂溪书院让前来的学者们居住。

先生大征既上捷，一日设酒食劳诸生，且曰："以此相报。"诸生瞿然问故。先生曰："始吾登堂，每有赏罚，不敢肆，常恐有愧诸君。比与诸君相对久之，尚觉前此赏罚犹未也，于是思求其过以改之。直至登堂行事，与诸君相对时无少增损，方始心安。此即诸君之助，固不必事事烦口齿为也。"诸生闻言，愈省各畏。

译文

出征得胜归来后，有一天，先生设宴慰劳诸位学者，并对大家说："我只能以此宴席来回报诸位的厚爱了。"众人都十分惊讶地询问先生原因。先生说："我最初登上讲台为诸位讲学时，常常怕自己做不到知行合一而愧对众位，对你们进行赏罚及诸多安排，一直谨小慎微。后来和大家相处久了，才发现之前的行为是不合适的，于是痛定思痛力求改正自己。现在我再登台讲学，在各位面前能够坦坦荡荡，不再谨小慎微了。这就是你们对我最大的帮助了，是无法用言语来表达的。"在座的学者听先生此言，越发敬畏先生了。

十月，举乡约。

译文

十月，先生制定了乡约保甲法。

先生自大征后，以为民虽格面，未知格心，乃举乡约告谕父老子弟，使相警戒，辞有曰："顷者顽卒倡乱，震惊远迩。父老子弟，甚忧苦骚动。彼冥顽无知，逆天叛伦，自求诛戮，究言思之，实足悯悼。然亦岂独冥顽者之罪，有司抚养之有缺，训迪之无方，均有责焉。虽然，父老之所以倡率饬励于平日，无乃亦有所未至欤？今倡乱渠魁，皆就擒灭，胁从无辜，悉已宽贷，地方虽以宁复。然创今图后，父老所以教约其子弟者，自此不可以不豫。故今特为保甲之法，以相警戒。聊属父老，其率子弟慎行之。务和尔邻里，齐尔姻族，德义相劝，过失相规，敦礼让之风，成淳厚之俗。"

译文

在剿灭贼匪以后，先生觉得百姓虽然表面上看起来已经有所改变，但实际上内心未必真的改过自新了，于是制定了乡约保甲法用以劝诫相亲。先生在告示中写道："之前匪盗猖獗作乱，远近闻名，百姓深受其害。他们冥顽不灵，愚钝无知，行叛乱之事，最终被剿杀身死，细细想来，实在令人痛惜又怜悯。但导致这种后果的不仅仅是因为他们冥顽不灵，愚钝无知，当地官员教化不力也有极大的责任。虽然平日里引导百姓们整饬言行，但也有很多没能做到的地方。现在作乱的匪寇已经被平定了，被迫落草为寇的百姓也悉数从轻发落，百姓生活终于恢复了安宁。父老乡亲严格约束管教家中子弟，防患于未然是非常重要的，因此，特地制定了保甲之法，用以让父老乡亲们相互间督促劝诫。在此特地叮嘱大家，要为家中子弟做出表率，警慎言行。务必邻里和睦，夫妻相敬，相互劝诫彼此的行为，让敦厚礼让的风气逐渐在邻里之间形成。”

十有一月，再请疏通盐法。

译文

十一月，先生再次奏请调整盐法。

据户部覆疏，所允南、赣暂行盐税例止三年。先生念连年兵饷，不及小民，而止取盐税，所谓不加赋而财足，所助不少。且广盐止行于南、赣，其利小，而淮盐必行于袁、临、吉，以滩高也。故三府之民，长苦乏盐，而私贩者水发舟多，蔽河而下，寡不敌众，势莫能遏。乃上议以为广盐行，则商税集，而用资于军饷，赋省于贫民。广盐止，则私贩兴，而弊滋于奸宄，利归于豪右。况南、赣巢穴虽平，残党未尽，方图保安之策，未有撤兵之期。若盐税一革，军饷之费，苟非科取于贫民，必须仰给于内帑。夫民已贫而敛不休，是驱之从盗也；外已竭而殚其内，是复残其本也。臣窃以为宜开复广盐，著为定例。朝廷从之，至今军民受其利。

译文

根据之前户部上奏，朝廷允许南、赣两地暂行三年盐税。先生思及这些年征战所用的军饷，都是从盐税中来，而没有另外向当地百姓收取，不需要百姓增加赋税便能满足行军所需，对国家财政来讲是极大的助力。若是停止广盐售卖到南、赣两地施行，那么官盐利润将会变少，而淮盐必然会因为水路发达而进入袁州、临安、吉安，三地的百姓因长期缺乏食盐，因此很多私自贩盐的船在运河中穿梭不停，其势凶猛，难以遏制。于是向朝廷上疏说广盐继续销售，则可以用盐税充当军饷，不用加重百姓的赋税，若是停止广盐的售卖，那么私盐将会越来越多，所有的利润都被称霸一方的世家大族所垄断，时间久了必定会滋生作奸犯科之人。况且南、赣两地匪乱虽然平定了，但依旧有残党还没剿灭，只能长期严加戒备，防患于未然，撤兵遥遥无期。若是取消了盐税，那么军饷必须从百姓身上征讨赋税或是仰仗于朝廷国库下发。如此一来，百姓难以交齐各类苛捐杂税，岂不是逼他们重新落草为寇吗？匪寇之害已经结束了，百姓却因为赋税一事而生活难以为继，这是重新剥夺了他们的立命之本。臣认为应该重新开放广盐交易，并定下相关条令。”朝廷同意了先生的建议，当地军民受利至今。

卷之三十三　附录二　年谱二

十有四年己卯，先生四十八岁，在江西。

译文

明武宗正德十四年，岁在己卯（1519），先生四十八岁，居住在江西。

正月，疏谢升荫。

译文

正月，先生上疏谢恩朝廷的封荫。

以三浰、九连功荫子锦衣卫，世袭副千户。上疏辞免，谓荫子实非常典，私心终有未安，疾病已缠，图报无日。疏入，不允。

译文

朝廷因为三浰、九连山的战功封荫先生的儿子为锦衣卫，并世袭副千户。先生上疏推辞不受，认为封荫后代并非常例，自己难以心安理得地接受，况且自己已经疾病缠身，恐怕难以报效皇恩。奏疏呈上之后，朝廷没有应允。

疏乞致仕，不允。

译文

先生再次上疏请求辞官，朝廷不允。

以祖母疾亟故也。上书王晋溪琼曰："郴、衡诸处群孽漏殄尚多，盖缘进剿之时，彼省土兵不甚用命，广兵防夹稍迟，是以致此。闽中之变，亦由积渐所致。始于延平，继于邵武，又发于建宁，于汀、漳，于沿海诸卫所，将来之祸，不可胜言，固非迂劣如某所能办此也。又况近日祖母病危，日夜痛苦，方寸已乱，望改授，使全首领以归。"

译文

此时先生祖母病危。先生给王琼写信说："因为剿匪之事当地将士不能完全服从命令，而广东兵力驰援稍晚，因此郴州、衡州等地还有很多逃窜的匪徒。闽中匪寇之乱也是因为日积月累导致的。这些匪寇从延平到邵武，又从建宁蔓延到汀州、漳州，将来可能会成为沿海各个卫所的心腹大患，这并不是像我这样笨拙无能的人所能解决的。更何况近日来祖母病危，我日夜担忧痛苦不已，心中已方寸大乱，只希望能另行授予官职，让我能保全性命，归家侍奉祖母。"

六月，奉敕勘处福建叛军。十五日丙子，至丰城，闻宸濠反，遂返吉安，起义兵。

译文

六月，先生奉命征讨福建叛军。六月十五日，到达丰城，听说了宁王朱宸濠起兵谋反，于是返回吉安，带兵征讨叛军。

时福州三卫军人进贵等胁众谋叛，奉敕往勘。以六月初九日启行，十五日午至丰城，知县顾佖迎，告濠反，先生遂返舟。

译文

六月，福州三卫的军人进贵等聚众谋反。先生奉命前往平叛。于六月初九启程，六月十五到达丰城县。丰城县令顾佖出城相迎，并告知先生宁王朱宸濠已经起兵谋反。先生立即乘船返回吉安府，带兵镇压朱宸濠叛乱。

先是宁藩世蓄异志，至濠奸恶尤甚。正德初，与瑾纳结，尝风南昌诸生呈举孝行，抚按诸司表奏，以张声誉。安成举人刘养正，素有词文名，屈致鼓众，株连富民，朘剥财产，纵大贼闵念四、凌十一等四出劫掠，以佐妄费。按察使陆完因濠器重，遂相倾附。及为本兵，首复护卫，树羽翼。而濠欲阴入第二子为武宗后，其内官阎顺等潜至京师，发奏，朝廷置不问，且谪顺等孝陵净军。濠益无忌。完改吏部。王琼代为本兵，度濠必反，乃申军律，督责抚臣修武备，以待不虞。而诸路戒严，捕盗甚急。凌十一系狱劫逃，琼责期必获。濠始恐，复风诸生颂己贤孝，挟当道奏之。武宗见奏，惊曰："保官好升，保宁王贤孝，欲何为耶？"是时江彬方宠幸，太监张忠欲附彬以倾钱宁，闻是言，乃密应曰："钱宁、臧贤交通宁王，其意未可测也。"太监张锐初通濠，复用南昌人张仪言，附忠、彬自固。而御史熊兰居南昌，素仇濠，少师杨廷和亦欲革护卫免患，交为内主。上乃令太监韦霦传旨。故事王府奏事人辞见有常，今稽违非制，于是试御史萧淮上疏曰："近奉敕旨，王人无事不得延留京师，臣有以仰窥陛下微意矣。臣不忍隐默，窃见宁王不遵祖训，包藏祸心，多杀无辜，横夺民产，虐害忠良，招纳亡命，私造兵器，潜谋不轨。交通官校有年，如致仕侍郎李仕实，前镇守太监毕真，及诸前后附势者，皆今日乱臣贼子，关系宗社安危，非细故也。或逮系至京，或坐名罢削。布政使郑岳、副使胡世宁，皆守正蒙害，宜亟起用。庶几人知顺逆，祸变可弥矣。"疏入，忠、彬等赞之，欲内阁降敕责镇巡，而给事中徐之鸾、御史沈约等又具奏其不法。廷和恐祸及，欲濠上护卫自赎。同官外廷不知也。一日，驸马都尉崔元遣问琼曰："适闻宣召，明早赴阙，何事？"琼问廷和。廷和佯惊曰："何事？"琼微笑曰："公勿欺我。"廷和忸怩徐曰："宣德中，有疑于赵，尝命驸马袁泰往谕，竟得释，或此意也。"明旦，琼至左顺门，见元领敕，谓曰："此大事，何不廷宣？"乃留，当廷领之。敕有曰："萧淮所言，关系宗社大计，朕念亲亲，不忍加兵，特遣太监赖义、驸马都尉崔元、都御史颜颐寿往谕，革其护卫。"元领敕既行，廷和复令兵部发兵观变。琼曰："此不可泄。近给事中孙懋、易赞建议选兵操江，为江西流贼设备。疏入，留中日久，第请如拟行之，备兵之方无出此矣。”廷和默然。会濠侦卒林华者，闻朝议二三，不得实，昼夜奔告。值濠生辰宴诸司，闻言大惊，以为诏使此来，必用昔日蔡震擒荆藩故事。且旧制凡抄解宫眷，始遣驸马亲臣，固不记赵王事也。宴罢，密召士实、刘吉等谋之。养正曰：“事急矣！明旦诸司入谢，即可行事。”是夜集兵以俟。比旦，诸司入谢，濠出立露台，宣言于众曰：“汝等知大义否？”都御史孙燧对曰：“不知。”濠曰：“太后有密旨，令我起兵监国，汝保驾否？”燧曰：“天无二日，民无二王，此是大义，不知其他。”濠怒令缚之。按察司副使许逵从下大呼曰：“朝廷所遣大臣，反贼敢擅杀耶！”骂不绝口。校尉火信曳出惠民门外，同遇害。是时日午，天忽阴曀，遂劫镇巡诸司下狱，夺其印。于是太监王宏、御史王金、公差主事马思聪、金山布政使胡濂、参政陈杲、刘斐、参议许效廉、黄宏、佥事顾凤、都指挥许清、白昂，皆在系。思聪、宏不食死。濠乃伪置官属，以吉暨余钦、万锐等为太监，迎士实为太师，先期迎养正南浦驿为国师，闵念四等各为都指挥，参政王伦为兵部尚书，季敩暨佥事潘鹏、师夔辈俱听役。胁布政使梁宸、按察使杨璋、副使唐锦、都指挥马骥，移咨府部，传檄远近，革年号，斥乘舆，分遣所亲娄伯、王春等四出收兵。

译文

历代宁王素来都有谋逆之心，但到了这一代宁王朱宸濠当位时，谋逆之心更是毫不遮掩。正德初年，宸濠向刘瑾行贿，曾要求南昌的朝臣上奏自己的孝悌之行，并要求当地巡抚巡按向朝廷上奏表彰传播他的名声。安福县举人刘养正在当地是一位众所周知的文人才子，被宁王朱宸濠招致账下，沆瀣一气，搜刮富人财产，放纵当地悍匪闵念四、凌十一等人四处劫掠百姓，以此来支撑他们骄奢淫逸的生活所需。按察使陆完因为朱宸濠的器重，也依附于他同流合污。陆完改任兵部尚书后，重新同意了王府招募护卫作为府兵。明武宗无子，朱宸濠想要让武宗皇帝过继自己的第二个儿子为后嗣，于是派自己的大太监阎顺等人悄悄进入京城向皇上请奏此事，朝廷对此置之不理，并将阎顺等人贬至孝陵净军。随后朱宸濠越发肆无忌惮。后来陆完到吏部任职，王琼暂代兵部尚书一职，此时他已经意识到宸濠必定会谋反，于是重新整顿军队纪律，监督各地巡抚增强武备防御，以防患于未然。凌十一等人越狱潜逃，王琼要求手下在各道路上严加排查，加强追捕力度，必须在一定期限内将其捕获。朱宸濠此时才开始恐慌了，重新迫使朝中大臣上奏朝廷为自己歌颂贤名。武宗见到为宁王歌功颂德的奏章，十分惊讶道："颂扬朝廷官员是为了能够升官，但颂扬宁王的贤孝之名，这是想要做什么呢？"此时江彬正受到皇上宠幸，太监张忠想要依附江彬扳倒钱宁，听了皇上所言，密报江彬说："钱宁、臧贤都与宁王交好，他们心中所想深不可测啊。"太监张锐最初依靠朱宸濠时，采纳了南昌人张仪的一些建议，后来又依附张忠、江彬也是为了自保。御史熊兰居住在南昌，向来和宁王有仇怨，少师杨廷和也想要削除宁王府的护卫队以免后患，于是彼此内外照应。皇上于是派太监韦霦传旨。藩王上奏朝廷的时间和人员都是有例可循的，现在宁王府来京上奏是有违定制的，于是见习御史萧淮上疏说："近来奉皇上谕旨，宁王府的人无事不能在京城逗留，我斗胆猜测皇上心中所想。我既已知道宁王不遵祖训，包藏祸心，滥杀无辜，强夺百姓家产，残害忠良，招纳亡命之徒，私造兵器，早已图谋不轨，我绝不忍心继续静默不言。他多年来勾结朝中文武官员，如已经辞官的侍郎李仕实，前镇守太监毕真等人。所有前后依附于宁王的官员，都是如今的乱臣贼子，这关系到国家社稷安危，绝对不是小事啊。恳请皇上下令将这些人逮捕关押或者贬去官职。布政使郑岳、副使胡世宁等被他们陷害的忠良之辈，也应当重新起用。如此一来，天下百姓就能知道顺应朝廷和谋逆叛乱分别会有什么样的结果。如此一来兵祸或许可以被扼杀在未起之时。"这份奏疏上呈朝廷之后，张忠、江彬等人都十分赞同，希望朝廷能够下令派人监督查巡宁王的言行，与此同时，给事中徐之鸾、御史沈约等人也上疏指责了宁王朱宸濠的诸多不法之举。杨廷和唯恐祸及自己，于是秘密告知朱宸濠，想让他交出护卫队以自保，并没有让内外同僚都知道此事。一天，驸马都尉崔元派人问王琼："刚刚得到宣召，让我明日一早进宫，是为了什么事呢？"王琼以此事问了杨廷和。杨廷和假装惊讶说："所为何事？"王琼微笑着说："你不要骗我了。"杨廷和犹豫良久才说："宣德年间，宣德帝对赵王有所怀疑，于是曾命令驸马袁泰前往封地宣读谕旨，随后赵王便安定下来没有了谋反的心思，皇上大概也有此意。”第二天，王琼到了左顺门，见崔元已经领了诏令，问他说：“这是一件大事，皇上为什么不把你留下当着众大臣的面宣布呢？”于是崔元留下等到上朝时当廷宣读了诏令。诏令中说：“萧淮所奏之事，关系到江山社稷的稳定，但朕顾念血脉亲情，不忍心对宁王兵戎相向，特派遣太监赖义、驸马都尉崔元、都御史颜颐寿共同前往宣读朕的旨意，削除宁王府组建护卫队的权力。”崔元等人领命出发后，杨廷和又下令兵部出兵观察宁王的动向。王琼对他说：“此事机密，万万不可泄露！近给事中孙懋、易赞建议朝廷在长江操练兵马，以防备江西流寇侵扰百姓。奏折呈上之后，滞留很久没有批复，朝臣又次第请奏说如果打算安排防备工事的话，孙懋、易赞的建议是最合适的。”杨廷和依旧沉默不语。恰逢宁王的密探林华听说了朝中所议之事的部分内容，但无法证实其中真伪，于是连夜返回告知宁王。收到信那天正好是宁王生辰，宁王府正在宴请当地官员。宁王见信十分惊恐，以为皇上派人前来一定会像当年蔡震擒拿荆王一样擒拿自己。认为依循旧例，每次抄查王公贵族时，便会派出驸马和皇帝亲信，却忘了宣德年间赵王一事。宴席结束之后，宁王秘密召集李士实、刘养正等人共商对策。刘养正说：“目前情势危急！明天早上众官员进王府谢恩时，便可以举兵了。”于是当天晚上便集结好了兵力。待到早上众官员进王府谢恩时，宁王站在露台之上，对众人说：“你们明白什么是真正的正道大义吗？”都御史孙燧回答说：“我不知道。”宁王说：“太后有密旨，命令我起兵监国，你们愿意为我保驾护航吗？”孙燧说：“我只知道天上没有两个太阳，国家也不会有两个皇帝，这就是正道大义。”宁王听后大怒，下令将其逮捕杀害。按察司副使许逵也大声说道：“我们是朝廷派遣的大臣，尔等反贼怎敢擅自斩杀！”随后大骂宁王。宁王命校尉火信把他拖拽到惠民门外，于是和孙燧一起遇害。这时正是正午，天忽然转阴，宁王乘机劫持镇巡各部门官员，将他们投入狱中，并夺取了他们的官印。太监王宏、御史王金、公差主事马思聪、金山布政使胡濂、参政陈杲、刘斐、参议许效廉、黄宏、佥事顾凤、都指挥许清、白昂等人都被关入了狱中。马思聪、王宏绝食而亡。宁王随后私自任命了官员，让刘吉、余钦、万锐等人做太监，李士实为太师，初期请刘养正在南浦驿担任国师，任命闵念四等人为都指挥，参政王伦为兵部尚书，季敩和佥事潘鹏、师夔等人等候差遣。胁迫布政使梁宸、按察使杨璋、副使唐锦、都指挥马骥曾任到朝廷各部门交送公文，向远近各处传发檄文，革去武宗正德年号，组建了皇家仪仗，分别派遣自己的亲信娄伯、王春等人四处征收兵马。

始濠闻武宗嬖伶官臧贤，乃遣秦荣就学音乐，馈万金及金丝宝壶。一日，武宗幸贤，贤以壶注酒，讶其精泽巧丽，曰："何从得此？"贤吐实。武宗曰："宁叔何不献我？"是时小刘新得幸，濠失贿，深衔之。比罢归，小刘笑曰："爷爷尚思宁王物，宁王不思爷爷物足矣！不记荐疏乎？"武宗乃益疑。忠、彬因赞萧疏，遂及贤，贤不知也。濠遣人留贤家，多复壁，外钥木橱，开则长巷，后通屋，甚隐，人无觉者。有旨大索贤家，林华遽走会同馆，得马，故速归。

译文

之前，宁王听闻武宗宠幸伶官臧贤，于是派秦荣去向他学习音乐，并赠送给他黄金万两和金丝宝壶一个。一天，武宗临幸臧贤，臧贤用宁王送给他的金丝宝壶为武宗倒酒。武宗见壶如此精巧华丽，惊讶地问他："你从哪里得来这个壶的？"臧贤如实相告。武宗说："宁王叔为何不把它献给我呢？"恰巧此时武宗新宠幸的伶官小刘，因为宁王没有送给自己财宝而对他深有嫌隙。于是在武宗临幸臧贤之后回程路上，小刘对武宗说："皇上您还想要宁王给您进贡宝物吗，宁王不觊觎您的宝座就不错了。您还记得那些为宁王歌功颂德的奏疏吗？"武宗听后越发对宁王生起了疑心。张忠、江彬因为赞同萧淮所奏之事，顺势说起臧贤，但臧贤还不知情。当时宁王派出的人就藏匿在臧贤的家中，臧贤家里有很多夹墙，外观是木橱，打开却是长巷，通往其他屋子，十分隐蔽，无人能觉察。皇上于是下旨到臧贤家中搜查，林华仓促间奔向会同馆，取得马匹，快马加鞭回到宁王府。

初，宁献王臞仙传惠、靖、康三王，康王久无子，宫人南昌冯氏以成化丁酉生濠。康王梦蛇入宫，啖人殆尽，心恶之，欲弗举，以内人争免，遂匿优人家，与秦滐同寝处。稍长，淫宫中。康王忧愤且死，不令入诀。弘治丙辰袭位，通书史歌词。至是谋逆，期以八月十五日因入试官吏生校举事，比林华至，始促反。

译文

宁献王朱权传位于宁惠王、宁靖王、宁康王三代，宁康王多年无子，后来宁王府宫女冯氏在成化丁酉年生了朱宸濠。当夜康王梦到有蛇进入王府，将王府中人全部吃光了，于是内心非常厌恶朱宸濠，打算丢弃这个孩子，冯氏苦苦哀求之下才留下了他，但随后便将他寄养在以乐舞、戏谑为业的艺人家中，和秦滐共同居住。待到朱宸濠年龄稍微大一些，便在王府行淫秽之事，康王十分愤怒，直至临死之时，也不让他入府和自己诀别。弘治丙辰年间朱宸濠袭宁王之位，通晓史书格律。朱宸濠原计划在八月十五考校官吏时起兵谋乱，但因为林华的归来使得谋乱之事提前了。

十九日，疏上变。

译文

十九日，上疏朝廷宁王兵变。

濠既戕害守臣，因劫诸司据会城，乃悉拘护卫集亡命，括丁壮，号兵十万，夺运船顺下。戊寅，袭南康，知府陈霖等遁。己卯，袭九江，兵备曹雷、知府汪颖、指挥刘勋等遁，属县闻风皆溃。濠初谋欲径袭南京，遂犯北京，故乘胜克期东下。先生闻变，返舟，值南风急，舟弗能前，乃焚香拜泣告天曰："天若哀悯生灵，许我匡扶社稷，愿即反风。若无意斯民，守仁无生望矣。"须臾，风渐止，北帆尽起。濠遣内官喻才领兵追急，是夜乃与幕士萧禹、雷济等潜入鱼舟得脱。然念两京仓卒无备，欲沮挠之，使迟留旬月。于是故为两广机密大牌，备兵部咨及都御史颜咨云："率领狼达官兵四十八万江西公干。"令雷济等飞报摇之。濠见檄，果疑惧，迟延未发。先生四昼夜至吉安，明日庚辰，上疏告变。乃与知府伍文定等计，传檄四方，暴发逆濠罪状，檄列郡起兵以勤王。疏留。复命巡按御史谢源、伍希儒、纪功张疑兵于丰城，又故张接济官军公移，备云兵部咨题，准令许泰、郤永分领边军四万，从凤阳陆路进，刘晖、桂勇分领京边官军四万，从徐淮水陆并进，王守仁领兵二万，杨旦等领兵八万，陈金等领兵六万，分道并进，克期夹攻南昌。且以原奉机密敕旨为据，故令各兵徐行，待其出城，遮击前后以误之。又为李士实、刘养正内应伪书，贼将凌十一、闵念四投降密状，令济、光等亲人计入于濠。濠乃留兵会城以观变。至七月三日，谍知非实，乃属宗支栱樤与万锐等留兵万余守南昌，遣潘鹏持檄说安庆，季斆说吉安，而自与宗支栱拚、士实、养正等东下。贼众六万人，号十万，以刘吉为监军，王纶参赞军务，指挥葛江为伪都督，总一百四十余队，分五哨，出鄱阳，过九江，令师夔守之，直趋安庆。时钦、凌等攻围虽已浃旬，知府张文锦、守备都指挥杨锐、指挥使崔文同守不下。

译文

宁王戕害孙燧等地方守将后，又趁机劫持了当地官员，以南昌为据点，将护卫悉数拘押，召集亡命之徒，扩充兵力，号称十万大军，夺取运船顺江而下。戊寅日，叛军袭击南康，当地知府陈霖等人弃城逃跑。己卯日，叛军攻打九江，兵备曹雷、知府汪颖、指挥刘勋等人弃城逃跑，所属乡县守兵听闻风声都四散溃逃溃。宁王叛军最初计划直接突袭南京，随后攻打北京，因此乘胜定期东下。先生听闻兵变，立即乘船返回，但恰逢当时南风大作，船不能前进，于是焚香泣声向天祷告说："上天若是怜悯天下苍生，允许我前去匡扶社稷的话，请风向立即改变过来吧。若是上苍视天下百姓为刍狗，那我也生还无望了！"过了一会儿，南风慢慢停下来，方向渐渐改变，船只得以扬帆起航。宁王立即派太监喻才领兵追杀，先生当天夜里和幕僚萧禹、雷济等人潜入渔船躲避才得以逃脱。先生又思及南京和北京在仓促间都尚未布防，想要施计将叛军阻拦在途中十来天，让两京有时间进行战略布防，于是拿了两广军队的军牌，假意用之前准备的兵部公文给都御史颜咨下令让其马上率领四十八万狼兵到江西执行公务。又让雷济等人飞速告知宁王以动摇他的决心。宁王看到檄文后，果然心生疑虑，按兵不动，延迟了出兵日期。先生经过四天四夜赶到了吉安，第二天立即上疏朝廷告知宁王兵变一事。随后和知府伍文定等人商量征讨之计，同时向各地发出檄文，细数宁王谋逆罪状，要求各个郡县起兵勤王。之前的奏疏没有得到回复。于是又命令巡按御史谢源、伍希儒、纪功等人在丰城布置疑兵，虚张声势，故意夸大朝廷的援兵公文，用先前准备的兵部公文命令许泰、郤永分别率领边军四万，从凤阳的陆路进攻，令刘晖、桂勇分别率领京边军四万，从徐淮自水陆并进，自己领兵两万，杨旦等人领兵八万，陈金等人领兵六万，分道而行，齐头并进，在商定的日子共同夹攻南昌叛军。随后先生又以自己奉朝廷密旨为由，下令各路军马缓慢行进，等到叛军出城之后再前后夹击，以此来延误他们的行程。又进一步伪造了李士实、刘养正为朝廷内应的书信和匪贼凌十一、闵念四等人的投降密状，令雷济、龙光等亲信设计进入城内向宁王告发。宁王听后又暂时将兵马驻留南昌静观其变。到了七月初三，宁王的探子打听到此事是假的，于是让同族朱栱樤与下属万锐等人带兵一万余人留守南昌，派潘鹏持檄文到安庆、季敩到吉安游说当地官员加入叛军，而自己则和与同族朱栱拼、李士实、刘养正等率兵东下。叛军号称十万，实际上只有六万人，以刘吉为监军，王纶参赞军务，指挥葛江为伪都督，总共一百四十余支队伍，分成五个岗哨，从鄱阳出发，经过九江时，令师夔镇守此地，其余军队直攻安庆。当时余钦、凌十一等人围攻安庆虽人已经十多天了，但在知府张文锦、守备都指挥杨锐、指挥使崔文等人的共同守卫下，叛军一直没能攻破安庆城。

按是时巡抚南畿都御史李克嗣飞章告变，琼请会议左顺门。众观望，犹不敢斥言濠反。琼独曰：“竖子素行不义，今仓卒举乱，殆不足虑。都御史王守仁据上游蹑之，成擒必矣。”乃从直房顷刻覆十三疏，首请下诏削濠属籍，正贼名。次请命将出师，趋南都，命伯方寿祥防江都，御史俞谏率淮兵翊南都，尚书王鸿儒主给饷。次请命守仁率南、赣兵由临、吉，都御史秦金率湖兵由荆、瑞会南昌，克嗣镇镇江，许廷光镇浙江，从兰镇仪真，遏贼冲。传檄江西诸路，但有忠臣义士，能倡义旅以擒反者，封侯。又请南京守备操江武职并五府掌印佥书官各自陈取上裁，务在得人，以固根本。诏悉从之。

译文

按当时巡抚南畿都御史李克嗣以飞书上告朝廷宁王兵变，王琼奏请在左顺门商议征讨之策。众大臣都在观望，依旧不敢出言斥责宁王的谋反。只有王琼说："宁王这个小人向来言行叛逆，如今仓促间起兵造反，完全不足以忧虑。都御史王守仁占据上游之地追击叛军，必然能够一举擒获。"说完后很快的从值班房上呈十三道奏疏，首先便是奏请皇上下诏削除朱宸濠宗室身份，确定其反贼之名。其次奏请命令武将带兵出征，直奔南京，命南和伯方寿祥防守江都，御史俞谏率淮兵保卫南都，尚书王鸿儒主管粮草军饷。再次奏请命令王守仁率南、赣两省兵力从临安、吉安出发，都御史秦金率湖广兵力从由荆州、瑞州出发会兵南昌，李克嗣镇守镇江，许廷光镇守浙江，丛兰镇守仪真，截断叛军前进的要冲之地。并向江西各地发布悬赏檄文，如果有能带领义兵擒住反贼的忠臣义士，朝廷为其封侯拜相。又奏请让南京守备兼任操江武职和五府掌印佥书官一起各自陈述要旨，以便朝廷裁决，要务在于收服民心，擒获反贼，以巩固社稷之根本。朝廷悉数同意了王琼的上奏。

先生在吉安，守益趋见曰："闻濠诱叶芳兵夹攻吉安。"先生曰："芳必不叛。诸贼旧以茅为屋，叛则焚之。我过其巢，许其伐巨木创屋万余。今其党各千余，不肯焚矣。"益曰："彼从濠，望封拜，可以寻常计乎？"先生默然良久曰："天下尽反，我辈固当如此做。"益惕然，一时胸中利害如洗。次早复见曰："昨夜思之，濠若遣逮老父奈何？已遣报之，急避他所。"

译文

先生在吉安时，邹守益前来相见说："我听说朱宸濠诱导叶芳起兵造反夹攻吉安了。"先生说："叶芳必定不会叛变。叶芳作为匪寇首领的时候都住在茅屋中，遭遇兵变他们就会把这些房屋全部焚毁。我曾去过他们住的地方，允许他们砍伐树木建造了上万套房屋。如今他手下各有千余人，他们肯定不愿意焚烧这些房屋的。"邹守益说："他们若依附于朱宸濠起兵造反，便有望封侯拜相，怎么能以寻常人的想法来推测他们呢？"先生沉默一会儿说："即便天下人都造反，我们也应当如此做。"邹守益幡然醒悟，一时间胸中的利害之见好像被清洗掉了一样，清新明亮。第二天早上再次拜见先生说：“昨夜我细细思量了很久，朱宸濠如果派人抓捕我的父亲该怎么办啊？所以我已经派人给父亲传信，让他赶紧到其他地方去躲避一下。”

壬午，再告变。

译文

壬午日，再次上告朝廷宁王兵变一事。

叛党方盛，恐中途有阻，故再上。

译文

此时叛军气焰正盛，先生害怕之前的奏疏中途被叛军拦截，因此再次上疏。

疏乞便道省葬，不允。

译文

先生上奏了《乞便道省葬疏》，朝廷没有允许。

先生起兵，未奉成命。上便道省葬疏，意示遭变暂留，姑为牵制攻讨，俟命师之至，即从初心。时奉旨：“着督兵讨贼，所奏省亲事，待贼平之日来说。”

译文

先生此次带兵平叛并不是朝廷的命令，先生上《乞便道省葬疏》是为了向朝廷说明此次因为突遇兵变，所以自己暂留江西的目的是牵制叛军前进的步伐，请求在朝廷大军到达后，便跟随自己的初心回家省亲。朝廷在批复的奏章中命令先生先“带兵征讨叛贼，至于回乡省亲之事，留待评判反贼之后再议”。

疏上伪檄。

译文

上疏说明朱宸濠伪传檄文之事。

六月二十二日，参政季敩同南昌府学教授赵承芳旗校十二人赍伪檄榜谕吉安府，至墨潭，领哨官缚送军门。先生即固封以进。其疏略曰："陛下在位一十四年，屡经变难，民心骚动，尚尔巡游不已，致使宗室谋动干戈，冀窃大宝。且今天下之觊觎，岂特一宁王？天下之奸雄，岂特在宗室？言念及此，懔骨寒心。昔汉武帝有轮台之悔，而天下向治；唐德宗下奉天之诏，而士民感泣。伏望皇上痛自克责，易辙改弦；罢出奸谀，以回天下豪杰之心；绝迹巡游，以杜天下奸雄之望，则太平尚有可图，群臣不胜幸甚。"

译文

六月二十二日，参政季敩和南昌府学教授赵承芳还有旗校十二人携带叛军檄文到吉安府游说先生，到了墨潭，被领哨官抓捕送到军门。先生立即上疏密信给朝廷。奏疏的大意是："陛下在位十四年，多次历经动乱，民心动荡不安，如今您依旧不停地游玩作乐，致使宗室起兵叛乱，欲取而代之。如今天下各方都在觊觎您的宝座，何止宁王一个人有谋反之心？纵观天下，有造反之心的，又何止这些皇室宗亲？每当想到这些，臣都便忧惧不安。之前汉武帝有轮台之悔，之后天下大治，国泰民安；唐德宗下罪己诏后，臣民都感激涕零。臣恳请皇上能够痛定思痛，痛改前非；罢免奸诈阿谀的小人，以此挽回天下英雄豪杰的忠心；停止巡游作乐，励精图治，以杜绝天下奸佞的造反之心，国家社稷才能太平兴盛，若能如此，群臣百姓将感到不胜荣幸。"

甲辰，义兵发吉安。丙午，大会于樟树。己酉，誓师。庚戌，次市汊。辛亥，拔南昌。

译文

甲辰日，平叛军队从吉安出发。丙午日会师于樟树。己酉日举行誓师大会。庚戌日驻扎市汊。辛亥日发兵南昌。

先生闻濠兵既出，乃促列郡兵克期会于樟树，自督知府伍文定等及通判谈储、推官王暐，以十三日甲辰发吉安。于是临江知府戴德孺、袁州知府徐琎、赣州知府邢珣、瑞州通判胡尧元、童琦、南安推官徐文英、赣州都指挥余恩、新淦知县李美、泰和知县李楫、宁都知县王天与、万安知县黄冕，各以其兵来赴。己酉，誓师于樟树，次丰城。谍知贼设伏于新旧厂，以为省城之应，乃遣奉新知县刘守绪领兵从间道夜袭破之。庚戌，发市汊，分布既定，薄暮齐发。辛亥黎明，各至信地。先是城中为备甚严，及厂贼溃奔入城，一城皆惊。又见我师骤集，益夺其气。众乘之，呼噪梯絙而登，遂入城，擒拱樤、万锐等千有余人，所遗宫眷纵火自焚。先生乃抚定居民，分释胁从，封府库，收印信，人心始宁。于是胡濂、刘裴、许效廉、唐锦、赖凤、王玘等皆自投首。初，会兵樟树，众以安庆被围，急宜引兵赴之。先生曰："今南康、九江皆为贼据，我兵若越二城，直趋安庆，贼必回军死斗，是我腹背受敌也。莫若先破南昌，贼失内据，势必归援。如此，则安庆之围自解，而贼成擒矣。"卒如计云。

译文

先生听说朱宸濠发兵之后，催促各郡县集结兵力会师于樟树，并亲自监督知府伍文定和通判谈储、推官王暐等人纠集兵力，计划甲辰（十三）日发吉安。于是临江知府戴德孺、袁州知府徐琏、赣州知府邢珣、瑞州通判胡尧元、童琦、南安推官徐文英、赣州都指挥余恩、新淦知县李美、泰和知县李楫、宁都知县王天与、万安知县黄冕等人都带兵前去相助。己酉（十八）日，在樟树举行誓师大会，驻扎于丰城。派出的斥候打探到反贼在新旧厂设下了伏兵，想要和南昌留守兵力内外夹击，于是派奉新知县刘守绪领兵从小道前进，趁夜进攻，击溃伏兵。庚戌（十九）日，发兵市汊，定下了详细的作战计划，夜幕时分众兵齐发。辛亥（二十）日黎明，军队到了各自需要镇守驻扎的地方。最初南昌城中戒备森严，后来新旧厂反贼溃逃入城，城中将士见后逐渐开始惊慌，看见王师已经汇集大军严阵以待，叛军士气越发消沉。于是众将士趁叛军士气低迷之时，大声呼喊着踩着云梯登上城墙攻破南昌城，擒拿了朱拱樤、万锐等叛军一千多人，剩下的王府家眷都纵火自焚了。先生又吩咐随军将领官员，分别安抚城中百姓，查封叛军府库，收回官府印信，慢慢地百姓才重新安定下来。后来胡濂、刘裴、许效廉、唐锦、赖凤、王玘等人都来投案自首了。发兵之初，大军集结于樟树，众人都认为安庆被围困已久，应当赶快发兵援助。先生说："如今南康、九江都被反贼占领，官兵若是直接越过这两个城池，直奔安庆，叛军一定会派兵死守城门，如此一来我们必将腹背受敌。不如先攻破南昌，反贼失去了后方根据地，必定会带兵返回驰援南昌。如此一来，安庆之围自然就解除了，同时还能成功擒拿反贼。”最后结果一如先生所料。

遂促兵追濠。甲寅，始接战。乙卯，战于黄家渡。丙辰，战于八字脑。丁巳，获濠樵舍，江西平。

译文

随后先生又带领官兵追击朱宸濠。甲寅日，两兵相接，开始交战。乙卯日，在黄家渡激战。丙辰日，在八字脑激战。丁巳日，在樵舍擒获朱宸濠，江西叛乱至此终于平定。

初，濠闻南昌告急，即欲归援，遂解安庆围，移沅子港。先分兵二万趋南昌，身旋继之。二十二日，先生侦知其故，问众计安出，多以贼势强盛，宜坚壁观衅，徐图进止。先生曰：“贼势虽强，未逢大敌，惟以爵赏诱人。今进不得逞，退无所归，众已消沮。若出奇击惰，不战自溃，所谓先人有夺人之气也。”会抚州知府陈槐、进贤知县刘源清提兵亦至，乃遣伍文定、邢珣、徐琏、戴德孺各领兵五百，分道并进，击其不意。又遣余恩以兵四百，往来湖上诱致之。陈槐、胡尧元、童琦、谈储、王時、徐文英、李美、李楫、王冕、王轼、刘守绪、刘源清等，各引兵百余，四面张疑设伏，候文定等合击之。分布既定，甲寅，乘夜急进。文定以正兵当贼锋，恩继之，珣绕出贼后，琏、德孺张两翼以分其势。乙卯，贼兵鼓噪乘风逼黄家渡，气骄甚。文定、恩佯北以致之。贼争趋利，前后不相及。珣从后横击，直贯其中。文定、恩乘之，夹以两翼，四面伏起。贼大溃，退保八字脑。濠惧，厚赏勇者，且令尽发九江、南康守城兵益之。是日建昌知府曾玙兵亦至。先生以为九江不破，则湖无外援；南康不复，则我难后蹑。乃遣槐领兵四百，合饶州知府林城兵攻九江，以广信知府周朝佐取南康。丙辰，贼复并力挑战。我兵少却，文定立铳炮间，火燎其须，殊死战。炮入濠副舟，贼大败，擒斩二千余，溺死者无算。乃聚樵舍，连舟为方阵，尽出金银赏士。先生乃密为火攻具，使珣击其左，琏、德孺出其右，恩等设伏，期火发以合。丁巳，濠方晨朝群臣，责不用命者，将引出斩之。争论未决，我兵掩至，火及濠副舟，众遂奔散。妃嫔与濠泣别，多赴水死。濠为知县王冕所执，与其世子眷属，及伪党士实、养正、刘吉、余钦、王纶、熊琼、卢衍、卢横、丁樻、王春、吴十三、秦荣、葛江、刘勋、何塘、王行、吴七、火信等数百，复执胁从官王宏、王金、杨璋、金山、王畴、程杲、潘鹏、梁宸、郏文、马驥，白昂等，擒斩三千，落水二万余，衣甲器械财物与浮尸横十余里。余贼数百艘逃溃，乃分兵追剿。戊午，及于昌邑，大破之。至吴城，复斩擒千余，死水中殆尽。己未，得槐等报，各擒斩复千余。盖自起兵至破贼，曾不旬日，纪功凡一万一千有奇。初，先生屡疏力疾赴闽，值宁藩变，臣子义不容舍。又阖省方面并无一人，事势几会，间不容发，故复图为牵制攻守，以俟命师之至。疏入未报，即以捷闻。

译文

交战之初，朱宸濠听说南昌被攻破，便准备带兵返回驰援南昌，于是解除了对安庆的围困，调兵至沅子港。先分出两万兵力直奔南昌，随后自己也率兵亲赴南昌。二十二日，先生经过打探，得知了朱宸濠率兵返回南昌，于是与众将领商量对策，在场大多数人都认为叛军气焰嚣张，官兵应当坚守城墙，严加防范，随时注意叛军动向，随机应变。先生说：“反贼虽然气焰嚣张，尚未遭遇真正的强敌时，只能以封爵赏赐等引诱众人为其效命。如今他们已经是进退两难的境地了，士气已经开始低迷沮丧了。若是我们趁其士气消极之时进攻，叛军将不战自溃，这就是所谓的行动抢先一步，就可以挫伤敌人的士气。”恰好这时抚州知府陈槐、进贤知县刘源清也带兵赶到了。于是先生派伍文定、邢珣、徐琏、戴德孺各领兵五百人，分道而行，齐头并进，趁叛军不备时发起攻击。又派余恩带兵四百，在鄱阳湖上来回奔走，引诱叛军。派陈槐、胡尧元、童琦、谈储、王昞、徐文英、李美、李楫、王冕、王轼、刘守绪、刘源清等，各带兵百余人，四面设置疑阵布下埋伏，等候伍文定等人，配合夹击。确定好兵力部署之后，甲寅日乘着夜色，官兵急速出击。伍文定带正路兵马作为先锋，余恩紧随其进攻，邢珣绕到叛军后侧，徐琏、戴德孺在两翼包抄瓦解叛军势力。乙卯日，叛军擂鼓呐喊着顺流而上直逼黄家渡，气势十分嚣张。伍文定、余恩两人佯装兵败溃逃以吸引叛军中计。叛军果然一心求胜，已不能顾及前后了。邢珣带兵从后方突然袭击，直接杀入叛军中部。伍文定、余恩乘机在两侧包抄围攻，四面伏兵也同时出击。反贼大败，退守八字脑。朱宸濠心生惧意，以高官厚禄悬赏征集勇夫反击，并命令九江、南康的守城兵马悉数驰援。当天建昌知府曾玙也带兵赶到。先生认为若是不能攻下九江，那么前来增援的官兵就无法渡过鄱阳湖；不能拿下南康，则官兵难有退路。于是命令陈槐领兵四百，与饶州知府林城所带兵马一起攻打九江，派广信知府周朝佐攻打南康。丙辰日，反贼再次倾尽全力进行反击。官兵稍微有所退却，伍文定站立在火铳火炮之间，炮火将他的胡须烧掉了也毫不畏惧，坚决殊死战斗。炮弹击中了朱宸濠的副舰，反贼大败，官兵擒获斩杀了叛军二千余人，无数叛军溺死湖中。叛军败退樵舍，把战船用铁索连为方阵，以金银财宝犒赏士兵鼓舞士气。先生知道后秘密制作了火攻战船的兵器，派邢珣攻击叛军左侧，徐琏、戴德孺攻击叛军右侧，余恩等人设下埋伏，待炮火发射时立即共同出击。丁巳日，朱宸濠在早晨朝见群臣，有人提议将不服从军令的人拖出去斩首。争论尚未结束，官兵已经攻打过来了，炮火落到朱宸濠的副舰上，叛军四下奔逃。朱宸濠的妃嫔都与他哭泣诀别后大多跳水自裁了。朱宸濠被知县王冕活捉，另有宁王世子的家人及叛军李士实、刘养正、刘吉、余钦、王纶、熊琼、卢衍、卢横、丁樻、王春、吴十三、秦荣、葛江、刘勋、何塘、王行、吴七、火信等数百人被捕，另外还捕获了依附其叛乱的朝廷官员王宏、王金、杨璋、金山、王畴、程杲、潘鹏、梁宸、郏文、马骥，白昂等人，此番战斗，叛军共计三千余人被擒获斩杀，落水二万余人，湖中飘散的叛军尸体和战衣战甲武器财物等绵延数十里。剩余反贼驾驶数百艘船溃逃，先生再次分出兵马对其进行追剿。戊午日，官兵追击到溃逃叛军昌邑，大破逃兵。到了吴城，又擒拿斩杀千余人，溃逃叛军全部死于水中。己未日，又得到陈槐等人的捷报，各自擒杀叛军千余人。自起兵之日到击破叛军大获全胜，不到十天时间，立下功劳共计一万一千多件。朱宸濠起兵叛乱之初，先生屡次上疏朝廷说自己身患疾病勉力奔赴福建，途中突遇宁王起兵叛乱，作为臣子前往平叛义不容辞。又因为当时全省没有一人能担任带兵平叛一责，情势危急，间不容发，因此返回江西企图能牵制叛军一些时日，以等待朝廷军队前来平叛。奏疏尚未得到批复报，平叛的捷报便已经传到了朝廷。

洪尝见龙光述张疑行间事甚悉，尝问曰："事济否？"先生曰："未论济与不济，且言疑与不疑。"光曰："疑固不免。"曰："但得渠一疑，事济矣。"后遇河图为武林驿丞，又言公欲稽留宸濠，何时非间，何事非间。尝问光曰："曾会刘养正否？"光对曰："熟识。"即使光行间，移养正家属城内，善饮食之。缚赍檄人欲斩，济蹑足，遂不问。一日发牌票二百余，左右莫知所往。临省城，先以顺逆祸福之理谕官民。闻锐与瑞昌王助逆，遣其心腹胡景隆招回各兵，以离其党。徒见成功之易，而不知其伐谋之神也。黄弘纲闻安吉居人疑曰："王公之戈，未知何向？"亟入告，先生笑而不答。出兵誓师，斩失律者殉营中，军士股栗，不敢仰视，不知即前赍檄人也。后贼平，张、许谤议百出，天下是非益乱，非先生自信于心，乌能遽白哉？

译文

钱德洪曾听闻龙光讲述先生离间叛军之计时，讲述得十分详细，曾问先生："事情最终成功了吗？"先生回答说："暂且不说成功与否，你且先说一下叛军有没有起过疑心？"龙光说："起疑心是不可避免的。"先生说："只要他起了疑心，事情就成功了。"后来遇到武林驿丞河图，说起先生想要牵制朱宸濠行兵进程一事，认为无论何时何事都是可以使用离间之计的。先生曾问龙光："你认识刘养正吗？"龙光回答说："我与他还比较熟悉。"于是先生派龙光执行离间之策，将刘养正的家人带到南昌城内，对其精心照顾。官兵抓捕了携带朱宸濠檄文的人，准备斩杀他们，但先生让雷济参与了进去，不再过问。一天，先生发下二百多张牌票，周围的人都不知道这些人带着牌票要去往何处。到达南昌后，先生下发告示劝诫城中官员百姓要明白顺应朝廷和谋逆作乱的祸福结果。听闻万锐和瑞昌王朱栱拼跟随宁王一起谋反，于是派自己的心腹胡景隆招之前发出的回各路兵马，来离间叛军。众人都认为此次讨伐轻而易举就取得了胜利，却不知是因为先生在制定征讨策略时屡出奇招。黄弘纲听闻安吉的百姓怀疑地问："先生的大军不知要指向何处？"急忙前去告知先生，先生听后只是笑而不答。出兵誓师时，军营中斩杀了一些违反军纪的士兵，军中将士十分恐惧，都不敢抬头看，却不知道被斩杀的都是之前携带宁王谋反檄文前来游说的人。后来叛乱平定之后，张忠、许泰等人散发了许多对先生的诽谤非议之言，一时间是非曲直显得更加混乱了益乱，若非先生心中极为自信，如何能立刻看清事情真相?

先是先生思豫备，会汀、漳兵备佥事周期雍以公事抵赣，知可与谋，且官异省，屏左右语之。雍归，即阴募骁勇，部勒以俟，故晨奉檄而夕就道。福建左布政使席书、岭东兵备佥事王大用，亦以兵来，道闻贼平，乃还。致仕都御史林俊闻变，夜范锡为佛狼机铳，并火药法，遣仆从间道来遗，勉以讨贼。

译文

先生在事发之前就觉得朱宸濠可能会起兵叛乱，事先有了一些思想准备，汀州、漳州的兵备佥事周期雍因公事到了江西，先生与之见面商谈后确定了可以和他共同商议此事，更何况两人在不同省份为官，没有什么需要忌讳的，于是屏退左右，和他细说了自己的想法。周期雍回去之后，立即开始悄悄招募骁勇善战的兵士，一切部署妥当等待出击，因此他收到先生的檄文后能做到朝发夕至。福建左布政使席书、岭东兵备佥事王大用也都带兵前来增援，途中听闻叛乱已经平定，便回去了。已经辞官的都御史林俊听闻兵变，连夜以锡范制作了铳炮，派遣仆人连同火药的使用方法一起从小路送给先生，勉励帮助先生征讨反贼。

先生入城，日坐都察院，开中门，令可见前后。对士友论学不辍。报至，即登堂遣之。有言伍焚须状，暂如侧席，遣牌斩之。还坐，众咸色怖惊问。先生曰："适闻对敌小却，此兵家常事，不足介意。"后闻濠已擒，问故行赏讫，还坐，咸色喜惊问。先生曰："适闻宁王已擒，想不伪，但伤死者众耳。"理前语如常。傍观者服其学。

译文

先生进入南昌后，每天都端坐于都察院，敞开大门，让人能将院内事物一览无遗。先生忙中抽闲在督察院和当地文士友人讨论学问。战报一到，便立马前去公堂处理。有人前来报告伍文定被炮火烧掉胡须的事，先生听了后，暂时离席去旁边下令将上报此事的人斩杀。回到正席之后，众人都面色惊恐地问先生为何要这样。先生说："刚刚听到战场上的官兵面对敌人时有点退缩，但这也是兵家常事，不足以拿来讨论。"后来听说朱宸濠已经被捉拿，先生问明经过并对报信之人进行赏赐之后，回到座位上，众人又满面惊喜地问先生。先生回答说："刚才收到来报说宁王已经束手就擒，想来是真的，但想必死伤的士兵也很多。"说这些话的时候，先生依旧和之前一样非常平静。在座的人都非常佩服先生的境界。

濠就擒，乘马入，望见远近街衢行伍整肃，笑曰："此我家事，何劳费心如此！"一见先生，辄诧曰："娄妃，贤妃也。自始事至今，苦谏未纳，适投水死，望遣葬之。"比使往，果得尸，盖周身皆纸绳内结，极易辨。娄为谅女，有家学，故处变能自全。

译文

朱宸濠束手就擒之后，乘马回到南昌，看见军队严肃整齐地排列在街道上，笑着说："这原本是我们朱家的家事，怎么会劳众人如此费心！"见到先生后，又对先生好言说道："娄妃是一位贤良淑德的王妃。自始至终，她都苦苦劝谏我不要行此谋逆之事，我战败前她投水而死，还望您能找到她并将她妥善安葬。"先生听后答应了他，派人前去湖中寻找娄妃的下落，找到娄妃尸体时，她全身都绑满了纸绳，非常好辨认。娄妃为是先生的老师娄谅的女儿，素来有家学渊源，知书达理，因此在此次变故中能够自全。

八月，疏谏亲征。

译文

八月，先生上疏劝谏陛下想要御驾亲征一事。

是时兵部会议命将讨贼。武宗诏曰："不必命将，朕当亲率六师，奉天征讨。"于是假威武大将军镇国公行事，命太监张永、张忠、安边伯许泰、都督刘晖，率京边官军万余，给事祝续、御史张纶，随军纪功。虽捷音久上，不发，皆云："元恶虽擒，逆党未尽，不捕必遗后患。"先生具疏谏止，略曰："臣于告变之后，选将集兵，振威扬武，先攻省城，虚其巢穴，继战鄱湖，击其惰归。今宸濠已擒，谋党已获，从贼已扫，闽、广赴调军士已散，地方惊搅之民已帖。窃惟宸濠擅作辟威，睥睨神器，阴谋久蓄；招纳叛亡，辇毂之动静，探无遗迹；广置奸细，臣下之奏白，百不一通。发谋之始，逆料大驾必将亲征，先于沿途伏有奸党，期为博浪、荆轲之谋。今逆不旋踵，遂已成擒。法宜解赴阙门，式昭天讨。然欲付之部下各官，诚恐潜布之徒乘隙窃发；或虞意外，臣死有余憾矣。"盖时事方艰，贼虽擒，乱未已也。

译文

当时兵部正在商量想要任命武将带兵讨贼。武宗下诏说："不用任命武将了，朕要亲自率领六师，顺应天意征讨叛军。"于是假借威武大将军镇国公的职衔，命令太监张永、张忠、安边伯许泰、都督刘晖率领北京边官军一万多名前往，又命令给事祝续、御史张纶跟随军队记录战功。虽然先生的捷报已经上报朝廷很久，却一直没有回复，朝中众臣都说："虽然叛军元首已经被捉拿了，但他还有一些余党在逃，若是不一举将其剿灭干净，必有后患。"先生知道后上疏劝谏皇上不要御驾亲征，奏章内容大意如下："臣在告知朝廷兵变后，选拔将领将集结士兵，振奋军心，扬我军威，先攻下了南昌，使叛军巢穴空虚，继而两军在鄱阳湖激战，一举击败了准备回援南昌的叛军。如今朱宸濠已被擒获，一起谋乱的党羽也已经抓捕归案，叛军已被清扫干净，闽、广两地调集过来的兵力已经撤回，地方上被叛军惊搅的百姓也已经安抚妥当。臣以为朱宸濠擅自称帝，窥伺国家社稷已久；他招纳亡命之徒为其卖命组成叛军，以天子仪仗出行，派出无数密探，对京城的动静如数家珍；又在朝中广置奸细，使臣等的很多奏折无法直达天听。在其起兵叛乱之初，必定认为您将御驾亲征，事先在沿途设置了伏兵，想要像博浪沙刺秦和荆轲刺秦一样刺杀您。如今叛党谋逆时间还不算久便已被擒获。依据律法应当将其押解至朝廷，向天下昭示天子对其的讨伐。但如今要是将其交予下边的官员处理，臣唯恐尚在潜伏中的叛贼党羽会乘机劫杀让其逃脱；如果此事真的因此而产生意外，那臣纵然是死了也心有遗憾！”这是因为当时叛贼虽然被擒拿了，但还有一些乱党尚未清楚，时局十分艰难。

是月疏免江西税，益王，淮王饷军，留朝觐官，恤重刑以实军伍，处置署印府县从逆人，参九江、南康失事，便道省葬，前后凡九上。

译文

这个月内，先生分别上疏请求免除江西的赋税，告知朝廷益王和淮王安抚犒赏军队之事，请求暂留朝觐官，请求慎用恤重刑，以囚犯以实军队，请求处置各府县跟随宁王叛乱的人，上疏弹劾了弃守九江、南康的官员，同时请求朝廷同意自己在返京途中顺路回乡省亲并处理家中老人去世之事，前后一共上呈了九道奏折。

再乞便道省葬，不允。

译文

先生第二次上疏请求朝廷同意自己在返京途中顺路回乡省亲并处理家中老人去世之事，朝廷没有应允。

与王晋溪书曰：“始恳疏乞归，以祖母鞠育之恩，思一面为诀。后竟牵滞兵戈，不及一见，卒抱终天之痛。今老父衰疾，又复日亟，而地方已幸无事，何惜一举手投足之劳，而不以曲全之乎？”

译文

先生与王琼写信说：“我第一次上疏请求回家省亲，是因为重病的祖母对我有养育之恩，我一心想要回去见她最后一面。后来却因为战事耽搁，最终没能来得及见祖母一面，便与她天人永隔，此事让我抱憾终身。如今家中父亲年老体衰，身体每况愈下，地方上也没有什么重要的战事了，皇上为什么不愿意以举手之劳成全我的拳拳孝心呢？”

九月壬寅，献俘钱塘，以病留。九月十一日，先生献俘发南昌。忠、泰等欲追还之，议将纵之鄱湖，俟武宗亲与遇战，而后奏凯论功。连遣人追至广信。先生不听，乘夜过玉山、草萍驿。张永候于杭，先生见永谓曰："江西之民，久遭濠毒，今经大乱，继以旱灾，又供京边军饷，困苦既极，必逃聚山谷为乱。昔助濠尚为胁从，今为穷迫所激，奸党群起，天下遂成土崩之势。至是兴兵定乱，不亦难乎？"永深然之，乃徐曰："吾之此出，为群小在君侧，欲调护左右，以默辅圣躬，非为掩功来也。但皇上顺其意而行，犹可挽回，万一若逆其意，徒激群小之怒，无救于天下大计矣。"于是先生信其无他，以濠付之，称病西湖净慈寺。

译文

九月壬寅日，先生在钱塘将朱宸濠交给朝廷派来的人后，自己告病留在了当地。九月十一日，先生从南昌出发带着朱宸濠回京。张忠、许泰等人想要向先生讨要朱宸濠，并商议将他放到鄱阳湖，等武宗亲临时率兵与他交战亲自捉拿他，然后再上奏朝廷得胜凯旋，论功行赏。张忠、许泰派人追先生至广信。先生不同意张忠、许泰等人的想法，连夜带着朱宸濠过了玉山、草萍驿。张永在杭州等候先生，先生见了张永跟他说："江西百姓被朱宸濠欺压已久，如今经历大乱，又遇上旱灾，还要供给北京边军军饷，生活难以为继，必定会逃进山中落草为寇。他们之前相助于朱宸濠是因为被胁迫所致，如今百姓为生活穷困窘迫所逼，导致奸党叛乱四起，天下逐渐形成土崩之势。若真的到了这种境地再起兵平定叛乱，岂不是更难了？"张永深以为然，于是慢慢对先生说道："我这次出兵，是为了调教解决皇上身边的一群宵小之人，默默地辅佐帮助皇上，并不是为了掩盖你的功劳。如果我们顺着皇上对意思去做，可能还能稍微拯救百姓于水火，万一忤逆皇上的意思，惹怒了那群宵小之徒，那天下苍生恐怕会更加水深火热。"先生听后相信了张永，将朱宸濠交给他，自己称病留在了西湖净慈寺。

武宗尝以威武大将军牌遣锦衣千户追取宸濠，先生不肯出迎。三司苦劝。先生曰："人子于父母乱命，若可告语，当涕泣以从，忍从谀乎？"不得已，令参随负敕同迎以入。有司问劳锦衣礼，先生曰：“止可五金。”锦衣怒不纳。次日来辞，先生执其手曰：“我在正德间下锦衣狱甚久，未见轻财重义有如公者。昨薄物出区区意，只求备礼。闻公不纳，令我惶愧。我无他长，止善作文字。他日当为表章，令锦衣知有公也。”于是复再拜以谢。其人竟不能出他语而别。奉敕兼巡抚江西。

译文

武宗曾以威武大将军的军牌下令派遣锦衣千户追上先生索要朱宸濠，先生不肯出门相迎。面对此情景，三司各部门官员苦苦相劝，想让先生暂时出门迎接。先生说：“为人子者，对于父母不合理的命令，若可以告诉他们真实合理的情况，便应当声泪俱下表明自己的态度，怎么忍心用溢美之词顺从这种不合理的命令呢？”官员们不得已之下，只得命令先生的随同人员带着诏书共同将锦衣卫迎入府衙。官员向先生询问慰劳锦衣卫的赏金数额，先生说：“只能给五两银子。”锦衣卫看到只有五两银子，十分愤怒拒不接受。第二天锦衣卫前来辞行，先生拉着他的手说：“我在正德年间被关在锦衣卫的诏狱很长时间，从未见过像您一样视钱财如粪土，看道义重千金的人。昨天为了礼节，我们向您进献了区区薄礼。听说您没有接受，我感到十分的惭愧。我没有什么别的长处，只在作文一事上还过得去，来日我一定会向朝廷呈上奏章表彰您的大义，让所有锦衣卫都知道有您这样一位高风亮节的同僚。”语罢，再次对锦衣卫行礼致谢。锦衣卫听后无话可说，只能告辞离开。后先生又奉命兼任江西巡抚。

十一月，返江西。

译文

十一月，先生返回江西。

先生称病，欲坚卧不出，闻武宗南巡，已至维扬，群奸在侧，人情汹汹。不得已，从京口将径趋行在。大学士杨一清固止之。会奉旨兼巡抚江西，遂从湖口还。

译文

先生称病后，决定待在卧室不再出门，后来听说武宗南巡，已经到了扬州，皇上身边环绕着众多奸佞小人，人心动荡不安。忧心之下从京口取小道直奔行宫。大学士杨一清坚定地阻止了先生。恰好此时皇上下旨让先生兼任江西巡抚，于是先生从湖口返回了江西。

忠等方挟宸濠搜罗百出，军马屯聚，糜费不堪。续、纶等望风附会，肆为飞语，时论不平。先生既还南昌，北军肆坐慢骂，或故冲导起衅。先生一不为动，务待以礼。豫令巡捕官谕市人移家于乡，而以老羸应门。始欲犒赏北军，泰等预禁之，令勿受。乃传示内外，谕北军离家苦楚，居民当敦主客礼。每出，遇北军丧，必停车问故，厚与之榇，嗟叹乃去。久之，北军咸服。会冬至节近，预令城市举奠。时新经濠乱，哭亡酹酒声闻不绝。北军无不思家，泣下求归。先生与忠等语，不稍徇，渐已知畏。忠、泰自居所长，与先生较射于教场中，意先生必大屈。先生勉应之，三发三中，每一中，北军在傍哄然，举手啧啧。忠、泰大惧曰："我军皆附王都耶！"遂班师。

译文

张忠等此时带着朱宸濠到处巡回搜索，朝廷军马再次聚集，花费巨大。祝续、张纶等人擅长察言观色，望风而动，假言附会，肆意制造流言蜚语诽谤先生。先生回到南昌后，北军依旧肆意妄为，胡言谩骂，甚至有人故意冲撞先生以示挑衅。先生完全不为所动，一直以礼相待。于是先生命令巡捕官让百姓把家搬到乡下，只留下年老羸弱的人在家看门。先生打算犒赏北军，但许泰等人提前下令禁止北军接受犒赏。于是先生传令给南昌城内外的百姓，说北军远离家乡心中苦楚，百姓应当尽到地主之谊，以待客的礼节对待北军。先生每次出门，但凡遇到有去世的北军士兵，必定会停车询问原因，赠予棺材将其厚葬，悲叹着离开。久而久之，北军都对先生心服口服。冬至节临近时，先生提前命令城中举行祭奠仪式。当时，百姓刚刚经历了朱宸濠叛乱之苦，哭悼纪念亡灵的声音不绝于耳。此情此景中，北军将士没有一个不想念家乡的，纷纷哭泣着请求回去。先生和张忠等人交谈时，不用向他们明确说明这些情况，他们已经渐渐开始害怕了。张忠、许泰自认为擅长于射箭，便与先生相约在校场比赛射箭，认为先生必然会大败。先生勉强答应了他们的邀约，三发三中，每射中一箭，北军都在旁边欢呼喝彩。张忠、许泰大惊说："我们北军竟然全都归附王都督了吗！"于是立即班师回朝。

十有五年庚辰，先生四十九岁，在江西。

译文

明武宗正德十五年，岁在庚辰（1520），先生四十九岁，居住在江西。

正月，赴召次芜湖。寻得旨，返江西。

译文

正月，先生应朝廷之召，驻扎芜湖。不久之后得到旨意，返回江西。

忠、泰在南都谗先生必反，惟张永持正保全之。武宗问忠等曰："以何验反？"对曰："召必不至。"有诏面见，先生即行。忠等恐语相违，复拒之芜湖半月。不得已，入九华山，每日宴坐草庵中。适武宗遣人觇之，曰："王守仁学道人也，召之即至，安得反乎？"乃有返江西之命。始忠等屡矫伪命，先生不赴，至是永有幕士顺天、检校钱秉直急遣报，故得实。

译文

张忠、许泰在南京向皇上进献谗言说先生必定会起兵造反，惟有张永秉持正义为先生作保。武宗问张忠等人说："你们有什么证据说王守仁一定会造反？"他们回答说："您如果召他前来觐见，他一定不会来。"于是皇上下诏让先生前来觐见，先生接到诏书后立即出发。张忠等人唯恐先生的行为和自己说的话相反，想方设法将先生阻拦在芜湖半月之久。先生不得已之下进入了九华山，每天在草庵中静坐。恰逢武宗派人暗中观察先生，前去暗查的人对武宗说："王守仁在山中修道，他听到召集的命令立马就出发了，怎么会造反呢？"武宗这才重新下令让先生返回江西。最开始张忠等人数次假传圣旨，先生都没有前往，这次皇上下诏时，张永让自己的幕僚顺天、检校钱秉直快马加鞭派人告知先生，先生才能得知实情，如期前往。

先生赴召至上新河，为诸幸谗阻不得见。中夜默坐，见水波拍岸，汩汩有声。思曰："以一身蒙谤，死即死耳，如老亲何？"谓门人曰："此时若有一孔可以窃父而逃，吾亦终身长往不悔矣。"

译文

先生奉诏行至上新河，被小人设计阻挠了前去觐见的道路。夜半时分静坐沉思时，听见水波拍打江岸的声音。若有所思说："我一个人被小人诽谤污蔑，死便死了，但让我家中的老父亲怎么办啊？"于是和门人说："此时若是有一个洞，可以让我带着父亲逃走，我一定会立即前往，一生都不会后悔的。"

江彬欲不利于先生，先生私计彬有他，即计执彬武宗前，数其图危宗社罪，以死相抵，亦稍偿天下之忿。徐得永解。其后刑部判彬有曰："虎旅夜惊，已幸寝谋于牛首；宫车宴驾，那堪遗恨于豹房。"若代先生言之者。以晦日重过开先寺，留石刻读书台后，词曰："正德己卯六月乙亥，宁藩濠以南昌叛，称兵向阙，破南康、九江，攻安庆，远近震动。七月辛亥，臣守仁以列郡之兵复南昌，宸濠擒，余党悉定。当此时，天子闻变赫怒，亲统六师临讨，遂俘宸濠以归。于赫皇威！神武不杀，如霆之震，靡击而折。神器有归，孰敢窥窃。天鉴于宸濠，式昭皇灵，嘉靖我邦国。正德庚辰正月晦，提督军务都御史王守仁书。"从征官属列于左方。明日游白鹿洞，徘徊久之，多所题识。

译文

江彬想要构陷先生，先生看出江彬有异心，于是设计捉拿了江彬扭送至武宗面前，细数他图谋危害宗室社稷的各种罪状，并认为江彬只有以死抵罪，才能稍微消除天下人的愤怒。先生这些行为全部得到了张永的支持。后来刑部审判江彬说："你起来叛乱之心，让军队深夜出动，幸好在牛首山时及时停止了谋划；皇上因你们这些小人的蛊惑在豹房驾崩，实在是遗恨千古。"似乎代入了先生的话。先生月末最后一天再次路过开先寺，在读书台后留下了石刻，内容是："正德十四年六月，宁王朱宸濠在南昌叛乱，欲起兵谋夺江山，叛军占据了南康、九江，又继续攻打安庆，各地上下听到后都十分惊骇。七月辛亥，臣王守仁带领各郡县的官兵收复南昌，捉拿了朱宸濠，平定叛党。此时，天子听闻兵变赫然震怒，亲自统率六师亲临征讨，最终抓捕朱宸濠回到京师。皇威赫赫！雷霆震怒，如雷攻击，敌军自灭，国家神器自有归属，谁敢窥伺盗取。上天彰显神灵，照出了朱宸濠的不臣之心，护佑这江山社稷。正德十五年（1520）正月晦日，提督军务都御史王守仁书。”先生写完后将一起出兵征讨叛军的官员名字列在了文章左边。第二天先生游览了白鹿洞，徘徊了很久，留下了很多题诗墨迹。

二月，如九江。

译文

二月，先生到了九江。

先生以车驾未还京，心怀忧惶。是月出观兵九江，因游东林、天池、讲经台诸处。

译文

先生因为皇上还没有返回京城而忧心忡忡。二月到九江检阅军队，顺便游览了东林寺、天池、讲经台等地。

是月，还南昌。

译文

当月又回到了南昌。

三月，请宽租。

译文

三月，奏请减免江西的租税。

江西自己卯三月不雨，至七月，禾苗枯死。继遭濠乱，小民乘隙为乱。先生尽心安戢，许乞优恤。至是部使数至，督促日追，先生上疏略曰：“日者流移之民，闻官军将去，稍稍胁息，延望归寻故业，足未入境，而颈已系于追求者之手矣！夫荒旱极矣，而因之以变乱；变乱极矣，而又加之以师旅；师旅极矣，而又加之以供馈。益之以诛求，亟之以征敛。当是之时，有目者不忍观，有耳者不忍闻，又从而[illegible]其膏血，有人心者尚忍乎？宽恤之虚文，不若蠲租之实惠；赈济之难及，不若免税之易行。今不免租税，不息诛求，而徒曰宽恤赈济，是夺其口中之食，而曰吾将疗汝之饥；刳其腹肾之肉，而曰吾将救汝之死：凡有血气者，皆将不信之矣。”

译文

江西从正德十四年三月开始就干旱无雨，一直到七月，地里庄稼都枯死了，百姓颗粒无收。随后遭遇宸濠之乱，又有宵小之人乘机作乱。先生想尽办法安抚百姓，向百姓许诺会上书朝廷请求对他们优待抚恤。当时御史多次前来催缴税款，先生于是上疏朝廷请求减免赋税，奏疏大意是：“目前江西的流民听闻官兵将要离开，刚刚减少了一些对战乱的惧意，都希望能回故乡继续原来的生活，但是人还没回到家乡，又受到追缴赋税的官兵压迫！今年严重的旱灾导致了暴乱；暴乱正盛时，又有军队前来；军队来了又要求百姓缴纳税银以供军饷之用。各种杂税层层累加，又叠加国家税款，百姓实在难以承受。此情此景，让人有眼睛不忍观看，有耳朵不忍听，如今官府又要进一步去收取百姓仅剩的那一点活命钱，但凡有仁爱之心的人都不会忍心的！对百姓来说宽慰体恤的公文实在不如减免租税实惠，国家发下的赈灾款项也难以真正落实到百姓手中，倒不如为他们减免租税更能让他们直接受益。现在朝廷不免除百姓的租税，也不停止对百姓的索求，只下诏说要体恤赈济百姓，这种做法就好像夺走百姓口中的食物，却告诉他们说，我这是要解决你们的饥荒问题；挖掉他们身上的肉，却说我要把你们从死亡线上救回来，但凡有血性的百姓，都不会相信这些话的。”

按是年与巡按御史唐龙、朱节上疏计处宁藩变产官银，代民上纳，民困稍苏。

译文

按这一年先生和巡按御史唐龙、朱节上疏奏请将朱宸濠的产业变卖，充入官银代替百姓的税收。百姓的困苦才稍微解除一些。

三疏省葬，不允。

译文

先生第三次上疏请求回家省亲并处理丧事，朝廷依旧没有允许。

五月，江西大水，疏自劾。

译文

五月，江西发大水，先生上疏弹劾自己。

是年四月，江西大水，漂溺公私庐舍，田野崩陷。先生上疏自劾四罪。且曰："自春入夏，雨水连绵，江湖涨溢，经月不退。自赣、吉、临、瑞、广、抚、南昌、九江、南康，沿江诸路，无不被害。黍苗沦没，室庐漂荡，鱼鳖之民聚栖于木杪，商旅之舟经行于闾巷，溃城决堤，千里为壑，烟火断绝，惟闻哭声。询之父老，皆谓数十年所未有也。伏惟皇上轸灾恤变，别选贤能，代臣巡抚。即不以臣为显戮，削其禄秩，黜还田里，以为人臣不职之戒，庶亦有位知警，民困可息，天变可弭，人怒可泄，而臣亦死无憾矣。"

译文

四月，江西发了大水，官衙和百姓的房屋全部被淹，百姓田地也被冲毁。先生上疏，弹劾了自己的四个罪过，并说："从春天到夏天，雨水一直连绵不断，江、湖里的水位越来越高，连续几个月不曾下降。赣、吉、临、瑞、广、抚、南昌、九江、南康等地沿江的道路尽数被冲断。百姓的庄稼被淹没摧毁，房屋浸泡在洪水中，百姓只能像鱼鳖一样在树梢上保命。大街小巷被洪水淹没，洪水滔滔，商人的船只都可以在街巷航行；堤坝溃决，城镇被淹没，数千里范围都已经成为汪洋一片，百姓已经无法生火做饭，哀泣声不绝于耳。百姓都说这是数十年未曾见过的洪灾。请求皇上能够体恤变故，重视灾情，另外选任贤能，代替臣江西巡抚之职。臣犯了这么大的罪过，即便您开恩不将臣斩杀也应当削去职位俸禄，罢黜官职让臣回归乡里。并以此让不称职的臣子引以为戒，或许有臣子可以得由此到警戒。如此一来，百姓的困顿可以稍微解除，百姓的愤怒也有了发泄的地方，天灾也能够就此结束。若能如此，臣即便是死，也再无遗憾了。”

按是时武宗犹羁南畿，进谏无由，姑叙地方灾异以自劾，冀君心开悟而加意黎元也。

按当时武宗依然在南京巡游，先生没有理由可以进谏，于是以地方的天灾为由弹劾自己，希望皇上能由此醒悟，对百姓真心地体恤关心。

六月，如赣。

译文

六月，先生前往江西。

十四日，从章口入玉笥大秀宫。十五日，宿云储。十八日，至吉安，游青原山，和黄山谷诗，遂书碑。行至泰和，少宰罗钦顺以书问学。先生答曰：“来教训某《大学》古本之复，以人之学，但当求之于内，而程、朱格物之说，不免求之于外，遂去朱子之分章，而削其所补之传。非敢然也。学岂有内外乎？《大学》古本乃孔门相传旧本耳。朱子疑其有脱误，而改正补缉之；在某则谓其本无脱误，悉从其旧而已矣。失在过信孔子则有之，非故去朱子之分章而削其传也。夫学贵得之心。求之于心而非也，虽其言之出于孔子，不敢以为是也，而况其未及孔子者乎？求之于心而是也，虽其言之出于庸常，不敢以为非也，而况其出于孔子者乎？且旧本之传数千载矣，今读其文辞，既明白而可通，论其功夫，又易简而可入，亦何所按据而断其此段之必在于彼，彼段之必在于此？与此之如何而缺，彼之如何而误？而遂正补缉之，无乃重于背朱而轻于叛孔已乎？来教谓：‘如必以学不资于外求，但当反观内省以为务，则“正心诚意”四字，亦何不尽之有？何必入门之际，使困以格物一段工夫也？’诚然诚然。若语其要，则‘修身’二字亦足矣，何必又言‘正心’？‘正心’二字亦足矣，何必又言‘诚意’？‘诚意’二字亦足矣，何必又言‘致知’，又言‘格物’？惟其工夫之详密，而要之只是一事，所以为精一之学，此正不可不思者也。夫理无内外，性无内外，故学无内外。讲习讨论，未尝非内也；反观内省，未尝遗外也。夫谓学必资于外求，是以己性为有外也，是义外也，用智者也；谓反观内省为求之于内，是以己性为有内也，是有我也，自私者也：是皆不知性之无内外也。故曰：‘精义入神，以致用也；利用安身，以崇德也。’性之德也，合内外之道也。此可以知格物之学矣。格物者，《大学》之实下手处，彻首彻尾，自始学至圣人，只此工夫而已。非但入门之际，有此一段也。夫正心、诚意、致知、格物，皆所以修身而格物者，其所以用力日可见之地。故格物者，格其心之物也，格其意之物也，格其知之物也；正心者，正其物之心也；诚意者，诚其物之意也；致知者，致其物之知也：此岂有内外彼此之分哉？理一而已。以其理之凝聚而言，则谓之性；以其主宰而言，则谓之心；以其主宰之发动而言，则谓之意；以其发动之明觉而言，则谓之知；以其明觉之感应而言，则谓之物。故就物而言，谓之格；就知而言，谓之致，就意而言，谓之诚；就心而言，谓之正。正者，正此也；诚者，诚此也；致者，致此也；格者，格此也。皆所谓穷理以尽也。天下无性外之理，无性外之物。学之不明，皆由世之儒者认理为外，认物为外，而不知义外之说，孟子盖尝辟之，乃至袭陷其内而不觉，岂非亦有似是而难明者欤？不可以不察也。凡执事所以致疑于格物之说者，必谓其是内而非外也；必谓其专事于反观内省之为，而遗弃其讲习讨论之功也；必谓其一意于纲领本原之约，而脱略于支条节目之详也；必谓其沉溺于枯杭虚寂之偏，而不尽于物理人事之变也。审如是，岂但获罪于圣门，获罪于朱子？是邪说诬民，叛道乱正，人得而诛之也，而况于执事之正直哉？审如是，世之稍明训诂，闻先哲之绪纶者，皆知其非也，而况执事之高明乎哉？凡某之所谓格物，其于朱子九条之说，皆包罗统括于其中；但为之有要，作用不同：正所谓毫厘之差耳。然毫厘之差，而千里之谬实起于此，不可不辨。”

译文

十四日，先生从章口到了玉笥大秀宫。十五日，住在云储。十八日，到了吉安，游览了青原山，和了一首黄庭坚的诗，书写在了石碑上。到了泰和，少宰罗钦顺写信给先生请教学问。先生答复他说："你专门来信和我探讨，您认为我之所以恢复《大学》的旧本，是因为我认为人做学问，只需要求诸自己的内心，而程、朱两人的格物学说却免不了向心外之物探求，于是我不采信朱熹的分章之法，并删掉了他为《大学》增补的传。其实我并不敢这样想。做学问如何能分内外？《大学》旧本是孔圣人传下来的。而朱子认为它有遗漏和错误的地方，因此加以改正补充。而在我看来，旧本《大学》本来就没有什么遗漏和错误之处，所以完全采用古本内容罢了。我的过失可能在于过于相信孔子的学说，但绝不是否定朱子的分章法并故意删掉他增补的内容。我认为做学问最重要的是用内心来体悟。如果自己内心认为不对的理论，即使是孔子所说，我也不敢不加探求就说它是正确的，何况那些比不上孔子的人的言论？如果我心里认为是正确的理论，即便是普通人说的话，也不会认为是错的，更何况是孔子所说的话呢？况且《大学》旧本已经流传了几千年，现在阅读起来，书中语句也十分易于理解。其中的学问功夫，既简明易懂又容易入手。后人又凭什么来判断这部分应该在这里、那部分应该在那里、何处有缺、何处有误？后人都看重朱子对《大学》加以改正增补后的版本，难道不是更看重是否违背了朱熹的思想，而不看重是否违背了孔子的思想吗？您信中指出，如果要求做学问不向心外之物探求，仅仅将反观内心为第一要务，那么'正心诚意'四字，还有什么没有道尽的？又何必在做学问的入手之处，用格物的功夫让自己困惑？确实如你所说，若讲做学问的主旨所在，'修身'二字便已经足够了，又何必要讲'正心'二字？或者说'正心'二字便已经足够了，又何必要讲'诚意'二字？'诚意'二字也已经足够了，又何必要讲'致知''格物'？之所以会有这些理论，是为了让做学问的功夫细致周密，其重点在于每一件事都是一门精要的学问，这正是我们必须要思考的地方。天理没有内外之分，人的本性也没有内外之别，所以学问也没有内外之别。与人讨论或讲授学问，未尝不是对自己内心的反观内；反躬自省也未必就完全杜绝了外物的影响。所以说认为做学问必须要从外物探索的，是因为他认为人的本性是外在的，这是注重情义。认为反观内心只是向内寻求本心，是把本性看做向内的部分了，这是执着于自我，有偏私之见。这两种观点都没有明白人性没有内外之分的。所以孔子说：‘精深微妙的义理出神入化，可以经世济民；功名利禄可以安身，然后修养自己崇高的品德。’中庸说：‘人性的真正的道德是内外兼修的。’由此便可以明白格物的真正内容了。格物功夫是研习《大学》真正入手之处，整个求学生涯，自儿童启蒙至成为圣人，都只需要精进这一个功夫罢了。并非只在刚开始的时候需要格物的功夫。正心、诚意、致知、格物，这些都是为了修身而下的格物功夫，这些功夫只有日积月累才能见到。所以说格物就是清除自己内心的物欲、清除自己思想中的杂念、清除自己认识上的偏见；正心，就是纠正自己的物欲之心；诚意，就是不欺骗自己的内心；致知，就是要明白事物的道理。这些哪有内外彼此之分呢？它们的道理都是一样的。从道理的凝聚上来说，是本性；从凝聚的主宰处来说，是心；从主宰的发动上来说，是意；从对意发动的明觉上来说，是知；从对明悟天理的感应上来说，是物。所以对于物而言就是格物；对于知而言，称为致知；对于意而言，称为诚意；对于心而言，称为正心。正，就是正心；诚，就是诚意；致，就是致知；格，就是格物。也都是为了穷理而进行的。天下没有本性之外的理，也没有本性之外的物。如今圣学不显，都是因为后世儒生认为理属于内而物属于外，却不知道孟子曾批评过‘义外’学说，以至在学习中陷入这种错误认知而不自知。这难道不也是因为这种说法有似是而非，难以明白之处吗？因此不能不对其仔细探查。您质疑我的格物学说的地方，无非是认为我的观点是只肯定内求而反对外求；只致力于反观内心，而放弃了外在讲习讨论的功夫；认为我一心一意注重纲领本原的框架，而忽视详细的条目；认为我的理论让人沉溺于枯槁空寂的偏执中，不能完全彰显世理人情的变化。如果真是这样，我岂止是得罪了圣学和朱子学说？这简直就是用歪理邪说误导世人，离经叛道，人人都可以因此来诛杀我，更何况您这样的饱学之士呢？如果真是这样，世间略微明白训诂之学，听闻过先贤哲人理论的人，都知道这是谬论，更何况像您这样的高明之士呢？我所说的格物，除了包含朱子的九条学说，也另有重要的地方，和朱子的九条作用不尽相同，这就是所谓的毫厘之差。不过虽然只有毫厘之差，日后更为巨大的千里之谬就会因此而起，因此我不得不辨明我的观点。”

是月至赣。

译文

当月先生到了江西。

先生至赣，大阅士卒，教战法。江彬遣人来观动静。相知者俱请回省，无蹈危疑。先生不从，作《啾啾吟》解之，有曰：“东家老翁防虎患，虎夜入室衔其头。西家小儿不识虎，持竿驱虎如驱牛。”且曰：“吾在此与童子歌诗习礼，有何可疑？”门人陈九川等亦以为言。先生曰：“公等何不讲学，吾昔在省城，处权竖，祸在目前，吾亦帖然；纵有大变，亦避不得。吾所以不轻动者，亦有深虑焉耳。”

译文

先生到了江西后进行了大阅兵，教授将士战术。江彬派人前来观察先生在赣州的动静，了解先生人都劝先生回家省亲，不要将自己置于危险受疑的境地。先生没有听从他们的建议，作了一首《啾啾吟》来为自己的所作所为进行解释。其中有这样的句子：“东家的老头天天防范老虎为祸，却让老虎趁夜入室把他吃掉了；反观西家的孩童，无知无畏，初生牛犊不怕虎，操起竹竿赶牛那样把老虎赶跑了。”先生又说：“我天天在这里和孩子们一起读诗歌，习礼仪，有什么可以怀疑的呢？”弟子陈九川等人也都认为先生说得有道理，先生对弟子们说：“你们为何不开始讲授学问呢？我以前在省城南昌时，身处各方权势的包围之中，自己置身于兵祸的中心，我仍然能做到内心平静，安然讲学；若是遇到大的变故，想躲也是无法躲开的。我的信心不会轻易动摇是因为我有更长远的打算。”

洪昔葺师疏，《便道归省》与《再报濠反疏》同日而上，心疑之，岂当国家危急存亡之日而暇及此也？当是时，倡义兴师，濠且旦夕擒矣，犹疏请命将出师，若身不与其事者。至《谏止亲征疏》，乃叹古人处成功之际难矣哉！

译文

我（钱德洪）之前整理先生给朝廷的上疏的时候，发现《便道归省》与《再报濠反疏》这两封奏疏是在同一天上奏朝廷的。于是我心中生起了疑问，为何在国家危急存亡之时，先生还有闲暇时间来提这个问题呢？此时，先生已经在南方宣扬大义，请众人兴兵讨伐宁王叛军，并快速将朱宸濠擒拿了，但先生仍然上疏朝廷请求任命将领出师讨伐叛军，如同先生自己没有亲自参与到平定朱宸濠叛乱之事一样。直到看到了先生的《谏止亲征疏》，我才深深地感觉到，古人在功成名就之时，也一样有很多困顿的事情需要处理。

七月，重上江西捷音。

译文

七月份的时候，先生重新上奏朝廷江西平叛之战的捷报。

武宗留南都既久，群党欲自献俘袭功。张永曰："不可。昔未出京，宸濠已擒，献俘北上，过玉山，渡钱塘，经人耳目，不可袭也。"于是以大将军钧帖令重上捷音。先生乃节略前奏，入诸人名于疏内，再上之。始议北旋。

译文

武宗皇帝停留在南京已经很久了，身边的奸佞群党打算自己献出俘虏朱宸濠，抢占先生的功劳。张永说："你们不能这样做。之前我们尚未离开京城时，朱宸濠已经被擒获了，如今却由我们回北京献出朱宸濠，回京沿途要经过玉山、钱塘等地，路上百姓都会注意到此事，所以我们不能抢占这个功劳。"于是，先生尊奉武宗（威武大将军镇国公）的命令重新向朝廷上疏捷报。此次奏疏中先生省略了之前已经汇报过的内容，将参与平定朱宸濠叛乱的官员名字都写入了奏疏内，重新上报朝廷。朝廷收到奏疏之后，武宗皇帝的仪仗才开始商议回北京。

尚书霍韬曰："是役也，罪人已执，犹动众出师；地方已宁，乃杀民奏捷。误先朝于过举，摇国是于将危。盖忠、泰之攘功贼义，厥罪滔天，而续、纶之诡随败类，其党恶不才亦甚矣。”御史黎龙曰：“平藩事，不难于成功，而难于倡义。盖以逆濠之反，实有内应，人怀观望，而一时勤王诸臣，皆捐躯亡家，以赴国难。其后忌者构为飞语，欲甘心之，人心何由服乎？后有事变，谁复肯任之者？”费文献公宏《送张永还朝序》曰：“兹行也，定祸乱而不必功出于己：开主知而不使过归乎上；节财用不欲久困乎民；扶善类而不欲罪移非辜。且先是发瑾罪状，首以规护卫为言，实以逆谋之成，萌于护卫之复，其早辨预防，非有体国爱民之心，不能及此。”

译文

尚书霍韬说：“宁王朱宸濠叛乱这一战中，朝廷在逆贼朱宸濠已经被捉拿的情况下，仍兴师动众出军讨伐；在地方百姓已经过上了安宁的生活时，仍旧兴师动众诛杀罪民，以求上奏捷报。奸佞小人引诱先帝做出了这样错误的行为，把国家社稷推向危险的境地。这主要是因为张忠、许泰等人抢夺功劳，贼心不死，有违大义，其罪行滔天。而祝续、张纶这些阴险狡诈的败类的党羽更是用心险恶。”御史黎龙说：“平定藩王叛乱一事，难处不在于如何取得胜利，而在于如何倡行大义。逆贼朱宸濠造起兵反一事，朝廷中应当是有内应的，但各位臣子都怀着观望之心，那些及时带兵勤王的臣子，大都牺牲了自己和家庭奔赴战场，挽救国难。事成之后，那些忌惮出兵将士功劳的小人开始散播各种流言蜚语，对功臣加以构陷。如果任由这些小人为所欲为，如何让百姓信服朝廷？以后再发生类似的突发事件，还有谁还会像这些功臣一样舍身为国家身先士卒？”文献公费宏的《送张永还朝序》中说：“张永此次随武宗皇帝南下御驾亲征，平定了叛乱，但不要求将功劳归到自己身上；他引导皇上做出明智之举，让皇上不至于做出错误的决断；力求节约钱财用度，减轻百姓负担；帮扶善良的百姓，不让罪名涉及无辜之人；且在此之前，他就勇于揭发奸佞刘瑾的罪行，并第一个提出取消藩王的卫队，因为宁王造反的阴谋也是从恢复了他的藩王卫队开始萌芽，最终起兵造反。如果不是有一颗忠于国家，爱恤百姓的心，怎么能够做到提前明辨是非，及时预防呢？”

洪谓："平藩事不难于倡义，而难于处忠、泰之变。盖忠、泰挟天子以偕乱，莫敢谁何？豹房之谋，无日不在畏，即据上游不敢骋，卒能保乘舆还宫，以起世宗之正始。开先勒石所谓：'神器有归，孰敢窥窃。'又曰：'嘉靖我邦国。'则改元之兆先征于兹矣。噫！岂偶然哉！"

译文

我（钱德洪）认为："平定叛乱一事最难的不是如何倡行正义，而是先生身处于张忠、许泰等小人的计谋漩涡中，要如何去应对他们的阴谋构陷，这才是最难的。张忠、许泰二人仰仗武宗的宠爱制造混乱，无人敢与之为敌。那些奸佞小人为武宗皇帝建造豹房等设施，让人时时处于畏惧之中，即便身处有利的位置，也不能放手施为，幸得最终保全了武宗安全回到宫中，才有了世宗一朝的开始。之前先生在石刻题词中写道：'国家神器，自有其合乎天道的归宿，任谁也不敢窥视盗窃。'又说：'嘉靖我邦国。'国家改元的似乎征兆已经从先生的题词中表露出来了，这难道是偶然相合的吗？"

先生在赣时，有言万安上下多武士者。先生令参随往纪之。命之曰："但多膂力，不问武艺。"已而得三百余人。龙光问曰："宸濠既平，纪此何为？"曰："吾闻交阯有内难，出其不意而捣之，一机会也。"后二十年，有登庸之役，人皆相传先生有预事谋，而不知当时计有所在也。

译文

先生在赣州的时候曾说万安的百姓多是勇猛之辈。先生让随从人员前去统计他们的情况，并下令说："只需挑选体格健硕，性格勇猛之人，不用在意他们武艺如何。"不久便选出三百多人。龙光问先生："朱宸濠叛乱已经平定了，为何还有挑选这些勇夫呢？"先生说："我听说交阯这个地方有内乱，这是一个能出其不意地捣毁他们的好机会。"二十年后发生了登庸之役。人们都说先生有先见之明，却不知先生提前便有所谋划。

八月，咨部院雪冀元亨冤状。

译文

八月，部院发布公文洗刷了冀元亨的冤情。

先是宸濠揽结名士助己，凡仕江右者，多隆礼际。武陵冀元亨为公子正宪师，忠信可托，故遣往谢，佯与濠论学。濠大笑曰："人痴乃至此耶！"立与绝。比返赣述故，先生曰："祸在兹矣。"乃卫之间道归。及是张、许等索衅不得，遂逮元亨，备受考掠，无片语阿顺。于是科道交疏论辩，先生备咨部院白其冤。世宗登极，诏将释。前已得疾，后五日卒于狱。同门陆澄、应典辈备棺殓。讣闻，先生为位恸哭之。元亨字惟乾，举乡试。其学以务实不欺为主，而谨于一念。在狱视诸囚不异一体，诸囚日涕泣，至是稍稍听学自慰。湖广逮其家，妻李与二女俱不怖，曰："吾夫平生尊师讲学，肯有他乎？"手治麻枲不辍。暇则诵《书》歌《诗》。事白，守者欲出之。李曰："不见吾夫，何归？"按察诸僚妇欲相会，辞不敢赴。已乃洁一室，就视则囚服不释麻枲。有问者，答曰："吾夫之学不出闺门衽席间。"闻者悚愧。元亨既卒，先生移文恤其家。

译文

此前，朱宸濠多方招揽结交名士来协助自己谋反，凡是在江西任职的官员，大都受到了他隆重的礼遇，武陵冀元亨当时是先生儿子王正宪的老师，为人忠诚，讲信用，是一个值得托付大事的人。先生特意派其前往朱宸濠王府谢恩。冀元亨到王府后假意与朱宸濠讨论学问，朱宸濠跟他论学后大笑着说："一个人怎么能痴笨到这种地步？"拒绝继续和他交流。冀元亨返回赣州和先生详述了他去拜会朱宸濠的经过，先生忧虑道："此事怕是会招来一些祸事。"于是派人保护冀元亨从小路返回。后来张忠、许泰等人前来索要俘虏，多番挑衅没能成功，于是抓捕了冀元亨。冀元亨在酷刑拷打下也没有说出半点的阿谀奉承的话。在这种情况下，给事中与都察院十三道监察御史交互上书，对冀元亨一事进行辩论，先生将此事详情上书汇报给院部，明述了冀元亨的冤屈。世宗皇帝即位后，下诏将冀元亨释放。但冀元亨已经身患重疾，五天后在监狱中去世了，同窗好友陆澄、应典等人为其准备了棺木，装殓安葬。先生听到了冀元亨去世的噩耗后悲恸大哭。冀元亨，字惟乾，参加乡试得中举人。他做学问以务实为主，一直谨慎地坚守自己的信念。冀元亨在监狱时看到很多囚犯内心非常痛苦，难以接受入狱的事，每天痛哭流涕，于是开始为他们讲学，慢慢地囚犯们从冀元亨讲学中得到了一些安慰。张忠、许泰派人到他湖广的家里搜索抓捕了他的家人，他的妻子李氏和两个女儿对前来的官兵毫不畏惧。妻子李氏说："我的丈夫平生尊师重道，一心讲学，如何会有其他谋逆心思？"冀元亨的妻子李氏被捕入狱后也纺织不辍，闲暇时就诵读歌咏《尚书》和《诗经》。冀元亨的冤情大白天下后，守狱之人想释放李氏，李氏说："我见不到我的夫君了，还能去哪儿呢？"按察司中各位幕僚的妻子们想要拜见李氏，李氏推辞不见。很快清洁出了一间囚室，有人去看，发现她依旧穿着囚服，不停歇地纺线织布。有人问她为何如此，她回答说："我只是在做自己本分之内的事情。"听过这话的任督觉得十分的惊讶并心生羞愧。冀元亨去世之后，先生专门下发公文抚恤他的家人。

罗洪先赠女兄夫周汝方序略曰："忆龙冈尝自赣病归，附庐陵刘子吉舟。刘与阳明先生素厚善，会母死，往请墓志。实濠事暗相邀结，不合而返。至舟，顾龙冈呻吟昏瞀，意其熟寝也。呼门人王储，叹曰：'初意专倚阳明，两日数调以言，若不喻意，更不得一肯綮，不上此船明矣。此事将遂已乎，且吾安得以一身当重担也？'储拱手曰：'先生气弱，今天下属先生，先生安所退托？阳明何足为有无哉？'刘曰：'是固在我，多得数人更好。阳明曾经用兵尔。'储曰：'先生以阳明为才乎，吾见其怯也。'刘曰：'诚然。赣州峒贼，髦头耳，乃终日练兵，若对大敌，何其张皇哉？'相与大笑而罢。龙冈反舍，语予若此，己卯二月也。其年六月，濠反，子吉与储附之。七月，阳明先生以兵讨贼。八月俘濠。是时议者纷然，予与龙冈窃叹莫能辨。比见诋先生者，问之曰：'吾恶其言是而行非，盖其伪也。龙冈舌尚在，至京师，见四方人士，犹有为前言者否乎？盍以语予者语之。'其后养正既死，先生过吉安，令有司葬其母，复为文以奠。辞曰：'嗟嗟！刘生子吉，母死不葬，爰及干戈；一念之差，遂至于此，呜呼哀哉！今吾葬子之母，聊以慰子之魂。盖君臣之义，虽不得私于子之身，而朋友之情，犹得以尽于子之母也，呜呼哀哉！'其事在是年六月。"

译文

罗洪先写给姐夫周汝方信中的序大意为："我想起龙冈从赣州因病回老家，途中搭乘的是庐陵人刘养正的船。刘养正和阳明先生向来关系很好，说自己此行是因为母亲去世，去请阳明先生为自己的母亲写墓志。实际上是为朱宸濠起兵反叛一事，暗中前去劝说阳明先生，最终两人志向相异，刘养正乘船返回。刘养正回到船上，看到龙冈正睡得昏沉，以为他已经睡熟了。于是叫来弟子王储，叹息说道：'我最初是想主要依靠王阳明的，这两天来，我多次与他交谈，他都装作不明白我的意思，没有领会关键所在，想必他下了决心不愿与我们合作了。拉拢王阳明这件事无法完成，我如何凭借一个人的力量来承担如此重任呢？'王储说：'先生过谦了，现在宁王将整个家国重担都要交付于您了，您怎么能退缩推脱呢？王阳明身上有什么是我们必须拉拢的吗？'刘养正说：'主要责任固然是在我身上，但若是能够多团结一些能人异士自然更好，毕竟王阳明也曾有丰富的带兵经验。'王储说：'先生，您认为阳明是很有才能吗？我却认为他很怯懦呢。'刘养正说：'确实如此，当初赣州峒贼不过是山间的毛头小贼罢了，王阳明却整天训练士兵，如临大敌，显得自己张皇失措。'说罢，两人相视大笑。龙冈回家后，把听到的这番话告诉了我，当时是己卯年（正德十四年）二月。六月份，刘养正和王储都依附于朱宸濠起兵造反。七月，阳明先生带兵讨伐叛军。八月先生俘获朱宸濠。那时流言四起，人们对先生议论纷纷，我和龙冈都暗自慨叹，无法与世人辨明其中的真相。等到听闻那些诋毁先生的言论，我便问龙冈：'我十分厌恶这些虚伪的人言行不一。作为一个亲闻亲历之人，到京城见到各地的朋友后，你还有勇气用你的亲身经历驳斥诋毁先生的那些话吗？将你听到的原话全部告诉他们。'刘养正死后，先生经过吉安时，让当地官衙安葬了他的母亲，并为其写了祭文悼念：'刘家之子养正，母亲死了尚未安葬，就卷入了宁王叛乱。一念之差让自己到了如今这个地步，可叹！可叹！现在我替你稳妥安葬你的母亲，姑且以此来慰藉你在天之灵。君臣大义虽然无法在你的身上得到体现，但是我仍可以在你母亲的后事上一尽朋友之谊。可叹！可叹！'这些事情发生在今年的六月。"

闰八月，四疏省葬，不允。

译文

闰八月，先生第四次上疏请求回家省亲并处理祖母丧事，朝廷没有允许。

初，先生在赣，闻祖母岑太夫人讣，及海日翁病，欲上疏乞归，会有福州之命。比中途遭变，疏请命将讨贼，因乞省葬。朝廷许以贼平之日来说。至是凡四请。尝闻海日翁病危，欲弃职逃归，后报平复，乃止。一日，问诸友曰："我欲逃回，何无一人赞行？"门人周仲曰："先生思归一念，亦似著相。"先生良久曰："此相安能不著？"

译文

当初，先生在赣州听闻了祖母岑太夫人去世，同时家中也传来了父亲重病的消息，于是打算上疏请求返乡，恰逢朝廷派自己到福州处理公事。在奔赴福州的途中，遇上了朱宸濠起兵叛变，先生便上疏请求朝廷立刻派遣将领讨伐叛贼，同时请求让自己回家省亲处理祖母丧事。当时朝廷答应先生等到平定叛军再说。到这时为止，先生已经四次上书请求返乡了。先生在听说自己的父亲海日翁病危时，当时便想抛弃职务返回家乡，后来家中又来信说父亲病情有了好转，先生这才放弃了这个想法，一心平叛。一天，先生问身边的师友门人："我之前想要弃职回乡，为何你们没有一人赞同？"弟子周仲回答说："先生急于回家一事，实际上是着相了。"先生静默了良久说："这件事情如何能不着相？"

九月，还南昌。

译文

九月，先生回到了南昌。

先生再至南昌。武宗驾尚未还宫，百姓嗷嗷，乃兴新府工役，檄各院道取濠废地逆产，改造贸易，以济饥代税，境内稍苏。尝遗守益书曰："自到省城，政务纷错，不复有相讲习如虔中者。虽自己舵柄不敢放手，而滩流悍急，须仗有力如吾谦之者持篙而来，庶能相助更上一滩耳。"泰州王银服古冠服，执木简，以二诗为贽，请见。先生异其人，降阶迎之。既上坐，问："何冠？"曰："有虞氏冠。"问："何服？"曰："老莱子服。"曰："学乎？"曰："然。"曰："将止学服其服，未学上堂诈跌掩面啼哭也？"银色动，坐渐侧。及论致知格物，悟曰："吾人之学，饰情抗节，矫诸外。先生之学，精深极微，得之心者也。"遂反服执弟子礼。先生易其名为艮，字以汝止。

译文

先生再次回到南昌时，武宗皇帝的仪仗还未返回北京，南昌百姓生活十分艰苦。先生启动了新府的建造工程，以工代役，并向各院、道下发檄文，要求收回朱宸濠的资产和占用的土地进行，改进贸易活动，以此来赈济南昌的灾民，为当地百姓代缴赋税，南昌百姓的生活才稍微有了起色。先生曾和邹守益写信说："自从回到省城，南昌政务就纷繁复杂，不再有在虔中时那样讲学的机会了。讲学一事就如同行船，虽然我一直紧握船舵不敢松手，但水急滩险，也必须仪仗像你一样得力的助手持篙撑船，方能帮助我渡过险滩，更进一步。"泰州人王银穿着古人的服装，戴着古人的帽子，手持竹简，写了两首诗作为拜师礼，请求拜见先生，先生觉得这个人很特别，亲自走下台阶迎接他。在上座落座之后，先生问他："你戴的是什么帽子？"王银回答说："我戴的是古代有虞氏的帽子。"先生问："你穿的是什么衣服？"王银回答说："我穿的是老莱子的衣服。"先生问："你是要学老莱子吗？"王银回答说："是的。"先生说："你怎么只是学老莱子的服饰外在，而不学他上堂时佯装摔倒并遮脸啼哭的样子呢？"王银脸色渐渐有了变化，在座位上也不如之前稳坐当中了。待到两个人讨论致知格物时，王银醒悟道："我等常人的学问，往往都是在矫饰情怀，假意坚守节操，这些都是外在的矫揉造作，先生的学问已经到了极为精深细微的境界，是真正从自己本心中体悟到的。"于是他脱下了古人的衣帽，穿上了常人的服饰，当下拜先生为师，先生为其改名为王艮，字汝止。

进贤舒芬以翰林谪官市舶，自恃博学，见先生问律吕。先生不答，且问元声。对曰："元声制度颇详，特未置密室经试耳。"先生曰："元声岂得之管灰黍石间哉？心得养则气自和，元气所由出也。《书》云'诗言志'，志即是乐之本；'歌永言'，歌即是制律之本。永言和声，俱本于歌。歌本于心，故心也者，中和之极也。"芬遂跃然拜弟子。

译文

进贤人舒芬从翰林院贬谪为市舶使，他自恃博学，前往拜见先生，向先生请教音律。先生并没有直接回答他，反问他关于元声制度的问题。舒芬回答说："元声制度已经很详尽了，都是没有进入密室经过特地调试的声音。"先生说："元声怎么能从金石器乐中得来？人内心得以养正，本心元气自然冲和，元气自然就出现了。《尚书》中说：'诗言志，歌永言，声依永，律和声。'诗言志，志即是音乐的根本；歌永言，歌即是制定律吕的根本。永言和声，都是依从于歌出发的。而歌是依从于人的本心产生的，因此，人的本心就是最极致的中和了。"舒芬听后心中十分拜服，欣然执弟子礼，拜先生为师。

是时陈九川、夏良胜、万潮、欧阳德、魏良弼、李遂、舒芬及裘衍日侍讲席，而巡按御史唐龙、督学佥事邵锐，皆守旧学相疑，唐复以撤讲择交相劝。先生答曰："吾真见得良知人人所同，特学者未得启悟，故甘随俗习非。今苟以是心至，吾又为一身疑谤，拒不与言，于心忍乎？求真才者，譬之淘沙而得金，非不知沙之汰者十去八九，然未能舍沙以求金为也。"当唐、邵之疑，人多畏避，见同门方巾中衣而来者，俱指为异物。独王臣、魏良政、良器、钟文奎、吴子金等挺然不变，相依而起者日众。

译文

当时陈九川、夏良胜、万潮、欧阳德、魏良弼、李遂、舒芬及裘衍等人，每天都侍奉先生左右，跟着先生学习，而巡按御史唐龙、督学佥事邵锐两人都坚守朱熹的旧学说，怀疑先生的学说。唐龙进一步劝说先生要撤掉讲习，要有选择性地结交朋友，收弟子。先生说："我心中明白，每个人与生俱来的良知是一样的，只是一些前来求学的人尚未得到启发开悟而已。因此我宁愿以世俗中一些不被认可的方式选择弟子。如今他们抱着向学求道的心来到我这里，我却因为惧怕世人对我的胡言诽谤而拒绝为他们讲授我的学问，这让我于心何忍？寻求真才实学的人，就好似淘金者冲刷砂砾才能得到金子，我并不是不明白被冲刷掉的沙子是十之八九，只是不愿舍弃沙子只求真金罢了。”面对唐龙、邵锐等人对先生的质疑，人们大多都心生畏惧而避开了，见到头戴方巾，身着中衣进来的同学，都在背后对其指指点点，认为是异类，唯有王臣、魏良政、良器、钟文奎、吴子金等人依旧坚守先生的学说，从不动摇，渐渐地，跟随他们的人也就越来越多了。

十有六年辛巳，先生五十岁，在江西。

译文

正德十六年，岁在辛巳（1521）。先生五十岁，居住在江西。

正月，居南昌。

译文

正月，先生居住在南昌。

是年先生始揭致良知之教。先生闻前月十日武宗驾入宫，始舒忧念。自经宸濠、忠、泰之变，益信良知真足以忘患难，出生死，所谓考三王，建天地，质鬼神，俟后圣，无弗同者。乃遗书守益曰：“近来信得致良知三字，真圣门正法眼藏。往年尚疑未尽，今自多事以来，只此良知无不具足。譬之操舟得舵，平澜浅濑，无不如意。虽遇颠风逆浪，舵柄在手，可免没溺之患矣。”一日，先生喟然发叹。九川问曰：“先生何叹也？”曰：“此理简易明白若此，乃一经沉埋数百年。”九川曰：“亦为宋儒从知解上入，认识神为性体，故闻见日益，障道日深耳。今先生拈出良知二字，此古今人人真面目，更复奚疑？”先生曰：“然。譬之人有冒别姓坟墓为祖墓者，何以为辨？只得开圹将子孙滴血，真伪无可逃矣。我此良知二字，实千古圣圣相传一点滴骨血也。”

译文

这一年，先生开始提出“致良知”学说。先生听闻上个月十日武宗仪仗已经回到北京入宫，方才放下心中对皇上的担忧。自从经历了朱宸濠、张忠、许泰等人的叛乱和构陷后，先生越发相信人心中的良知足以让人忘掉灾祸，出离生死。正可谓上考三王，建诸天地，质问鬼神，期待后世圣人君子，他们之间相同之处都是致良知。于是写信给邹守益说：“最近我越来越相信致良知三个字了，这真的是圣人学问的正法眼藏。往年我对这三个字还存有一些疑问，今年以来经历了诸多大事才真正明白，其实所有事只要致良知三个字就已经足够解释了。这就如同船长手握船舵，驾船在平静清浅的河流上行驶，风平浪静一切顺利。即便遇到大风大浪，但是有船舵在手，就能躲避一些会让大船沉溺的灾难。”一天先生喟然叹息，陈九川问先生：“先生在叹息什么？”先生说：“我在心痛致良知这个如此简明易懂的道理却埋没了数百年。”陈九川说：“它被埋没的原因主要是朱子他们从知解上入手，将识神作为天性本体，因此研究得越深入，真正的真理反而被遮蔽得越深。”先生说：“正如你所说，就像有人将别人的祖坟当作自己的祖坟时，要如何去辨别？只能掘开坟墓进行滴血认亲，真假才能避无可避。我所相信的良知两个字，实际上就是千古圣人之学的那一滴骨血。”

又曰：“某于此良知之说，从百死千难中得来，不得已与人一口说尽。只恐学者得之容易，把作一种光景玩弄，不实落用功，负此知耳。”先生自南都以来，凡示学者，皆令存天理去人欲以为本。有问所谓，则令自求之，未尝指天理为何如也。间语友人曰：“近欲发挥此，只觉有一言发不出，津津然如含诸口，莫能相度。”久乃曰：“近觉得此学更无有他，只是这些子，了此更无余矣。”旁有健羡不已者，则又曰：“连这些子亦无放处。”今经变后，始有良知之说。

译文

先生又说：“致良知这一学说，是我历经了千难万苦，九死一生方才悟得的，无奈下向别人尽述我的所有心得。我却担心学到的人因为得到过于容易，只将它当作一种光景来把玩，并不愿实实在在地在这上面下苦功夫，辜负这一圣门之学。”先生自在南京讲学以来，对弟子的要求都是以“存天理，去人欲”为根本。有学子问这是为什么，先生便会让他们自己向自己内心求得解答，从来不指明天理是什么。期间，先生对友人说：“我想要昌明这个学说，却又觉得有一个词却无法讲明，就如同有琼浆玉液含在口中，却无法度与他人一样。”过了一段时间又说：“最近我觉得这些学说已经没有其他可以增添的了，这些便已经足够了。”有人对先生十分羡慕不已，先生说：“这些已有的已经没有放置之处了。”如今经过了诸多变故，这才悟出了致良知一说。

录陆象山子孙。

译文

先生派人查录了陆九渊后世子孙的现状。

先生以象山得孔、孟正传，其学术久抑而未彰，文庙尚缺配享之典，子孙未沾褒崇之泽，牌行抚州府金溪县官吏，将陆氏嫡派子孙仿各处圣贤子孙事例，免其差役。有俊秀子弟，具名提学道送学肄业。

译文

先生认为陆九渊是得了先贤孔孟之学真传的人，但他的学说长久地被掩藏压抑无法彰显于世，也不能配享文庙，以至于他的子孙后代无法得到他英名的泽被，于是给抚州府金溪县官吏下令，让他们给陆氏嫡派子孙享受与其他圣人后代相同的待遇，免除他们的徭役赋税。如果发现特别优秀的子弟，则专门记下姓名，让提学道将他们送到学府学习深造。

按象山与晦翁同时讲学，自天下崇朱说，而陆学遂泯。先生刻《象山文集》，为序以表彰之。席元山尝闻先生论学于龙场，深病陆学不显，作《鸣冤录》以寄先生。称其身任斯道，庶几天下非之而不顾。

译文

按陆九渊与朱熹在同一时代讲学，但自从天下学子都崇尚朱子学说后，陆学渐渐泯灭。先生专门刻录了《象山文集》，并为其作序表彰陆九渊治学的成就。席元山曾在贵州龙场听过先生讲学，也对陆学不能彰显于世间感到非常遗憾。于是席元山写了一本《鸣冤录》寄给先生。先生在回信中对席元山能够冒天下之大不韪写出《鸣冤录》来发扬真正的儒学之道赞不绝口。

五月，集门人于白鹿洞。

译文

五月，先生召集门下弟子在白鹿洞相聚。

是月，先生有归志，欲同门久聚，共明此学。适南昌府知府吴嘉聪欲成府志，时蔡宗兖为南康府教授，主白鹿洞事，遂使开局于洞中，集夏良胜、舒芬、万潮、陈九川同事焉。先生遗书促邹守益曰："醉翁之意盖有在，不专以此烦劳也。区区归遁有日。圣天子新政英明。如谦之亦宜束装北上，此会宜急图之，不当徐徐而来也。"

译文

五月，先生下决心想要辞官归家，想要将同门师友同聚一堂，共同昌明心学。当时正值南昌知府吴嘉聪想要编写府志，蔡宗兖时任南康府教授，为白鹿洞书院主事，于是将此事定在白鹿洞书院，先生召集了夏良胜、舒芬、万潮、陈九川等人共同筹集此事。先生写信催促邹守益说："此次集会实为醉翁之意不在酒，不仅仅是编写府志，更是为了昌明心学。如今的天子实施新政，非常英明，我不久便要还乡归隐了。谦之也应当整理行装，迅速北上，让此次集会尽快举行，你不能再慢慢地前来了。"

庚辰春，甘泉湛先生避地发履冢下，与霍兀崖韬、方叔贤同时家居为会。先生闻之曰："英贤之生，何幸同时共地，又可虚度光阴，失此机会耶？"是秋，兀崖过洪都，论《大学》，辄持旧见。先生曰："若传习书史，考正古今，以广吾见闻则可。若欲以是求得入圣门路，譬之采摘枝叶，以缀本根，而欲通其血脉，盖亦难矣。"至是，甘泉寄示《学庸测》，叔贤寄《大学》《洪范》。先生遗书甘泉曰："随处体认天理，是真实不诳语。究兄命意发端，却有毫厘未协。修齐治平，总是格物，但欲如此节节分疏，亦觉说话太多。且语意务为简古，比之本文反更深晦。莫若浅易其词，略指路径，使人自思得之，更觉意味深长也。”遗书叔贤曰：“道一而已。论其大本一原，则《六经》《四书》无不可推之而同者，又不特《洪范》之于《大学》而已。譬之草木，其同者生意也。其花实之疏密，枝叶之高下，亦欲尽比而同之，吾恐化工不如是之雕刻也。君子论学固惟是之从，非以必同为贵。至于入门下手处，则有不容于不辨者。”先是伦彦式以训尝过虔中问学，是月遣弟以谅遗书问曰：“学无静根，感物易动，处事多悔，如何？”先生曰：“三言者病亦相因。惟学而别求静根，故感物而惧其易动；感物而惧其易动，是故处事而多悔也。心无动静者也，故君子之学，其静也常觉，而未尝无也，故常应常寂，动静皆有事焉，是之谓集义。集义故能无祇悔，所谓动亦定，静亦定者也。心一而已，静其体也，而复求静根焉，是挠其体也；动其用也，而惧其易动焉，是废其用也。故求静之心即动也，恶动之心非静也，是之谓动亦动，静亦动，将迎起伏相迎于无穷矣。故循理之谓静，从欲之谓动。”

译文

庚辰年春，湛若水先生在发履冢下隐居，和霍韬、方叔贤同时在家闲居。先生听闻后说：“你们都是英明贤达之人，何其有幸能够在一起虚度光阴啊，我失去了这个难得的机会真是十分遗憾！”这年秋天，霍韬路过南昌，与先生谈及《大学》，霍韬依旧坚持旧时的观点。先生说：“如果只是学习经史典籍，考证古今知识，以此扩充我们的见闻的话，之前的观点理论已经足够了。但若是想要从中寻找到进入圣贤之境的路径，这些思想就犹如采摘树的枝叶来点缀它的树根。如果想要凭借这些枝叶来打通大树的整体血脉，是十分困难的。”这个时候，湛若水寄来了《学庸测》，方叔贤寄来了《大学》《洪范》给先生。先生写信湛若水说：“随处体认天理这个理论是真实可行的，并非诳语。探究甘泉兄思想理论的发端之处，却是有一些尚未调和之处。对于修身、齐家、治国、平天下来说，最终的功夫还是归于格物一事上，但若要这样层层节节分开来讲，也会让人觉得过于繁琐。而且该书中语句十分简朴古雅，与《大学》的古本相比反而显得更为深奥且晦涩难懂，如果能将语句写得简洁易懂，指出一些修习的大致方向和路径，能让修习之人自己经过思考找到适合自己的方式和道路，也使内容更为含蓄深远，耐人寻味。”先生回信给方叔贤说：“其实大道唯一。所有真理的根源其实都是一样的，《六经》《四书》中每一篇都可以推到同一个源头，而不仅仅是《洪范》之于《大学》，这就犹如花草树木，它们所共通之处是富有盎然的生机。但若要要求它们开花疏密、果实大小、枝叶高低这些特征都完全一样的话，恐怕天地造化的功夫还不如雕刻工人手中的雕琢功夫。学者之间探讨学问，并不必强求思想完全一致，但在学问入门下手的地方，是无法轻易辩驳的。”伦以训曾在路过虔中时向先生问学，这个月又让自己的弟弟伦以谅写信给先生问道：“做学问的时候心中难以平静，总是感于外物而内心波动，时常为自己所做的事后悔，应当怎么办呢？”先生说：“这三者其实是两两相应的。做学问时刻意寻求心静，因而害怕自己感外物而心动；害怕感外物而心动，因而做事大多会让自己后悔。但事实上心本是无所谓动静的，因此君子做学问，心静时也会对外物有所知觉，这不一定就是心不静。因此无论外在是动是静，内心都有相应的感应，这就是集义，做到集义便能做到不再懊悔。正所谓动即静、静即动。内心动静其实是一体的，静是其根本，若是刻意去求静，则是扰乱了自己内心的根基；动是其作用，若是怕自己内心有所动，便是抛弃了它的作用。因此，一心求静反而是动心，厌恶心动则内心不静，这就是所谓的动亦动，静亦动，如此一来，内心将此起彼伏而无穷尽了。因此，遵循天理便是所谓的静，跟随人欲则是所谓的动。”

六月，赴内召，寻止之，升南京兵部尚书，参赞机务。遂疏乞便道省葬。

译文

六月，先生接到朝廷诏令奔赴京城，不久又被阻止进京，升任为南京兵部尚书，协助谋划军机要事。于是先生上书，请求顺路回家乡看望亲人并处理家人的丧事。

六月十六日，奉世宗敕旨，以尔昔能剿平乱贼，安静地方，朝廷新政之初，特兹召用。敕至，尔可驰驿来京，毋或稽迟。先生即于是月二十日起程，道由钱塘。辅臣阻之，潜讽科道建言，以为朝廷新政，武宗国丧，资费浩繁，不宜行宴赏之事。先生至钱塘，上疏恳乞便道归省。朝廷准令归省，升南京兵部尚书，参赞机务。按《乞归省疏》略曰："臣自两年以来，四上归省奏，皆以亲老多病，恳乞暂归省视。复权奸谗嫉，恐罹暧昧之祸，故其时虽以暂归为请，而实有终身丘壑之念矣。既而天启神圣，入承大统，亲贤任旧，向之为谗嫉者，皆以诛斥，阳德兴而公道显。臣于斯时，若出陷阱而登之春台也，岂不欲朝发夕至，一快其拜舞踊跃之私乎？顾臣父老且病，顷遭谗构，朝夕常有父子不相见之痛。今幸脱洗殃咎，复睹天日，父子之情，固思一见颜面以叙其悲惨离隔之怀。况臣取道钱塘，迂程乡土，止有一日。此在亲交之厚，将不能已于情，而况父子乎？然不以之明请于朝，而私窃行之，是欺君也；惧稽延之戮，而忍割情于所生，是忘父也。欺君者不忠，忘父者不孝，故臣敢冒罪以请。"

译文

六月十六日，世宗皇帝下旨，因为先生之前剿灭叛贼、安抚百姓有功，朝廷刚开始实行新政，特召先生前往京城。让先生接到诏令之后立马乘驿站快马迅速进京，不要滞留拖延。先生接到诏令后立即于六月二十日起程，行至钱塘，首辅大臣以科道官进言说当时正值武宗国丧，世宗即位，朝廷刚开始实行新政，花费巨大，不宜行宴赏之事为由阻止了先生北上。于是先生在钱塘上《乞归省疏》，请求朝廷准许自己顺道回家归省。朝廷批准了先生的归省请求，升为南京兵部尚书，协助谋划军机要事。《乞归省疏》的大致内容如下："两年以来，因家中父亲年迈且有病在身，臣四次上疏请求回家省亲看望家中老父。后因为权臣的妒献谗言，臣怕被猜忌招致祸患，因此那时虽然请求暂时归乡，实际是有着终身归隐的想法。后来天降隆恩，陛下继承大统，亲贤臣远小人，皇恩浩荡，公道彰显。此时臣犹如跳出陷阱，登上春台，心中迫切希望自己能朝发夕至，到朝廷礼拜陛下，一表臣心中的无上愉悦！如今臣的父亲年老多病，臣曾遭受奸人陷害，常有父子可能无法再见的悲忧之心。如今臣终于脱离了构陷之苦，重见天日，只想尽快与父亲相见以倾诉父子相隔两地难以相见的悲苦与思念。何况此次回京臣选取的是途经钱塘，便道回乡只需一天的时间。这种思念之情，即便是情谊深厚的亲戚故友，也是无法断绝的，更何况是至亲的父子？然而若臣不向朝廷请示，自作主张返乡省亲，是欺君之罪；但若是畏惧于久留拖延了时间而背朝天责罚，便放弃此次回家省亲，则是辜负父亲生养之恩。欺君是为不忠，忘父是为不孝，我不欲做这不忠不孝之人，因此冒罪向朝廷请求回家省亲。”

与陆澄论养生：“京中人回，闻以多病之故，将从事于养生。区区往年盖尝毙力于此矣。后乃知养德、养身只是一事。元静所云真我者，果能戒谨恐惧而专心于是，则神住、气住、精住，而仙家所谓长生久视之说，亦在其中矣。老子、彭篯之徒，乃其禀赋有若此者，非可以学而至。后世如白玉蟾、丘长春之属，皆是彼所称述以为祖师者，其得寿皆不过五六十。则所谓长生之说，当必有所指也。元静气弱多病，但宜清心寡欲，一意圣贤，如前所谓真我之说，不宜轻信异道，徒自惑乱聪明，毙精竭神，无益也。”

译文

先生和陆澄谈论养生的问题说：“我听从京城回来的人说你因体弱多病的缘故，将专注于养生一事。之前我曾致力于此事，后来明白了养德与养生实际上只是同一件事。你所说的真我如果真能谨慎自我，戒除恐惧，从而专心于养生一事，那么就做到了神住、气住、精住，这样的话道家所说的长生不老就包含在其中了。老子、彭坚这类在这方面天赋异禀的人的长生之法，不是我们常人能够后天学会的。后世之人如白玉禅，邱长春等，虽然都是后人所谓的得道者，但他们的寿命都没有超过五六十岁。因此，所谓长生不老应当有其特指的地方。你气弱多病，更应当做到清心寡欲，专心于圣学，如此才能真正回到之前所说的真我之中，不应该轻易相信外道，使自己的内心迷乱，殚精竭虑，最终也是徒劳无功，没有什么益处。”

八月，至越。

译文

八月，先生抵达越城。

九月，归余姚省祖茔。

译文

九月，先生回到余姚祭祀祖宗坟墓。

先生归省祖茔，访瑞云楼，指藏胎衣地，收泪久之，盖痛母生不及养，祖母死不及殓也。日与宗族亲友宴游，随地指示良知。德洪昔闻先生讲学江右，久思及门，乡中故老犹执先生往迹为疑，洪独潜伺动支，深信之，乃排众议，请亲命，率二侄大经、应扬及郑寅、俞大本，因王正心通贽请见。明日，夏淳、范引年、吴仁、柴凤、孙应奎、诸阳、徐珊、管州、谷钟秀、黄文涣、周于德、杨珂等凡七十四人。

译文

先生回家省亲祭祖，寻访当年自己的出生的瑞云楼，指认出了家中收藏自己胎衣的地方。期间先生想到母亲活着的时候自己未能奉养，抚养自己长大的祖母去世时，自己也没能亲自为其装殓下葬，泪流不止。祭祖之后，先生每天与宗族亲友们宴饮游玩，随时随地为大家讲授致良知的学问。我（钱德洪）之前就听说了先生在江西讲学，一直想要拜在先生的门下，但乡里的一些老人仍以先生过去的事情来怀疑先生的学说。而我只是潜心领会先生的一言一行，对先生的学说十分信服，于是力排众议，求得双亲同意后，带着两个侄子大经、应扬和郑寅、俞大本，经王正心的引荐向先生拜师求学。第二天，夏淳、范引年、吴仁、柴凤、孙应奎、诸阳、徐珊、管州、谷钟秀、黄文涣、周于德、杨珂等一共七十四人一同拜在了先生门下。

十月二日，封新建伯。

译文

十月初二，朝廷封先生为新建伯。

制曰："江西反贼剿平，地方安定，各该官员，功绩显著。你部里既会官集议，分别等第明白。王守仁封新建伯，奉天翊卫推诚宣力守正文臣，特进光禄大夫柱国，还兼两京兵部尚书，照旧参赞机务。岁支禄米壹千石，三代并妻一体追封，给与诰卷，子孙世世承袭。”正德十六年十二月十九日，准兵部吏部题。差行人赍白金文绮慰劳。兼下温旨存问父华于家，赐以羊酒。至日，适海日翁诞辰，亲朋咸集，先生捧觞为寿。翁蹙然曰：“宁濠之变，皆以汝为死矣而不死，皆以事难平矣而卒平。谗构朋兴，祸机四发，前后二年，岌乎知不免矣。天开日月，显忠遂良，穹官高爵，滥冒封赏，父子复相见于一堂，兹非其幸欤！然盛者衰之始，福者祸之基，虽以为幸，又以为惧也。”先生洗爵而跪曰：“大人之教，儿所日夜切心者也。”闻者皆叹会遇之隆，感盈成之戒。

译文

朝廷诏书上说：“江西反贼朱宸濠已被剿灭，江西地区百姓生活安定，各个相关官员功绩显著。朝廷齐聚相关部门的官员，按功绩大小评议等级发布奖赏。王守仁封为新建伯、奉天翊卫推诚宣力守正文臣，特进为光禄大夫柱国公，兼任两京兵部尚书，依旧掌管军机要务。每年禄米一千石，自其以下三代以及三代子孙之妻一并追封，下发诰命文书，后世子孙世代承袭。”正德十六年十二月十九日，朝廷批准了兵部和吏部的提议，派人携带金银丝绸到越城慰劳先生，同时带来了皇上下发的温和恳切慰问先生家人的诏令。朝廷的使者到达这天恰逢先生父亲海日翁的寿辰，亲友齐聚，先生举杯为父亲祝寿。海日翁紧皱眉头对先生说：“宁王朱宸濠起兵叛乱，你前去平叛时，家中人都认为你可能会丧命于此，你却能死里逃生；大家都觉得此次叛乱难以平定，最终你却平定了叛乱。这前后两年的时间里，朝中对你的构陷和流言四起，危机四伏，我们都知道灾祸或许难免。幸得上天开眼，得以拨云见日，你忠心卫国之心最终没有被掩埋。如今朝廷赐予你得以加官晋爵，我们父子又能再次相见，这便是天大的幸事了！然而盛名往往是厄运的开端，过分的功名往往埋藏着一些祸患，受封赏虽值得庆贺，你却依旧要时时警醒自己才行！”先生听后洗净酒杯，跪在父亲面前说：“父亲大人的教诲，正是儿子日夜思量，辗转难眠之处！”听说这件事的人都交口称赞先生在如此隆恩之下，依旧能谨记父亲盈满充溢的训诫。

卷之三十四　附录三　年谱三

嘉靖元年壬午，先生五十一岁，在越。

译文

嘉靖元年，岁在壬午（1522），先生五十一岁，在越城。

正月，疏辞封爵。

译文

正月，先生上疏请求辞去封爵。

先是先生平贼擒濠，俱琼先事为谋，假以便宜行事，每疏捷，必先归功本兵，宰辅憾焉。至是欲阻先生之进，乃抑同事诸人，将纪功册改造，务为删削。先生曰："册中所载，可见之功耳。若夫帐下之士，或诈为兵檄，以挠其进止；或伪书反间，以离其腹心；或犯难走役，而填于沟壑；或以忠抱冤，而构死狱中，有将士所不与知，部领所未尝历，幽魂所未及泄者，非册中所能尽载。今于其可见之功，而又裁削之，何以励效忠赴义之士耶！"乃上疏乞辞封爵，且谓："殃莫大于叨天之功，罪莫大于掩人之善，恶莫深于袭下之能，辱莫重于忘己之耻，四者备而祸全。此臣之不敢受爵者，非以辞荣也，避祸焉尔已。"疏上，不报。

译文

此前，先生率兵平定反贼，擒获朱宸濠，主要是因为兵部尚书王琼预先谋划，同时朝廷赋予先生事急应变的权利。每一次向朝廷上奏捷报，先生都先归功于兵部尚书王琼，对此宰辅杨廷和十分不满。平叛大胜后，宰辅杨廷和想要阻挠朝廷为先生加官晋爵进一步深入朝廷，于是强迫同僚私下篡改纪功册，将先生的功劳进行删削。先生得知此事后说："纪功册中所记载的都是世人看到了的功劳。其他没有被看到的部分还有很多，比如有的士兵假传作战文书以阻挠叛军进程、有的以文书离间叛军、有的在战乱中仓皇躲避时死于不为人知的地方、有的忠心耿耿却被构陷最终含冤抱屈死于狱中。还有很多将士统帅都不曾知晓、甚至很多烈士尚未来得及说出的事，这些世人无法亲见的功绩都没能写进纪功册中。如今那些明眼得见的功绩，也被进一步裁减删削，实在令有功的将士寒心，以后朝廷又能拿什么来激励忠义之士效忠朝廷、慷慨赴义呢？"于是先生上疏请求朝廷收回给自己的封爵，并说："没有比抱怨上天的功劳更大的灾祸；没有比掩盖他人的善行更大的罪过；没有比欺凌能力小的弱者更深的罪恶，没有比忘记自己的耻辱更卑劣的事；若是四者齐备，那么离灾祸降临就不远了。这就是臣不敢接受朝廷封官晋爵的原因，并不是以推辞封赏来彰显自己的高风亮节，只是希望自己能避开灾祸而已。"奏疏上报之后朝廷没有批复。

二月，龙山公卒。

译文

二月，先生的父亲龙山公去世。

二月十二日己丑，海日翁年七十，疾且革。时朝廷推论征藩之功，进封翁及竹轩、槐里公，俱为新建伯。是日，部咨适至，翁闻使者已在门，促先生及诸弟出迎，曰："虽仓遽，乌可以废礼？"问已成礼，然后瞑目而逝。先生戒家人勿哭，加新冕服拖绅，饬内外含襚诸具，始举哀，一哭顿绝，病不能胜。门人子弟纪丧，因才任使。以仙居金克厚谨恪，使监厨。克厚出纳品物惟谨，有不慎者追还之，内外井井。室中斋食，百日后，令弟侄辈稍进干肉，曰："诸子豢养习久，强其不能，是恣其作伪也。稍宽之，使之各求自尽可也。"越俗宴吊客必列饼糖，设文绮，烹鲜割肥，以竞丰侈，先生尽革之。惟遇高年远客，素食中间肉二器，曰："斋素行于幕内，若使吊客同孝子食，非所以安高年而酬宾旅也。"后甘泉先生来吊，见肉食不喜，遗书致责。先生引罪不辩。是年克厚与洪同贡于乡，连举进士，谓洪曰："吾学得司厨而大益，且私之以取科第。先生常谓学必操事而后实，诚至教也。"

译文

二月十二日，先生的父亲海日翁七十岁，身患重病。当时朝廷对征讨宁王朱宸濠一事论功行赏，进封先生的父亲海日翁及祖父竹轩翁、曾祖父槐里公为新建伯。这一天，朝廷下发进封先生家人的公文恰好送到，海日翁听闻朝廷的使者已经到了家门口，便催促先生和众位弟弟出门相迎，并说："虽然没能提前准备，稍显匆忙，但礼不可废。"海日翁听说接待朝廷使者的礼仪结束后，才闭眼溘然而逝。先生告诫家人先不要哭泣，自己将朝廷赐予的官服、官帽穿戴整齐，并将丧仪内外所需一应事物都安排好后，才悲声痛哭，一时间难以接受父亲去世的事实，悲痛过度无法起身。先生的弟子们都前来帮助料理父亲的丧事，他们根据各自的长处安排了各自负责的事宜。因为仙居人金克厚做事谨慎细致，被安排监管厨下之事，在他的监管下厨房进出物品都记录详细，有不慎遗漏的也能很快追还，各种琐事井井有条。先生带领家人在家中斋戒百日后，开始让家中子侄们逐渐食用一些肉干，他认为："孩子们的生活习惯是长久以来养成的，若是强迫他们做这些他们力所不及难以坚持的事，反而是放纵他们造假，可以适当放宽对他们的要求，让他们各自做到自己力所能及的事就行。"按越城一带的习俗，宴请前来吊唁的宾客时，必须要准备好饼糖、织物，还要准备鲜美的鱼肉菜品，使宴席丰盛奢侈。但先生将这些奢侈的习俗全部摒弃，只在招待高龄老人和远方来客时，才在素食宴席中间上两盘肉菜，并说："我们家中族人用餐都是斋戒素食，但若是让来远道而来吊唁父亲的宾客与我们一样全部食素，却是对远客和老人的怠慢。"后来湛若水前来吊唁，看到席间有肉菜，认为这种做法过于奢侈铺张而十分不满，专门写信责备先生。先生收到信后也没有多加辩白。这一年金克厚和我（钱德洪）同在乡试中举，并在接下来的会试中连续得中进士。金克厚对我（钱德洪）说："我在海日翁老先生的丧仪中掌管厨房事宜，让我受益良多。我将在其中领悟到达东西运用到了考试中，这才考取了功名。先生常常和学子们说，事情必须经过自己的实践，方能得出真知，这实在是至真之理啊。"

先生卧病，远方同志日至，乃揭帖于壁曰："某鄙劣无所知识，且在忧病奄奄中，故凡四方同志之辱临者，皆不敢相见。或不得已而相见，亦不敢有所论说，各请归而求诸孔、孟之训可矣。夫孔、孟之训，昭如日月，凡支离决裂，似是而非者，皆异说也。有志于圣人之学者，外孔、孟之训而他求，是舍日月之明，而希光于萤爝之微也，不亦缪乎？"

译文

先生因过度悲痛卧病在床，然而每天都有远道而来的学者前来吊唁海日翁并想要与先生讨论学问，于是先生在墙上张贴了告示说："鄙人学识浅薄，现在又因父亲过世，悲痛过度卧病在床，无法起身与各地远道而来的贤德之士相见论道。即便勉力与您相见，鄙人也没有什么可以高谈阔论的，烦请各位先自行回府在孔孟圣学中寻求答案。孔孟先贤留下的训诫，犹如天上的日月的光辉一般明亮，而其他那些对圣学支离破碎的解说和似是而非的解读，都是异端邪说。有志于圣学的学者，如果抛弃孔孟之道而另寻他处，不就是在荒谬地舍弃日月的美好光辉，而去寻求萤火烛光的熹微光芒吗？"

七月，再疏辞封爵。

译文

七月，先生再次上疏请求辞去封爵。

七月十九日，准吏部咨："钦奉圣旨，卿倡义督兵，剿除大患，尽忠报国，劳绩可嘉，特加封爵，以昭公义。宜勉承恩命，所辞不允。"先是先生上疏辞爵，乞普恩典，盖以当国者不明军旅之赏，而阴行考察，或赏或否，或不行赏而并削其绩，或赏未及播而罚已先行，或虚受升职之名而因使退闲，或冒蒙不忠之号而随以废斥。乃叹曰："同事诸臣，延颈而待且三年矣！此而不言，谁复有为之论列者？均秉忠义之气，以赴国难，而功成行赏，惟吾一人当之，人将不食其余矣。”乃再上疏曰：“日者宸濠之变，其横气积威，虽在千里之外，无不震骇失措，而况江西诸郡县近切剥床者乎？臣以逆旅孤身，举事其间。然而未受巡抚之命，则各官非统属也；未奉讨贼之旨，其事乃义倡也。若使其时郡县各官，果畏死偷生，但以未有成命，各保土地为辞，则臣亦可如何哉？然而闻臣之调，即感激奋励，挺身而来，是非真有捐躯赴难之义，戮力报主之忠，孰肯甘粉齑之祸，从赤族之诛，以希万一难冀之功乎？然则凡在与臣共事者，皆有忠义之诚者也。夫考课之典，军旅之政，固并行而不相悖，然亦不可混而施之。今也将明军旅之赏，而阴以考课之意行于其间，人但见其赏未施而罚已及，功不录而罪有加，不能创奸警恶，而徒以阻忠义之气，快谗嫉之心，譬之投杯醪于河水，而求饮者之醉，可得乎？”疏上，不报。

译文

七月十九日，朝廷批准了吏部公文下发诏书，内容如下：“奉皇帝谕旨，王守仁昌明大义，率军为国家剿除巨大祸患，可谓极尽忠心报效国家，功绩值得嘉奖，特赐封爵，以彰显公道大义。王守仁应积极接受朝廷的恩赐，上疏所推辞封爵仪式不被允许。”之前先生推辞封爵，是希望朝廷的赏赐恩典能够下发给所有有功之人。因为执掌政权的人不清楚军队的赏赐规则，只在暗中考察是否应该进行赏赐，这就导致一些将士的功劳被削减，更有甚者，不仅没有得到赏赐反而获罪。有些原本无功的人却虚受功劳得以加官晋爵或是荣退闲居，而一些蒙受不忠之冤而被罢黜的人，最终也未能获得平反便不了了之。先生叹息说：“一起忠心侍奉朝廷的诸位臣子，翘首企盼朝廷的封赏已经近三年，如今这些功臣的功劳若是得不到朝廷认可，还有谁会为他们争取封赏？大家都是因心中的忠义气节而共同奔赴国难，然而功成得胜后的论功行赏，却只有我一个人得到封赏，其他人都无法得到应有的赏赐，这是不公平的。”于是先生再次上书朝廷说：“之前朱宸濠发动叛变，叛军肆意横行，身在千里之外也感到惊慌失措，更何况是江西下辖各郡县那些长期受到朱宸濠盘剥之苦的百姓。我当时逆行而上凭借一己之力在此情势下率军平叛，当时的我尚未得到朝廷巡抚的任命，各级官员本不归我统帅，他们可以不听从我的号令和调遣。我当时也没得到朝廷讨伐叛贼的旨意，我们所作所为只是倡导正义。假如当时江西各郡县的官员将士贪生怕死，那么他们只需以我手中没有朝廷旨意，需要各自保住自己的治地为由便能拒绝我的调遣，如此一来，我又如何能平定此次叛乱呢？然而他们一接到我的调令，就立即动身，挺身而出与我并肩作战。若不是因为他们心中怀有保家卫国、报效国家的忠心，怎么会愿意心甘情愿冒着身死家破的危险奔赴国难，以求建立万死难得的功劳呢？因此，但凡与我一起平定叛乱的人，都是满怀一腔忠义之心的人。官吏政绩的考核与军旅战事中的赏罚，本就是并行不悖的，千万不能随意混淆。如今朝廷将那些按军中名为记载的功劳赏赐，暗中以考察官吏的政绩为由将其替换，百姓看到的便是有功之人不仅没能得到赏赐，反而罪名加身，如此一来，不仅不能打击那些奸恶宵小，反而磨灭了忠义之士的气节，正中奸佞小人下怀。这就好比将一杯酒倒入河水里，如何能醉倒喝河水的人？”先生第二次奏疏呈上之后，朝廷依旧没有回复。

时御史程启充、给事毛玉倡议论劾，以遏正学，承宰辅意也。陆澄时为刑部主事，上疏为六辩以折之。先生闻而止之曰：“无辩止谤，尝闻昔人之教矣。况今何止于是。四方英杰，以讲学异同，议论纷纷，吾侪可胜辩乎？惟当反求诸已，苟其言而是欤，吾斯尚有未信欤，则当务求其非，不得辄是己而非人也。使其言而非欤，吾斯既以自信欤，则当益求于自慊，所谓默而成之，不言而信者也。然则今日之多口，孰非吾侪动心忍性，砥砺切磋之地乎？且彼议论之兴，非必有所私怨于我，亦将以为卫夫道也。况其说本自出于先儒之绪论，而吾侪之言骤异于昔，反若凿空杜撰者，固宜其非笑而骇惑矣，未可专以罪彼为也。”

译文

当时的御史程启充、给事毛玉顺承宰辅杨廷和之意，对先生进行弹劾，以阻止阳明心学的发展。当时先生的弟子陆澄担任刑部主事，六次上疏辩驳，斥责他们的诽谤之语。先生听闻之后制止了他，并说：“古人有言，杜绝诽谤的最好办法就是不去辩驳，如此诽谤自然会停止。何况如今的情形并不止是诽谤言论。各地学者都因为讲学主旨不同而议论纷纷，我们如何能一一辩论清楚？我们只能从反求自己内心，若他们的论断是正确的，我们的学说尚有不足的地方，就应当努力寻找自身的谬误错漏之处，不能动辄便认为只有自己是正确的，别人是错误的。若是他们的论断是错误的，而我们内心有充足的自信，那么就更应满足于内心的自足，这就是前人所说的默默不语会有成绩，不发一言而受人信任。如今我们所受到的众多责难和诽谤，不正是可以用来修炼心性，坚韧本性的好机会吗？他们对我们的议论责难，并不一定是因为和我们有私怨，可能只是以此作为护卫大道的一种方法。况且他们的学说本来也是出自先贤圣人的言论中，只是我们的学说出现得过于突然，且与他们尊崇的旧说不同，让他们觉得像是虚空杜撰、牵强附会而来的，因此他们对我们的学说有一些非议嘲笑、感到惊骇疑惑，本就十分正常。我们不能专门为驳斥他们而进行辩论。"

是月德洪赴省试，辞先生请益。先生曰："胸中须常有舜、禹有天下不与气象。"德洪请问。先生曰："舜、禹有天下而身不与，又何得丧介于其中？"

译文

这个月我（钱德洪）前往省城，向先生辞别并请求先生赐予教诲。先生说："你胸中须常常怀有舜禹那样为天下付出而不据天下为己有的圣人情怀与大气象、大格局。"我请先生进一步作出解释，先生说："禹舜这样的圣人，虽然坐拥天下，却不觉得天下是自己一个人的，有这样的胸襟，又怎么会在乎失去天下呢？"

二年癸未，先生五十二岁，在越。

译文

嘉靖二年，岁在癸未（1523），先生五十二岁，在越城。

二月。

二月。

南宫策士以心学为问，阴以辟先生。门人徐珊读《策问》，叹曰："吾恶能昧吾知以幸时好耶！"不答而出。闻者难之。曰："尹彦明后一人也。"同门欧阳德、王臣、魏良弼等直接发师旨不讳，亦在取列，识者以为进退有命。德洪下第归，深恨时事之乖。见先生，先生喜而相接曰："圣学从兹大明矣。"德洪曰："时事如此，何见大明？"先生曰："吾学恶得遍语天下士？今会试录，虽穷乡深谷无不到矣。吾学既非，天下必有起而求真是者。"

译文

这年南宫会试时，出题人以心学作为策问题目，欲以此暗中想要贬斥先生的心学。先生的弟子徐珊读了本次会试《策问》题目后，叹息说道："我怎么能违背我向先生学到的学问，以世俗喜好来迎合考官的想法呢？"随后放下试卷没有答题就走出了考场。有人听到他所说的话便故意诋毁他，说他是尹彦明之后，又一个不答题放弃考试的人。同门弟子欧阳德、王臣、魏良弼等人则是毫不避讳，当场直接阐发先生心学的宗旨，最终都得中进士，有知道此事的人都认为，他们能中举是命中注定的事。我（钱德洪）也参加了这次考试，最终落第回家了，对于以策问之题贬斥先生学说一事心中十分不忿。后来我去拜见先生，先生见了我非常高兴地迎接了我并说："圣人之学从此之后将会大为昌明了。"我问先生："时世已然堕落到这种地步了，您怎么会认为我们的圣人之学能够大为昌明呢？"先生说："之前我们的学说不可能让全国各地的读书人都知道，但此次参加会试的学子来自全国各地，都在会试《策问》中了解到了我们的学说，如此一来，即便是穷乡僻壤，深山幽谷也都会知道我们的心学。心学虽然被责难贬斥，但一定会有有识之士会寻求真正的真理，最终心学的是与非自然会有明断。"

邹守益、薛侃、黄宗明、马明衡、王艮等侍，因言谤议日炽。先生曰："诸君且言其故。"有言先生势位隆盛，是以忌嫉谤；有言先生学日明，为宋儒争异同，则以学术谤；有言天下从游者众，与其进不保其往，又以身谤。先生曰："三言者诚皆有之，特吾自知诸君论未及耳。"请问。曰："吾自南京已前，尚有乡愿意思。在今只信良知真是真非处，更无掩藏回护，才做得狂者。使天下尽说我行不掩言，吾亦只依良知行。"请问乡愿狂者之辨。曰："乡愿以忠信廉洁见取于君子，以同流合污无忤于小人，故非之无举，刺之无刺。然究其心，乃知忠信廉洁所以媚君子也，同流合污所以媚小人也。其心已破坏矣，故不可与入尧、舜之道。狂者志存古人，一切纷嚣俗染，举不足以累其心，真有凤凰翔于千仞之意，一克念即圣人矣。惟不克念，故阔略事情，而行常不掩。惟其不掩，故心尚未坏而庶可与裁。"曰："乡愿何以断其媚世？"曰："自其议狂狷而知之。狂狷不与俗谐，而谓生斯世也，为斯世也，善斯可矣，此乡愿志也。故其所为皆色取不疑，所以谓之似。三代以下，士之取盛名于时者，不过得乡愿之似而已。然究其忠信廉洁，或未免致疑于妻子也。虽欲纯乎乡愿，亦未易得，而况圣人之道乎？"曰："狂狷为孔子所思，然至于传道，终不及琴张辈而传曾子，岂曾子亦狷者之流乎？"先生曰："不然。琴张辈狂者之禀也，虽有所得，终止于狂。曾子中行之禀也，故能悟入圣人之道。"

译文

邹守益、薛侃、黄宗明、马明衡、王艮等侍奉于先生身边，谈及社会上对先生的诽谤之言越来越多的情况。先生说："大家讨论一下这些流言产生的原因吧。"在座之人有的说是因为先生的权势地位日益显赫，有人因嫉妒先生而出言诋毁；有的说是因为先生的学说影响力日益壮大，有人为给宋儒争地位，而在学术上诽谤先生。有的说是因为跟随先生修习学问的人越来越多，先生从来都不计前嫌只一心鼓励他们向前精进，这些学子中，有些言行不一、夸夸其谈的人招来了对先生的非议。先生听后说："这三种情况可能都会有，但是我对自身问题的认识，大家都没有谈及。"于是众弟子请先生详述。先生说："我到南京就职以前，还有一些迎合世俗观念的想法。如今我坚信良知中所蕴含的真是真非，完全不用对其有所遮掩回护，因此才成为了志向高远，勇于进取的人。即便天下的人都说我言行不一也没关系，我只是遵循我的良知做事。”几位门人向先生请教关于伪善者和狂者的不同。先生说：“伪善者凭借表面的忠信廉洁被君子认可，却又为了不忤逆小人而与其同流合污，想要责难他却难以指出其错误之处，想斥骂他却没有什么明面上可以指摘的地方。仔细探究他们的内心就会发现，他们所谓忠信廉洁的礼仪实际上是为了取悦君子，而与小人同流合污是为了取悦小人。他们的内心已是败絮其中，决不能与尧舜这样的圣人相比。狂者志存高远，意在向古人先贤看齐，世间一切纷繁杂，都无法迁累其心，他们心怀凤凰翔空之志，若是能控制自己内心的妄念，便能达到圣人之境。但他们往往因为不控制内心的妄念，而做事疏放、行为恣意，也正因为他们行事恣意随心，不做掩饰，因此其内心的良知尚未泯灭，接近圣人境界。”大家进一步问先生：“如何来判断伪善之人的媚世欺俗？”先生说：“从他们对狂人的讥讽中便能知道。狂人不与世俗同流合污，而伪善之人则认为人生于这世上，就应当依照世俗规矩行事，只要能得到别人的喜欢就行。因此他们行为做事都浮于表面，对事情从不加以怀疑，因此他们被称为伪善。夏商周三代之后，读书人在当世就得到盛名的，大多是这类人。若是深入探究他们内心的忠信廉洁，或许连他们自己的妻子儿女也难免会怀疑他们是否真正做到了这些。想要做到和这些人完全一样，已经不容易了，更何况要达到圣人境界？”大家又进一步问道：“孔子曾考虑将自己的衣钵传给琴张这样的狂狷之人，但最终传道没有选择他们，而是传给了曾子，难道曾子也是狂狷之辈吗？”先生说：“并非如此。琴张这样的人有着狂者的天性，虽然对圣人之学有所领悟，但最终也只达到了狂者境界。而曾子有着合乎中庸之道的天性，因此才真正领悟了圣人之道。”

先生《与黄宗贤书》曰：“近与尚谦、子华、宗明讲《孟子》乡愿狂狷一章，颇觉有所警发，相见时须更一论。四方朋友来去无定，中间不无切磋砥励之益，但真有力量能担荷得者，亦自少见。大抵近世学者无有必为圣人之志，胸中有物，未得清脱耳。闻引接同志，孜孜不怠，甚善！但论议须谦虚简明为佳。若自处过任，而词意重复，却恐无益而有损。”

译文

先生在给黄宗贤的信中说："我最近给尚谦、子华、宗明讲《孟子》乡愿狂狷一章，觉得非常值得我们警醒，待到我们见面时应当进一步讨论一下这个问题。各地的朋友来来去去，和他们的交流切磋和相互勉励中我获益良多，但依旧很少见到能真正承担传承圣学重任的人。或许是近年来求学之人已经没有了要称为圣人的决心和志向，他们难以摆脱心中的物欲，无法真正做到内心清净脱俗。我听闻你一直孜孜不倦地讲学以接引学人，这样的坚持值得肯定和赞扬，但还是想叮嘱你，在讲学时要注意言语谦虚和内容的简洁明了，若过于放任自己发挥而使得语义重复啰嗦，那将对传播学问有害无益。"

《与尚谦书》曰："谓自咎罪疾只缘轻傲二字，足知用力恳切。但知轻傲处便是良知，致此良知，除却轻傲，便是格物。得致知二字，千古人品高下真伪，一齐觑破，毫发不容掩藏。前所论乡愿，可熟味也。二字在虔时终日论此，同志中尚多未彻。近于古本序中改数语，颇发此意，然见者往往亦不能察。今寄一纸，幸更熟味。此乃千古圣学之秘，从前儒者多不曾悟到，故其说入于支离外道而不觉也。"

译文

先生在写给尚谦（薛侃）的信中说："你信所说因自己导致灾祸的原因不过是轻傲两个字，足以看出你做学问所下功夫的恳切程度。知道了轻傲所在之处便找到了良知所隐藏之处，寻找到这里的良知，摒除轻慢倨傲，这便是格物。只要明白了致知两个字，千百年来的人品格中的高尚或虚伪，便能一眼窥破，容不得半点掩藏。之前我们论及的乡愿，你也可以仔细体会。在虔州我们整天谈论这两个字，但同门学子中仍有很多尚未彻底领会其中意思。最近我在《大学》古本的序言中修改了一些内容，对此多有阐明，但是看到这个序文的人往往难以察觉其中深意。如今我给你写这封信，非常高兴能有更深刻的体会。这是千百年来圣学最绝秘之处，之前的儒门学者大多没能领悟到，因此，我才会说他们是走进了被分解得支离破碎的邪门歪道而不自觉。”

九月，改葬龙山公于天柱峰，郑太夫人于徐山。

译文

九月，先生将父亲龙山公改葬到天柱峰，将母亲郑太夫人改葬到徐山。

郑太夫人尝附葬余姚穴湖，既改殡郡南石泉山，及合葬公，开圹有水患，先生梦寐不宁，遂改葬。

译文

先生的母亲郑太夫人之前葬于余姚的穴湖，后来改葬到城南石泉山与父亲合葬，开墓后发现墓中被水淹没，先生夜间也不停梦到此事不得安宁，最终决定为父母改葬。

十有一月，至萧山。

译文

十一月，先生到了萧山。

见素林公自都御史致政归，道钱塘，渡江来访，先生趋迎于萧山，宿浮峰寺。公相对感慨时事，慰从行诸友，及时勉学，无负初志。

译文

此时恰逢都御史林见素辞官归家，取道钱塘渡江来拜访先生。先生前往萧山迎接他，二人夜宿浮峰寺。林见素和先生相对而谈，感慨时事，也安慰同行的各位友人，勉励他们要精进学问不要辜负自己的初心志向。

张元冲在舟中问：“二氏与圣人之学所差毫厘，谓其皆有得于性命也。但二氏于性命中着些私利，便谬千里矣。今观二氏作用，亦有功于吾身者，不知亦须兼取否？”先生曰：“说兼取，便不是。圣人尽性至命，何物不具，何待兼取？二氏之用，皆我之用，即吾尽性至命中完养此身谓之仙，即吾尽性至命中不染世累谓之佛。但后世儒者不见圣学之全，故与二氏成二见耳。譬之厅堂三间共为一厅，儒者不知皆吾所用，见佛氏，则割左边一间与之，见老氏，则割右边一间与之，而己则自处中间，皆举一而废百也。圣人与天地民物同体，儒、佛、老、庄皆吾之用，是之谓大道。二氏自私其身，是之谓小道。”

译文

张元冲在船上问先生：“佛教和道教与圣人之学只是差之毫厘，它们都是源于对生命和心性的关怀。但佛道二教在关注生命和本性时，又夹杂着一些私心，因此便和圣人之学相差甚远。但如今看佛道二教的主张，也对我的修身有益处，我是否可以兼修？”先生说：“释道儒三者兼修，并非正道。圣人之学穷究天下万物的根本原理，洞彻心性，世间万物无一不包含在内，又何必要同时兼学释老？释老之学，都是在‘我’上用功，在尽性至命中完善滋养自己的身体是为道家仙术，在尽性至命中摒弃我执，摆脱世俗的牵累是为佛教。但是后世的儒门学者因为没有真正领悟圣学全貌，便将之和释老之学分为两种不同的学问。就如有三间房子共同组成一个厅堂，但儒门学者不知道整个厅堂都是圣人学问所包含的，于是了解到佛教时，将左边的房屋划分给佛教，了解到道家时，又将右边房屋划分给道家，又将自己所学的圣人之学划分到中间，这是非常片面的认识。圣学观照天地万物和百姓，儒、佛、老、庄等各类学问早已包含其中，因而被称为大道。释老之学只观照修习者自身，因而被称为小道。”

三年甲申，先生五十三岁，在越。

译文

嘉靖三年，岁在甲申（1524），先生五十三岁，在越城。

正月。

译文

正月。

门人日进。郡守南大吉以座主称门生，然性豪旷不拘小节，先生与论学有悟，乃告先生曰：“大吉临政多过，先生何无一言？”先生曰：“何过？”大吉历数其事。先生曰：“吾言之矣。”大吉曰：“何？”曰：“吾不言，何以知之？”曰：“良知。”先生曰：“良知非我常言而何？”大吉笑谢而去。居数日，复自数过加密，且曰：“与其过后悔改，曷若预言不犯为佳也。”先生曰：“人言不如自悔之真。”大吉笑谢而去。居数日，复自数过益密，且曰：“身过可勉，心过奈何？”先生曰：“昔镜未开，可得藏垢；今镜明矣，一尘之落，自难住脚。此正入圣之机也，勉之！”于是辟稽山书院，聚八邑彦士，身率讲习以督之。于是萧缪、杨汝荣、杨绍芳等来自湖广，杨仕鸣、薛宗铠、黄梦星等来自广东，王艮、孟源、周冲等来自直隶，何秦、黄弘纲等来自南、赣，刘邦采、刘文敏等来自安福，魏良政、魏良器等来自新建，曾忭来自泰和。宫刹卑隘，至不能容。盖环坐而听者三百余人。先生临之，只发《大学》万物同体之旨，使人各求本性，致极良知以至于至善，功夫有得，则因方设教。故人人悦其易从。

译文

跟随先生学习的门人越来越多。绍兴知府南大吉因为应试时先生是座师，因此在先生门下称门生，他性格豪迈旷达、不拘小节，和先生论学后若有所悟，于是问先生：“我处理政事时，有过许多过失，先生为何对我没有斥责？”先生反问他：“你有什么过失？”于是南大吉细细历数了相关的事情。先生说：“我已经说过了。”南大吉问：“您说了什么？”先生说：“我没有说你，你是怎么知道自己有过失的？”南大吉回答：“因为良知。”先生说：“良知不就是我常常和你们说的吗？”南大吉听后恍然大悟，大笑着拜谢先生离开了。过了几天，南大吉又细数自己的过错，发现更多了，于是对先生说：“与其等犯错后再加以改正，不如在犯错之前预防不是更好吗？”先生说：“别人告诉你而避免的过错不如自己领悟之后改正的真实有效。”南大吉听后再次欣喜地拜谢先生后离开。过了几天，南大吉又细数自己的过错，发现越发多了，对先生说：“行为上所犯的过错可以勉励后加以改正，但自己内心的谬误该怎么办才好？”先生说：“当镜子尚未打磨之时，镜面可能蒙有灰尘，藏污纳垢；但当镜子被打磨一新，便纤毫毕现，难以藏匿。这正是接近圣人境界的机会，你应当更加努力啊！”先生又开辟稽了山书院，齐聚八邑有才学之人，亲自为他们讲学，督促他们精进学问。当时有来自湖广的萧缪、杨汝荣、杨绍芳等人，来自广东的杨仕鸣、薛宗铠、黄梦星等人，来自南直隶的王艮、孟源、周冲等人，来自南昌、赣州的何秦、黄弘纲等人，来自安福的刘邦采、刘文敏等人，来自新建的魏良政、魏良器等人以及来自泰和的曾忭。各地学子住满了当地寺庙道观，到后来连低矮狭窄的小屋都住满了。围绕先生聆听他讲学的人有三百多个。先生到书院讲学时，只阐发《大学》中万物同体的主旨，让学子们各自向内心寻找自己的本心，体悟良知的最高境界，以求达到至善，若是有学子在参悟良知上有所得，先生便会对其因材施教。因此，前来求学的人都十分欣喜于先生所讲授学问易为人所接受实行。

海宁董沄号萝石，以能诗闻于江湖，年六十八，来游会稽，闻先生讲学，以杖肩其瓢笠诗卷来访。入门，长揖上坐。先生异其气貌，礼敬之，与之语连日夜。沄有悟，因何秦强纳拜。先生与之徜徉山水间。沄日有闻，忻然乐而忘归也。其乡子弟社友皆招之反，且曰："翁老矣，何乃自苦若是？"沄曰："吾方幸逃于苦海，悯若之自苦也，顾以吾为苦耶！吾方扬鬐于渤澥，而振羽于云霄之上，安能复投网罟而入樊笼乎？去矣，吾将从吾之所好。"遂自号曰从吾道人，先生为之记。

译文

海宁人董沄，号萝石，以擅长作诗闻名于民间，当时他六十八岁，到会稽游玩，听闻先生在书院讲学，便用手杖挑着随身携带的瓢勺斗笠和自己的诗卷前往拜访先生。进得门来，对先生长揖后被让于上座。先生觉得此人气度样貌异于常人，对他非常礼敬，和他连续交谈了几个日夜。董沄在交谈中有所领悟，于是经何秦引见，固执地拜于先生门下。他和先生在山水间徜徉游玩，每天都能得到先生的教诲，心中十分欣喜以至于忘了回家。他家乡的子弟和好友都劝他回家，并对他说："你现在已是耄耋之年，何必如此辛苦自己？"董沄回答说："我刚有幸逃离苦海，心中正怜悯你们的兀自苦恼，你们怎么会觉得我辛苦？我刚像鱼一样能扬鳍遨游于渤海、像鸟一样展翅高飞于云霄之上，如何能重新回到渔网鸟笼中？你们且回家吧，我将遵循我内心的追求！”于是自号从吾道人。先生为此事写了一篇记。

八月，宴门人于天泉桥。

译文

八月，先生在天泉桥宴请门人。

中秋月白如昼，先生命侍者设席于碧霞池上，门人在侍者百余人。酒半酣，歌声渐动。久之，或投壶聚算，或击鼓，或泛舟。先生见诸生兴剧，退而作诗，有“铿然舍瑟春风里，点也虽狂得我情”之句。明日，诸生入谢。先生曰：“昔者孔子在陈，思鲁之狂士。世之学者，没溺于富贵声利之场，如拘如囚，而莫之省脱。及闻孔子之教，始知一切俗缘皆非性体，乃豁然脱落。但见得此意，不加实践以入于精微，则渐有轻灭世故，阔略伦物之病。虽比世之庸庸琐琐者不同，其为未得于道一也。故孔子在陈思归以裁之，使入于道耳。诸君讲学，但患未得此意。今幸见此，正好精诣力造，以求至于道，无以一见自足而终止于狂也。”

译文

中秋之夜月白如昼，先生让侍者在碧霞池设宴延请上百位门人。饮酒半酣时，大家开始以歌助兴。时间久了之后，在场学子或是投壶聚算，或是击鼓为乐，或是泛舟湖上，十分尽兴。先生见众位弟子兴致盎然，于是退席作了一首诗，诗中说道：“曾子当年舍瑟描绘沂水春风的理想世界得到了孔子的认可，他的望遥远且狂浪洒脱，却让我非常赞同。”第二天，众门生到府上拜谢先生。先生说：“昔日，孔子在陈国时，思念鲁国狂士曾子。当世的学子，大多沉浸在富贵名利中，如同被拘押囚禁一样，却从没想过要挣脱这些束缚。待到领悟孔子的圣人之教后，明白了世间尘俗本非人的本性，于是心中豁然舒朗。但即便明白了这个道理，若不加以实践将其理解入微，就会渐渐生出蔑视世俗人情，疏放伦理纲常的毛病。虽然和世上众多庸庸碌碌的人有不一样的地方，但和没能得道之人一样。因此孔子在陈国时即使思乡欲归，最终也克服了自己心中的欲望，使自己得以进入圣人之道。诸君讲学中，最怕没有领会这个道理。如今有幸能够得见，诸位正应当细细品味，努力琢磨，以寻求极致大道，切不可一叶障目，自觉满足，以致最终只能停滞于狂人境地。”

是月，舒柏有敬畏累洒落之问，刘侯有入山养静之问。先生曰：“君子之所谓敬畏者，非恐惧忧患之谓也，戒慎不睹，恐惧不闻之谓耳。君子之所谓洒落者，非旷荡放逸之谓也，乃其心体不累于欲，无入而不自得之谓耳。夫心之本体，即天理也。天理之昭明灵觉，所谓良知也。君子戒惧之功，无时或间，则天理常存，而其昭明灵觉之本体，自无所昏蔽，自无所牵扰，自无所歉馁愧怍，动容周旋而中礼，从心所欲而不逾，斯乃所谓真洒落矣。是洒落生于天理之常存，天理常存生于戒慎恐惧之无间。孰谓敬畏之心反为洒落累耶？”谓刘侯曰：“君子养心之学如良医治病，随其虚实寒热而斟酌补泄之，是在去病而已，初无一定之方，必使人人服之也。若专欲入坐穷山，绝世故，屏思虑，则恐既已养成空寂之性，虽欲勿流于空寂，不可得矣。”

译文

这个月，舒柏致信向先生请教如何理解敬畏之心被洒落之心所牵累，刘侯也致信向先生请教入山养静的问题。先生回答舒柏说：“君子所说的敬畏，并不是心中有恐惧忧虑，而是在别人看不到的地方也要时常警惕谨慎自己的言行。君子所说的洒落，并不是放浪不羁的形态，而是心身不被世俗物欲所牵累，能做到事事自得，随心所欲而不逾矩。人内心的本体，就是天理。体察天理并使之显现，就是所谓的良知。君子若是时时刻刻都在做慎独的功夫，那么他心中天理就会一直存在，其昭明灵觉的内心就不会被凡尘琐事所掩盖，心中没有任何牵累烦扰，也就没有可以气馁愧疚的地方。能做到言行处事合乎礼仪，做事随心所欲不逾矩，才是真正的洒落。洒落的心态因天理常存而产生，而天理能常存源于时时刻刻慎独。怎么能说敬畏之心会被洒落的心态所牵累呢？”先生回复刘侯说：“君子养心，如同良医治病需要八纲辨证并仔细斟酌治疗时的补泄之法，目的在于为病人祛除病痛，治疗时并没有固定的药方能让每个人不加分别地使用。若想要专门到深山隐居静坐以养静，隔绝一切世俗之事，摒弃一切纷扰思虑，这样恐怕会让自己养成空洞枯寂的性格，虽然物欲无法进入一颗空洞枯寂的心，但这样也难以达到你想要的养静这一目的。”

论圣学无妨于举业。德洪携二弟德周仲实读书城南。洪父心渔翁往视之。魏良政、魏良器辈与游禹穴诸胜，十日忘返。问曰：“承诸君相携日久，得无妨课业乎？”答曰：“吾举子业无时不习。”家君曰：“固知心学可以触类而通，然朱说亦须理会否？”二子曰：“以吾良知求晦翁之说，譬之打蛇得七寸矣，又何忧不得耶？”家君疑未释，进问先生。先生曰：“岂特无妨，乃大益耳。学圣贤者，譬之治家，其产业、第宅、服食、器物皆所自置，欲请客，出其所有以享之，客去，其物具在，还以自享，终身用之无穷也。今之为举业者，譬之治家，不务居积，专以假贷为功，欲请客，自厅事以至供具百物，莫不遍借，客幸而来，则诸贷之物一时丰裕可观，客去，则尽以还人，一物非所有也，若请客不至，则时过气衰，借贷亦不备，终身奔劳，作一窭人而已。是求无益于得，求在外也。”明年乙酉大比，稽山书院钱楩与魏良政并发解江、浙。家君闻之笑曰：“打蛇得七寸矣。”

译文

先生认为修习学习心学并不妨碍参加科考。我（钱德洪）带着二弟钱德周在城南读书。我的父亲心渔翁前来看望我们。我与魏良政、魏良器等人陪父亲在夏禹墓地附近的名胜景点游玩了十天还没有返回。父亲说：“承蒙大家陪我游玩这么多时日，这对你们的功课会有妨碍吗？”他们回答说：“我们准备科考的举子，时时刻刻都在学习。”父亲说：“我虽然知道阳明先生的心学能够做到触类旁通，那你们还需要另外学习朱子学说吗？”二弟钱德周回答说：“以我们所研究的致良知理论来研究朱子的学说，就像正好打在蛇的七寸一样一击即中，又何须担忧呢？”父亲心中的怀疑仍旧没有释然，于是前去问先生。先生说：“何止是没有妨碍，反而益处良多。学习圣学的人，就如同一个人持家时，早已置办好了家中的产业、房屋、服饰食物、各种器具，想要宴请宾客时，只需将这些东西拿出来招待客人就行了，等到客人离开后，这些东西依旧还在自己家中，可以继续供家中人终身使用。如今很多准备参加科举考试的举子们，就像一个人持家时不为家中置办各种必需品，只依靠借贷举债度日。若他想要宴请宾客，上至宴会场所下至餐具食物都需要向旁人借用，若是有幸客人接到邀请来到家中，能看到这些丰富的借贷而来的精美器物，但客人离去后，这些东西都要还给原来的主人，没有一件东西是他自己能够长久持有使用的；若客人接到邀请后没有赴宴，那么借贷时间过去后这些都东西都失去了它的作用，又因为是借贷而来的，必须归还，不能自己留下，这样的人即便终身奔波辛劳，也不过是一个身无长物之人。因此这样索求身外之物的方式无益于最终结果。”第二年的乙酉乡试，稽山书院的钱楩和魏良政在江西和浙江两地分别获得解元。父亲听到这个消息后笑着说：“果然是打到了蛇的七寸啊。”

是时大礼议起，先生夜坐碧霞池，有诗曰：“一雨秋凉入夜新，池边孤月倍精神。潜鱼水底传心诀，楼鸟枝头说道真。莫谓天机非嗜欲，须知万物是吾身。无端礼乐纷纷议，谁与青天扫旧尘？”又曰：“独坐秋庭月色新，乾坤何处更闲人？高歌度与清风去，幽意自随流水春。千圣本无心外诀，《六经》须拂镜中尘。却怜扰扰周公梦，未及惺惺陋巷贫。”盖有感时事，二诗已示其微矣。四月，服阕，朝中屡疏引荐。霍兀涯、席元山、黄宗贤、黄宗明先后皆以大礼问，竟不答。

译文

当时朝廷中发生了“大礼议”之争，先生夜晚坐在碧霞池边，写下了两首诗，一首说：“秋雨后的夜空更加清新，天边孤月都显得比往日更精神。池中潜鱼在水底悠游好似在传播心诀，至头顶飞鸟也好想在相互讲说真正的大道。不要说人生来就没有嗜好欲望，应当知晓我的本心与万物一体。世人都在争论一些本无意义的礼乐，还有谁能为湛湛青天扫清阴霾？”另一首说：“独自在秋夜庭院中凝望新月，天下何处还有我这样的闲人？与清风相和高歌一曲，幽幽思绪径自随着流水而逝。千年来圣人之学本来就没有什么特别多诀窍，只需用《六经》来扫拂那些思想上的尘埃。却可怜世人还在为美梦而心烦，还没清醒地看到所处的陋室清贫。”这两首诗都是感于时事而作，诗的内容已经显示了先生心中的一些想法。四月，先生守丧期满除服，朝中有人多次来信要求先生发表自己对大礼议的看法。霍兀涯、席元山、黄宗贤、黄宗明等人也先后写信问先生对于大礼议一事的看法，先生都没有给予答复。

十月，门人南大吉续刻《传习录》。

译文

十月，先生的门人南大吉续刻《传习录》。

《传习录》，薛侃首刻于虔，凡三卷。至是年，大吉取先生论学书，复增五卷，续刻于越。

译文

先生弟子薛侃于正德十三年在虔州首次刊刻了《传习录》，一共三卷。这一年，南大吉辑录了先生论学的书信，将《传习录》增加至五卷，在越城续刻。

四年乙酉，先生五十四岁，在越。

译文

嘉靖四年，岁在乙酉（1525），先生五十四岁，在越城。

正月，夫人诸氏卒。四月，祔葬于徐山。

译文

正月，先生的夫人诸氏去世。四月葬诸氏于徐山。

是月，作稽山书院《尊经阁记》。略曰：“圣人之扶人极忧后世而述《六经》也，犹之富家者之父祖，虑其产业库藏之积，其子孙者或至于遗亡失散，卒困穷而无以自全也，而记籍其家之所有以贻之，使之世守其产业库藏之积而享用焉，以免于困穷之患。故《六经》者，吾心之记籍也。而《六经》之实则具于吾心，犹之产业库藏之实，种种色色，具存于其家，其记籍者，特名状数目而已。而世之学者不知求《六经》之实于吾心，而徒考索于影响之间，牵制于文义之末，硁硁然以为是《六经》矣。是犹富家之子孙，不务守成规享用其产业库藏之实积，日遗忘散失，至于窭人丐夫，而犹嚣嚣然指其记籍曰：'斯吾产业库藏之积也。'何以异于是？"

译文

这个月，先生为稽山书院写了《尊经阁记》。文章大意如下："古时圣人为匡扶正道，因忧心后世而著《六经》，就如同富庶人家的长者，担心子孙后代会将他们积累的财富随意丢弃遗忘、挥霍一空，最终陷入贫困难求生计，因此将家中财产一一造册留给自己的子孙，并告诫子孙用心经营，使其世代相传，力求子孙后代能尽享这些财富，不至于陷入困顿中。因此圣人所著《六经》即是他们为正我们的心性而写下的那本账册。《六经》岁降低核心内容本就存在于我们内心中，就如同长者家中的种种产业，本就属于他的家族，特地造册记录不过是为了让子孙清楚地知道这些财物的种类和数目。但是现今的学者学习《六经》时，不去寻找那些本就存在于自己内心的核心内容，只在那些模糊不实的地方徒劳求索，被文字训诂的细枝末节牵制，浅薄固执地认为他们所看到的就是真正的《六经》。就如同富家子孙不用心经营祖产坐吃山空，将祖上积累的财富挥霍一空后最终沦落为穷困潦倒的乞丐，却还要指着祖上留下的产业名册说：'这都是我的家产！'二者之间又有什么区别？"

按是年南大吉匾莅政之堂曰亲民堂，山阴知县吴瀛重修县学，提学佥事万潮与监察御史潘仿拓新万松书院于省城南，取试士之未尽录者廪饩之，咸以记请，先生皆为作记。

译文

按这一年，南大吉为自己处理政务的大堂写了一块牌匾，将大堂命名为"亲民堂"，山阴知县吴瀛重新修葺了县学，提学佥事万潮和监察御史潘仿将省城南面的万松书院翻修一新，为科举落第的举子发放生活物资。他们都请先生去为他们的学府作记，先生一一应允。

六月，礼部尚书席书荐。

译文

六月，礼部尚书席书向朝廷举荐先生复官。

先生服阕，例应起复，御史石金等交章论荐，皆不报。尚书席书为疏特荐曰："生在臣前者见一人，曰杨一清；生在臣后者见一人，曰王守仁。且使亲领诰卷，趋阙谢恩。"于是杨一清入阁办事。明年有领卷谢恩之召，寻不果。

译文

先生守孝期满后，循例本应被朝廷重新起复任用，御史石金等人纷纷向皇帝上书举荐先生复官，都没有被批复。尚书席书特别上疏说："当朝可用之人只有比我年长的杨一清和比我年少的王守仁。皇上何不下令让他亲自携带赐封文书，到宫中受命谢恩。"事后杨一清入内阁任职。第二年，朝廷下诏让先生领受赐封文书并入宫谢恩，最后也没有结果。

九月，归姚省墓。

译文

九月，先生回到余姚为家中逝世的亲人扫墓祭奠。

先生归，定会于龙泉寺之中天阁，每月以朔望初八廿三为期。书壁以勉诸生曰："虽有天下易生之物，一日暴之，十日寒之，未有能生者也。承诸君子不鄙，每予来归，咸集于此，以问学为事，甚盛意也。然不能旬日之留，而旬日之间又不过三四会。一别之后，辄复离群索居，不相见者动经年岁。然则岂惟十日之寒而已乎？若是而求萌蘖之畅茂条达，不可得矣。故予切望诸君勿以予之去留为聚散，或五六日、八九日，虽有俗事相妨，亦须破冗一会于此。务在诱掖奖劝，砥砺切磋，使道德仁义之习日亲日近，则势利纷华之染亦日远日疏。所谓相观而善，百工居肆以成其事者也。相会之时，尤须虚心逊志，相亲相敬。大抵朋友之交，以相下为益，或议论未合，要在从容涵育，相感以成。不得动气求胜，长傲遂非，务在默而成之，不言而信。其或矜己之长，攻人之短，粗心浮气，矫以沽名，讦以为道，挟胜心而行愤嫉，以圮族败群为志，则虽日讲时习于此，亦无益矣。”

译文

先生回到余姚后，与众师友相约每月初八和二十三定期在龙泉寺中天阁相聚探讨学问。先生在中天阁墙壁上写下了勉励众多学子的话：“即使是最易活的植物，种植时一曝十寒，也难以成活。承蒙众位君子不嫌弃我学识浅陋，每次我回来时，都相聚于此，相互探讨学问，非常感谢大家的厚爱。但我能停留此地的时间不过十来天，这十来天里我们只能相聚三四次。我离开之后，大家又各自回家独自钻研学问，很长时间都不相聚。这不正是一曝十寒吗？若一直这样，是难以让自己学问大有长进，文笔通畅、感情充沛、条理清晰的。因此我恳切希望大家能不要因我的去留决定聚会的继续与否，即便一些生活琐事会妨碍你们的聚会，你们也应尽力克服，破釜沉舟地以五六天或八九天以此的频率将集会继续下去。务必通过时常集会相互引导扶持，彼此奖励劝勉，来回切磋学问使礼仪道德的风气在彼此间蔚然成风，如此一来你们的内心就会逐渐脱离凡尘俗世带来的纷扰。正如古人所言，不同行业的工匠在工坊中只有相互观摩学习相互督促，才能协同完成好工作。大家在聚会探讨时一定要谦虚谨慎，相亲相敬。朋友之间相交，应以相互谦让为益，若是在探讨中有意见相左的地方，要从容镇定，涵养化育，真诚相待；不能因一时义气激愤而争强好胜，滋长自己的高傲气焰；要做到默然成就，无需过多言语而使人信服自己的观点。若是以己之长攻他人之短，心浮气躁，矫揉造作，沽名钓誉，将揭发别人的短处认为是坦率，心中因好胜而愤怒嫉妒，以败坏整个群体的风气名声作为自己的目的话，即便大家每天都相聚于此，也毫无益处。”

答顾东桥璘书有曰：“朱子所谓格物云者，是以吾心而求理于事事物物之中，如求孝子之理于其亲之谓也。求孝之理果在于吾之心耶？抑果在于亲之身耶？假而果在于亲之身，而亲没之后，吾心遂无孝之理与？见孺子之入井，必有恻隐之理，是恻隐之理果在孺子之身与？抑在于吾身之良知与？

以是例之，万事万物之理，莫不皆然。是可以见析心与理为二之非矣。若鄙人所谓致知格物者，致吾心之良知于事事物物也。吾心之良知，即所谓天理也。致吾心之天理于事事物物，则事事物物皆得其理矣。故曰：‘致吾心之良知者，致知也。事事物物皆得其理者，格物也。’是合心与理而为一者也。合心与理而为一，则凡区区前之所云，与朱子晚年之论，皆可不言而喻矣。”又曰：“心者身之主也。而心之虚灵明觉，即所谓本然良知也。其虚灵明觉之良知应感而动者，谓之意。有知而后有意，无知则无意矣。知非意之体乎？意之所用，必有其物，物即事也，如意用于事亲，即事亲为一物；意用于治民，则治民为一物；意用于读书，即读书为一物；意用于听讼，即听讼为一物。凡意之所在，无有无物者，有是意，即有是物，无是意，即无是物。物非意之用乎？格字之义，有以至字训者。如‘格于文祖’，必纯孝诚敬，幽明之间，无一不得其理，而后谓之格；有苗之顽，实文德诞敷而后格，则亦兼有正字之义在其间，未可专以至字尽之也。如‘格其非心’‘大臣格君心之非’之类，是则一皆正其不正以归于正之义，而不可以至字为训矣。且《大学》格物之训，又安知不以正字为义乎？如以至字为义者，必曰‘穷至事物之理’，而后其说始通。是其用功之要全在一穷字，用力之地全在一理字也。若上去一穷字，下去一理字，而直曰‘致知在至物’，其可通乎？夫穷理尽性，圣人之成训见于《系辞》者也。苟格物之说而果即穷理之义，则圣人何不直曰‘致知在穷理’，而必为此转折不完之语，以启后世之弊耶？盖《大学》格物之说，自与《系辞》穷理大旨虽同，而微有分辨。穷理者，兼格致诚正而为功也。故言穷理，则格致诚正之功皆在其中；言格物，则必兼举致知、诚意、正心，而后其功始备而密。今偏举格物而遂谓之穷理，此非惟不得格物之旨，并穷理之义而失之矣。”其末继以拔本塞源之论，其略曰：“圣人之心，视天下之人无内外远近，凡有血气，皆其昆弟赤子之亲，莫不安全而教养之，以遂其万物一体之念。天下之人心，其始亦非有异于圣人也，特其间于有我之私，隔于物欲之蔽，大者以小，通者以塞，甚有视其父子、兄弟如仇雠者。圣人有忧之，是以推其天地万物一体之仁以教天下，使之皆有以克其私、去其蔽，以复其心体之同然。其教之大端，则尧、舜、禹之相授，所谓‘道心惟微，惟精惟一，允执厥中’。而其节目，则舜之命契，所谓‘父子有亲，君臣有义，夫妇有别，长幼有序，朋友有信’五者而已。当是之时，人无异见，家无异习，安此者谓之圣，勉此者谓之贤，而背此者，虽启明如朱，亦谓之不肖。下至闾井田野农工商贾之贱，莫不皆有是学，而惟以成其德行为务。何者？无有闻见之杂，记诵之烦，辞章之靡滥，功利之驰逐，而但使之孝其亲，弟其长，信其朋友，以复其心体之同然，则人亦孰不能之乎？学校之中，惟以成德为事。有长于礼乐，长于政教，长于水土播植者，则就其成德而因使益精其能。迨夫举德而任，则用之者惟知同心一德，以共安天下之民，视才之称否，而不以崇卑为轻重。效用者亦惟知同心一德，以共安天下之民，苟当其能，则终身安于卑琐而不以为贱。当是时，才质之下者，则安其农工商贾之分，各勤其业以相生相养，而无有乎希高慕外之心；才能之异若皋、夔、稷、契者，则出而各效其能，或营衣食，或通有无，或备器用，集谋并力，以求遂其仰事俯育之愿。譬之一身，目不耻其无聪，而耳之所涉，目必营焉；足不耻其无执，而手之所探，足必前焉。盖其元气充周，血脉条畅，是以痒疴呼吸，感触神应，有不言而喻之妙。此圣人之学所以惟在复心体之同然，而知识技能非所以与论也。三代以降，教者不复以此为教，而学者不复以此为学。霸者之徒，窃取先王之近似者，假之于外以内济其私，天下靡然宗之，圣人之道遂以芜塞。世之儒者慨然悲伤，搜猎先圣王之典章法制，而掇拾修补于煨烬之余，圣学之门墙遂不可复观。于是乎有训诂之学，而传之以为名；有记诵之学，而言之以为博；有词章之学，而侈之以为丽。相矜以知，相轧以势，相争以利，相高以技能，相取以声誉。其出而仕也，理钱谷者，则欲并夫兵刑；典礼乐者，又欲与于铨轴；处郡县，则思藩臬之高；居台谏，则望宰执之要。故不能其事，则不得以兼其官；不通其说，则不可以要其誉；记诵之广，适以长其敖也；知识之多，适以行其恶也；闻见之博，适以肆其辩也；辞章之富，适以饰其伪也。呜呼！以若是之积染，以若是之心志，而又讲之以若是之学术，宜其闻吾圣人之教，而视之以为赘疣枘凿矣。非豪杰之士无所待而兴者，吾谁与望乎！”

译文

先生回复顾东桥的信中说："朱子所说的格物，是要用自己的心在外物中去寻求天理。比如他认为孝道的真谛应在父母长辈身上寻求。孝道的真谛究竟是在人的内心之中还是在父母长辈的身上？若孝道的真谛在父母长辈身上，那双亲过世后，我们的心中就不存在孝道的概念了吗？看见小孩掉进井里，人们都会有同情怜爱的恻隐之心，难道这种恻隐之心在小孩子身上而不是在我们内心的良知之中吗？以此为例，世间万事万物都是这个道理。由此可见，将心和理的研究一分为二并不正确。而我所说的格物致知，是将本心的良知作用于世间万物。我们本心的良知，就是所谓的天理。将心中的天理作用于世间万物上，便可以明辨万物的真理。所以说：'明白地寻找到自己内心良知的人，便做到了致知。明了万事万物的真谛的人，便做到了格物。'这是将心和理合二为一，理解了这点，就能明白我所说的和朱子晚年所说内容的其实是心照不宣的。"又说："心是身体的主宰，内心空灵澄澈，就是我所说的与生俱来的良知。体认到内心的空灵澄澈而显现的良知，由此心有所动，便是意。心必然先有知而后才会有意，没有知就不会有意。那么知是不是意的本体？意所指向的地方，必然会有具体的物，物就是事，将意放在侍奉父母上，那么侍奉父母就是一物；放在治理百姓上，治理百姓就是一物；放在读书学习上，读书学习就是一物；放在处理案件上，处理案件就是一物。只要是意念所在之处，无一不是物，有了这样的意念，便有这样的物，没有这样的意念，就没有这样的物。那么物是不是意念的作用之所在？有人将格字当成至来理解。比如舜帝'格于文祖'，他必然是对文祖至诚至孝，对每一个有形之物和无形之物都洞彻了其真谛，才能被称为格；又如'有苗来格'实际上是天下都接受了礼乐教化后才有的边民臣服，这里的格也有正的意思在里边，不能只以至来解释。又怎么确定《大学》中的格物之格不能用正来解释呢？若是以至来解释，必须说'穷至事物之理'才解释得通。如此一来，研究它的功夫便主要落在穷字上，用力之处全也全在理字。若是将前边的穷字和后边的理字都去掉，直接说'致知在至物'，又如何解释得通？所谓穷理尽性，先贤已在《易经·系辞》中有了详细的解释。

若是格物真的解释为穷尽天理，那先贤为何不直接说‘致知在穷理’，非要在其中加上一个转折，使语意变得不完整，为后世学者留下错误的引导呢？所以《大学》中的格物虽然和《易经·系辞》中的穷理主旨意义上大致相同，但仍有细微的区别。所谓穷理，包含了格物、致知、诚意、正心的功夫。所以说到穷理，便已经包含格物、致知、诚意、正心在其中了；要格物，就必须同时做致知、诚意、正心的功夫，格物的功夫才能完整严密。现在却单将格物拿出来，说它就是穷理，这不仅是没有明白格物的主旨要义，同时也歪曲了穷理的意思。”信的最后先生提出了“拔本塞源”这一看法，大意如下：“天下百姓在圣人心中是没有远近亲疏的区别的，他将所有百姓都看做自己的兄弟儿女，都想以礼仪教化他们，给他们一个安定的家园，他们以此来体现天下万物一体的理念。天下人心中最初也像圣人一样没有远近亲疏之别，只是因为在长久的发展过程中慢慢有了私心，被世间的物欲蒙蔽，天下为公的大爱之心变成了谋求私利的小我之心，通透澄净的心渐渐被物欲污秽阻塞，甚至有父子兄弟为此反目成仇。圣人对此感到担心忧虑，因此想要教会世人自己视天下万物为一体的仁义理念，让世人能克制私欲，清扫蒙蔽内心的物欲，并恢复原来共有的仁善本心。圣人教化最重要的内容就是尧、舜、禹教化世人的‘道心中正入微；惟精惟一是道心的心法，我们要真诚地保持惟精惟一之道，不改变自己的理想和目标，最终使人心与道心和合，执中而行’。其具体内容是舜帝所下命契中说的‘父子之道在于亲，君臣之道在于义，夫妇之道在于别，长幼之道在于序，朋友之道在于信’这五点。当时的人中没有不良习惯，家风纯善，自然而然就能做到这些的称为圣人，能勉力为之的称为贤人，违此道而行的，即便聪明如丹朱，也被称为无才之人。连民间的农夫商人这样身份低微身处下层的人，也无一不学习这样的教化，务必以树立自己高尚的德行为第一要务。这是为何？因为当时的人没有杂乱的见闻扰乱心性，不必强行背诵文章增添烦恼，不需要写作那么华而不实的文章，也没有功利之心的驱使，圣人只是单纯的教导他们孝敬长辈，友敬子弟，忠于朋友，以此让他们回归最初的本心，这样的事又有谁做不到呢？在学校只将养成好的德行作为第一要务。那些擅长于礼乐、政教、农业耕种的人，当他们成就了自己高尚的品德后，自然能精进自己擅长的技能。朝廷举德用人时，选拔官员的人都知道要任用同心同德的人来共同安定天下，并以他们的才能德行来评定是否称职是否任用，而不是以身份高低来决定；被选中的人也明白要视天下为一体，共同安定天下百姓，若真的能担任自己力所能及的职务，即便终身烦劳也不会不认为自己的劳动辛劳低贱。当时的人，若是知道自己的才能资质不够，则会安心于自己农夫工匠行商坐贾的身份，各自努力勤奋地从事着自己的事业，相互奉养，没有什么好高骛远的心思；如皋、夔、稷、契这样有杰出才华的人，便挺身而出发挥自己的才能治理天下，就像家中的成员，有的专门经营衣食住行，有的与人互通有无，有的准备家中需要用到的各种器具，一起齐心协力达成上孝父母下育儿女的心愿。就好像一个人身上的各个器官，眼睛不会因听不到声音而感到羞耻，耳朵听到声音的方向，眼睛都会看过去；双脚也不会因自己不能拿东西而感到羞耻，凡是手所指的方向，双脚都会前往。人体元气充沛周流全身，血气经脉条达通畅，所以只要身体有任何病痛不适，都能马上感受到，有一种难以言状的奇妙在其中。这就是为什么圣学把恢复世人原来共有的本心作为核心内容，而不过多谈及知识技能的原因。自夏商周三代以来，讲学之人都不再讲授这样的圣学，学子也不愿再学习这些圣学理念。一些行为霸道的人窃取了一些和先贤理论相似的东西，向外界散播这些理论来满足自己的求名求利私欲，天下人竞相学习崇拜他们，使得真正的圣学由此埋没。当今世上的学者对此感到感慨悲痛，于是四处搜寻先贤留下的典章法制，在早已被焚留下的残章上加以掇拾修补以求圣学，长此以往，圣学的真正面目更难以见到。于是又创造了训诂学，为了名誉而传播它；有了记诵学，为了展示自己的博学多知去讨论它；有了词章学，为了浮华的辞藻去夸赞它。学人之间相互炫耀学识，倾轧势力，争斗名利，攀比技能，竞取声誉。出仕为官后，本职管理钱粮的人想要兼管军事刑法；管理礼乐仪仗的人想兼任人员选拔；身为地方郡县长官，一心想高升至布政按察使；身为御史，一心向往着宰相的职位。因此无其能不能任其职；无其学不能求其名；博记诗歌滋长其傲慢；学富五车使其为非作歹；见多识广增长其肆意诡辩的口才；摛藻雕章掩饰其虚伪造作。唉！这样被世俗名利积染依旧的习性和心志，来讲授这样的学问，即便让他们聆听了真正的圣人教诲，他们也只会将其当做无用的累赘！若没有这些奋不顾身愿挺身而出愿意发扬兴盛圣学的豪杰之士，我又能对谁寄予厚望呢！”

十月，立阳明书院于越城。

译文

十月，先生在越城创建了阳明书院。

门人为之也。书院在越城西郭门内光相桥之东。后十二年丁酉，巡按御史门人周汝员建祠于楼前，匾曰“阳明先生祠”。

译文

门人共同建造了这个书院。书院在越城西边外城门内的光相桥东。后来嘉靖十二年丁酉，先生的门人巡按御史周汝员在楼前建了一个祠堂，上边的牌匾写的是“阳明先生祠”。

五年丙戌，先生五十五岁，在越。

译文

嘉靖五年，岁在丙戌（1526），先生五十五岁，在越城。

三月，与邹守益书。

译文

三月，先生给邹守益写信。

守益谪判广德州，筑复古书院以集生徒，刻《谕俗礼要》以风民俗。书至，先生复书赞之曰：“古之礼存于世者，老师宿儒当年不能穷其说，世之人苦其烦且难，遂皆废置而不行。故今之为人上而欲导民于礼者，非详且备之为难，惟简切明白而使人易行之为贵耳。中间如四代位次，及祔祭之类，向时欲稍改以从俗者，今昔斟酌为之，于人情甚协。盖天下古今之人，其情一而已矣。先王制礼，皆因人情而为之节文，是以行之万世而皆准。其或反之吾心而有所未安者，非其传记之讹阙，则必古今风气习俗之异宜者矣。此虽先王未之有，亦可以义起，三王之所以不相袭礼也。后世心学不讲，人失其情，难乎与之言礼。然良知之在人心，则万古如一日。苟顺吾心之良知以致之，则所谓不知足而为屦，我知其不为蒉矣。非天子不议礼制度，今之为此，非以议礼为也，徒以末世废礼之极，聊为之兆以兴起之，故特为此简易之说，欲使之易知易从焉耳。冠婚丧祭之外，附以乡约，其于民俗亦甚有补。至于射礼，似宜别为一书以教学者，而非所以求谕于俗。今以附于其间，却恐民间以非所常行，视为不切，又见其说之难晓，遂并其冠婚丧祭之易晓者而弃之也。文公《家礼》所以不及于射，或亦此意也与？”

译文

邹守益被贬为广德州判司，为了聚集当地学子而修建了复古书院，并刊刻了《谕俗礼要》来改善民风民俗。先生在他寄来的信中知道了这个消息后，回信赞扬他说：“古代先贤留存于世的那些礼仪，即便是师长大儒也难以将其讲清说尽，世人都因为那些礼仪繁琐复杂难以掌握而一一废弃，不再继续传承。如今你作为地方官员，想引导人民学习礼仪，最重要的不是让礼仪详尽完备，而是将各种礼仪说明得简要直白，让百姓容易学会并遵行。其中如四代先人的位次或是宗祠配享、附祭等事，已经因为当地风俗而改动过的地方，你应仔细斟酌以调和当地人情事理。古往今来，天下之人的感情都是类似的。先贤制定礼仪时，也是参考当时世人的常情及事理，使其行之有度，才能流传万世，适用于历朝历代的人。若是现在的人对那些礼仪有不认同之处，并不是古人的礼仪在记录流传时有什么谬误错漏，而是现在的风俗习惯和古代已经有所不同了。一些古圣先王时期没有的风俗，会随着道义而兴起，这就是夏、商、周三代君王没有完全沿袭前朝礼仪的原因。后世的人不再学习心学，人们也不再是原本的性情，因此难以对其讲明礼仪。但良知依旧万年不变地存在于人们心中。因此若是顺应自己内心去寻求到最高的良知，那么即便不看脚样编草鞋，也不会编成草筐。非天子不能制定礼仪，如今你并不是要制定礼仪，只是要凭借一些祭祀活动恢曾经荒废的礼仪，因此我特地叮嘱你将这些礼仪说明得简易一些，让百姓能够轻易理解、学习并遵从。除了加冠、结婚、丧葬、祭祀礼仪之外，还可以在乡里制定让百姓共同遵守的乡约，这样对民风民俗的形成也有帮助。至于射礼可能应该专门成立一个科目进行教学，不要将其作为百姓都必须遵从的礼仪。现在你把它放在《谕俗礼要》中，恐怕百姓会因为射礼不是常见的事而觉得它不切实际，他们可能还会因为射礼的理论难以理解和接受，将加冠、结婚、丧葬、祭祀这些很容易理解和实施的礼仪也一并放弃。朱子的《家礼》没有论及射礼，有没有可能也是因为这个原因呢？”

按祠堂位祔之制，或问：“文公《家礼》高曾祖祢之位皆西上，以次而东，于心切有未安。”先生曰：“古者庙门皆南向，主皆东向。合祭之时，昭之迁主列于北牖，穆之迁主列于南牖，皆统于太祖东向之尊，是故西上，以次而东。今祠堂之制既异于古，而又无太祖东向之统，则西上之说诚有所未安。”曰：“然则今当何如？”曰：“礼以时为大，若事死如事生，则宜以高祖南向，而曾祖祢东西分列，席皆稍降而弗正对，似于人心为安。曾见浦江之祭，四代考妣皆异席，高考妣南向，曾祖祢考皆西向，妣皆东向，各依世次，稍退半席。其于男女之别，尊卑之等，两得其宜。但恐民间厅事多浅隘，而器物亦有所不备，则不能以通行耳。”又问：“无后者之祔，于己之子侄，固可下列矣，若在高曾之行，宜何如祔？”先生曰：“古者大夫三庙，不及其高矣。嫡士二庙，不及其曾矣。今民间得祀高曾，盖亦体顺人情之至，例以古制，则既为僭，况在行之无后者乎？古者士大夫无子，则为之置后，无后者鲜矣。后世人情偷薄，始有弃贫贱而不嗣者。古所谓无后，皆殇子之类耳。祭法：王下祭殇五，嫡子，嫡孙，嫡曾孙，嫡玄孙，嫡来孙。诸侯下祭三，大夫二，嫡士及庶人祭子而止。则无后之祔，皆子孙属也。今民间既得假四代之祀，以义起之，虽及弟侄可矣。往年湖湘一士人家，有曾伯祖与堂叔祖皆贤而无后者，欲为立嗣，则族众不可，欲弗祀，则思其贤有所不忍。以闻于某。某曰：‘不祀二三十年矣，而追为之祀，势有所不行矣。若在士大夫家，自可依古族属之义，于春秋二社之次，特设一祭。凡族之无后而亲者，各以昭穆之次配祔之，于义亦可也。’”

译文

关于祠堂位祔的制度，邹守益问先生："朱子《家礼》中奉祀高曾祖牌位时都以西方为上位，其次是东，我却觉得这样并不合适。"先生说："古代宗庙的门都是朝南开，以太祖牌位所在的东方为尊。合于祧庙祭祀时，左昭祖先牌位放在北墙的窗户下，右穆祖先牌位在南墙的窗户下，都低于东向的始祖牌位，因此，西方为最尊贵的上位，东方次之。如今祠堂中祖先牌位放置的方位已经和古代不一样了，也没有了太祖牌位东向上位的规矩，朱子书中以西方为上位的说法确实有一些不妥之处。"邹守益问："那现在应当遵循什么样的规矩礼仪呢？"先生说："礼仪以时代为先，若是侍奉死者如侍奉活着的人一样，那就应当将高祖的牌位南向安放，曾祖、祖父、父亲的排位依次东西排列，放置的位置都依次降低不要相互正对，如此人们才会安心。我曾见过的浦江祭祀礼仪中，四代已逝先人考妣的牌位放置的席位与其他地方都不相同，高祖和高祖母牌位在南边，曾祖父、祖父和父亲的牌位都在西边，曾祖母、祖母和母亲的牌位都在东边，根据世代次序，各自降低半个席位，在男女之别和长幼之序两方面都得到了合适的处置。但是民间厅堂可能大都比较狭窄，祭祀器具物品也有不够完备之处，浦江的祭祀之法便无法在民间通行了。"邹守益又问："无后的人可以由自己的子侄祭祀供奉，因此可以列于祠堂的下位，但若是高祖曾祖一代的人无后，又该怎么祭祀呢？"先生回答说："古代大夫的宗庙里供奉父亲、祖父、曾祖三代，尚未供奉到高祖；上士宗庙供奉父亲、祖父两代，并没有供奉曾祖。现在民间开始祭祀供奉高祖，也是顺应人情世事的变化，若依照古代体例来看，这种祭祀已经僭越了，更何况将此例放置于在没有后人的人身上？古代士大夫若是死后无子，亲属会为其过继后嗣，很少有真正无后的人。现在世间人情淡薄，于是有些人因为嫌弃族人清贫，地位低下而不愿意过继后嗣。古代所说的无后，一般都是因为孩子未成年而夭折。对于早夭的子孙，帝王可以往下祭到五代，即嫡子、嫡孙、嫡曾孙、嫡玄孙、嫡来孙；诸侯往下祭三代；大夫往下祭两代；上士和庶人只能祭到嫡子。因此无后的人祭祀的都是自己早夭的子孙。如今民间既然流行祭祀四代先祖，并当做道义兴起，那么由族中子侄代为祭祀就可以。之前湖湘有一户士人家庭，家中曾伯祖和堂叔祖都非常有才德，却没有后人，家中想为他们立牌位进行祭祀供奉，但是族中不同意，可让他们放弃祭祀，又于心不忍。于是他们以此来问我的看法，我说：‘之前二三十年你们都没有祭祀他们，如今想要重新祭祀，时势可能不允许吧。若是士大夫家族，可以依循古例，在春社和秋社之后专门祭祀他们。凡是族中无后的亲人，各自以昭穆之序配享宗庙在道义上也是允许的。’”

四月，复南大吉书。

译文

四月，先生回复了南大吉的信。

大吉入觐，见黜于时，致书先生，千数百言，勤勤恳恳，惟以得闻道为喜，急问学为事，恐卒不得为圣人为忧，略无一字及于得丧荣辱之间。先生读之叹曰：“此非真有朝闻夕死之志者，未易以涉斯境也。”于是复书曰：“世之高抗通脱之士，捐富贵利害，弃爵禄，决然长往而不顾者，亦皆有之。彼其或从好于外道诡异之说，投情于诗酒山水技艺之乐，又或奋发于意气，牵溺于嗜好，有待于物以相胜，是以去彼取此而后能。及其所之既倦，意衡心郁，情随事移，则忧愁悲苦，随之而作。果能捐富贵，轻利害，弃爵禄，快然终身，无入而不自得已乎？夫惟有道之士，真有以见其良知之昭明灵觉，廓然与太虚而同体。太虚之中，何物不有，而无一物能为太虚之障碍。故凡慕富贵，忧贫贱，欣戚得丧，爱憎取舍之类，皆足以蔽吾聪明睿知之体，窒吾渊泉时出之用。如明目之中而翳之以尘沙，聪耳之中而塞之以木楔也。其疾痛郁逆，将必速去之为快，而何能忍于时刻乎？关中自古多豪杰。横渠之后，此学不讲，或亦与四方无异矣。自此有所振发兴起，变气节为圣贤之学，将必自吾元善昆季始也。今日之归，谓天为无意乎？”

译文

南大吉入朝觐见，却被朝廷贬黜，于是给先生写信，信中洋洋洒洒千百言，言辞恳切，字里行间都表达了自己听闻大道的喜悦之情，内容大多是向先生请教学问，唯恐自己不能得到圣人之学的真谛，信中没有一字谈及自己被贬谪一事。先生看完信后感叹说："这真是心怀'朝闻道，夕死可矣'志向的人，这样的境界实在太难得了。"于是给他回信说："世上那些通达脱俗刚正不屈的人，能做到尽捐财富，抛弃功名，毅然决然离开名利场不再回头的人，都有这样的特质。他们或是爱好一些旁门外道的诡秘怪异学说，或是在赋诗饮酒、游山玩水、技巧工艺上全情投入得到快乐；或是精神振作意气风发，感兴激荡于愤慨悱怨，沉溺于自己的嗜好，待到这些喜欢的东西相互制约，最终有所取舍之后才能成做到。等到他们对自己嗜好的事情感到倦怠，内心开始对抗，心生郁闷时，他们的情感也会随事情而变化转移，心中忧愁悲苦的情绪也就随之而生。若是最后真的能舍弃名利富贵，不在意其带来的利益损害，终生都心身愉悦，那么无论自己在什么地方，做什么事情都会怡然自得。唯有心中明悟大道的人，才会看见自己心中澄澈明净的良知所在，内心寂然，与宇宙太虚融为一体。宇宙中包含万物，但没有一样能成为宇宙虚空的障碍。因此，凡是羡慕富贵名利，忧心生活贫苦，患得患失，爱憎分明，遇事难以取舍等种种心态，都足以蒙昧自己原本聪明睿智的本来心性，阻塞心中时时涌现的灵感源泉。就如同明亮的眼眸中迷入了风沙、灵敏的耳朵里塞上了木塞。这些毛病都应当尽快去除为好，如何能时刻忍受呢？关中自古以来便多有豪杰之士，但自张载以后已经没有讲授圣学的人了，可能各地都差不多吧。你到那里后，圣学应该可以逐渐有所发展复兴，并逐渐改变并代替当地的风俗习惯了吧。你如今能回到家乡传播圣学，可能也是天意吧！"

答欧阳德书。

先生给欧阳德的回信。

德初见先生于虔，最年少，时已领乡荐。先生恒以小秀才呼之。故遣服役，德欣欣恭命，虽劳不怠。先生深器之。嘉靖癸未第进士，出守六安州。数月，奉书以为初政倥偬，后稍次第，始得与诸生讲学。先生曰："吾所讲学，正在政务倥偬中，岂必聚徒而后为讲学耶？"又尝与书曰："良知不因见闻而有，而见闻莫非良知之用。故良知不滞于见闻，而亦不离于见闻。孔子云：‘吾有知乎哉？无知也。’良知之外，则无知矣。故致良知是圣门教人第一义。今云专求之见闻之末，则落在第二义矣。若曰致其良知而求之见闻，则语意之间未免为二。此与专求之见闻之末者，虽稍不同，其为未得精一之旨则一也。”

译文

欧阳德最初与先生相见是在虔州，是先生当时最年轻的弟子，那时候他已经乡试中举。先生一直称呼他小秀才，特地让他侍奉自己身旁，欧阳德欣然从之，即便琐事辛劳，他也从不懈怠，先生因此对他非常器重。嘉靖癸未年，欧阳德得中进士，任六安太守。过了几个月，他给先生写信说自己因政事纷繁，处理起来很忙乱，后来稍稍有空闲后才开始为当地学子讲学。先生回信说：“我讲学也是在层层纷繁政务中抽取闲暇时间，并不一定要用整段时间专门聚集学子才能讲学。”先生也曾经给他写信说：“良知虽然不是因为有了见闻才存在，但良知可以作用于所有见闻上。因此良知不会因见闻少而停滞不前，但也不会离开见闻单独存在。孔子说：‘我有很高深的知识吗？其实并没有。’由此可知没有什么知识能脱离良知而存在。因此，致良知是圣学教诲后人的第一要义。如今的人却专门从见闻的细枝末节处去寻求良知，已经落入了圣学的第二义。若说要在极致的良知中寻求见闻，就是从言语表达层面将良知和见闻一分为二了。这和专门在见闻的细枝末节处寻求良知虽有些微不同之处，但同样没有悟得精一要旨。”

德洪与王畿并举南宫，俱不廷对，偕黄弘纲、张元冲同舟归越。先生喜，凡初及门者，必令引导，俟志定有入，方请见。每临坐，默对焚香，无语。

译文

我（钱德洪）和王畿同时中举，但都没有参加殿试，和黄弘纲、张元冲一起乘船回到了越城。先生见了我们十分欢喜，凡是初入门的学子，先生都会让我们先对其进行引导，等到他们有了一定的想法和志向，才会请他们去见先生。每每与先生相见便相对静坐，然后静静焚香，默然无语。

八月，答聂豹书。

译文

八月，先生个聂豹写了回信。

是年夏，豹以御史巡按福建，渡钱塘来见先生。别后致书，谓：“思、孟、周、程无意相遭于千载之下，与其尽信于天下，不若真信于一人。道固自在，学亦自在。”先生答书略曰：“读来谕，诚见君子不见是而无闷之心，乃区区则有大不得已者存乎其间，非以计人之信与不信也。夫人者，天地之心。天地万物，本吾一体者也。生民之困苦荼毒，孰非疾痛之切于吾身者乎？不知吾身之疾痛，无是非之心者也。是非之心，不虑而知，不学而能，所谓良知也。良知之在人心，无间于圣愚，天下古今之所同也。世之君子惟务致其良知，则自能公是非，同好恶，视人犹己，视国犹家，而以天地万物为一体，求天下无治不可得矣。古之人所以能见善不啻若己出，见恶不啻若己入，视民之饥溺，犹己之饥溺，而一夫不获，若己推而纳诸沟中者，非故为是而蕲天下之信己也，务致其良知，求其自慊而已矣。后世良知之学不明，天下之人外假仁义之名，而内以行私利之实，诡词以阿俗，矫行以干誉；掩人之善，而袭以为己长；讦人之私，而窃以为己直；忿以相胜，而犹谓之徇义；险以相倾，而犹谓之疾恶；妒贤嫉能，而犹自以为公是非；恣情纵欲，而犹自以为同好恶。相凌相贼，自其一家骨肉之亲，已不能无彼此藩篱之隔，而况于天下之大，民物之众，又何能一体而视之乎！仆诚赖天之灵，偶有见于良知之学，以为必由此而后天下可得而治，是以每念斯民之陷溺，则为之戚然痛心，忘其身之不肖，而思以此救之，亦不自知其量者。天下之人，见其若是，遂相与非笑而诋斥，以为是病狂丧心之人耳。呜呼！吾方疾痛之切体，而暇计人之非笑乎！昔者孔子之在当时，有议其为谄者，有议其为佞者，有毁其未贤，诋其为不知礼，而侮之以为‘东家丘’者，有嫉而阻之者，有恶而欲杀之者。晨门、荷蒉之徒，皆当时之贤士，且曰：‘是知其不可而为之者与？鄙哉硁硁乎，莫己知也，斯已而已矣。’虽子路在升堂之列，尚不能无疑于其所见，不悦于其所欲往，而且以之为迂。则当时之不信夫子者，岂特十之一二而已乎？然而夫子汲汲遑遑，若求亡子于道路，而不暇于暖席者，宁以蕲人之信我知我而已哉？仆之不肖，何敢以夫子之道为己任？顾其心亦已稍知疾痛之在身，是以彷徨四顾，相求其有助于我者，相与讲去其病耳。今诚得豪杰同志之士，共明良知之学于天下，使天下之人皆知自致其良知，一洗谗妒胜忿之习，以跻于大同，则仆之狂病，固将脱然以愈，而终免于丧心之患矣，岂不快哉！会稽素号山水之区，深林长谷，信步皆是，寒暑晦明，无时不宜。良朋四集，道义日新。天地之间，宁复有乐于是者？孔子云：'不怨天，不尤人，下学而上达。'仆与二三同志，方将请事斯语，奚暇外慕？独其切肤之痛，乃有未能恝然者，辄复云尔。"

译文

这年夏天，聂豹官任巡按御史巡检福建，上任途中渡钱塘来见先生。两人分别后，他给先写信说："子思、孟子、周敦颐、程颢的思想无意间能穿越千年进行对话，与其让天下人都相信他们的思想，倒不如让一个人真正地相信。这样的话，大道能留存延续，学问也能留存延续。"先生回复他的信件大意如下："看了你来信所说，一些君子即便不被世人认可理解也不会心生郁闷，我却认为其中也有无可奈何之处，不能仅凭世人是否认可他们来判断。人是天地灵魂所在。而天地万物又和我们同出一源。那么百姓民生的困顿潦倒，我们难道不会感同身受吗？连自己身上的病痛都不知道的人，是没有分辨是非得失的能力的。分辨是非得失的能力能不经思考学习便知晓明白，就是所谓的良知。自古以来，不论是聪明还是愚钝的人，都是心怀良知的。世间君子若一心一意寻求内心的良知，便能有相似的是非观、好善憎恶之心，并做到待人毫无区别之心，以国为家，视天地万物为一体，如此便能为天下带来长治久安。因此古代的人能做到看到善良的言行就好像是自己所做的一样，看到恶劣的言行就好像加之于自己身上一样，对百姓生活的痛苦感同身受，即使只有一个百姓生活不能得到安宁，也好像是因为自己的过错一样。他们并不是故意这么做，只是希望以自己的德行教化天下，让世人务必找到自己内心的良知，并因此获得自足的快乐。良知这一学问不再在后世学者中昌明，天下人都假借仁义之名满足自己的私欲，以颠倒黑白的语言向世俗阿谀奉承，以矫揉造作的行为来博取名誉，通过掩盖他人的优点来彰显自己的长处，攻击别人的隐私来显示自己的正直；将争强好胜说成是为正义而献身；用险诈的手段倾轧别人还要说自己嫉恶如仇；妒忌贤能还自认公正明辨是非；肆意放纵自己的情绪欲望，还自认为与世人同体同心。人与人之间相互欺凌迫害，即便是骨肉至亲，也做不到彼此间亲密无间，更何况如此广阔的天下的众多百姓，又如何要求他们一视同仁呢？我赖于上天开眼，偶然领悟了致良知，深觉此学能帮助治理教化天下，我时常因百姓生活困顿而内心伤痛不已，想要不计前嫌，不加区分地以致良知挽救他们于水火，但似乎有点自不量力。天下之人，见那些学习我的学说主张之人，都会认为他们是丧心病狂的人而讥笑斥责。唉！我正为世人不得教化而痛彻心扉，又怎么有心思顾及他们的讥笑？昔日孔子生活的时代，也有人认为他的学说奉承巴结权贵；有人认为他的学说巧言谄媚；有人说他德不配位，诋毁他不明礼仪，戏称他为'东家丘'；有人因嫉妒而阻挠他讲学；有人因厌恶他而暗中刺杀。就连当时的贤士晨门、荷蒉这样的人都说：'这不是明知不可为而为之的人吗？真是浅薄固执的人，没有人了解他，他也只是自说自话罢了。'虽然子路已是孔子的入室弟子，依旧不能对孔子的学说深信不疑，孔子要他随自己前往将要讲学的地方心生不满，并因此认为孔子过于迂腐。当时对孔子学说不信服的人何止十之一二？然而孔子依然像找寻丢失的孩子一样急切地宣扬自己的学说，一处讲学结束，席不暇暖便去往下一处，难道只是为了让天下人相信他的学说吗？我无才无德，如何敢以传扬圣人大道为己任？不过是有感于那些对自己身上问题略有所知却依旧心有彷徨之人，想要与其交流，学习他人之长，也传授给他们我的学说为其解决心中之病。如今能与你们这样的豪杰之士结交，并共同昌明致良知之说，让天下人都能寻找到自己的良知所在，一改往日谄媚嫉妒，争强好胜的习惯，共同跻身于天下大同的道路中去。那么我心中的癫狂便能不药而愈，不至于丧失理智。如此一来，岂不是十分令人开心吗！会稽素来是山灵水秀之地，处处深林幽谷，寒热分明，四季宜人。又有良师益友齐聚于此，每天都能听到新的大道义理。天地之间还有比这更令人快乐的事吗？孔子曾说：‘不要一遇到不顺心之事就怨天尤人，要先体认自然法则，进而学习人情事理。’我和一些志同道合的好友正相聚一起讨论研究此中深意，哪有时间去羡慕那些外物？唯独感于百姓之苦的切肤之痛，不能完全忘怀，所以才絮絮叨叨写了上面的一番话给你。”

按豹初见称晚生，后六年出守苏州，先生已违世四年矣。见德洪、王畿曰：“吾学诚得诸先生，尚冀再见称贽，今不及矣。”兹以二君为证，具香案拜先生，遂称门人。

译文

按聂豹与先生初见时自称晚生，六年后出任苏州太守，当时先生已经去世四年。他见到我（钱德洪）和王畿后说：“我的学问都源于先生的教导，还想与先生再相见时向先生执拜师礼，正式拜入先生门下，如今却为时已晚。”于是我们二人作为见证，设好香案，让他向先生牌位行了拜师礼，此后他便自称先生弟子。

十一月庚申，子正亿生。

译文

十一月庚申，先生的儿子王正亿出生。

继室张氏出。先生初得子，乡先达有静斋、六有者，皆逾九十，闻而喜，以二诗为贺。先生次韵谢答之，有曰“何物敢云绳祖武，他年只好共爷长”之句，盖是月十有七日也。

译文

王正亿是先生的继室张氏所生，是先生的第一个孩子，乡里德行高尚的老前辈静斋和六有老先生此时都已年逾九十，听到之后十分开心，写了两首诗祝贺先生。先生按照原诗的韵和用韵的次序来和诗以谢答他们，诗中说：“不求孩子一定要继承家学，只希望他们健康长大，像二老一样福寿绵延就足够了。”此时是十一月十七日。

先生初命名正聪，后七年壬辰，外舅黄绾因时相避讳，更今名。

译文

先生最开始给儿子起名为王正聪，七年后的壬辰月，舅舅黄绾为避当时宰相的名讳，为其改名正亿。

十二月，作《惜阴说》。

译文

十二月，先生写了《惜阴说》。

刘邦采合安福同志为会，名曰“惜阴”，请先生书会籍。先生为之说曰：“同志之在安成者，间月为会五日，谓之‘惜阴’，其志笃矣。然五日之外，孰非惜阴时乎？离群而索居，志不能无少懈，故五日之会，所以相稽切焉耳。呜呼！天道之运，无一息之或停，吾心良知之运，亦无一息之或停。良知即天道，谓之亦，则犹二之矣。知良知之运无一息之或停者，则知惜阴矣。知惜阴者，则知致其良知矣。子在川上曰：‘逝者如斯夫！不舍昼夜。’此其所以学如不及，至于发愤忘食也。尧、舜兢兢业业，成汤日新又新，文王纯亦不已，周公坐以待旦，惜阴之功，宁独大禹为然？子思曰：‘戒慎乎其所不睹，恐惧乎其所不闻，知微之显，可以入德矣。’或曰：‘鸡鸣而起，孳孳为利。凶人为不善，亦惟日不足，然则小人亦可谓之惜阴乎？’”

译文

刘邦采聚集了安福志同道合的人一起组成了读书会，起名为“惜阴会”，请先生作会籍。先生在会籍中写道：“安福有志于学之人，相约每隔一月集会五天，将这个集会称为‘惜阴’，足见其切切向学之心。但除了这五天之外的光阴难道就不需要珍惜了吗？虽然聚会结束后各自在家中学习，也一刻都不能放松，因此，这五天集会的目的是相互切磋鼓励，相互督促共同成长。唉！天道的运行一刻也不曾停止，我们心中对良知的追求也一刻都不能停止。因为良知就是天道，称其为也，便又是将其一分为二了，若是明白良知的运行从不停歇，便能明白为何要珍惜光阴了。知道珍惜光阴的人，自然就明白什么是自己的良知。孔子在河边说：‘光阴就像这奔流不息的河水一样昼夜不停地逝去。’所以他求学若渴，用起功来发愤忘食。古时尧舜治理国家兢兢业业，商代国君成汤日日精进他的德业，周文王的纯一之德也永无止境，周公更是半夜就端坐着等待天亮。珍惜光阴的功夫，又何止大禹在做？子思说：‘独自一人时仍然要行为谨慎、栗栗危惧。从细微之处发现明显的道理，便可以进入圣人之境。’有人说：‘那些每天鸡鸣则起，一刻不停汲汲营营谋取私利的人、日夜不停地作恶依旧觉得不够的人，他们这样的小人行径难道也可以称为珍惜光阴吗？’”

按先生明年丁亥过吉安，寄安福诸同志书曰：“诸友始为惜阴之会，当时惟恐只成虚语，迩来乃闻远近豪杰闻风而至者以百数，此可以见良知之同然，而斯道大明之几于此亦可以卜之矣。明道有云：‘宁学圣人而不至，不以一善而成名。’此为有志圣人而未能真得圣人之学者，则可如此说。若今日所讲良知之说，乃真是圣学之的传，但从此学圣人，却无不至者。惟恐吾侪尚有一善成名之意，未肯专心致志于此耳。”

译文

按先生第二年丁亥月路过吉安，写了一封信给安福志同道合的师友，信中说：“我还怕诸位当时发起惜阴会只是一时兴起的虚言，近日以来我听说远近各地有数百有志之士闻名去参加你们的集会，由此可见大家对两只大渴求良知是一样的，可以预见这个圣人之道能因此而大明于天下了。程明道曾说过：‘即便达不到圣人境界也要选择学习圣学，而不是选择以一技之长闻名天下。’出此言者都是有志于圣人之道，但最终未能真正获得圣学真谛的人。如今我们所讲的良知一说，乃是圣学的真传所在，但凡从此处入手学习圣学，便没有达不到圣人境界的。只是怕我们这类人里边依旧有一些不肯专心致志地研习这一学说，而是依旧怀有以一技之长闻名天下的想法的人。”

六年丁亥，先生五十六岁，在越。

译文

嘉靖六年，岁在丁亥（1527），先生五十六岁，在越城。

正月。

译文

正月。

先生与宗贤书曰："人在仕途，比之退处山林时，工夫难十倍。非得良友时时警发砥砺，平日志向鲜有不潜移默夺，弛然日就颓靡者。近与诚甫言，京师相与者少，二君必须彼此约定，便见微有动气处，即须提起致良知话头，互相规切。凡人言语正到快意时，便截然能忍默得；意气正到发扬时，便翕然能收敛得；愤怒嗜欲正到腾沸时，便廓然能消化得，此非天下之大勇不能也。然见得良知亲切时，其功夫又自不难。缘此数病，良知之所本无，只因良知昏昧蔽塞而后有，若良知一提醒时，即如白日一出，魍魉自消矣。《中庸》谓'知耻近乎勇'，只是耻其不能致得自己良知耳。今人多以言语不能屈服得人，意气不能陵轧得人，愤怒嗜欲不能直意任情为耻。殊不知此数病者，皆是蔽塞自己良知之事，正君子之所宜深耻者。古之大臣，更不称他知谋才略，只是一个断断无他技，休休如有容而已。诸君知谋才略，自是超然出于众人之上，所未能自信者，只是未能致得自己良知，未全得断断休休体段耳。须是克去己私，真能以天地万物为一体，实康济得天下，挽回三代之治，方是不负如此圣明之君，方能不枉此出世一遭也。"

译文

先生给黄宗贤写信说："人在官场中需要下单功夫比起退隐山林困难十倍有余。若非有良师益友时时警醒督促，相互切磋磨砺，原本的志向很难不被世俗习气潜移默化，天长日久便会逐渐颓废萎靡。最近我和黄宗明交流，值得你们在京师结交的人很少，你们两位一定要彼此督促，一旦见对方怒形于色，一定要马上以良知讨论劝诫。如果人正在快意畅言时，能马上忍下话头默然沉思；在意气风发时，能收敛气焰；在怒火中烧时，能静心自省，这样的人一定是天下难得一见的勇夫。但对于透彻领悟了致良知的人，做到这些毫无难度可言。以上不好的行为都不是良知之心本所有的，是被世俗习气蒙昧了良知本心才逐渐形成的，若是在此时用良知来提醒他，就好像阴霾的天空突然洒满了阳光，所有阴冷之气顷刻间烟消云散。《中庸》中说'知耻近乎勇'，可耻的只是不能明悟内心的良知罢了。如今的人多以言语不能屈服他人、意气不能凌驾于他人之上、愤怒的情绪和过多的欲望不能得到宣泄为耻。却不知道这些事都是因为良知被蒙昧后才出现的，是真正的君子所不齿的。古时的大臣，并不因为他的才智谋略出众而被赞赏，而是因为性格诚实专一，胸怀宽广能容纳他人而被赞赏。你们的才智谋略自然是在其他人之上的，导致你们不自信的原因是你们还没能真正明悟自己内心的良知，还做不到诚实专一、胸怀宽广。必须要克服心中的私欲，才能真正将天下万物一视同仁，实现重新回到三代之治，百姓安居，河清海晏的愿望。只有这样，才能不负朝廷有如此圣明的天子，也不枉费来这世上一遭了。"

四月，邹守益刻《文录》于广德州。

译文

四月，邹守益在广德州刊刻了《文录》。

守益录先生文字请刻。先生自标年月，命德洪类次，且遗书曰："所录以年月为次，不复分别体类，盖专以讲学明道为事，不在文辞体制间也。"明日，德洪掇拾所遗请刻，先生曰："此便非孔子删述《六经》手段。三代之教不明，盖因后世学者繁文盛而实意衰，故所学忘其本耳。比如孔子删《诗》，若以其辞，岂止三百篇？惟其一以明道为志，故所取止此。例《六经》皆然。若以爱惜文辞，便非孔子垂范后世之心矣。"德洪曰："先生文字，虽一时应酬不同，亦莫不本于性情。况学者传诵日久，恐后为好事者搀拾，反失今日裁定之意矣。"先生许刻附录一卷，以遗守益，凡四册。

译文

邹守益辑录了先生的文章请求刊刻发行。先生标明了自己文章作成的年月，让我分类编次，并跟我说："所辑录的文章只需要以年月为次序，不用再以体裁类别区分了，这次辑录是为了讲授学问，使学者们明悟大道，重点不在于文章体裁上。"第二天，我整理好了搜集到的所有文章，前去请求先生确认刊刻，先生说："如此方便行事并不是效仿当初孔子删节《六经》。三代的教化难以昌明，就是因为后世学者都追求浮躁放逸之风，使得务真、务实的风气衰败，就好像孔子删减《诗经》，《诗经》本身的内容何止三百篇？只不过孔子在选择辑录时一心想要借此将大道昌明天下而有所取舍罢了。《六经》无一不是如此。若是从爱惜文章的角度去看待《六经》，就偏离了孔子删减《六经》为后世做出表率本意了。”我说：“先生的文字，虽然因不同时期交往之人不一样而有所不同，但全都源于本心而发。只怕学者们传阅学习时间久了后，会有好事之人对其进行掺杂整理，反而背离了我们今天斟酌取舍的本意。”先生听后同意加刻附录一卷，和文稿一起寄送给了邹守益，最终刊刻的《文录》一共四册。

五月，命兼都察院左都御史，征思、田。

译文

五月，朝廷任命先生兼任都察院左都御史，出征思恩、田州。

六月，疏辞，不允。

译文

六月，先生上疏请求辞官，朝廷不允。

先是广西田州岑猛为乱，提督都御史姚镆征之，奏称猛父子悉擒，已降敕论功行赏讫。遗目卢苏、王受构众煽乱，攻陷思恩。镆复合四省兵征之，久弗克，为巡按御史石金所论。朝议用侍郎张璁、桂萼荐，特起先生总督两广及江西、湖广军务，度量事势，随宜抚剿，设土官流官孰便，并核当事诸臣功过以闻。且责以体国为心，毋或循例辞避。先生闻命，上疏言：“臣伏念君命之召，当不俟驾而行，矧兹军旅，何敢言辞？顾臣患痰疾增剧，若冒疾轻出，至于偾事，死无及矣。臣又复思思、田之役，起于土官仇杀，比之寇贼之攻劫郡县，荼毒生灵者，势尚差缓。若处置得宜，事亦可集。镆素老成，一时利钝，亦兵家之常。御史石金据事论奏，所以激励镆等，使之善后，收之桑榆也。臣以为今日之事，宜专责镆等，隆其委任，重其威权，略其小过，假以岁月，而要其成功。至于终无底绩，然后别选才能，兼谙民情土俗，如尚书胡世宁、李承勋者，往代其任，事必有济。”疏入，诏镆致仕，遣使敦促上道。

当时广西田州岑猛犯上作乱，提督都御史姚镆率军征讨后，上奏朝廷说岑猛父子已被擒获，朝廷已经完成了下旨论功行赏之事。随后逃脱的乱党头目卢苏和王受勾结煽动当地乱党余孽，攻占了思恩。姚镆集合四省的兵力前往征讨，过了很久也没能攻克乱党，被巡按御史石金在朝中弹劾。朝廷经商议后采纳了侍郎张璁、桂萼的推荐，专门任命先生为两广总督并主管江西、湖广军务，命其审时度势，便宜行事帮助剿灭乱党，给了先生自行任命当地土司官职的权力，并要求他核实参与平乱事宜的臣子和将士的功过以上达天听。还在诏令中要求先生一心为国，不要因各种旧例而有所推辞。先生接到诏令后上疏说："接到朝廷的诏令，我本应立即前往刻不容缓，况且军机要事如何能推辞？但如今我所患痰疾越来越严重，轻易带病上任，若是最终使得此事因我而失败，那我万死难辞其咎。我反复思考了关于思恩、田州的战乱，起因是当地土司之间的仇杀，相比于在郡县中肆意劫掠，涂炭百姓的寇乱而言，其形势还算不上非常紧急。若是处置得当，很快便能安定下来。姚镆素来成熟稳重，一时胜败是兵家常事。御史石金将其长久未胜一事上奏朝廷，也是为了激励姚镆等人，使其及时解决此事以补救之前的失误。我认为这次平乱，应当专门任用姚镆等人，给他们更高的兵权和威信，将其之前的过错暂缓处置，给他们一些时间能妥善处理并最终得胜归来。若是一定时间之后他们依旧不能平定战乱，再重新任命像尚书胡世宁、李承勋等熟悉当地风土民情的人前往代替姚镆的职责，一定能成功平乱。"奏疏上呈朝廷后，朝廷下诏命令姚镆辞官，并派使者敦促先生动身前往上任。

八月。

八月。

先生将入广，尝为《客坐私嘱》曰："但愿温恭直谅之友，来此讲学论道，示以孝友谦和之行，德业相劝，过失相规，以教训我子弟，使无陷于非僻。不愿狂躁惰慢之徒，来此博弈饮酒，长傲饰非，导以骄奢淫荡之事，诱以贪财黩货之谋，冥顽无耻，扇惑鼓动，以益我子弟之不肖。呜呼！由前之说，是谓良士；由后之说，是为凶人。我子弟苟远良士而近凶人，是谓逆子。戒之戒之！嘉靖丁亥八月，将有两广之行，书此以戒我子弟，并以告夫士友之辱临于斯者，请一览教之。"

译文

先生即将前往两广，曾作了《客坐私嘱》，内容如下："希望有温良、恭谨、正直、诚信的朋友来这里讲学论道，做到孝敬师长、友爱兄弟朋友、谦虚谨慎、平和待人；大家在道德和课业互相勉励、共同进步，发现过失时互相劝诫指正，以这样的言行为家中子弟做出表率，以免他们走上邪路。不希望狂妄懈怠的人来这里赌博饮酒，滋长他们骄纵的性情并掩藏自己的过失之处，诱导哄骗家中子弟学会骄奢淫逸、唯利是图，沾染上滥用钱财的恶习；这样愚昧无耻之徒的妖言蛊惑和密语教唆，只会导致家中子弟的不良品行。唉！我所卓德前者是贤人，后者是恶人。若是家中子弟远贤亲恶，则是不忠不孝。家中子弟心中一定要时时小心谨慎！嘉靖六年八月，我将出发去两广上任，临行前留下这些话以约束告诫家中子弟，并敬请光临舍下的众位师友帮助教育我家中子弟。"

九月壬午，发越中。

译文

九月壬午（初九）日，先生从越城出发。

是月初八日，德洪与畿访张元冲舟中，因论为学宗旨。畿曰："先生说知善知恶是良知，为善去恶是格物，此恐未是究竟话头。"德洪曰："何如？"畿曰："心体既是无善无恶，意亦是无善无恶，知亦是无善无恶，物亦是无善无恶。若说意有善有恶，毕竟心亦未是无善无恶。"德洪曰："心体原来无善无恶，今习染既久，觉心体上见有善恶在，为善去恶，正是复那本体功夫。若见得本体如此，只说无功夫可用，恐只是见耳。"畿曰："明日先生启行，晚可同进请问。"是日夜分，客始散，先生将入内，闻洪与畿候立庭下，先生复出，使移席天泉桥上。德洪举与畿论辩请问。先生喜曰："正要二君有此一问！我今将行，朋友中更无有论证及此者，二君之见正好相取，不可相病。汝中须用德洪功夫，德洪须透汝中本体。二君相取为益，吾学更无遗念矣。"德洪请问。先生曰："有只是你自有，良知本体原来无有，本体只是太虚。太虚之中，日月星辰，风雨露雷，阴霾饐气，何物不有？而又何一物得为太虚之障？人心本体亦复如是。太虚无形，一过而化，亦何费纤毫气力？德洪功夫须要如此，便是合得本体功夫。"畿请问。先生曰："汝中见得此意，只好默默自修，不可执以接人。上根之人，世亦难遇。一悟本体，即见功夫，物我内外，一齐尽透，此颜子、明道不敢承当，岂可轻易望人？二君已后与学者言，务要依我四句宗旨：'无善无恶是心之体，有善有恶是意之动，知善知恶是良知，为善去恶是格物。'以此自修，直跻圣位；以此接人，更无差失。"畿曰："本体透后，于此四句宗旨何如？"先生曰："此是彻上彻下语，自初学以至圣人，只此功夫。初学用此，循循有入，虽至圣人，穷究无尽。尧、舜精一功夫，亦只如此。"先生又重嘱付曰："二君以后再不可更此四句宗旨。此四句中人上下无不接着。我年来立教，亦更几番，今始立此四句。人心自有知识以来，已为习俗所染，今不教他在良知上实用为善去恶功夫，只去悬空想个本体，一切事为，俱不著实。此病痛不是小小，不可不早说破。"是日洪、畿俱有省。

译文

九月初八，我（钱德洪）和王畿在船上拜访了张元冲，与其讨论做学问的宗旨。王畿说："先生曾说，明辨善恶就是良知，执行好的行为习惯并戒除恶习是格物，但这些恐怕都不是最接近良知本源的地方。"我说："那应该是什么呢？"王畿说："人的本心既然没有善恶之分，那么意念也就没有善恶之分，良知也没有善恶之分，万物也没有善恶之分。即便意念有善恶之分，但终归本心是没有善恶之分的。"我说："人的本心原本是没有善恶之分的，但是长久浸淫于世俗名利，逐渐就开始有了善恶之分，秉持善行戒除恶习就是要让本心回归无善无恶的原始状态。若是明白了这个道理，却觉得无处下手，无功夫可用，恐怕也只是明白了表面功夫而已。"王畿说：

“明天先生启程出发，我们今晚可以共同前去请教先生。”这天夜里，为先生送行的宾客散去后先生打算回房，又听说我和王畿在院子里等候他，于是又出来带着我们前去天泉桥。我将和王畿的讨论告诉先生并请求先生解答我们的疑惑。先生非常高兴地说：“正等着你们有此一问呢！我如今即将出发，朋友里就难有可以讨论这个问题的人了，你们二位的看法正好可以相互补足，无需相互诟病。王畿的认识里需要钱德洪所说的功夫，钱德洪的认识里也需要王畿所说的参透本心，你们两人若是能互相学习对方的长处使自己更进一步，那我们的学说将更加完善，我也就没有什么遗憾的地方了。”我进一步请先生解释其中原委。先生说：“有善恶之分的只是你自己的观念，良知本体是没有善恶之分的，这个本体如宇宙太虚一样。宇宙太虚之中日月星辰，风雨露雷，浮尘烟雾，腐臭的气味等万物俱全。但又有什么东西能成为宇宙太虚的阻碍呢？人的本心也是这样。宇宙是无形的，任何东西存在一会儿便会被太虚所消解，无需花费过多的力气。你的功夫若是能做到这个地步，便能称得上是洞见本性了。”王畿也进一步请先生讲解。先生说：“你心中领悟了其中真理，但还只在自己静心修习的层次，还不能以此去接引门人。根器上等的人世上极难遇到。但这样的人一旦明悟本性，便有了足够深的学问功夫，无论是内心还是外物都能洞察透彻，连颜回、程颢都不敢自称是根器上等的人，又怎么能轻易指望普通人中有这样的人呢？你们二位以后为学者讲学时，一定要记住我所说的四句主旨之言：‘心生本体没有善恶之分，但意念一动便有了善恶之分，明辨善恶是良知，行善去恶是格物。’你们以此来督促自己修习，便能无限接近圣人之境；能以此接引学人，便不会有任何差池。”王畿说：“参透本心后，应当如何践行这四句话呢？”先生回答说：“这是通达上下的箴言，从初学时一直到进入圣人之境，都只需要参悟这个功夫即可。初学时用它，能够让自己循序渐进地学习，即便到达了圣人境地，也还有无穷无尽的功夫可以做。这与尧舜所做的精一功夫是一样的。”先生又再次嘱咐我们说：“二位以后切记不可以随意更改这四句主旨之言。参透这四句话，无论根器高低，都能够接引成功。我这些年来建设自己的学说的过程中也多次将其宗旨进行了修正，最终才悟得这四句主旨之言。人的内心自对外界有所感知以来，就浸淫于世俗名利中，如今若是不教给他以自己的良知为善去恶的功夫，只是让其空想参悟本体心性是不切实际的。这不是什么小病小痛的谬误，必须要早早说破。”这天，我和王畿都有所领悟。

甲申，渡钱塘。

译文

甲申（九月十一）日，先生渡过了钱塘江。

先生游吴山、月岩、严滩，俱有诗。过钓台曰：“忆昔过钓台，驱驰正军旅。十年今始来，复以兵戈起。空山烟雾深，往迹如梦里。微雨林径滑，肺病双足胝。仰瞻台上云，俯濯台下水。人生何碌碌？高尚乃如此。疮痛念同胞，至人匪为己。过门不遑入，忧劳岂得已。滔滔良自伤，果哉末难已。”跋曰：“右正德己卯献俘行在，过钓台而弗及登，今兹复来，又以兵革之役，兼肺病足疮，徒顾瞻怅望而已。书此付桐庐尹沈元材刻置亭壁，聊以纪经行岁月云耳。时从行进士钱德洪、王汝中、建德尹杨思臣及元材，凡四人。”

译文

先生在吴山、月岩、严滩等地游览时，都留下了诗歌。路过钓台时先生赋诗曰：“想起上次经过钓台时，我正率领军队奔赴战场。十年后重临故地，依旧是因为战火又起。这里深山空灵，雾气弥漫，上次的景象依稀如梦境一般。蒙蒙细雨使得道路湿滑，肺病让我双足肿胀长满厚茧。仰头看到钓台上空的白云自在飘散，低头看到钓台下的降水奔腾而去。人生为何会如此繁忙劳苦？隐逸之士本应坐看闲云流水。道德修养超凡脱俗之人都不是只为一己私利之人，而是将天下百姓的痛苦感同身受。因国事烦忧辛劳，身不由己，两次路过此地都不得前去瞻仰前人高韵，虽然看着眼前的滔滔江水，心中难免自伤其怀，但只要坚决果断一心前行，便也没有什么好责难我的了。”并在诗后题跋说：“之前正德己卯年前往行宫交送被我们俘获的叛贼朱宸濠，路过钓台却没来得及登上去游览一番，如今再次经过，又因思恩、田州有动乱需带兵前去平乱，加之我身患肺病，只能心怀惆怅遥望一番。最终写下这篇诗文请桐庐府尹沈元材镌刻在亭壁上，以此纪念我曾从此地路过。一同前往的还有进士钱德洪、王畿、建德府尹杨思臣及桐庐府尹沈元材四人。”

丙申，至衢。

译文

丙申（九月十三）日，先生到了衢州。

西安雨中，诸生出候，因寄德洪、汝中，并示书院诸生：“几度西安道，江声暮雨时。机关鸥鸟破，踪迹水云疑。仗钺非吾事，传经愧尔师。天真泉石秀，新有鹿门期。”德洪、汝中方卜筑书院，盛称天真之奇，并寄及之：“不踏天真路，依稀二十年。石门深竹径，苍峡泻云泉。泮壁环胥海，龟畴见宋田。文明原有象，卜筑岂无缘？”今祠有仰止祠、环海楼、太极云、泉泻云诸亭。

译文

此时正值衢州西安县在下雨，衢州书院的学子冒雨在书院门口等候我们，先生因此赠诗给我们和书院众学子：“几次经过西安县都是在江声暮雨之中，鸥鸟的鸣叫声打破了寂寂长空，水天相接处也难觅其踪迹。行军打仗本非我所擅长之事，讲学传经我也愧为人师。见过了天真山的山灵水秀，心中不免又生起了鹿门归隐之意。”我和王畿最终留在了衢州书院，我们都对这里灵秀山水及人文风气交口称赞，于是先生又作了一首诗：“大概已经有二十年没有来过天真山了。师门后有幽深的竹径，苍翠的峡谷间云泉飞泻而下。学宫沿胥江而建，南宋郊坛已经改成了龟畴田。这里原本就有文明太平的气象，你们定居这里岂不是因缘注定的事吗？”如今，这里还有仰止祠和环海楼、太极云、泉泻云等亭台。

戊戌，过常山。

译文

戊戌（九月十五）日，先生经过常山。

诗曰："长生徒有慕，苦乏大药资。名山遍深历，悠悠鬓生丝。微躯一系念，去道日远而。中岁忽有觉，九还乃在兹。非炉亦非鼎，何坎复何离？本无终始究，宁有死生期？彼哉游方士，诡辞反增疑。纷然诸老翁，自传困多岐。乾坤由我在，安用他求为？千圣皆过影，良知乃吾师。"

译文

先生在这里留下了一首诗："没有天材地宝支撑点灵药，徒羡那些长生不老的传说。游历了名山大川，鬓边也渐渐生出了白发。心中对长生之道念念不忘，使离悟道之途越来越远。人到中年才忽然顿悟，返老还童的灵药原来一直在自己心中。此种灵丹妙药无需丹炉煮鼎，更不需算卦问神。心学法门和道一样无始无终，又何来死亡和生存的问题？那些江湖术士神神鬼鬼、遮遮掩掩的行为让人生疑。许多长寿的人，将自己总结的长生之法告诉别人，却不知不同的人有着不同的长寿经验，知道太多反而使自己变得更加困惑。我们心中就蕴涵着宇宙间的乾坤变化，又何须另外寻求解除困惑的东西？历史上无数圣人只是过眼云烟，唯有良知才是人生真正不变的良师。"

十月，至南昌。

译文

十月，先生到达南昌。

先生发舟广信，沿途诸生徐樾，张士贤、桂輗等请见，先生俱谢以兵事未暇，许回途相见。徐樾自贵溪追至余干，先生令登舟。樾方自白鹿洞打坐，有禅定意。先生目而得之，令举似。曰："不是。"已而稍变前语。又曰："不是。"已而更端。先生曰："近之矣。此体岂有方所，譬之此烛，光无不在，不可以烛上为光。"因指舟中曰："此亦是光，此亦是光。"直指出舟外水面曰："此亦是光。"樾领谢而别。明日至南浦，父老军民俱顶香林立，填途塞巷，至不能行。父老顶舆传递入都司。先生命父老军民就谒，东入西出，有不舍者，出且复入，自辰至未而散，始举有司常仪。明日谒文庙，讲《大学》于明伦堂，诸生屏拥，多不得闻。唐尧臣献茶，得上堂旁听。初尧臣不信学，闻先生至，自乡出迎，心已内动。比见拥谒，惊曰："三代后安得有此气象耶！"及闻讲，沛然无疑。同门有黄文明、魏良器辈笑曰："逋逃主亦来投降乎？"尧臣曰："须得如此大捕人，方能降我，尔辈安能？"

译文

先生从广信乘船出发，沿途有弟子徐樾、张士贤、桂鞔等请求拜见，先生都以战事紧急，尚无闲暇为由拒绝了，并和他们许诺班师回朝时和他们相见。徐樾从贵溪追随先生到了余干，先生让他上船相谈。徐樾之前在白鹿洞静坐，进入禅定有所领悟。先生正好知道了，便让他说说自己的体悟。听后对他说："你参悟到的不是大道。"过了一会儿，徐樾重新组织语言讲述了一次。先生依然说："你参悟到的不是大道。"过了一会儿，徐樾再次端正心态讲述自己的体悟。先生说："这才与大道相近了。这种体悟哪里需要特定的地方才能有？就好像这根蜡烛一样，光芒无处不在，并不是只有蜡烛的上方才有光芒。"又指着船舱说："这里有光，那里也有光。"又指着船外的水面说："这里也有光。"徐樾幡然领悟，拜谢辞别先生。第二天到了南浦，当地百姓全都到街道巷陌中迎接先生，表达对先生的欢迎，前来迎接的百姓过多，阻塞了街道交通，百姓们请先生坐到轿中，相互接力把先生送到了都指挥使衙门。先生让百姓依次从东门进入，进见后从西门出去，一些百姓对先生十分不舍，出去后再次从东门进见，从辰时一直到未时百姓才完全散去，先生才有时间进行就任仪式。第二天先生拜谒了当地孔庙，并在明伦堂讲授《大学》，有众多学子前来听讲，有很多人还因为听讲学子过多而听不见先生讲学声音的。唐尧臣为先生献茶，得以在正堂旁听。唐尧臣最初并不相信先生的学说，听到先生到了此地，从乡里前来迎接先生，心中已经对先生的学问逐渐有了兴趣。见有如此多的学子前来聆听先生讲学，十分惊叹说："自夏商周三代以来，哪里见过这样声势浩大的讲学场面啊！"听了先生的讲授后，心中十分感动佩服，对先生再也没有一点怀疑了。先生的弟子黄文明、魏良器等人笑着调侃道："逃窜之人也来归降了吗？"唐尧臣说："只有这样高明的追捕者，才能俘获到我，你们这样的人又怎么做得到呢？"

至吉安，大会士友螺川。

译文

先生到了吉安，与好友相聚于螺川。

诸生彭簪、王钊、刘阳、欧阳瑜等偕旧游三百余，迎入螺川驿中。先生立谈不倦，曰："尧、舜生知安行的圣人，犹兢兢业业，用困勉的工夫。吾侪以困勉的资质，而悠悠荡荡，坐享生知安行的成功，岂不误己误人？"又曰："良知之妙，真是周流六虚，变通不居。若假以文过饰非，为害大矣。"临别嘱曰："工夫只是简易真切，愈真切，愈简易；愈简易，愈真切。"

译文

先生门生彭簪、王钊、刘阳、欧阳瑜等人和旧日好友三百余人共同迎接先生到螺川驿站中。因时间短暂，先生争分夺秒地与众门生交流："像尧、舜一样生来便出于本心从容不迫地践行自己学问的人，尚且兢兢业业，一刻也不停歇地刻苦勤奋下功夫。我辈中人有着本应勤勉的资质，却游手好闲，坐享天赋带来的成功，岂不是既耽误了自己又耽误了别人？"又说："良知的妙处周遍流行于天地之间，时刻都在变化并没有固定性形态。若用一些华丽的辞藻过度地修饰它反而是对其有害无益。"临别时又叮嘱弟子们说："良知的工夫只需要简洁真切，易于实践就足够了，越是真切，便越是简洁易行；越是简洁易行，也就越是真切。"

十一月，至肇庆。

译文

十一月，先生到达肇庆。

是月十八日抵肇庆。先生寄书德洪、畿曰："家事赖廷豹纠正，而德洪、汝中又相与薰陶切劘于其间，吾可以无内顾矣。绍兴书院中同志，不审近来意向如何？德洪、汝中既任其责，当能振作接引，有所兴起。会讲之约，但得不废，其间纵有一二懈弛，亦可因此夹持，不致遂有倾倒。余姚又得应元诸友作兴鼓舞，想益日异而月不同。老夫虽出山林，亦每以自慰。诸贤皆一日千里之足，岂俟区区有所警策，聊亦以此视鞭影耳。即日已抵肇庆，去梧不三四日可到。方入冗场，绍兴书院及余姚各会同志诸贤，不能一一列名字。”

译文

十一月十八日先生抵达肇庆。先生给我和王畿写信说：“我家里的子弟有赖于魏廷豹教导，而德洪、汝中二位时常与他切磋，因此家中的事我并不担心。不知绍兴书院里的学者们近况如何？你们二位既然担任了此处的教导之责，相信你们一定能振奋心神接引学子，将圣人学说发扬光大。约定的讲学聚会尽量不要荒废，若是讲学期间信心有所松懈，也可以借由集会重新谨慎振作起来，不至于最终完全放松了自己。余姚老家也有应元等多位师友传播圣学使之振兴，想来如今那里的风气应该越发地日新月异了。我虽然在荒僻偏远的地方任职，但心中也因此而感到十分慰藉。众位门人在学问上都是能一日千里的贤能之人，也无需我过多诫告鞭策，只是以此督促诸位前行罢了。我今天已经到达了肇庆，三四天内便能到达梧州。此时我手中事务繁多，绍兴书院的师友和余姚老家各读书会的师友们的名字便不在此一一列出了。”

乙未，至梧州，上谢恩疏。

译文

乙未日，先生到达梧州，上疏感谢朝廷恩典。

二十日，梧州开府。十二月朔，上疏曰：“田州之事，尚未及会议审处。然臣沿途咨访，颇有所闻，不敢不为陛下一言其略。臣惟岑猛父子固有可诛之罪，然所以致彼若是者，则前此当事诸人，亦宜分受其责。盖两广军门专为诸瑶、僮及诸流贼而设，事权实专且重，若使振其兵威，自足以制服诸蛮。夫何军政日坏，上无可任之将，下无可用之兵，有警必须倚调土官狼兵，若猛之属者，而后行事。故此辈得以凭恃兵力，日增桀骜。及事之平，则又功归于上，而彼无所与，固不能以无怨愤。始而征发愆期，既而调遣不至。上嫉下愤，日深月积，劫之以势而威益亵，笼之以诈而术愈穷。由是谕之而益梗，抚之而益疑，遂至于有今日。今山瑶海贼，乘衅摇动，穷追必死之寇，既从而煽诱之，贫苦流亡之民，又从而逃归之，其可忧危奚啻十百于二酋者之为患。其事已兆，而变已形，顾犹不此之虑，而汲汲于二酋，则当事者之过计矣。臣又闻诸两广士民之言，皆谓流官久设，亦徒有虚名，而受实祸。诘其所以，皆云未设流官之前，土人岁出土兵三千，以听官府之调遣；既设流官之后，官府岁发民兵数千，以防土人之反覆。即此一事，利害可知。且思恩自设流官，十八九年之间，反者数起，征剿日无休息。浚良民之膏血，而涂诸无用之地，此流官之无益，亦断可识矣。论者以为既设流官，而复去之，则有更改之嫌，恐招物议，是以宁使一方之民久罹涂炭，而不敢明为朝廷一言，宁负朝廷，而不敢犯众议。甚哉！人臣之不忠也。苟利于国而庇于民，死且为之，而何物议之足计乎！臣始至，虽未能周知备历，然形势亦可概见矣。田州切近交趾，其间深山绝谷，瑶、僮盘据，动以千百。必须存土官，借其兵力，以为中土屏蔽。若尽杀其人，改土为流，则边鄙之患，我自当之；自撤藩篱，后必有悔。”奏下，尚书王时中持之，得旨：“守仁才略素优，所议必自有见。事难遥度，俟其会议熟处，要须情法得中，经久无患。事有宜亟行者，听其便宜，勿怀顾忌，以贻后患。”

译文

十一月二十日，先生在梧州开府上任。十二月上旬，先生上疏说：“田州动乱一事，臣还没来得及与同僚商议审理。但是在前来赴任途中臣一直在沿途询问走访，对其有了一定的了解，在此将臣所了解的情况不敢隐瞒地奏报陛下。臣认为岑猛父子其罪当诛，之前参与此事并最终导致动乱的人都应当为此事负一定的责任。两广驻军是专门为稳定当地瑶族、壮族和预防各路山贼流寇而设立的，他们的能力专一且强大，若是让两广军队振奋军威，应当足以平息当地各民族间的争端了。奈何军队中纪律和军务日益颓败，上层没有可以担当重任的将领，下层没有可以冲锋陷阵的士兵，一旦有敌人进犯，还必须依靠土司狼兵，或其他骁勇善战的军队才敢出击。因此这些土司军队凭借其勇猛的战力越发地桀骜不驯。每次他们帮助两广军队平定了动乱，最终的功劳却归于朝廷的军队，他们没有得到应有的赏赐，因此他们心中难免有所愤恨不满，于是开始故意延迟征调时到达的时间，久而久之便不再听从两广总督的调遣了。土司狼兵军队上下的不满愤恨已经日积月累很久了，若是朝廷强逼他们出兵，朝廷的威信将日益削弱，若是以欺骗的方式笼络他们，渐渐地可用的方式会越来越少。因此，朝廷越是向他们下发诏令要求出兵，他们越强硬，越是安抚他们，他们对朝廷越有疑心，日积月累才导致了今天的局面。如今瑶族的山贼和海贼趁乱而起，那些被朝廷军队穷追猛打，本来必死无疑的流寇也依附于他们，他们又煽动那些因动乱生活难以为继而外出逃乱的百姓加入他们，这些匪寇带来的危害又岂止是瑶、壮两族争端动乱的百十倍？这次动乱早就有迹可循，官府没有处理好导致最终爆发，但是官府仍不先处理争端的根源，而是急于解决两族间外在的矛盾，这才是处理此事的官员最大的过失。我听两广的百姓和兵士说，朝廷下派到这些少数民族地区的官员形同虚设，百姓不仅没有享受到他们带来的安宁生活，反因他们遭受了更多的祸患。究其原因，都觉得是因为在朝廷没有向这些地区派驻官员前，当地部落每年会派出三千士兵随时听候朝廷调遣；设定流官后，官府每年反而要纠集数千民兵来预防土司作乱。从这一件事中就可以看到流官制度带来的利害。何况思恩地区自任命流官十八九年间发生了无数揭竿而起的动乱，官兵不停地征剿，没能休养生息。流官在当地榨取百姓脂膏血汗，却没有任何作为，由此可见任命他们有害无益。一些朝中大臣认为，朝廷已经任命了各地流官，又将其革去，是朝令夕改，恐怕会招来百姓的非议，因此宁愿让一方百姓生活在水深火热中，也不敢向朝廷名言其害处，宁愿有负朝廷重托，也不愿犯众怒。真是太可恨了！这是为人臣子而不忠啊。若是能有利国家庇护百姓的事，纵死也当一往无前，何况只是会引来一些非议，又何足畏惧？臣刚到这里，虽然还没能亲自详细了解此中事宜，但大智能看清眼前的形势。田州靠近交趾，两地间多深山绝谷，瑶族和壮族部落定居于此，每个寨子动辄便是千百余人，必须选出土司，朝廷可以借用他们的兵力作为保护中原的屏障。若是将两族之人屠杀殆尽，将土司制度改完流官制度，那么中原边境的安全便只能依靠朝廷兵力保障；把自保的屏障撤除干净后，一定会酿成让自己后悔结果。”奏疏上呈朝廷之后，兵部尚书王时中非常支持先生，朝廷下旨说：“王守仁素来有着极高的才谋，上奏之事必定有着自己合理的见解和想法。京城与两广相距甚远，难以遥控指挥此事，待你将此事了解清楚，与当地官员商议后再采取成熟的方式处理即可，但必须合乎法理与情理，让当地百姓过上长治久安的生活。若有亟待解决之事，准许你便宜行事，不用有所顾忌以留下后患。”

初，总督命下，具疏辞免；及豫言处分思、田机宜，凡当路相知者，皆寓书致意。与杨少师曰：“惟大臣报国之忠，莫大于进贤去谗。自信山林之志已坚，而又素受知己之爱，不复嫌避，故辄言之。乃今适为己地也。昔有以边警荐用彭司马者，公独不可，曰：‘彭始成功，今或少挫，非所以完之矣。’公之爱惜人才，而欲成全之也如此，独不能以此意推之某乎？果不忍终弃，病痊，或使得备散局，如南北太常国子之任，则图报当有日也。”与黄绾书曰：“往年江西赴义将士，功久未上，人无所动，再出，何面目见之？且东南小丑，特疮疥之疾；百辟谗嫉朋比，此则腹心之祸，大为可忧者。诸公任事之勇，不思何以善后？大都君子道长，小人道消，疾病既除，元气自复。但去病太亟，亦耗元气，药石固当以渐也。”又曰：“思、田之事，本无紧要，只为从前张皇太过，后难收拾：所谓生事事生是已。今必得如奏中所请，庶图久安，否则反覆未可知也。”与方献夫书曰：“圣主聪明不世出，今日所急，惟在培养君德，端其志向，于此有立，是谓一正君而国定。然非真有体国之诚，其心断断休休者，亦徒事其名而已。”又曰：“诸公皆有荐贤之疏，此诚君子立朝盛节，但与名其间，却有所未喻者。此天下治乱盛衰所系，君子小人进退存亡之机，不可以不慎也。譬诸养蚕，便杂一烂蚕其中，则一筐好蚕尽为所坏矣。凡荐贤于朝，与自己用人不同：自己用人，权度在我；若荐贤于朝，则评品宜定。小人之才，岂无可用，如砒硫芒硝，皆有攻毒破痈之功，但混于参苓蓍术之间而进之，鲜不误矣。”又曰：“思、田之事已坏，欲以无事处之。要已不能；只求减省一分，则地方亦可减省一分之劳扰耳。此议深知大拂喜事者之心，然欲杀敌千无罪之人，以求成一将之功，仁者之所不忍也。”

译文

之前朝廷下令先生任两广总督，先生上疏请求拒绝。先生预推出对思恩、田州之乱的处理方式后，先生给那些一直以来和他相知相惜的人写信表达了自己的想法。先生给杨一清写信说：“为臣者对国家的忠诚行为，没有比进献逆耳忠言驳斥顺耳谗言更大的。本来我已坚定了归隐的想法，又素来受到知己同仁的厚爱，如今不计前嫌地和您说一下我对此事的看法。如今我已经回到了自己的家乡。之前边境被犯，有人推荐彭州司马前去处理，唯独您觉得不可，并说：‘彭州司马只是刚刚得胜，如今还缺少挫折锻炼，并不是最好的选择。’您的爱才之心和成全后辈成长的心如此恳切，却为何不愿将我一视同仁呢？若您是不忍心放弃我，待我病好后，或许可以前往担任辅助官员，比如太常寺、国子监等职务，那时再报效朝廷也是可以期待的。”先生和黄绾写信说：“之前随我在江西平乱的将士们的功劳至今没有被上报朝廷，也没有任何奖赏发下，如今我又有何面目再去调兵遣将？且此次东南之乱，如疥疮小疾一般，无需恐慌；值得忧心的反而是如何在事后规避小人的谗害妒忌。你们任性而为举荐我前去平乱，却不曾想过想过我去后该如何善后。大概这就是君子之道日渐衰微，小人之志便日益增长吧。身上的疾病祛治好了，元气自然会恢复。但是治病之法病过于猛烈，也会大耗元气，因此治病一事应当徐徐图之。”又说：“思恩、田州的动乱，本来没有什么要紧的，只是因为之前处理得过于仓皇，才导致如今难以收场。但动乱既然已经发生，如今若是采取我奏疏中所请求策略，或许能求得长治久安，否则动乱必然反复无常。”先生给方献夫写信说：“当今天子的聪明睿智世间罕见，如今的当务之急，是如何培养其为君的德行，端正其志向，只有在这方面有所建树，才能称得上是能安民定国的明君。否则便没有真正体恤国本的诚心，其专诚守一的态度也只是流于表象而已。”又说：“各位都曾上疏推荐贤能，这诚然是君子在朝为官的高尚情操，但我难以理解为何我的名字也在举荐之列。此事关系到天下安定太平，也关系到君子和小人前进后退、生存或是死亡的选择，不能不谨慎为之。就像养蚕一样，若是蚕筐中有一条病蚕，那整筐健康的蚕都会因此全部死亡。向朝廷举荐贤能有别于自己选用人才，自己选用人才的权力尺度都由自己掌握，而为朝廷推荐官员则需要确定其的品德和才识。即使性格鄙陋之人也有可取之处，就像砒霜、硫磺、芒硝之类的毒药，都有攻毒破痈的功效，但若是和人参、茯苓、蓍草、白术等共用，鲜少有不出现问题的。”又说：“思恩、田州的动乱已经往坏处发展了，想要当其不存在已不可能了，只希望朝中能削减一分用度，让地方百姓能减少一分劳苦烦扰。我知道这个建议肯定会触及那些搬弄是非之人的逆鳞，但我相信所有心怀仁义的人都不会认可以敌方数千无辜之人的性命来成就自己的一身功劳。”

十有二月，命暂兼理巡抚两广，疏辞，不允。

译文

十二月，朝廷命先生暂时兼任两广巡抚，先生上疏推辞，没有被允许。

七年戊子，先生五十七岁，在梧。

译文

嘉靖七年，岁在戊子（1528），先生五十七岁，在梧州。

二月，思、田平。

译文

二月，思恩、田州之乱平定。

先生疏略曰：“臣奉有成命，与巡按纪功御史石金、布政使林富等，副使祝品、林文辂等，参将李璋、沈希仪等，会议思、田之役，兵连祸结，两省荼毒，已逾二年，兵力尽于哨守，民脂竭于转输，官吏罢于奔走；今日之事，已如破坏之舟，漂泊于颠风巨浪，覆溺之患，汹汹在目，不待知者而知之矣。”因详其十患十善，二幸四毁，反覆言之。且曰：“臣至南宁乃下令尽撤调集防守之兵，数日之内，解散而归者数万。惟湖兵数千，道阻且远，不易即归，仍使分留宾宁，解甲休养，待间而发初苏、受等闻臣奉命处勘，始知朝廷无必杀之意，皆有投生之念，日夜悬望，惟恐臣至之不速。已而闻太监、总兵相继召还，至是又见守兵尽撤，其投生之念益坚，乃遣其头目黄富等先赴军门诉苦，愿得扫境投生，惟乞宥免一死。臣等谕以朝廷之意，正恐尔等有所亏枉，故特遣大臣处勘，开尔等更生之路；尔等果能诚心投顺，决当贷尔之死。因复露布朝廷威德，使各持归省谕，克期听降。苏、受等得牌，皆罗拜踊跃，欢声雷动；率众扫境，归命南宁城下，分屯四营。苏、受等囚首自缚，与其头目数百人赴军门请命。臣等谕以朝廷既赦尔等之罪，岂复亏失信义；但尔等拥众负固，虽由畏死，然骚动一方，上烦九重之虑，下疲三省之民，若不示罚，何以泄军民之愤？于是下苏、受于军门，各杖之一百，乃解其缚，谕于今日宥尔一死者，朝廷天地好生之仁，必杖尔示罚者，我等人臣执法之义。于是众皆叩首悦服，臣亦随至其营，抚定其众，凡一万七千，溅溅道路，踊跃欢闻，皆谓朝廷如此再生之恩，我等誓以死报，且乞即愿杀贼立功赎罪。臣因谕以朝廷之意，惟欲生全尔等，今尔等方来投生，岂忍又驱之兵刃之下。尔等逃窜日久，且宜速归，完尔家室，修复生理。至于诸路群盗，军门自有区处，徐当调发尔等。于是又皆感泣欢呼，皆谓朝廷如此再生之恩，我等誓以死报。臣于是遂委布政使林富、前副总张祐督令复业，方隅平安。是皆皇上神武不杀之威，风行于庙堂之上，而草偃于百蛮之表，是以班师不待七旬，而顽夷即尔来格，不折一矢，不戮一卒，而全活数万生灵。是所谓绥之斯来，动之斯和者也。”疏入，敕遣行人奖励，赏银五十两，纻丝四袭，所司备办羊酒，其余各给赏有差。先生为文勒石曰：“嘉靖丙戌夏，官兵伐田，随与思、恩之人相比相煽，集军四省，汹汹连年。于时皇帝忧悯元元，容有无辜而死者乎？乃令新建伯王守仁曷往视师，其以德绥，勿以兵虔。班师撤旅，信义大宣。诸夷感慕，旬日之间，自缚来归者一万七千。悉放之还农，两省以安。昔有苗徂征，七旬来格；今未期月而蛮夷率服，绥之斯来，速于邮传，舞于之化，何以加焉。爰告思、田，毋忘帝德。爰勒山石，昭此赫赫。文武圣神，率土之滨。凡有血气，莫不尊亲。”

译文

先生上疏的大致内容是这样的："臣奉朝廷之命，和巡按纪功御史石金、布政使林富，副使祝品、林文轸，参将李璋、沈希等人共同商讨如何应对思恩、田州一战。近年来战祸接连不断，两省百姓被战火荼毒已超过两年，哨卡守卫耗尽了兵力，百姓的收入在奔波中散失殆尽，官吏因忙于奔波而万分疲惫；此次动乱让这里军民的生活如一艘破船在疾风骤雨中伶仃飘摇，不知何时会被风浪吞噬。"先生将其中的十患十善及二幸四毁反复在奏章中说明。并说："臣到南宁后立即下令尽撤守卫兵力，几天之内便撤回守卫士兵数万余人，唯有湖广的数千兵力因道路遥远险要，无法及时撤回，便让他们分出兵力留守宾宁，原地解甲休养，等待发兵时机。最初卢苏、王受等听闻臣奉命实地勘察动乱情况，明白了朝廷平乱的决心，都生起了前来归降求生的念头，他们日夜翘首企盼，生怕我到得晚了。后来又听说当地驻守的闻太监和总兵相继被朝廷召还，看到各地守卫兵力尽数撤离，其归降求生的想法更加坚定，于是派了头目黄富等人先到军门诉说自己不得已之苦，并说愿带领其全部力量归降，唯独祈求能免一死。于是臣告知他们朝廷旨意说：'正是害怕你们有冤屈之处，才特地派大臣实地考察，为你们指出一条生路；若你们诚心归降，定会免你们死罪。'随后将告示覆盖在露布上以显示朝廷威德，让他们各自带回去传达给手下人谕知，等待朝廷招降的时间。卢苏、王受等人拿到军牌，都欢呼雀跃地围绕着下跪拜谢，并带领所有人到南宁城门下归降，他们的人马分为了四个兵营。卢苏、王受等乱党首领将自缚其身，带领手下数百名头目前往军门归降请求保全性命。臣等告诫他们说：'朝廷之前在告示上说明了会赦免你们的死罪，自然不会出尔反尔失信于你们，但你们聚众作乱，虽然是迫不得已的求生手段，但仍旧扰乱了一方百姓的生活，对上使得天子忧虑，对下使得三省百姓饱受流离之苦，若是对你们没有任何惩罚，又何以平息将士和百姓的怒火？'于是将卢苏、王受押送至军营大门，各杖责一百，随后解开他们的束缚并告诫他们：'今天饶恕你们死罪，是因为陛下有好生之德，对你们进行杖责，是因为我等为人臣子必须坚定执行法度。'众人听后都心悦诚服叩首谢恩，臣跟随他们到军营中去安抚稳定刚刚归降的一众人等，共计一万七千人聚集在军营道路边，欢呼雀跃口称愿以死报效朝廷再生之恩，并请求立即参加剿杀乱党的战役以求立功赎罪。臣听后告诉他们：‘朝廷的本意是想保全你们的性命，如今你们既已归降，又怎么忍心马上就将你们驱赶到上场与敌人刀兵相见呢？你们流离逃窜在外已经很久了，应当赶紧回家与家人团圆，重新开始新的生活。至于各路匪盗乱贼，军中自有处置之法，暂时不需调用你们。’众人听后再次感激涕零，欢呼雀跃，反复感谢朝廷的再生之恩，并誓死相报。我随后委托布政使林富、前副总兵张祐督促归降之人恢复生产生活，至此，边疆得以安宁。全赖陛下英明神武，不滥杀无辜的威气在朝堂上风行，也为天下百姓和数百蛮夷部族做出了教化表率，因此朝廷发兵不到七十天，当地部落便前来归降，没有花费一兵一卒一刀一剑，也没有杀害一个无辜之人，让上万百姓保全了生命。这就是所谓的以仁政安抚百姓，百姓就会归服；以道义动员百姓，百姓就会同心协力。”奏疏上呈朝廷后，朝廷下令派遣行人到军营下发奖励，赏银五十两、贡缎四重。当地官衙准备好了庆功的酒肉宴席，并为其余人各自论功行赏。先生写了文章刻在石头上说：“嘉靖丙戌年夏天，官兵征讨田州，田州乱党和思恩乱党相互勾结并煽动流民，官府调集四省兵力剿杀，造成了连年兵祸，使百姓不得安宁。当金陛下悲悯百姓，又如何能容忍无辜之人枉死？于是命令新建伯王守仁前去督率军旅。他没有动用一兵一卒便以德行平息了动乱，撤回了军队，使朝廷信义大明于天下。各族部落对此十分感动濡慕，几天时间内就有一万七千余人前来归降。官府将他们悉数释放并使之归家谋生，两广民生得以恢复安宁。昔日大禹出征有苗一族，七十天使其归降；如今降服思恩、田州用时不满一月，各部落便前来归降，百姓的安宁生活也随之而来。还有什么比朝廷的旨意能迅速传达并教化鼓舞人心更好的？于是官府告诫思恩、田州百姓，切不可忘记皇恩浩荡。事了之后在山崖上镌刻了以上文字，以彰显天威赫赫。当今陛下文武双全，英武圣明，普天之下但凡有血性之人，没有不对其尊仰亲附的。”

四月，议迁都台于田州，不果。

译文

四月，先生奏议请求将尚书省迁至田州，朝廷没有同意。

先是有制，王守仁暂令兼理巡抚两广，既受命，先生乃疏言："臣以迂疏多病之躯，谬承总制四省军务之命，方怀不胜其任之忧，今又加以巡抚之责，岂其所能堪乎？且两广之事，实重且难，巡抚之任，非得才力精强者，重其事权，进其官阶，而久其职任，殆未可求效于岁月之间也。致仕副都御史伍文定，往岁宁藩之变，常从臣起兵，具见经略；侍郎梁材、南赣副都御史汪鋐，亦皆才能素著，足堪此任；愿选择而使之。"会侍郎方献夫建白，宜于田州特设都御史一人，抚绥诸夷，下议。先生复疏言："布政使林富可用，或量改宪职，仍听臣等节制，暂于思、田住札，抚绥其众。然而要之蛮夷之区，不可治以汉法，虽流官之设，尚且弗便，而又可益之以都台乎？今且暂设，凡一切廪饩车马，悉取办于南宁府卫，取给于军饷，不以干思、田之人。俟年余经略有次，思、田止责知府理治，或设兵备宪臣一人于宾州，或以南宁兵备兼理；如此，则目前既得辑宁之效，而日后又可免烦劳之扰矣。"又以柳庆缺参将，特荐用沈希仪，且请起用前副总兵张祐，俾与富协心共事。未几，升富副都御史，抚治郧阳以去。先生再荐布政使王大用、按察使周期雍，又以边方缺官，且言副使陈槐、施儒、杨必进，知府朱衮，皆堪右江兵备之任；知州林宽可为田州知府；推官李乔木可为同知。且言："任贤图治，得人实难，其在边方反覆多事之地，其难尤甚。盖非得忠实、勇果、通达、坦易之才，未易以定其乱。有其才矣，使不谙其土俗，则亦未易以得其本心。得其心矣，使不耐其水土，亦不能以久居其地，以成其功。故用人于边方，必兼是三者而后可。如前四人者，固皆可用之才；今乃皆为时例所拘，弃置不用，而更劳心远索，则亦过矣。"疏上，俱未果行。

译文

之前朝廷有诏令，要求先生暂时兼任两广巡抚，先生受命后上书朝廷说："臣以才疏学浅的病弱之躯，承蒙错爱承担了掌管四省军机要务的责任，已经觉得自己无法胜任了，如今又兼任两广巡抚之责，更难以同时胜任。况且两广的军务实在是艰难繁重，巡抚一职只有选拔才华出众，精力旺盛之人，给他处理事情的职权，提升其官阶品级，让他能够长久地担任这一职务，经过长时间的经营才能看到最终的效果。已经辞官的副都御史伍文定，在之前的宁王兵变时，曾随我一起带兵平乱，我很清楚他是胸有韬略之人；侍郎梁材、南赣副都御史汪鋐，也是素有才干的贤能之人，他们都足以担此重任。请求朝廷在他们中选一人来担任此职。”此时恰逢侍郎方献夫向朝廷提出建议，认为应当在田州专门任命一位都御史，以安抚当地民族部落，于是朝廷将这一建议交给了吏部商议决定。先生再次上疏说：“布政使林富是可用之才，或许可以考虑让其改任都御史，仍旧听从我等的指挥管辖，暂时驻扎在思恩、田州，安抚当地百姓。但是总的来说，少数民族地区一定不可以完全依照汉地制度来管理，即便设置了流官，也难以做到事事顺利，增加一个都台来治理难道就可以了吗？如今朝廷可以暂设此职，一切生活物资都由南宁府卫置办，从军饷中发放薪资，不从思恩、田州百姓身上专门收取赋税。一定时间后，官员有了一定的治理经验，便可将思恩、田州专门委派给当地知府治理。或是在宾州任命一位兵备宪臣，或让南宁兵备兼任；如此一来，既能实现眼前安抚百姓的目的又能免除后患困扰。”又因为柳庆缺少一名参将，先生向朝廷荐推荐任用沈希仪，并请奏起用前副总兵张祐，让其与林富齐心协力共同主事。过了不久，朝廷升林富为副都御史安抚治理郧阳。先生又推荐了布政使王大用、按察使周期雍。又因为边疆缺少可用的官员，先生上奏认为副使陈槐、施儒、杨必进，知府朱衮都足以担任右江兵备一职；知州林宽可以担任田州知府；推官李乔木可以担任同知，并说：“朝廷想任用贤能之才将国家治理好，但好的人才实在难以寻觅，尤其是边疆这样战事繁多的地方更难留住人才。若不是忠实、勇果、通达、坦率平易的人，是非常难以稳定边疆乱象的。即便满腹才华谋略，但不了解当地的风土人情也难以真正地融入百姓之中，得到他们的真心拥护；能得到当地百姓拥护，却难以忍受当地地理气候条件的人，也难以长久地在此留任，达到最终的治理目的。因此选拔守边人才，必须满足以上三点才可以。之前我所举荐的四个人，都满足以上条件，因此肯定是适合担任此处守边之责的可用之才；若是现在顾忌一些之前的律例而弃之不用，反而劳心费神重新选拔人才，实在是得不偿失。”奏疏上呈之后，先生的建议都没能被采纳。

兴思、田学校。

译文

先生在思恩、田州兴办学校。

先生以田州新服，用夏变夷，宜有学校。但疮痍逃窜，尚无受廛之民，即欲建学，亦为徒劳。然风化之原，又不可缓也。乃案行提学道，著属儒学，但有生员，无拘廪增，愿改田州府学，及各处儒生愿附籍入学者，本道选委教官，暂领学事，相与讲肄游息，兴起孝弟，或倡行乡约，随事开引，渐为之兆。俟建有学校，然后将各生徒通发该学肄业，照例充补廪增起贡。

译文

因为田州刚归顺朝廷，先生认为最好能建立学校并以汉文化教化当地民族。但是当地百姓受战火涂炭长期四处逃窜，满目疮痍。即便建立了学校，恐怕暂时也无法达到办学的目的。但学校始终是改变一个地区风俗习惯的源头所在，不能缓缓为之。于是巡视了当地提学道，叮嘱所属州县的教官，不论是廪膳生员还是增广生员，所有学子全都必须接纳。并改建田州府学，接收愿意将户籍附入田州的其他地方儒生，从当地提学道选任老师和管理者，暂时负责讲学事宜，共同讲论学习，游玩休憩。逐渐在百姓间兴起了上慈下孝兄友弟恭的风气，同时提倡推行乡约，随时随地开浚导引百姓，渐渐地有了带头作用。待到学校建好后，为前来的学子讲授学校准备的课业，并按照常例向朝廷举荐廪膳生员和增广生员为贡生。

五月，抚新民。

译文

五月，先生在田州安抚刚归顺朝廷的百姓。

先生因左江道参议等官汪必东等称：“古陶、白竹、石马等贼，近虽诛剿，然尚有流出府江诸处者。诚恐日后为患，乞调归顺土官岑瓛兵一千名，万承、龙英共五百名，或韦贵兵一千名，住扎平南、桂平冲要地方。”及该府知府程云鹏等亦申量留湖兵，及调武靖州狼兵防守。乃谕之曰：“始观论议，似亦区画经久之计；徐考成功，终亦支吾目前之计。盖用兵之法，伐谋为先；处夷之道，攻心为上。今各瑶征剿之后，有司即宜诚心抚恤，以安其心。若不服其心，而徒欲久留湖兵，多调狼卒，凭借兵力，以威劫把持，谓为可久之计，则亦末矣。殊不知远来客兵，怨愤不肯为用，一也。供馈之需，稍不满意，求索訾詈，将无抵极，二也。就居民间，骚扰浊乱，易生仇隙，三也。困顿日久，资财耗竭，适以自弊，四也。欲借此以卫民，而反为民增一苦；欲借此以防贼，而反为吾招一寇，其可行乎？合行知府程云鹏、公同指挥周胤宗，及各县知县等官，亲至已破贼巢各邻近良善村寨，以次加厚抚恤，给以告示，犒以鱼盐，待以诚信，敷以德恩。谕以朝廷所以诛剿各贼者，为其稔恶不悛，若尔等良善守分村寨，我官府何尝轻动尔等一草一木？尔等各宜益坚向善之心，毋为彼所扇惑摇动。从而为之推选众所信服，立为酋长，以连属之。若各贼果能改恶迁善，实心向化，今日来投，今日即待以良善，决不追既往之恶。尔等即可以此意传告开谕之。我官府亦就实心抚安招来，量给盐米，为之经纪生业。亦就为之选立酋长，使有统率，毋令涣散。一面清查侵占田土，开立里甲，以息日后之争。禁约良民，毋使乘机报复，以激其变。如农夫之植嘉禾，以去稂莠，深耕易耨，芸菑灌溉，专心一事，勤诚无惰，必有秋获。夫善者益知所动，则助恶者日衰；恶者益知所惩，则向善者益众：此抚柔之道，而非专有恃于甲兵者也。”又曰：“该府议欲散撤顾倩机快等项，调取武靖州土兵，使之就近防守一节，区画颇当。然以三千之众，而常在一处屯顿坐食，亦未得宜。必须分作六班，每五百名为一班，每两个月日而更一次。若有雕剿等项，然后通行起调，然必须于城市别立营房，毋使与民杂处，然后可免于骚扰嫌隙。盖以十家牌门之兵，而为守土安民之本；以武靖起调之兵，而备追捕剿截之用：此亦经权交济相须之意也。自今以后，免其秋调各处哨守等役，专在浔州地方听凭守备参将调用。凡遇紧急调取，即要星驰赴信地，不得迟违时刻。守巡各官，仍要时加戒谕抚辑，毋令日久玩弛，又成虚应故事。”

译文

先生因接到左江道参议等官汪必东等人上报说："古陶、白竹、石马等贼寇虽然已于最近被剿杀，但仍有一些流寇逃窜到府江各地，恐怕日后还会作乱，请求下令土司岑瓛出兵一千名，万承、龙英出兵五百名，韦贵出兵一千名，驻扎于平南、桂平等要塞之地以防患于未然。"同时知府程云鹏等人也请求留下一部分湖广兵力，并调集武靖州的狼兵协助防守。先生听后告诉他们说："初看这些提议，好像是长远之计；看仔细考虑之下会发现不过是目光短浅只顾眼前的计谋了。用兵之道，以谋略为先；而安抚边境归顺的部族，需以攻心为上。如今瑶族各寨归附后，官府应诚心诚意地安抚体恤他们，让他们安心生活劳作。若不能让他们对朝廷心服口服，只想依靠湖广官兵和土司狼兵留在此地以兵力威逼他们臣服，绝非长久之计。首先，从各处征调来的兵力，特别是土司狼兵，对长途征战心怀怨愤，必定不肯安心守边；其次，调动大量狼兵需要大额的军资供给，稍有让其不满之处，他们便会肆意谩骂，永无止境。再者，狼兵军纪不严，在此地长期驻扎，必定会骚扰百姓，容易与百姓产生嫌隙，严重的甚至会衍生为仇恨。最后，大量军队长期驻扎于此，百姓生活必定会越发艰难窘迫，最终家财消散殆尽，又会重走那条自我毁灭之路。你们的本意是想借狼兵保护百姓，结果却因此为百姓们带来了更多的苦楚；想要借助他们预防贼寇，却不知自己招来了一群匪寇，这如何能行？应当让知府程云鹏、公同指挥周胤宗和各县知县等上下官员官一起亲自到被剿灭的贼窝附近的村寨，依次给那里的百姓发下丰厚的抚恤物资，并张贴告示告知他们朝廷的恩德、用鱼肉盐等物犒劳他们，诚心诚意地对待他们。并告诉他们，朝廷剿杀各地匪贼是因为他们无恶不作，罪大恶极，但是官府从未轻易伤害任何一个村寨中的善良无辜百姓以及寨中一草一木。百姓们应当坚定自己善良的本心，不要被匪寇轻易蛊惑动摇。然后帮助他们推选出众心所向的酋长，促成官府与村寨良好的联系。若是各处匪贼愿意真心改恶向善，他们何时归降，便何时恢复他们良民的身份，不要过于追究他们过去的恶行。你们可以告诉他们说官府本就是诚心安抚招揽他们，也会给他们适量的钱粮米盐，让他们可以重新开始新的生活；也会帮他们选拔有才能的酋长，带领他们齐心协力改善生活，不至于民心涣散。同时也要清查被匪寇侵占的田地，建立里甲制度，预防和平息日后可能产生的纷争；对百姓进行约束，不要让他们中的一些人乘机报复，激起百姓的暴动。就好像农民种庄稼，间苗时会拔去长得不好的苗，深耕细做，及时除草灌溉，专心致志，勤勉且心无杂念，到了秋天，必定会有好的收成。善良的人增益智慧后，思想会受到改变，如此一来，作恶的人可能就会越来越少；作恶的人增长智慧后明白了恶行会受到惩罚，那么改过向善的人就会越来越多。这是以柔政安抚民心的策略，不是只依仗部队兵力恐吓百姓。”又说：“这份建议中说官府想要撤去租借机快的费用，用以调取武靖州的土兵，让他们就近防守一处要害之地，这个想法颇为恰当。但是三千兵士长久地驻扎在一个地方不劳而食，并不是什么好事。这些人必须分成六班，每五百名为一班，每两个月更替一次。若有需要急速出兵平定动乱时，再全部征调。但必须为他们单独建立营房，不能放任他们和百姓混住，以免他们骚扰百姓，和百姓产生嫌隙从而激起民愤。将十家牌法作为守土安民的根本，把武靖州调用的土兵为追杀乱党的备用兵力，原则和实事相结合，刚好相辅相成。从今往后，取消秋季调派兵力到各处岗哨的制度，专门在浔州地方上听从守备参将调用。若遇紧急情况征调，要披星戴月急驰奔赴事发之地，不能有片刻延迟。各守巡官员仍要时时加强对军队的训练安抚，务必不能让军队纪律日渐松弛，重新形成敷衍了事的风气。”

六月，兴南宁学校。

译文

六月，先生在南宁兴办学校。

先生谓：“理学不明，人心陷溺，是以士习日偷，风教不振。”日与各学顺生朝夕开讲，已觉渐有奋发之志。又恐穷乡僻邑，不能身至其地，委原任监察御史降合浦县丞陈逅主教灵山诸县，原任监察御史降揭阳县主簿季本主教敷文书院。仍行牌谕曰：“仰本官每日拘集该府县学诸生，为之勤勤开诲，务在兴起圣贤之学，一洗习染之陋。其诸生该赴考试者，临期起送；

不该赴试者，如常朝夕娶会。考德问业之外，或时出与经书论策题目，量作课程；就与讲析文义，以无妨其举业之功。大抵学绝道丧之余，未易解脱旧闻旧见，必须包蒙俯就，涵育薰陶，庶可望其渐次改化。谅本官平素最能孜孜汲引，则今日必能循循善诱。诸生之中，有不率教者，时行榎楚，以警其情。本院回军之日，将该府县官员师生查访勤惰，以示劝惩。”

译文

先生说：“如今理学难以昌明，人心陷入错误的泥淖无法自拔，因此士人的礼仪日益衰弱，风俗教化难以振兴。”白天先生不停在各个学校给学子们讲学，已逐渐发现学子们的志气渐渐有了奋发向上的气息。但仍担忧那些偏远地区的学子，可惜自己不能亲自前去讲学。于是委托原任监察御史的陈逅任合浦县丞，主要担任灵山诸县的讲学任务，原监察御史季本任揭阳县主簿，主事敷文书院并讲学。他发下军牌告谕说：“要求本部门的主管官员每日聚集本府县学的学子，勤勤恳恳为其讲学使其开悟，务必在当地使复兴圣学之风，改变当地乡邻浸染已久的陋习。学子中，有学问已成应当前去参加科举的人，要在恰当的时候送其赴考；还没达到参加科举要求的，让他们如常进行成亲、聚会等事。除了考察学子的德行课业外，也应时常出一些与经书论策相关的题目，专门作为一门课程；并为他们讲析与这些题目相关的内容，以保证所学内容不会妨碍他们的科举之路。大多数人在学问断绝，大道消失的时候，再次接触圣学之道，很难革除旧习，改变想法。教育他们的时候，需要包容他们的蒙昧，让他们在圣学的氛围中慢慢熏陶，这样他们便可以循序渐进地改变自己的想法。向来平日里各位官员都能对自己的门生谆谆教诲，耐心引导，如今必定也能对这些学子循循善诱，耐心引导他们走向真正的圣学之路。若是学子中有蛮横无理不听教化的，可以对其进行笞打警告。我重回军中的时候，会检查各府县官员师生的讲学和学习情况，并视情况进行奖惩。”

又牌谕曰：“照得安上治民，莫善于礼，冠婚丧祭，固宜家喻而户晓者。今皆废而不讲，欲求风俗之美，其可得乎？况兹边方远郡，土夷错杂，顽梗成风，有司徒具刑驱势迫，是谓以火济火，何益于治？若教之以礼，庶几所谓小人学道则易使矣。福建莆田生员陈大章，前来南宁游学，叩以冠婚乡射诸仪，颇能通晓。近来各学诸生，类多束书高阁，饱食嬉游，散漫度日。岂若使与此生朝夕讲习于仪文节度之间，亦足以收其放心，固其肌肤之会，筋骸之束，不犹愈于博弈之为贤乎？仰南宁府官吏即便馆谷陈生于学舍，于各学诸生之中，选取有志习礼及年少质美者，相与讲解演习。自此诸生得于观感兴起，砥砺切磋，修之于其家，而被于里巷，达于乡村，则边徼之地，遂化为邹鲁之乡，亦不难矣。”

译文

先生又发下军牌告谕说：“使帝王安居上位，管理百姓的方式，没有比以礼仪更好的了，冠礼、婚礼、丧礼、祭奠等相关礼仪，本应当是家喻而户晓的。但如今百姓都将其废弃不再遵从了，还想民间有美好的风俗习气，又怎么可能呢？何况这里是边疆偏远之地，土著居民和各族部落杂居，民风顽劣，若官府以酷刑律法强势逼迫，无异于火上浇油，对治理百姓毫无益处。但若是以利益教化当地百姓，或许真的会如前人所说，百姓学习礼仪变得明达事理后，就更愿意服从政令。福建莆田生员陈大章前来南宁游学，我询问了他加冠、成亲、射箭、饮酒等各种礼仪，他都对答如流。近来各学校的学子大多都将应该学习的书本束之高阁，每天自由散漫地餐饮嬉戏。若让这些学子每天接受礼仪法度的洗礼，那将足以收拢他们散漫无纪的心思，强其筋骨、健其体肤，此举难道不比赌博嬉戏要好吗？希望南宁府的官员马上安排生员陈大章驻留驻学舍，在学校众位学子中挑选年少有才且有志于习礼的人，请陈大章为其讲授并演示。让众学子观看学习后将礼仪在当地发扬兴盛，让礼仪之风在各个村寨的大街小巷中传播，如此一来，想要将边疆各地逐渐教化为礼仪之乡也并不难。”

七月，袭八寨、断藤峡，破之。

译文

七月，先生带兵攻打了八寨和断藤峡，大破贼寇。

八寨、断藤峡诸蛮贼，有众数万，负固稔恶，南通交趾诸夷，西接云、贵诸蛮，东北与牛场、仙台、花相、风门、佛子及柳庆、府江、古田诸瑶回旋连络，延袤二千余里，流劫出没，为害岁久。比因有事思、田，势不暇及。至是，先生以思、田既平，苏、受新附，乃因湖广保靖归师之便，令布政使林富、副总兵张佑等，出其不意，分道征之。富、佑率右江及思、田兵进剿八寨诸贼。参议汪必东、副使翁素、佥事汪溱，率左江及永、保土兵进剿断藤峡诸贼。令该道分巡兵备收解，纪功御史册报，及行太监张赐并各镇巡知会，一月之内，大破其众，斩获三千有奇。先生见诸贼巢穴既已扫荡，而我兵疾疫，遂班师奏捷。

译文

八寨、断藤峡盘踞的蛮夷匪贼有数万之众，他们依恃天险之地犯下滔天罪恶，他们南边勾结交趾各族部落，西面与云南贵州的众多部落相接，东北和牛场、仙台、花相、风门、佛子及柳庆、府江、古田的各个瑶族部落连接，绵延两千多里，匪寇到处流窜劫掠，为害百姓时日久远。之前因为思恩、田州动乱一事，朝廷尚未有闲暇顾及这些流寇。后来先生处理思恩、田州动乱时，卢苏、王受带领手下兵马归附朝廷，于是先生借湖广军队经由保靖县班师之便，命令布政使林富、副总兵张佑等人趁匪寇不备，出其不意分道讨伐。林富、张佑率右江军队和思恩、田州兵力前去搜剿八寨贼寇；参议汪必东、副使翁素、佥事汪溱，率领左江军队及永顺、保靖土兵前去搜剿断藤峡贼寇。先生又命令每路军队各自分派巡检部队准备收押俘虏，由纪功御史专门记录将士功绩并上报朝廷，出发时告知了镇守太监张赐和各镇巡官，不到一个月官兵大破贼寇，斩杀捕获三千余人。先生见各处贼寇据点已经清扫干净，官兵又有很多因水土不服而染上疾疫，于是班师回朝并上奏捷报。

按疏言："断藤峡诸贼，犄角屯聚，自国初以来，屡征不服。至天顺间，都御史韩雍统兵二十万，然后破其巢穴。撤兵无何，贼复攻陷浔州，据城大乱。后复合兵，量从剿抚。自后窃发无时，凶恶成性，不可改化。至于八寨诸贼，尤为凶猛，利镖毒弩，莫当其锋，且其寨壁天险，进兵无路。自国初都督韩观，尝以数万之众围困其地，亦不能破，竟从招抚而罢。报后兴师合剿，一无所获，反多挠丧。惟成化间，土官岑瑛尝合狼兵深入，斩获二百。已而贼势大涌，力不能支，亦从抚罢。今因湖广之回兵，而利导其顺便之势，作思、田之新附，而善用其报效之机。两地进兵，各不满八千之众，而三月报捷，共已逾三千之功。两广父老皆以为数十年来未有此举也。”

译文

按奏疏中说：“断藤峡的各个贼寇据点，总是盘踞在一些山林犄角边缘难以攻克的地方，自我朝建立以来，朝廷屡次征讨也没能将其完全剿灭。直到天顺年间，都御史韩雍率领二十万大军方才大破其盘踞窝点。但是撤兵后不久，贼寇又再次攻占浔州城并大肆作乱。朝廷随后又集结几路兵马，准备征剿和招抚他们。自此以后时常有盗窃劫掠之事发生，这些匪徒凶恶成性，难以教化其习性。八寨的匪寇则更加的凶猛，他们手持锋利的武器和淬毒的弓弩，无人敢与其交锋，而且他们的山寨依天险而建，想要举兵进攻也无路可循。建国之初都督韩观曾率数万军队围困此处，最终也没能攻破，只能对其进行招安。上报朝廷后兴师合剿，也一无所获，反而官兵多有伤亡。唯独成化年间土官岑瑛曾和狼兵共同深入作战，斩获两百贼寇。此后贼寇的势力越来越大，官兵对其无可奈何，只能以招抚政策对待他们。如今，恰逢湖广官兵班师回程，于是因地因事制宜借湖广官兵之势，加上思恩、田州新归附军队强烈的报效国家热情愿为朝廷出征，借此良机，分两路进兵，虽然各自不满八千将士，但不出三月便收到官兵绞杀擒获超过三千匪寇的捷报。两广百姓都认为这是数十年也不曾见过的盛举。”

疏请经略思、田及八寨、断藤峡。

译文

上疏请求规划治理思恩、田州及八寨、断藤峡。

初，先生既平思、田，乃上疏曰：“臣以迂庸，缪当兵事于兹土，承制假以抚剿便宜。是陛下之心惟在于除患安民，未尝有所意必也。又谕令贼平之后，议设土流孰便。是陛下之心惟在于安民息乱，未尝有所意必也。始者思、田梗化，既举兵而加诛矣，因其悔罪投降，遂复宥而释之。固亦莫非仰承陛下不嗜杀人之心，惓惓忧悯赤子之无辜也。凡为经略事宜有三：特设流官知府以制土官之势，仍立土官知府以顺土夷之情，分设土官巡检以散各夷之党。拟府名为'田宁'，以应谶谣，而定人心。设州治于府之西北，立猛第三子邦相为吏目。待其有功，渐升为知州。分设思恩土巡检司九，田州土巡检司十有八，以苏、受并土目之为众所服者世守之。"既而复破八寨、断藤峡。又上疏曰："臣因督兵亲历诸巢，见其形势要害，各有宜改立卫所，开设县治，以断其脉络，而扼其咽喉者。若失今不为，则数年之间，贼复渐来，必归聚生息，不过十年，又有地方之患矣。臣以遵制便宜，相度举行，凡为经略事宜有六：移南丹卫城于八寨，改筑思恩府治于荒田，改凤化县治于三里，增设隆安县治，置流官于思龙，以属田宁，增筑守镇城堡于五屯。"事下，本兵持之，户部复请覆勘，学士霍韬等上疏曰："臣等广人也，是役也，臣等尝为守仁计曰：'前当事者，凡若三省兵若干万，梧州军门费用军储若干万，复从广东布政司支用银米若干万，杀死、疫死官兵、土兵若干万，仅得田州小宁五十日，而思恩叛矣。'今守仁不杀一卒，不费斗米，直宣扬威德，遂使思、田顽叛，稽首来服。虽舜格有苗，何以过此？乃若八寨贼、断藤峡贼，又非思、田之比。八寨为诸贼渊薮，而断藤峡为八寨羽翼也。广西有八寨诸贼，犹人有心腹病也。八寨不平，则两广无安枕期也。今守仁沉机不露，一举平之，百数十年豺虎窟穴，扫而清之，如拂尘然。臣等是以叹服守仁能体陛下之仁，以怀绥思、田向化之民；又能体陛下之义，以讨服八寨、断藤梗化之贼，仁义两得之也。夫守仁之成功，有八善焉：乘湖兵归路之便，兵不调而自集，一也。因思、田效命之助，劳而不怨，二也。机出意外，贼不能遁，所诛者渠恶，非滥杀报功者比，三也。因归师无粮运费，四也。一举成功，民不知扰，五也。平八寨、平断藤峡，则极恶者先诛，其细小巢穴，可渐德化，得抚剿之宜，六也。八寨不平，则西而柳、庆，东而罗旁、禄水、新宁、思平之贼，合数千里，共为窟穴，虽调兵数十万，未易平伏，今八寨平定，则诸贼可以渐次抚剿，两广良民可以渐次安业，纾圣明南顾之忧，七也。韩雍虽平断藤峡贼矣，旋复有倡乱者，八寨乃百六十年所不能诛之剧贼。今守仁既平其巢窟，即徙建城邑以镇定之，则恶贼失险，后日不能为变，逋贼来归，且化为良民矣。诛恶绥良，得民父母之体，八也。或议：‘守仁奉命有事思、田，遂剿八寨，可乎？’臣则曰：昔吴、楚反攻梁，景帝诏周亚夫救梁。亚夫不奉诏，而绝吴、楚粮道，遂破吴、楚，而平七国，安汉社稷。传曰：‘阃以外，将军制之。’又曰：‘大夫出疆，有可以安国家，利社稷，专之可也，古之道也。’是故亚夫知制吴、楚，在绝其食道，而不在于救梁，是故虽有诏命，有所不受。今守仁知思、田可以德怀也，遂纳其降而安定之。知八寨诸贼未易服也，遂因时仗义而讨平之。虽无诏命，先发后闻可也，况有便宜从事之旨乎？或曰：‘建置城邑，大事也；区处钱粮，户部职也。不先奉命而辄兴工，可乎？’臣则曰：昔者范仲淹之守西边也，欲筑大顺城，虑敌人争之，乃先具版筑，然后巡边，急速兴工，一月成城。西夏觉而争之，已不及矣。守仁于建置城邑之役，不仰足户部而后有处，其以一肩而分圣明南顾之忧，不以为功，反以为过，可乎？臣等目击八寨之贼，为地方大患百数十年，一旦仰赖圣明，任用守仁，以底平定，不胜庆忭。今兵部功赏未行，户部覆题再勘，臣恐机会一失，大功遂阻，城堡不筑，逋贼复聚，地方可虑，是故冒昧建言，唯圣明察焉。”

译文

之前先生平定了思恩、田州之乱，上疏朝廷说：“臣以迂腐平庸的才能承蒙错爱执掌两广军机要务，承蒙陛下给了臣便宜行事的权力。这是因为陛下心系百姓，一心除暴安良，没有丝毫意断。又下令在平定动乱后再商议土官与流官两种制度何者更有益于当地的治理。这是因为陛下一心想要安抚当地民生，平息日后再生动乱的可能，没有丝毫意断。最初思恩、田州百姓思想固执僵化，朝廷派兵平乱时，因他们心有悔意，愿意弃恶从善，归降朝廷，于是朝廷释放了他们并宽宥了他们的罪过。也是因为陛下有着好生恶杀的仁心和爱惜怜悯无辜百姓的拳拳之心。规划治理思恩、田州之事应注意以下三点：其一，需设立流官知府以遏制土官的气势，并同时设立土官知府来稳定延续当地民族部落的风俗习惯，分设土官巡检来瓦解各部落缔结的党羽。其二，将州府之名定位田宁，来应和百姓间流传的谶言民谣，以此暗从民心。在州府的西北方设立治所，立岑猛的第三个儿子岑邦相为吏目。待他在治理上有一定功劳后逐渐将其升任为知州。其三，分设思恩土巡检司九人，田州土巡检司十八人，以卢苏、王受和土司手下值得信服的人世代看守。”后来又攻破了八寨、断藤峡。先生又上疏说：“臣因亲自带军剿灭了各处匪贼据点，明白其形势的厉害之处，认为这些地方应当设立卫所并设立县城进行治理，以阻断匪寇往来联络，扼守其进出的咽喉要道。若失去了当下这个机会不设立县治，几年后贼寇必定会逐渐死灰复燃，不到十年，经历休养生息后的贼寇定会重新暴起扰乱一方百姓。臣遵照制诰给予的便宜行事权力，观察分析后得出规划经营此处的六个要点：将南丹卫城改设于八寨，重新修筑思恩府治理荒田，改设凤化县治理三里，增设隆安县；在思龙任命流官，并划归田宁府，在五屯增筑守镇城堡。”奏折批复之后，兵部尚书支持先生的观点，户部却请求再次审核，学士霍韬等人上疏说：“臣等是两广人士，这次战斗中，臣等曾为王守仁提议说：‘前一位任此职的人，集结了三省官兵数万名，花费梧州军门费用军备储粮数万，又从广东布政司支用银钱米粮数万，战死病死的官兵和土兵也有数万，却仅让田州有了短短五十天的安宁，随后思恩就叛乱了。’如今王守仁没有花费一兵一卒，没有斩杀一个无辜百姓，也没有花费任何银钱米粮，只是向当地部落着重宣扬了天子威德，便使思恩、田州那些顽固不化的乱党心悦诚服地归顺了朝廷。即便是古时舜帝收服有苗一族，估计也难与此相提并论，但是八寨、断藤峡贼寇的凶恶，却不是思恩、田州之人能比的。八寨是各处贼寇的根源据点所在，而断藤峡则是八寨贼寇的羽翼。广西有八寨盘踞的众多匪寇，就如同人患了心腹重疾。八寨贼寇不平，两广百姓就难以过上安宁的生活。如今王守仁趁机将两地匪寇一个不漏地剿杀攻破，将为祸一百多年的匪寇据点清除殆尽，就好像拂尘掸土一般。臣等都非常叹服于王守仁能体谅陛下的仁厚之心，并以此安抚思恩、田州归顺的百姓；又能体恤陛下的赫赫大义，以此征讨剿灭八寨、断藤峡那些凶性难化的贼寇，同时做到了报君以义，待民以仁。王守仁此次剿匪成功，有八个值得称赞之处：其一，趁湖兵回程之便进攻，不用重新调集兵力。其二，借思恩、田州归顺士兵报效国恩的热情，使其自愿出力剿匪，心中不会有任何愤恨不满之处。其三，意外出击使得匪寇无处逃遁，且被诛杀的都是穷凶极恶之徒，从不滥杀无辜以充军功。其四，因湖广官兵在归程途中出击，无需额外耗费押运粮草。其五，官兵一举击溃匪寇，没有对百姓造成任何惊扰。其六，平定了八寨、断藤峡匪寇后，最为穷凶极恶的贼寇便都已诛杀干净了，剩下一些小股匪寇窝点，可以逐渐以天子恩德感召，使其弃恶从善，最终以招抚和剿杀恩威并施，达到平定寇乱的目的。其七，若八寨贼寇不平，则西边的柳庆、东边的罗旁、禄水、新宁、思平各地贼寇相互勾连，绵延数千里，相互逃窜包庇，即便调遣数十万兵力，也未必能轻易剿杀，如今八寨已经被平定，那么其他各处的贼寇便可以逐渐依次招抚剿灭，两广百姓也可以慢慢恢复安宁的生活，如此一来便解决了陛下对南方匪患的担忧。其八，韩雍虽然平定了断藤峡的贼寇，但不久匪寇又死灰复燃，八寨的贼寇更是一百六十年来一直未被剿灭过的悍匪。如今王守仁既然攻破了其窝点，应当立即建立城池镇守，贼寇失去了最为重要的据点，日后便不能重新掀起风浪，待到有其他贼寇前来归降，官府还能开化其思想，使其能弃恶从善。官府诛杀恶人，安抚善良百姓，是为人父母官的本分。有的人说：‘王守仁奉命带兵平定思恩、田州之乱，却同时剿灭了八寨匪寇，此举合适吗？’臣回答说：昔日吴国、楚国反攻梁国，景帝命令周亚夫救援梁国。周亚夫没有听从诏令直接前往支援梁国，而是阻绝了吴国、楚国军队押送粮草的道路，于是最终大破吴、楚军队，由此平定了七国之乱，安定了汉室江山。古书上说：‘国门以外的事，由将军裁定。’又说：‘大夫征战边疆，是关乎国家安定，万民生存的大事，可以独断专行，这是早就有的规矩。’因此周亚夫知道克制吴、楚军队的关键在于截断粮草运输，而不是前去支援梁国，因此即便景帝下发了诏命，他也没有完全遵从。如今也是一样的，王守仁明白思恩、田州的匪徒可以用天子恩德令其感怀于心，于是招抚了他们，并让他们能安心回归生产劳作。同样他也明白八寨盘踞的都是穷凶极恶的匪寇，难以用礼仪教化和天子恩德令其真心归降，于是因时制宜顺应大义征讨剿灭了他们。虽然没有得到朝廷诏令，但其先行出兵再上奏朝廷也是可以的，更何况朝廷早就给了他便宜行事的权力？有人说：‘建立城池设立治所是朝廷大事；处置银钱粮草，也是户部的职责所在，没有得到朝廷的命令便兴起工事，这也可以吗？’臣回答说：昔日范仲淹镇守西面边疆，想要修筑大顺城，又怕西夏军队前来相争，于是先修筑了土墙，然后巡视边防，快速的兴起筑城工事，一个月就修好了城池。等到西夏察觉前来相争为时已晚。王守仁在建立和设置城池治所一事上，并没有完全仰仗户部拨款后才有处置的办法，他以一己之力分担了陛下对南边匪患的忧虑。如今不承认他的功劳，反而觉得他有过，这样又如何能服众？臣等亲眼看到八寨的匪寇在地方作乱掠劫，为患百姓一百多年，如今因为陛下英明决断，任用王守仁，带兵一击即破，彻底平定八寨匪祸，实在是让人不胜喜悦。如今兵部尚未定下封赏，户部便要求重新审议，臣唯恐此时机会一旦失去，王守仁立下的大功会被人阻截，城池治所无法建立，不久以后匪寇又会重新聚集作乱，地方百姓安宁的生活将再次陷入水深火热中，因此冒昧进言，还请陛下明察秋毫。”

九月，疏谢奖励赏赉。

译文

九月，先生上疏感谢朝廷赏赐恩典。

赏思、田功也。九月初八日，行人冯恩赍捧钦赐至镇，故有谢疏。

译文

朝廷因思恩、田州战的功劳发下了赏赐。九月初八，宫中行人冯恩持皇上钦赐的奖赏到了镇上，因此先生上疏谢恩。

与德洪、畿书：“地方事幸遂平息，相见渐可期矣。近年不审同志聚会如何，得无法堂前今已草深一丈否？想卧龙之会，虽不能大有所益，亦不宜遂尔荒落。且存饩羊，后或兴起，亦未可知。余姚得应元诸友相与倡率，为益不小。近有人自家乡来，闻龙山之讲，至今不废，亦殊可喜。书到，望遍寄声，益相与勉之。九十弟与正宪辈，不审早晚能来亲近否？诱掖接引之功，与人为善之心，当不俟多喋也。魏廷豹决能不负所托，儿辈或不能率教，亦望相与夹持之。”

译文

先生给我和王畿写信说：“如今有幸平息了这里的战事，我们相见的日子也就不远了。不知同道中人进来的聚会进行得如何了，会不会集会讲堂前的荒草已经有一丈来高了？即便各位优秀才子在集会中不能大有收获，也不能逐渐荒废了。何不一直保留这一形式，将来某天或许会大为兴盛也未可知。余姚有应元师友相互为表率，带来的益处实在是不小。近期有人从余姚老家过来，听他说龙山的讲学集会至今没有荒废，我心中十分欢喜欣慰。希望你们收到信之后可以告知同门子弟，相互劝勉。不知你们近来与家中九弟、十弟以及我儿子正宪是否会时常亲近探讨学问？如何引导教育他们学问及为人处世的正直善良之心，想必我也无需多言。魏廷豹一定不会辜负我的托付，家中子弟若有顽劣不服管教的，还希望你们能共同相助于他。”

十月，疏请告。

译文

十月，先生上疏请求辞官。

先生以疾剧，上疏请告，具言：“臣自往年承乏南、赣，为炎毒所中，遂患咳痢之疾，岁益滋甚。其后退休林野，稍就医药，而疾亦终不能止。自去岁入广，炎毒益甚。力疾从事，竣事而出，遂尔不复能兴。今已舆至南宁，移卧舟次，将遂自梧道广，待命于韶、雄之间。夫竭忠以报国，臣之素志也。受陛下之深恩，思得粉身齑骨以自效，又臣之所日夜切心者也。病日就危，而尚求苟全以图后报，而为养病之举，此臣之所以大不得已也。”疏入，未报。

译文

先生因为身患重病，上疏请求辞官说：“臣从之前暂代南、赣两地军务时，受当地湿热瘴气侵袭，患上了咳痢之疾，连年来病情越发严重。后来赋闲家中，方能稍微寻医问药，却一直未能治愈。自去年进入广州后，所患湿毒更加严重。臣强撑重病之躯勉力带兵出征，最终解决了匪患，他们已经难以再掀风浪。如今臣已经乘车到南宁，转而卧病船中，将要从梧州取道广州，在韶关、雄州之间待命。臣一直以来所愿无非竭尽所能忠诚报国。承蒙陛下浩瀚恩典，臣寤寐思服，愿粉身碎骨报答陛下。但如今臣身患重病，情况十分危急，为了能早日病愈以报效皇恩，因此臣不得已向陛下请求辞官归乡养病。”奏疏上陈之后没有得到批复。

谒伏波庙。

译文

先生拜谒了伏波将军庙。

先生十五岁时尝梦谒伏波庙，至是拜祠下，宛然如梦中，谓兹行殆非偶然。因识二诗。其一曰：“四十年前梦里诗，此行天定岂人为？徂征敢倚风云阵，所过如同时雨师。尚喜远人知向望，却惭无术救疮痍。从来胜算归廊庙，耻说兵戈定四夷。”其二诗曰：“楼船金鼓宿乌蛮，鱼丽群舟夜上滩。月绕旌旗千嶂静，风传铃木九溪寒。荒夷未必先声服，神武由来不杀难。想见虞廷新气象，两阶干羽五云端。”

译文

先生十五岁时曾在梦中拜谒了伏波将军庙，后来能亲自到庙中拜谒，就好像身处梦中一样，因此先生觉得此行大概是命中注定。因此留下了两首诗。其一为：“四十年前在梦中拜谒伏波将军庙，醒后留下了一首诗，此番能亲身前来拜谒，岂不是命中注定？时局动荡时率兵征战，让官兵所过之处就如同及时雨浸润大地一般被泽百姓。心中欣喜于和前人志向一致，却惭愧于不能如前人一般救百姓于水火。每次得胜回朝，都不敢扬言说能以兵马平定天下。”其二为：“官兵的楼船夜宿在西南乌蛮一族境内，鱼丽阵所用的船只也停靠在浅滩。月色下旌旗静静伫立显得远峰叠嶂愈发寂静，微风吹响木铃伴着寒夜中溪水流动的声音。蛮荒夷狄部落不一定愿意先开口臣服，等战争爆发时生灵涂炭便不可避免。我真想看到嘉靖一朝能有虞帝时的太平气象，通过文德教化来使四夷臣服。”

是月与豹书："近岁山中讲学者，往往多说勿忘勿助工夫甚难。问之，则云：'才著意，便是助；才不著意，便是忘，所以甚难。'区区因问之云：'忘是忘个甚么？助是助个甚么？'其人默然无对，始请问。区区因与说：'我此间讲学，却只说个必有事焉，不说勿忘勿助。必有事焉者，只是时时去集义。若时时去用必有事的工夫，而或有时间断，此便是忘了，即须勿忘。时时去用必有事的工夫，而或有时欲速求效，此便是助了，即须勿助。其工夫全在必有事焉上用，勿忘勿助，只就其间提撕警觉而已。若是工夫原不间断，即不须更说勿忘；原不欲速求效，即不须更说勿助。此其工夫何等明白简易，何等洒脱自在。今却不去必有事上用工，而乃悬空守着一个勿忘勿助，漭漭荡荡，只做得个沉空守寂，学成一个痴呆汉，事来，即便牵滞纷扰，不复能经纶宰制。此皆由学术误人之故，甚可悯矣。'"

译文

当月，先生和魏延豹写信说："最近在山区讲学的人都说勿忘勿助这一学问工夫非常难以理解。我问他们为什么，他们回答说：'稍有意念就是助，稍有不用心就是忘，所以觉得这功夫很难。'我又问：'忘是忘了什么？助是助的什么？'他们都默不作声，无言以对，向我询问。我告诉他们：'我讲学时，只讲过必有事焉，不曾讲过勿忘勿助。必有事焉是指时时刻刻要去集义。如果时刻去做必有事的功夫，中间有所中断就是忘，那么就必须提醒自己做到勿忘；如果时时刻刻去做必有事的功夫，却急于求成就是助，此时必须提醒自己勿助。所以，集义的功夫全在必有事焉上；勿忘勿助只是对其进行警醒的话罢了。如果集义功夫一直未曾间断，就不必说勿忘；如果本来就没有急于求成的心思，就不必说勿助。这本是非常简洁易懂、洒脱自在的东西。如今你们却不在必有事上下功夫，只空守着勿忘勿助白白做功夫，忙忙碌碌找不到真正入手的地方，最终得到的只是死守空寂的功夫，将自己学成了痴呆愚笨的人，一旦遇到事情，就会心烦意乱，反而牵制住了自己手脚，无法及时有条理地作出应对。这都是一些只知死学却不知变通最终误人子弟的事，十分值得怜悯。'"

又与邹守益书曰："随处体认天理，勿忘勿助之说，大约未尝不是。只要根究下落，即未免捕风捉影。纵令鞭辟向里，亦与圣门致良知之功尚隔一尘。若复失之毫厘，便有千里之缪矣。世间无志之人，既已见驱于声利辞章之习，间有知得自己性分当求者，又被一种似是而非之学兜绊羁縻，终身不得出头。缘人未有真为圣人之志，未免挟有见小欲速之私，则此种学问极足支吾眼前得过。是以虽在豪杰之士，而任重道远，志稍不力，即且安顿其中者多矣。"

译文

先生又给邹守益写信说："若能随时随地体会、实践自己心中的天理，勿忘勿助也不失为一个好办法。只要深究根源，便能避免落入捕风捉影的误区。但即便探求透彻且深入精微，也和圣人之学中的致良知的功夫有不一样的地方。要是在此过程有一些细小的差池，最终便会导致极大的错误。世间没有发扬圣学志向的人，都已迷失于声名利禄和浮夸的辞赋间，即使有偶然间明悟天性，想要探求本性人，又被一些似是而非的理论羁绊阻碍，终此一生也难以真正找寻到自己本心所在。究其原因不过是他还没有真正坚定发扬昌明圣学的志向，他们的探求中难免夹杂着见闻不足却又急于求成的私心，会认为那些似是而非的学问足以支撑自己眼前所需，所以真正有志于发扬昌明圣学的有志之士还任重道远，若稍有不慎意志动摇，很多便会陷入安于现状的歧途。"

祀增城先庙。

译文

先生祭祀增城先祖家庙。

先生五世祖讳纲者，死苗难，庙祀增城。是月，有司复新祠宇，先生谒祠奉祀。过甘泉先生庐，题诗于壁曰："我祖死国事，肇礼在增城。荒祠幸新复，适来奉初蒸。亦有兄弟好，念言思一寻。苍苍见葭色，宛隔环瀛深。入门散图史，想见抱膝吟。贤郎敬父执，童仆意相亲。病躯不遑宿，留诗慰殷勤。落落千百载，人生几知音。道同著形迹，期无负初心。"又题甘泉居曰："我闻甘泉居，近连菊坡麓。十年劳梦思，今来快心目。徘徊欲移家，山南尚堪屋。渴饮甘泉泉，饥食菊坡菊。行看罗浮云，此心聊复足。"与德洪、畿书："书来见近日工夫之有进，足为喜慰。而余姚、绍兴诸同志又能相聚会讲，切奋发兴起，日勤不懈，吾道之昌，真有火燃泉达之机矣，喜幸当何如哉！此间地方悉已平靖，只因二三大贼巢，为两省盗贼之根株渊薮，积为民患者，心亦不忍不为一除剪，又复迟留二三月，今亦了事矣，旬月间便当就归途也。守俭、守文二弟，近承夹持启迪，想亦渐有所进。正宪尤极懒惰，若不痛加针砭，其病未易能去。父子兄弟之间，情既迫切，责善反难，其任乃在师友之间。想平日骨肉道义之爱，当不俟于多嘱也。"与何性之书："区区病势日狼狈，自至广城，又增水泻，日夜数行不得止。至今遂两足不能坐立，须稍定，即逾岭而东矣。诸友皆不必相候。果有山阴之兴，即须早鼓钱塘之舵，得与德洪、汝中辈一会聚，彼此当必有益。区区养病本去已三月，旬日后必得旨。亦遂发舟而东，纵未能遂归田之愿，亦必得一还阳明洞，与诸友一面而别，且后会又有可期也。千万勿复迟疑，徒耽误日月。总及随舟而行，沿途官吏送迎请谒，断亦不能有须臾之暇。宜悉此意，书至即拨冗。德洪、汝中辈，亦可促之早为北上之图。伏枕潦草。"

译文

先生的五世祖王纲因平定苗族动乱而牺牲，朝廷在增城为其修建了祀庙。十一月，当地官府重新修葺了祀庙，先生前往拜谒祭祀。路过湛甘泉先生的住处时，先生在墙壁上题诗一首："我的五世祖因为国尽忠而死，朝廷在增城为他修建了祠庙。近期官府将荒废已久的祠庙修葺一新，我恰好准备了酒肉祭品前来祭祀先祖。我相交多年好友湛若水也在此定居，我便起意前来寻他，远远看见蒹葭苍苍，好像于他已经相隔山海一般久远。进得门来他便抛下手中书卷，我们二人对坐畅谈，他家中儿郎对我像对待父亲一样敬重，家中仆人童子也对我十分亲近。奈何我这重病之躯实在不适合借宿他的家中，只能留下一首诗聊表慰藉。纵观千百年以来，能真正遇上知音又有几人？我们二人有着相同的追求和志向，只希望未来能坚定不移不负初心。"又在甘泉先生家中题诗一首："我听说甘泉先生居住地地方靠近一片长满菊花的山坡。十多年来思念好友却只能梦中相见，如今终于可以前来一观他的住处。我看了一下，山坡的南边还能再建一处居所，心中便踌躇着想要将我的家也搬迁到此处，渴了便饮用甘泉中的泉水来解渴，饿了便采下坡上的菊花充饥，在行动坐卧间闲观山间浮云飘散，能过上这样的生活我便心满意足了。”给我和王畿写信说：“收到你们的来信说近来学问工夫有所长进，心中感到十分欣慰。余姚、绍兴的众位师友能坚持集会相互切磋讲学时，态度恳求地时时奋发读书，日夜不怠，可见圣学的昌明已经到了发展迅猛的时候了，若真如此，我心中实在是不胜欢喜！思恩、田州的动乱已悉数平定，只是这里盘踞的几股凶恶狠绝的匪寇，是两省各处匪患的根源所在，长久为祸百姓。我实在做不到眼看百姓一直处于匪祸之中，却视而不见，不为他们铲除匪寇，便多停留了两三个月以率兵剿匪，如今匪寇悉数剿灭，我很快便能踏上归途。守俭、守文两个弟弟，近来承蒙你们帮助引导学问，想来也已经有所长进了。尤其犬子正宪极其懒惰，若不痛彻尖锐地批评他的错误，他这些毛病是无法轻易改正的。父子兄弟之间，本就情谊深厚，因此我对其有着殷殷期盼，难以轻易责备或夸奖他，这方面的责任反而主要依赖你们这样的师友劝诫。想必平日里骨肉道义的相处之道早已毋庸赘言了。”先生给何性之写信说：“我如今病情日益加重，自从到了广城，又患上了水泻之病，日夜腹泻数次。如今双足已经水肿严重导致难以站立，等病情稍缓，我会立即启程返回，众位师友都不必专门等待我。若是行至山阴，身体情况允许，我会提前改道钱塘，前去与钱德洪、王汝中等人相聚探讨学问，一定会大有裨益。我已养病三个多月，想必很快应该会有圣旨传来。到时候我会立即乘船东行，即便不能了却解甲归田的心愿，也一定能够前往阳明洞和众位师友相聚后再行返京，如此距离我们再次相见也就不远了。千万不要白白花费时间等待我。所有官员都随船同行，沿途官吏也多有想要前来迎送拜见的，想必不会有太多闲暇时间。因此将我的想法写信告诉给你们，希望你收到信便能拨冗出发前往阳明洞。同时也可以督促钱德洪、王汝中等人早早准备北上。我如今在枕畔匆匆写下以上内容，字迹潦草，还请见谅。”

十一月乙卯，先生卒于南安。

译文

十一月乙卯日，先生于南安去世。

是月廿五日，逾梅岭至南安。登舟时，南安推官门人周积来见。先生起坐，咳喘不已。徐言曰："近来进学如何？"积以政对。遂问道体无恙。先生曰："病势危亟，所未死者，元气耳。"积退而迎医诊药。廿八日晚泊，问："何地？"侍者曰："青龙铺。"明日，先生召积入。久之，开目视曰："吾去矣！"积泣下，问："何遗言？"先生微哂曰："此心光明，亦复何言！"顷之，瞑目而逝，二十九日辰时也。赣州兵备门人张思聪追至南安，迎入南野驿，就中堂沐浴衾敛如礼。先是先生出广，布政使门人王大用备美材随舟。思聪亲敦匠事，铺梱设褥，表里裼袭。门人刘邦采来奔丧事。十二月三日，思聪与官属师生设祭入棺。明日，舆榇登舟。士民远近遮道，哭声振地，如丧考妣。至赣，提督都御史汪鋐迎祭于道，士民沿途拥哭如南安。至南昌，巡按御史储良材、提学副使门人赵渊等请改岁行，士民昕夕哭奠。

译文

十一二十五日，先生乘船经梅岭到南安。临行前弟子南安推官周积前来拜见。先生从床上坐起，咳喘不停。慢慢问道："你治学近况如何？"周积回答了一些政务上的事。随后回问先生身体如何。先生回答说："我的病情已十分严重，仅剩一点元气维持最后的生命了。"周积随后退下并请大夫为先生诊治。二十八日晚船靠岸休息，先生问侍者："到什么地方了？"侍者回答说："到了青龙铺。"第二天，先生叫周积前去相见。周积在床边守候良久，先生才睁开眼睛说："我已时日无多，这就要离开了。"周积听后悲从中来，泪流满面地问先生："您有什么遗言要留下吗？"先生微微笑道："如今心学已经昌明，我也没什么遗憾了！"过了一会，先生闭上眼睛安详离世，此时是十一月二十九日辰时。先生弟子赣州兵备张思聪闻讯追到南安，迎先生遗骸入南野驿，在驿站中堂为先生装殓并操办后事。先生离开广州时，弟子布政使王大用在船上准备了上好的木材备用。张思聪亲自监督丧仪所需各项的棺椁、被褥、寿衣等物品的制作和采买。门人刘邦采也前来奔丧。十二月初三，张思聪和先生同行的属吏官员及前来吊唁祭拜的师生共同为先生设立丧仪，陈设祭品，为先生入棺。第二天，送先生灵柩上船返航回家。闻讯而至的各地百姓和学者们都为先生的离世悲恸大哭，就好像自己的父母去世了一样。到了赣州，提督都御史汪鋐在路边迎接先生灵柩，沿途前来送别先生的百姓也像南安百姓一样失声痛哭。到了南昌，巡按御史储良材、先生门人提学副使赵渊等请求在南昌停灵，第二年再出发，前来祭拜的学者和百姓的哭声终日不停。

八年己丑正月，丧发南昌。

译文

嘉靖八年，岁在己丑（1529），正月，先生灵柩从南昌出发。

是月连日逆风，舟不能行。赵渊祝于柩曰："公岂为南昌士民留耶？越中子弟门人来候久矣。"忽变西风，六日直至弋阳。先是德洪与畿西渡钱塘，将入京殿试，闻先生归，遂迎至严滩，闻讣，正月三日成丧于广信，讣告同门。是日，正宪至。初六日，会于弋阳。初十日，过玉山，弟守俭、守文，门人栾惠、黄洪、李珙、范引年、柴凤至。

译文

从正月开始，连续好几日江上吹的都是逆风，船只无法出行。赵渊在灵柩前跪拜祈祷道："先生怎么能一直为南昌百姓留在这里呢？越城师友来接您回家，已经等候您多时了。"说完风向忽然转为了西风，正月初六灵船到达弋阳。之前我（钱德洪）和王畿西渡钱塘，准备进京参加殿试，听闻先生返程，于是立刻前往严滩准备迎接先生，却听到了先生去世的噩耗，于是正月初三在广信齐备居丧之礼，并将此消息告诉了同门。当天，先生的儿子正宪也到了。正月初六，众人在弋阳迎接到先生的灵柩。正月初十先生灵柩到玉山，他的弟弟王守俭、王守文，门人栾惠、黄洪、李珙、范引年、柴凤奔丧到达玉山。

二月庚午，丧至越。

译文

二月庚午日，先生灵柩到达越城。

四日，子弟门人奠柩中堂，遂饰丧纪，妇人哭门内，孝子正宪携弟正亿与亲族子弟哭门外，门人哭幕外，朝夕设奠如仪。每日门人来吊者百余人，有自初丧至卒葬不归者。书院及诸寺院聚会如师存。是时朝中有异议，爵荫赠谥诸典不行，且下诏禁伪学。詹事黄绾上疏曰："忠臣事君，义不苟同；君子立身，道无阿比。臣昔为都事，今少保桂萼时为举人，取其大节，与之交友。及臣为南京都察院经历，见大礼不明，相与论列。相知二十余年，始终无间。昨臣荐新建伯王守仁堪以柄用，萼与守仁旧不相合，因不谓然，小人乘间构隙。然臣终不以此废萼平生也。但臣于事君之义，立身之道，则有不得不明者。臣所以深知守仁者，盖以其功与学耳。然功高而见忌，学古而人不识，此守仁之所以不容于世也。盖其功之大者有四：其一，宸濠不轨，谋非一日，内而内臣如魏彬等，嬖幸如钱宁、江彬等，文臣如陆完等，为之内应；外而镇守如毕真、刘朗等，为之外应，故当时中外诸臣，多怀观望。若非守仁忠义自许，身任讨贼之事，不顾赤族之祸，倡义以勤王，运筹以伐谋，则天下安危未可知。今乃皆以为伍文定之功，是轻发纵而重走狗，岂有兵无胜算，而濠可徒搏而擒者乎？其二，大帽、茶寮、浰头、桶冈诸贼寨势连四省，兵连累岁。若非蚤平，南方自此多事。守仁临镇，次第底定。其三，田州、思恩构衅有年，事不得息，民不得已，故起守仁以往，定以兵机，感以诚信，乃使卢、王之徒崩角来降，感泣受杖，遂平一方之难。其四，自来八寨为两广腹心之疾，其间守戍官军，与贼为党，莫可奈何。守仁假永顺狼兵，卢、王降卒，并而袭之，遂去两广无穷之巨害，实得兵法便宜之算。夫兵凶战危，守仁所立战功，皆除大患，卒之以死勤事。夫兵政国之大事，宜为后世法，可以终泯其功乎？其学之大要有三：一曰致良知，实本先民之言，盖致知出于孔氏，而良知出于孟轲性善之论。二曰亲民，亦本先民之言，盖《大学》旧本所谓亲民者，即百姓不亲之亲，凡亲贤乐利，与民同其好恶，而为絜矩之道者是已。此所据以从旧本之意，非创为之说也。三曰知行合一，亦本先民之言，盖知至至之，知终终之，只一事也。守仁发此，欲人言行相顾，勿事空言以为学也。是守仁之学，弗诡于圣，弗畔于道，乃孔门之正传也，可以终废其学乎？然以萼之非守仁，遂致陛下失此良弼，使守仁不获致君尧、舜，谁之过与？臣不敢以此为萼是也。况赏罚者，御世之权。以守仁之功德，劳于王事，乃常典不及，削罚有加，废褒忠之典，倡党锢之禁，非所以辅明主也。守仁客死，妻子孱弱，家童载骨，藁埋空山，鬼神有知，当为恻然。臣实不忍见圣明之世有此事也。假使守仁生于异世，犹当追崇，况在今日哉？且永顺之众，卢、王之徒，素慕守仁威德，如此举措，恐失其望，关系夷情，亦非细故。臣昔与守仁为友，几二十年。一日愤寡过之不能，守仁从而觉之，若有深省，遂复师事之。是臣于守仁，实非苟然相信，如世俗师友者也。臣于君父之前，处师友之间，既有所怀，不敢不尽。昔萼为小人所谗，臣为之愤，既而得白，臣为之喜，固非臣之私也。今守仁之抱冤，亦犹萼之负屈。伏愿扩一视之仁，特敕所司，优以恤典赠谥，仍与世袭，并开学禁，以昭圣政。若此事不明，则萼之与臣，终不能以自忘。故臣敢言及于此，所以尽事陛下之忠，且以补萼之过，亦以尽臣之义也。”疏入，不报。于是给事中周延抗疏论列，谪判官。

译文

二月初四，家中子弟和门人将先生灵柩停放在越城家中正堂举办丧仪，家中妇人在内门悲泣守灵，先生的孝子王正宪带着弟弟王正亿与族中子弟共同在门外悲泣守灵，先生门人在幕外守灵，一日间便按照礼仪布置好了祭奠仪式。每天都有上百门人前来吊唁先生，有的甚至从先生去世一直到下葬都守在灵前不曾回家。先生去世后，书院和各个寺院的讲学聚会依然照常举行，就好像先生在世时那样。当时朝中有一些对先生的非议，因此对先生的赐谥恩典都没能照常进行，朝廷甚至将先生的心学称为伪学，下令禁止。詹事黄绾上疏说：“作为侍奉君王的忠臣，臣基于道义不能轻易同意此举；基于君子立身之道不能偏袒勾结。臣当初担任都事一职时，如今的少保桂萼当时还是举人，臣因觉得他有临难不苟的节操，因此与他相交。后来臣任南京都察院经历，见圣学礼仪日渐埋没，还与他共同谈论过这个问题。与其相交相知二十余年，一直亲密无间。昨日臣上疏举荐新建伯王守仁有大才值得被信任重用，桂萼和王守仁旧日里便观点有不合之处，因此持不同意见，有小人便趁机离间构陷。但臣从不认为需要因此而中断桂萼未来的发展之路。但是基于为臣忠君的大义上和为人立身之道，臣却有一些肺腑之言想要敬告陛下。臣对王守义知之甚深只因敬佩他的学问与功劳。而他却因功劳过大而被猜忌，因学问过于精深近乎圣贤而不被天下人认可，世人因此不容王守仁。他所建巨大功劳有以下四点：其一，朱宸濠一直有不轨之心，筹谋造反并非一日之功，朝中内臣如魏彬等人，受宠之人如钱宁、江彬等人，文臣如陆完等人，都是他的内应；在外的镇守太监如毕真、刘朗等人，则是他的外应，因此当时朝廷内外的众多臣子对此事一直持观望态度，不敢言明。若不是王守仁怀着一颗忠肝义胆挺身而出，担起率兵讨伐这一重任，不顾可能招致的灭族之祸，倡行大义带兵勤王，运筹帷幄最终平定叛乱，那江山社稷和天下百姓是否能安定如初尚未可知。如今朝廷众人却将此事功劳归于伍文定，这岂不是对指挥调度之人的功劳轻轻揭过，而重赏那些小人走狗，难道没有精密制定的作战计划指挥军队，朱宸濠等一众反贼就能被擒获吗？其二，大帽、茶寮、浰头、桶冈等地的山贼气焰嚣张，侵袭四省百姓，官府不得不积年累月出兵征剿。若不能剿杀平定，南方从此以后一定会多生事端。王守仁前去镇守后，依次将其剿杀殆尽。其三，田州、思恩两地部族相互挑衅交战已有数年，战火不熄，百姓生活不得安宁，因此朝廷派王守仁前往，带兵伺机平定动乱，王守仁却用诚信感化他们，使得卢苏、王受等人纷纷前来归降，并自愿接受杖刑责罚且对朝廷感恩戴德，如此不动干戈便平定了一方动乱。其四，八寨匪寇一直以来都是两广心腹大患，当地一些守戍官军勾结匪贼，使得官府对其无可奈何。王守仁借永顺狼兵和卢苏、王受带来的归降兵马，出其不意地攻打他们，终于剿灭了危害两广百姓的一个巨大祸患，实在是合乎时宜的用兵之道。战事往往凶险可怕，王守仁所立的赫赫战功，无一不为国家消除了心腹大患，他最终也以死殉国。兵政乃国之大事，朝廷应为后世做出表率，怎么能就此抹杀了他的功劳？他在学问上的巨大贡献有三：第一是致良知之说，这本就是先贤所提出的，因为致知是由孔子提出的，良知源于孟子的性善论。第二是亲民，这也是先贤的学说，《大学》旧本中所说的亲民，是对待百姓如自己的亲人一样，让他们都获得快乐幸福，和百姓有一样的好恶之心，这些才是制定礼仪道德之人应当做到的。他只是遵从了古本《大学》中的观点，这并非他自创的说法。第三是知行合一，这也是先贤的学说。知道自己能达到什么样的程度就努力去达成，明白了大道的终点是什么便努力不懈朝终点前行，二者本来就是一回事。王守仁阐发这一理论，是希望世人能同时关注到自己的言行，不要把空谈当成学问。因此王是守仁的学说，与圣学并不违背，与大道也不背离，乃是孔门正传，怎么能废除终止他的学说传播呢？如今因为桂萼对王守仁的非议诽谤，导致陛下失去了这一良臣，使王守仁不能侍奉英明如尧、舜的陛下，这究竟是谁的过错？对于桂萼的说法我不敢苟同。何况赏罚一事，本就是皇上的权力。王守仁为朝廷奔波立下的汗马功劳世属罕见，他却想要削其爵，废除忠臣良将应得的赏赐恩典仪式，支持奸人党羽的构陷阻挠之言，这并不是辅佐圣明君主应有的方式。王守仁客死他乡，家中只留下幼子寡妻，只能由幼子扶灵葬其于山野，若是鬼神有知，也会为之恻然。臣实在不忍心看到在英明神武的陛下治理下的太平盛世出现这样的惨状。若王守仁生于其他时代，必定会得到世人尊崇，更何况是在如今的盛世中？而且永顺的百姓和卢苏、王受等人，一直以来都仰慕感激王守仁的威德，若是得知朝廷这样对待王守仁，恐怕他们会对朝廷大失所望，这关系到边疆各部族的安定与否，绝非小事。臣之前和王守仁相交相知近二十年。有一次对其想要弃官归隐的想法愤怒地表达了不赞同，他听从臣的话幡然醒悟，经过深刻反省后重新回到军中担起了自己的责任。因此我对王守仁并非随随便便就有了这样的信任，而是因为我们像世间所有相交甚深的师友一样彼此了解。臣于公为陛下的臣子，于私与王守仁有着师友情谊，不敢不将自己的真实想法敬告陛下。之前桂萼被小人谗言构陷，臣替他感到愤怒，后来他得以洗白冤屈，臣也替他感到欣喜，并非臣的私心作祟。如今王守仁也被谗言构陷，于臣而言，就如同当初桂萼蒙冤负屈一样。恳请陛下明察秋毫，一视同仁，下诏相关部门对其加以抚恤恩典，加以赠谥，让其子孙仍旧能世袭封号，并放开心学禁令，以昭显陛下圣断英明。若是此事不能得到正确的决断，那么臣和桂萼等人，一生也不能原谅自己。因此臣说此肺腑之言是为了尽为人臣子忠心耿耿的本分，也想以此来弥补桂萼的过错，同时尽到臣心中大义所当为之事。”奏疏上呈之后，没有得到批复。后来给事中周延向皇帝上书检举弹劾，被贬谪为判官。

十一月，葬先生于洪溪。

译文

十一月，先生在洪溪下葬。

是月十一日发引，门人会葬者千余人，麻衣衰屦，扶柩而哭，四方来观者莫不交涕。洪溪去越城三十里，入兰亭五里，先生所亲择也。先是前溪入怀，与左溪会冲，啮右麓，术者心嫌，欲弃之。有山翁梦神人绯袍玉带立于溪上，曰：“吾欲还溪故道。”明日雷雨大作，溪泛，忽从南岸，明堂周阔数百尺，遂定穴。门人李珙等筑治更番，昼夜不息者月余，而墓成。

译文

十一月十一日先生发引，一千多门人前来参加先生的葬礼，全都身着丧服草鞋，扶着灵柩哀声哭泣，各地前来参加葬礼的人纷纷伤心流泪。洪溪距离越城三十里，离兰亭五里，是先生亲自为自己选择的墓地。这里有前溪流入并和左溪交汇，侵蚀了右边的山脚，风水师对此地十分嫌弃，想要放弃此地另择他处。恰好有一位山翁梦到有一个仙人身着红衣玉带站在溪上，说：“我将要让河流改道原来的河道。”第二天雷雨大作，溪水上涨，河流忽然改道至南岸，阴宅附近有了数百尺的宽阔空间，于是最终定下来先生的墓地所在。门人李珙等人轮流修筑墓室，经过一个多月昼夜不停地赶工才建好。

卷之三十五　附录四　年谱附录一

嘉靖九年庚寅五月，门人薛侃建精舍于天真山，祀先生。

译文

嘉靖九年庚寅（1530）五月，门人薛侃在天真山建造精舍，祭祀先生。

天真距杭州城南十里，山多奇岩古洞，下瞰八卦田，左抱西湖，前临胥海，师昔在越讲学时，尝欲择地当湖海之交，目前常见浩荡，图卜筑以居，将终老焉。起征思、田，洪、畿随师渡江，偶登兹山，若有会意者。临发以告，师喜曰："吾二十年前游此，久念不及，悔未一登而去。"至西安，遗以二诗，有"天真泉石秀，新有鹿门期"及"文明原有象，卜筑岂无缘"之句。侃奔师丧，既终葬，患同门聚散无期，忆师遗志，遂筑祠于山麓。同门董沄、刘侯、孙应奎、程尚宁、范引年、柴凤等董其事，邹守益、方献夫、欧阳德等前后相役，斋庑庖湢具备，可居诸生百余人。每年祭期，以春秋二仲月仲丁日，四方同志如期陈礼仪，悬钟磬，歌诗，侑食。祭毕，讲会终月。

天真山距杭州城南十里，山上多奇特的岩石、古洞，山下有八卦田，山

左环绕着西湖，山前正对着胥海。先师在绍兴讲学时，曾想挑选一块在江海交汇处，并能看见壮阔水势的地方，计划在那儿择地建房，用以终老。先师起复，征讨思恩、田州之乱时，钱德洪、王畿追随先师渡江，偶然登上天真山，像是有所意会。临近出发，将这件事禀告了先师，先师欢喜地说："我二十年前游览此地，一直想去登临天真山，却不能成行，后悔没有一游便离去了。"到了西安，先师为天真山写诗两首，诗中有"天真泉石秀，新有鹿门期"及"文明原有象，卜筑岂无缘"的句子。薛侃从外地赶来料理老师的丧事，完成葬礼后，担忧同门们自此离散，又想到老师留下的志愿，于是在天真山脚下，修筑祠堂。同门董沄、刘侯、孙应奎、程尚宁、范引年、柴凤等人主管此事，邹守益、方献夫、欧阳德等人，先后为此事奔劳。而精舍里学舍、廊庑、厨房、浴室一应俱全，可以容纳百余位学生。每年定期举行祭祀，在春秋两季仲月的丁日（即农历春秋两季第二个月的第二个丁日），各地志同道合之士，如期陈设礼仪，悬挂钟磬，歌咏诗章，供奉祭品。祭祀完毕后，则讲经说法一月。

十年辛卯五月，同门黄弘纲会黄绾于金陵，以先生胤子王正亿请婚。

译文

嘉靖十年辛卯（1531）五月，同门黄弘纲在南京会见黄绾，替先生长子王正亿求婚。

先是师殡在堂，有忌者行谮于朝，革锡典世爵。有司默承风旨媒孽其家，乡之恶少遂相煽，欲以鱼肉其子弟。胤子正亿方四龄，与继子正宪离仳窜逐，荡析厥居。明年夏，门人大学士方献夫署吏部，择刑部员外王臣升浙江佥事，分巡浙东，经纪其家，奸党稍阻。弘纲以洪、畿拟是冬赴京殿试，恐失所托。适绾升南京礼部侍郎，弘纲问计。绾曰："吾室远莫计，有弱息，愿妻之。情关至戚，庶得处耳。"是月，洪、畿趋金陵为正亿问名。绾曰："老母家居，未得命，不敢专。"洪、畿复走台，得太夫人命，于是同门王艮遂行聘礼焉。

译文

此前，先师还在中堂停灵，就有忌妒他的人，向朝廷诬陷，于是他被收回赏赐并剥夺了世袭的爵位。有司默承君主旨意，诬陷王阳明家族，乡里的无赖于是互相煽动，想要残害先生的家人。王阳明亲子王正亿，才四岁，便和养子王正宪四处逃散，不得安居。第二年夏天，门人大学士方献夫暂代吏部，挑选刑部员外王臣升，任浙江佥事，分管巡视浙东，请他料理先生的家事，奸党才稍稍收敛。黄弘纲因为钱德洪、王畿打算在这年冬天赴京参加殿试，担忧先师的家人从此失去依靠。恰逢黄绾升任南京礼部侍郎，黄弘纲便向他请教办法。黄绾说："我家离得远，没什么好办法（鞭长莫及），但有个女儿，愿意嫁给他们家。如此，先生的家事便关乎至亲，我差不多就能处置了。"同月，钱德洪、王畿到南京替王正亿问名。黄绾说："老母亲尚在，未得母命，不敢自作主张。"钱德洪、王畿又奔赴台州，得太夫人同意，然后同门王艮，替王正亿完成了聘礼。

十一年壬辰正月，门人方献夫合同志会于京师。

译文

嘉靖十一年壬辰（1532）正月，门人方献夫在京师会集同志。

自师没，桂萼在朝，学禁方严。薛侃等既遭罪谴，京师讳言学。至是年，编修欧阳德、程文德、杨名在翰林，侍郎黄宗明在兵部，戚贤、魏良弼、沈谧等在科，与大学士方献夫俱主会。于时黄绾以进表入，洪、畿以趋廷对入，与林春、林大钦、徐樾、朱衡、王惟贤、傅颐等四十余人始定日会之期，聚于庆寿山房。

译文

自从先生去世，桂萼在朝当权，禁止王学的命令正严厉。薛侃等人被责罚后，京师正忌讳谈说王学。到了这一年，编修欧阳德、程文德、杨名在翰林院，侍郎黄宗明在兵部，戚贤、魏良弼、沈谧等人在科，这些人与大学士方献夫一同主持集会。这时黄绾因进呈表文入京，钱德洪、王畿因参加殿试结伴入京，就与林春、林大钦、徐樾、朱衡、王惟贤、傅颐等四十多人，商定了相会的时间，在庆寿山房相聚。

九月，正亿趋金陵。

译文

九月，王正亿前往南京。

正亿外侮稍息，内衅渐萌，深居家扃，同门居守者或经月不得见，相怀忧逼。于是同门佥事王臣、推官李逢，与欧阳德、王艮、薛侨、李珙、管州议以正亿趋金陵，将依舅氏居焉。至钱塘，恶少有蹑其后载者。迹既露，诸子疑其行。请卜，得鼎二之上吉，乃佯言共分胤子金以归。恶党信为实，弛谋。有不便者，遂以分金腾谤，流入京师。臣以是被中黜职。

译文

王正亿外部的侮辱稍稍停息，家族内部的问题又渐渐萌生，他深居简出。留置守护的同门，有时整月见不到他，甚是担忧想念。于是同门佥事王臣、推官李逢，与欧阳德、王艮、薛侨、李珙、管州等人商议决定，携正亿前往南京，投靠舅父。行至钱塘，发现有跟踪正亿而来的恶人。行迹暴露后，众人担忧路途不安全，于是占卜（问吉凶），占得鼎二这样的上吉卦象，就假装分了正亿的钱回家。恶人们信以为真，不再图谋不轨。不幸的是，有人利用分金的事大加诽谤，最后流言传入京师，王臣因此被免职。

十二年癸巳，门人欧阳德合同志会于南畿。

译文

嘉靖十二年癸巳（1533），门人欧阳德会合同志，在南京集会。

自师没，同门既襄事于越，三年之后归散四方，各以所入立教，合并无时。是年，欧阳德、季本、许相卿、何廷仁、刘旸、黄弘纲嗣讲东南，洪亦假事入金陵。远方志士四集，类萃群趋，或讲于城南诸刹，或讲于国子鸡鸣，倡和相稽，疑辩相绎，师学复有继兴之机矣。

译文

自从先生亡故，同门在绍兴先师家中料理了家事，三年之后，又各自归去，离散四方，并各以所学立教，就不知道什么时候能再次集会了。而这一年，欧阳德、季本、许相卿、何廷仁、刘旸、黄弘纲等人，在东南地区继续讲学；钱德洪也假借事由进入南京；远方志士从四方会合，各地精英汇聚。他们或在城南寺庙中讲学，或在国子鸡鸣中讲学，相互交流切磋，不停地探讨、辩论。于是先师的学问有了继承复兴的机会。

十三年甲午正月，门人邹守益建复古书院于安福，祀先生。

译文

嘉靖十三年甲午（1534）正月，门人邹守益在安福建立复古书院，祭祀先生。

师在越时，刘邦采首创惜阴会于安福，间月为会五日，先生为作《惜阴说》。既后，守益以祭酒致政归，与邦采、刘文敏、刘子和、刘阳、欧阳瑜、刘肇衮、尹一仁等建复古、连山、复真诸书院，为四乡会。春秋二季，合五郡，出青原山，为大会。凡乡大夫在郡邑者，皆与会焉。于是四方同志之会相继而起，惜阴为之倡也。

译文

先师在浙江时，刘邦采在安福首创惜阴会，每隔一月集会五天，先生为此写作《惜阴说》。之后，邹守益从国子祭酒的职位上告老还乡，与刘邦采、刘文敏、刘子和、刘阳、欧阳瑜、刘肇衮、尹一仁等人，建立复古书院、连山书院和复真书院，创办四乡集会。春秋两季，联合五郡人士，从青原山出来，举办大型集会。所有当地的乡大夫都会参加集会。于是各地同志的集会不断兴起，这种风尚是由惜阴会发起的。

三月，门人李遂建讲舍于衢麓，祀先生。

译文

三月，门人李遂在衢麓建立讲舍，祭祀先生。

先自师起征思、田，舟次西安，门人栾惠、王玑等数十人雨中出候，师出天真二诗慰之。明年师丧，还玉山，惠偕同门王修、徐霈、林文瓛等迎榇于草萍驿，凭棺而哭者数百人。至西安，诸生追师遗教，莫知所寄。洪、畿乃与玑、应典等定每岁会期。是年遂为知府，从诸生请，筑室于衢之麓。设师位，岁修祀事。诸生柴惟道、徐天民、王之弼、徐惟缉、王之京、王念伟等，又分为龙游、水南会，徐用检、唐汝礼、赵时崇、赵志皋等为兰西会，与天真远近相应，往来讲会不辍，衢麓为之先也。

译文

此前先师起复，征思恩、田州之乱，船行至西安，门人栾惠、王玑等几十人，在雨中等候，先师就写了两首关于天真的诗来安慰他们。第二年，先生去世，送葬的队伍来到玉山，栾惠偕同门王修、徐霈、林文瓒等人，在草萍驿迎灵，几百人对着先师棺木痛哭。到了西安，诸生追念先师教诲，不知如何寄托哀思。于是钱德洪、王畿就和王玑、应典等人商定，每年定期集会。同年，李遂任衢州知府，听从众人请求，在衢麓修筑讲舍，摆放先师牌位，并每年举行祭祀。诸生柴惟道、徐天民、王之弼、徐惟缉、王之京、王念伟等人，又分别组成龙游会、水南会；徐用检、唐汝礼、赵时崇、赵志皋等人，组成兰西会；与天真山精舍远近相应，不断地往来讲学。这种模式是由衢麓讲舍首先倡导的。

五月，巡按贵州监察御史王杏建王公祠于贵阳。

译文

五月，巡按贵州监察御史王杏，在贵阳建立王公祠。

师昔居龙场，诲扰诸夷，久之，夷人皆式崇尊信。提学副使席书延至贵阳，主教书院。士类感德，翕然向风。是年杏按贵阳，闻里巷歌声，蔼蔼如越音，又见士民岁时走龙场致奠，亦有遥拜而祀于家者，始知师教入人之深若此。门人汤哻、叶梧、陈文学等数十人请建祠以慰士民之怀。乃为赎白云庵旧址立祠，置膳田以供祀事。杏立石作《碑记》。记略曰："诸君之请立祠，欲追崇先生也。立祠足以追崇先生乎？构堂以为宅，设位以为依，陈俎豆以为享祀，似矣。追崇之实，会是足以尽之乎？未也。夫尊其人，在行其道，想像于其外，不若佩教于其身。先生之道之教，诸君所亲承者也。德音凿凿，闻者饫矣；光范丕丕，炙者切矣；精蕴渊渊，领者深矣。诸君何必他求哉！以闻之昔日者而倾耳听之，有不以道，则曰：'非先生之法言也，吾何敢言？'以见之昔日者而凝目视之，有不以道，则曰：'非先生之德行也，吾何敢行？'以领之昔日者而潜心会之，有不以道，则曰：'非先生之精思也，吾何敢思？'言先生之言，而德音以接也；行先生之行，而光范以睹也；思先生之思，而精蕴以传也，其为追崇也何尚焉！"

译文

先师过去在龙场生活时，教诲少数民族，时间长了，少数民族的人民都推崇他，并以他为模范，尊重且信服他。提学副使席书，邀请先生到贵阳，在书院主持教育。士人们受道德感化，都称赞、佩服不已。同年，王杏在贵阳巡视，听到巷子中有歌声，婉转动听，像越地的音乐；又发现当地的士人百姓每年前往龙场，祭奠先师，还有在家中祭祀而遥拜的人。这才明白，先师的教化已经这样深入人心了。门人汤哻、叶梧、陈文学等几十人，请求建立祠堂来慰藉士人、百姓怀念先生的心情。于是赎回白云庵旧址，建立祠堂，购置膳田，来供养祭祀之事。王杏为之立碑，并作《碑记》。《碑记》大略写道："各位请求建立祠堂，是想要追崇先生。那么建立祠堂就足以追崇先生了吗？建造屋室作为他的宅子，设立牌位作为他的依托，陈列俎豆作为他的祭祀礼器，差不多是追崇的样子了。可追崇的实质，这样做就足够了吗？不是这样的。尊崇一个人，在于能够践行他的学说。在外物上想象、寄托，不如在自身上体现他的教诲。先生的教导，是大家亲自领受的。先师的教诲蕴含着崇高的道德，听懂的人能滋养自身；先师的光彩仪容盛大耀人，感受到的人会变得恳切；先师的学说含义精深，领悟到的人会变得深沉。各位何必向外寻求！用过去所听闻的大道侧耳倾听，有不符合道的，就说：'这不是先生所倡导的大道，我怎么敢谈论呢？'用过去所看到的凝目观察，有不符合道的，就说：'这不是先生的德行，我怎么敢实行呢？'用过去领悟的在心中默默熏陶，有不符合道的，就说：'这不是先生的思想，我怎么敢胡思乱想呢？'说先生说的话，美好的言论就能接续；做先生做的事，盛大的光彩就能被看到；思想先生的思想，精深广大的思想就能流传。

这才是真正的追崇，还要崇尚什么呢？”

十四年乙未，刻先生《文录》于姑苏。

译文

嘉靖十四年乙未（1535），在姑苏刊刻先生《文录》。

先是洪、畿奔师丧，过玉山，检收遗书。越六年，洪教授姑苏，过金陵，与黄绾、闻人诠等议刻《文录》。洪作《购遗文疏》，遣诸生走江、浙、闽、广、直隶搜猎逸稿。至是年二月，鸠工成刻。

译文

此前，钱德洪、王畿奔丧，路过玉山，收集了老师的遗留文稿。过了六年，钱德洪在姑苏教书，路过南京，同黄绾、闻人诠等人商议，刊刻先生的《文录》。钱德洪又写了求购先生遗稿的疏文，派诸生前往江西、浙江、福建、广东、直隶等地搜集遗稿。到这年二月，聚集工匠，完成了刊刻。

巡按直隶监察御史曹煜建仰止祠于九华山，祀先生。

译文

巡按直隶监察御史曹煜，在九华山建立仰止祠，祭祀先生。

九华山在青阳县，师尝两游其地，与门人江□、柯乔等宿化城寺数月。寺僧好事者，争持纸索诗，通夕洒翰不倦。僧蓄墨迹颇富，思师夙范，刻师像于石壁，而亭其上，知县祝增加葺之。是年煜因诸生请，建祠于亭前，扁曰仰止。邹守益捐资，令僧买赡田，岁供祀事。越隆庆戊辰，知县沈子勉率诸生讲学于斯，增葺垣宇赡田。煜祭文见《青阳志》。

译文

九华山位于青阳县，先师曾经两次游览九华山，与弟子江□、柯乔等人在化城寺，流连数月。寺里有好事的僧人，争着拿纸笔向先师索诗，先师就整晚挥笔不停。于是僧人们收藏了很多先师的墨宝，想到先师昔日的风采，就在石壁上雕刻了先师塑像，并在上面修建了亭子。后来知县祝增又进行了修葺。同年，曹煜应诸生的请求，在亭子前面建立了祠堂，题匾为

“仰止”。邹守益出资，让僧人们购买赡田，用以每年供奉祭祀。到了隆庆二年，戊辰（1568），知县沈子勉，率领诸生在此讲学，增修房屋，购买赡田。曹煜所写祭文在《青阳志》里可以看见。

十五年丙申，巡按浙江监察御史张景、提学佥事徐阶，重修天真精舍，立祀田。

译文

嘉靖十五年丙申（1536），巡按浙江监察御史张景、提学佥事徐阶，重新修葺天真精舍，购买祀田。

门人礼部尚书黄绾作《田记》。《记》曰：“今多书院，兴必由人，或仕于斯，或游于斯，或生于斯，或功德被于斯。必其人实有足重者，表表在人，思之不见，而后立书院以祀之。聚四方有志，树之风声，讲其道以崇其化。浙江之上龙山之麓，有曰天真书院，立祀阳明先生者也。盖先生尝游于斯，既没，故于斯创精舍，讲先生之学，以明先生之道。夫人知之，岂待予言哉？正德己卯，宁濠之变，起事江右，将窥神器，四方岌岌，日危于死。浙为下游，通衢八道，财赋称甲，濠意欲先得之。故阴置腹心，计为之应。因先生据其上游，奋身独当之，濠速败，浙赖以宁，卒免锋刃荼毒之苦，皆先生之功也。则今日书院之创，非徒讲学，又以明先生之功也。书院始于先生门人行人薛侃、进士钱德洪、王畿，合同志之资为之。继而门人佥事王臣、主事薛侨，有事于浙，又增治之，始买田七十余亩。蒸尝辑理，岁病不给。侍御张君按浙，乃跻书院而叹曰：‘先生之学，论同性善。先生之功，存于社稷。皆所宜祀，矧覆泽兹土尤甚，恶可忽哉！’乃属提学佥事徐君阶，命绍兴推官陈让，以会稽废寺田八十余亩为庄，属之书院。又出法台赎金三百两，命杭州推官罗大用及钱塘知县王钎买宋人所为龟畴田九十余亩以益之。于是需足人聚，风声益树，而道化行矣。昔宋因书院而为学校，今于学校之外复立书院，盖久常特新之意与？予尝登兹山，坐幽岩，步危磴，俯江流之洄浙，引苍渤之冥茫，北览西湖，南目禹穴，云树苍苍，晴岚窅窅。于是怆然而悲，悄然而戚，恍见先生之如在而能不忘也。乃知学校之设既远，远则常，常则玩，玩则怠，怠则学之道其疏乎？书院之作既近，近则新，新则惕，惕则励，励则学之道其修乎？兹举也，立政立教之先务，益于吾浙多矣。”

译文

门人礼部尚书黄绾写作《田记》。《田记》的内容是：“现在有很多书院，这些书院必然是因为人而兴起的。有的人从这里出去做官，有的人在这里游学，有的人出生在这里，有的人对这里有功德。一定是因为这个人有能够被人尊重的地方，并能在众人中作为表率，众人思慕却再也见不到他，这样以后，才会建立书院来祭祀他，汇聚四方的有志之士，建立好的教化，树立好的风气，宣讲大道，推行教化。浙江龙山山麓，有一个天真书院，是用来祭祀阳明先生的。大概是因为先生曾经在此游览，等到先生去世，就在此地创建精舍，讲授先生的学说，阐明先生的大道，这是大家都明白的，哪里需要我来说呢？正德十四年己卯（1519），宁王朱宸濠叛变，在江右起事，想要觊觎皇位，天下岌岌可危，每天都有国家倾覆的风险。浙江在长江下游，处在交通连接的地方，财政赋税又是全国第一，朱宸濠就想要首先攻占浙江。暗中在那里安置心腹，计划作为他的内应。因为先生在长江上游据守，孤军抵挡叛军，所以朱宸濠迅速落败，而浙江赖以安宁，最终人们能够免受兵刃的荼毒，都是先生的功劳。那么，今天建立书院，不仅仅是为了讲学，也是为了表彰先生的功绩。书院是由先生的弟子，行人薛侃、进士钱德洪、进士王畿汇合同志们的资助而建成的。不久，先生的弟子佥事王臣、主事薛侨在浙江任职，又扩建了书院，并且购买了七十多亩赡田。后来，祭祀的管理开支，因年成不好而不能供给。侍御张君巡按浙江时，站在书院里就叹息说：‘先生的学说，价值等同于孟子的性善论；先生的功绩，和国家社稷连在一起。这都是先生应该被祭祀的原因。更何况这片土地，沐浴先生恩德格外多，怎么可以忽视祭祀呢？’于是嘱托提学佥事徐阶，让绍兴推官陈让，把会稽废弃的八十亩寺田作为田庄，送给书院。又拿出法台赎金三百两，让杭州推官罗大用，和钱塘知县王钺，购买九十多亩宋朝人所创立的龟畴田，来增加书院的收入。于是物资充足，士人汇聚，良好的风气得到了建立，大道的教化得到了推广。曾经宋人依托书院而建立学校，现在今人在学校之外又建立书院，是特地在长久不变的事物中增加新意吗？我曾经游览过天真山。或坐在幽深的岩石上，或踏上陡峭的石阶；俯瞰江流，在浙江回旋；远眺渤海，苍茫无际；北边看去，欣赏西湖美景；南面看去，浏览大禹墓穴；云与树一片苍茫，天与云一同远去。于是内心悲怆，没有言语，恍惚间仿佛感觉先生还活着，使人不能忘怀。于是明白学校设立的时间长了，大家就觉得寻常，大家觉得寻常就会疏忽，疏忽就会懈怠，懈怠就会学问稀松了吧？书院的兴起是最近的事情，大家就会觉得新鲜，觉得新鲜就会谨慎，谨慎就会勤勉，勤勉就会学问修明了吧？建立书院这一举措，是确立为政之道和树立教化的前提，对我们浙江的发展很有好处。”

十六年丁酉十月，门人周汝员建新建伯祠于越。

译文

嘉靖十六年丁酉（1537）十月，门人周汝员在浙江建立新建伯祠。

是年汝员以御史按浙。先是师在越，四方同门来游日众，能仁、光相、至大、天妃各寺院，居不能容。同门王艮、何秦等乃谋建楼居斋舍于至大寺左，以居来学。师没后，同门相继来居，依依不忍去。是年，汝员与知府汤绍恩拓地建祠于楼前，取南康蔡世新肖师像，每年春秋二仲月，郡守率有司主行时祀。

译文

这年，周汝员以御史身份巡按浙江。之前，先师在浙江，每天都有各地同门前来，能仁、光相、至大、天妃各寺院，居住不下这么多人。同门王艮、何秦等人，就计划在至大寺左侧修建宿舍楼，供前来学习的人居住。先师去世后，同门相继前来居住，不舍离去。同年，周汝员和知府汤绍恩，在宿舍楼前开拓土地，修建祠堂，供奉南康蔡世新所画的先师遗像，每年春、秋两季的第二个月，郡守会率领有司，主持祭祀。

十一月，佥事沈谧建书院于文湖，祀先生。

译文

十一月，佥事沈谧在文湖建立书院，祭祀先生。

文湖在秀水县北四十里，广环十里，中横一州，四面澄碧，书院创焉。谧初读《传习录》，有悟师学，即期执贽请见。师征思、田，弗遂。及闻讣，追悼不已。后为行人，闻薛子侃讲学京师，乃叹曰："师虽没，天下传其道者尚有人也。"遂拜薛子，率同志王爱等数十人讲学于其中，置田若干亩以赡诸生。是年，巡按御史周汝员立师位于中堂，春秋二仲月，率诸生虔祀事，歌师诗以侑食。既后，谧起佥江西，为师遍立南、赣诸祠。比没，参政孙宏轼、副使刘悫设谧位，附食于师。谧子进士启原增置赡田，与爱等议附薛子位。祭期定季丁日，同志与祭天真者俱趋文湖，于今益盛。

译文

文湖在修水县北四十里，湖水直径十里，湖中有一块小州，小州四面澄碧，而书院就建在那里。沈谧第一次读《传习录》时，就对先生的学说有所感悟，立即带着礼物，请求拜见先生。可先生正在征讨思田之乱，所以沈谧没能见到先生。等他听闻先生去世的消息时，就哀悼不已。之后，沈谧做了行人，听说薛侃在京师讲学，便叹息说："王阳明先生虽已过世，但天下还有人在传授他的大道。"于是拜薛侃为师，带领同门王爱等十几人，在书院中讲学；购置田产若干，供养诸生。同年，巡按御史周汝员，在中堂设立先师牌位，春秋两季的第二个月，率领诸生虔诚地祭祀，歌咏先师的诗歌，一同祭奠先生。此后，沈谧担任江西佥事，在南、赣各地替先师建立祠堂。等到沈谧去世，参政孙宏轼、副使刘悫在先生的祠堂里，增设沈谧的牌位，附祀于先生。沈谧的儿子，进士沈启原，增购了赡田，和王爱等文商议，附祀薛侃牌位，将祭期定在当季最后一个丁日。参加天真精舍祭祀的同志们，都去了文湖书院讲学，而今书院更加昌盛。

十七年戊戌，巡按浙江监察御史傅凤翔建阳明祠于龙山。

译文

嘉靖十七年戊戌（1538），巡按浙江监察御史傅凤翔，在龙山建立阳明祠。

龙山在余姚县治右。辛巳年，师归省祖茔，门人夏淳、孙升、吴仁、管州、孙应奎、范引年、柴凤、杨珂、周于德、钱大经、应扬、谷钟秀、王正心、正思、俞大本、钱德周仲实等，侍师讲学于龙泉寺之中天阁。师亲书三八会期于壁。吴仁聚徒于阁中，合同志讲会不辍。丁亥秋，师出征思、田，每遗书洪、畿，必念及龙山之会。是年传以诸生请建祠于阁之上方，每年春秋二仲月，有司主行时祀。

译文

龙山在余姚县治所的右侧，正德十六年辛巳（1521），先师归乡扫墓探亲，门人夏淳、孙升、吴仁、管州、孙应奎、范引年、柴凤、杨珂、周于德、钱大经、应扬、谷钟秀、王正心、正思、俞大本、钱德周仲实等人，陪侍老师，在龙泉寺中天阁讲学。先师亲自在墙壁上写下三月、八月相会的日期。吴仁在中天阁中聚集门徒，会合同志，不曾间断讲学。嘉靖六年丁亥（1527），秋天，先师征讨思恩、田州之乱时，每次给钱德洪、王畿写信，都会提到龙山的集会。同年，傅凤翔按照诸生的请求，在中天阁上方修建祠堂。每年春秋两季的第二个月，有司主持祭祀活动。

十八年己亥，江西提学副使徐阶建仰止祠于洪都，祀先生。

译文

嘉靖十八年己亥（1539），江西提学副使徐阶，在洪都建立仰止祠，祭祀先生。

自阶典江西学政，大发师门宗旨，以倡率诸生。于是同门吉安邹守益、刘邦采、罗洪先，南昌李遂、魏良弼、良贵、王臣、裘衍，抚州陈九川、傅默、吴悌、陈介等，与各郡邑选士俱来合会焉。魏良弼立石纪事。

译文

自徐阶担任江西学政以来，大大发扬了王门宗旨，以引领学子。于是同门吉安邹守益、刘邦采、罗洪先，南昌李遂、魏良弼、良贵、王臣、裘衍，抚州陈九川、傅默、吴悌、陈介等人，和各地人才都往这里汇聚。魏良弼立碑记录此事。

吉安士民建报功祠于庐陵，祀先生。

译文

吉安的士人、百姓，在庐陵建立报功祠，祭祀先生。

祠在庐陵城西隅。师自正德庚午莅庐陵，日进父老子弟告谕之，使之息争睦族，兴孝悌，敦礼让，民渐向化。兴利剔蠹，赈疫禳灾，皆有实惠。七越月而去，民追思之。既提督南、赣，扫荡流贼，定逆濠之乱，皆切民命。及闻师讣，丧过河下，沿途哀号，如丧考妣。乃相与筑祠，名曰报功，岁修私祀。后曾孔化、贺钧、周祉、王时椿、时槐、陈嘉谟等相与协成，制益宏丽，春秋郡有司主祀。

译文

祠堂在庐陵城西。先师自正德五年庚午（1510），到了庐陵，每日会见父老子弟，使他们明白道理，让他们停止纷争，亲族和睦，兴起孝悌的情义和敦厚礼让的风俗，而民众日渐变得有教养。先生兴办好事，剔除腐朽，赈济灾疫，祛除不祥，这些都对老百姓有好处。过了七个月，先师离去，百姓都思念他。而先生提督南、赣地区，扫荡流寇，平定宁王之乱，也都是贴近民生的事情。等到百姓听闻先师的讣告，送葬队伍路过河下，百姓就沿途哀号，如丧考妣。于是共同建筑祠堂，取名“报功祠”，每年举行民间祭祀。后来曾孔化、贺钧、周祉、王时椿、时槐、陈嘉谟等人共同参与建设，祠堂的规制更加宏伟壮丽。春秋两季，有司主持祭祀。

十九年庚子，门人周桐、应典等建书院于寿岩，祀先生。

译文

嘉靖十九年庚子（1540），门人周桐、应典等人在寿岩建立书院，祭祀先生。

寿岩在永康西北乡，岩多瑞石，空洞垲爽，四山环翠，五峰前拥。桐、典与同门李珙、程文德讲明师旨。嵌岩作室，以居来学。诸生卢可久、程梓等就业者百有余人。立师位于中堂，岁时奉祀，定期讲会，至今不辍。

译文

寿岩在永康西北方向，寿岩有很多祥瑞的石头，山洞干燥清爽，四周围山环翠，五座山峰挡在前面。周桐，应典和同门李珙、程文德讲学，阐明先师宗旨。将山洞作为居室，供前来学习的学子们居住。诸生卢可久、程梓等前来学习的人，有一百多位。在中堂设立先师牌位，每年按时供奉祭祀，定期讲学集会，至今也没有停止。

二十一年壬寅，门人范引年建混元书院于青田，祀先生。

译文

嘉靖二十一年壬寅（1542），门人范引年在青田建立混元书院，祭祀先生。

书院在青田县治。引年以经师为有司延聘主青田教事，讲艺中时发师旨。诸生叶天秩七十有余人，闻之惕然有感，复肃仪相率再拜，共进师学。又惧师联无所，树艺不固，乃纠材筑室，肖师像于中堂，谓范子之学出于王门，追所自也。范子卒，春秋配食。乞洪作《仰止祠碑记》，御史洪恒纪其详。后提学副使阮鹗增建为心极书院，畿作《碑记》。记略曰："心极之义，其昉诸古乎？孔子《易》有太极，是生两仪，以至定吉凶而生大业，所以通神明之德，类万物之情，而冒天下之道，无非《易》也。《易》者无他，吾心寂感，有无相生之机之象也。天之道为阴阳，地之道为刚柔，人之道为仁义，三极于是乎立。象也者，像此者也。阴阳相摩，刚柔相荡，仁义相禅，藏乎无扃之键，行乎无辙之途，立乎无所倚之地，而神明出焉，万物备焉。故曰：'无思也，无为也，寂然不动，感而遂通天下之故。'此孔子之精蕴也。当时及门之徒，惟颜氏独得其宗。观夫喟然之叹，有曰：'如有所立，卓尔。有无之间不可以致诘，虽欲从之，末由也已。'故曰：'发圣人之蕴，颜子也。'颜子没而圣学遂亡。后千余载，濂溪周子始复追寻其绪，发为'无极而太极'之说，盖几之矣。而后儒纷纷之议，尚未能一无惑乎！千载之寥寥也。盖汉之儒者泥于有象，一切仁义、忠孝、礼乐、教化、经纶之迹，皆认以为定理，必先讲求穷索，执为典要，而后以为应物之则，是为有得于太极似矣，而不知太极为无中之有，不可以有名也。隋、唐以来，老、佛之徒起而攘臂其间，以经纶为糟粕，乃复矫以窈冥玄虚之见，甚至掊击仁义，荡灭礼教，一切归之于无，是为有得于无极似矣，而不知无极为有中之无，非可以无名也。周子洞见二者之弊，转相谬溺，不得已而救之，建立《图说》，以显圣学之宗，定之以中正仁义而主静。中正仁义云者，太极之谓，而主静云者，无极之谓，人极于是乎立焉。议者乃以无极之言为出于老氏，分中正仁义为动静，而不悟主静无欲之旨，亦独何哉？夫自伏羲一画以启心极之原，神无方而易无体，即无极也。孔子固已言之矣，而周子之得圣学之传无疑也。夫圣学以一为要。一者，无欲也。人之欲大约有二：高者蔽于意见，卑者蔽于嗜欲，皆心之累也。无欲则一，无欲则明通公溥而圣可学矣。君子寡欲，故修之而吉；小人多欲，故悖之而凶。吉凶之几，极之立与不立于此焉分，知此则知叺峰阮子所谓心极之说矣。”

译文

书院在青田县治所。范引年以经师的身份被有司聘请，主持教育事务，讲课时，他不时阐发先师的宗旨。叶天秩等七十多人，听后恍然有悟，就端正了仪态，行再拜之礼，共同修习先师的学说，又担心没有地方联系老师，学习成果不牢固，于是收集材料，建造书院，在中堂摆放先生画像，表明范引年的学说出自王门，借以追溯本门渊源。范引年去世后，春秋两季，与先师一同享有祭祀。请钱德洪写作《仰止祠碑记》，御史洪恒详细地记叙了这件事。之后，提学副使阮鹗将书院扩建为心极书院，王畿为此写作《碑记》。这篇《碑记》的大致内容为：“心极，难道是仿照古词而来的吗？孔子《易》有太极的概念，太极生两仪，以至于决断凶吉，而成就伟大的事业；用来通达形而上神明之德性，类推形而下万物之情理的方法，涵盖全天下的道理，都在《易》这本书中。《易》的奥妙没有其他，只有我心归于寂静，和有无相生的机缘与表象而已。天的道是阴与阳，地的道是刚与柔，人的道是仁与义，三极由此确立。象，是体现道的象征物。阴阳相互摩擦，刚柔相互激荡，仁义相互转化，隐藏在没有钥匙的关锁里，运行在没有方向的道路中，矗立在没有倚靠的大地上，而神明由此出现，万物由此具备。所以《易传》里说：‘（《易》）没有思维，没有作为，是寂然不动的，领会了，就能通晓天下万物的道理。’这是孔子学说精深的地方。当时和后来的儒者，只有颜渊一人学到了正宗。体会颜渊的叹息之词，有这样一句：‘似乎有一个高高的东西，立在我的前面，即使我想要追随，也找不到可循的路径。’所以前人说：‘能阐发孔子学问精深之处的人，是颜渊啊！’颜渊去世，圣人的学问就丢失了。一千多年之后，周敦颐才又开始追溯孔子学说的源头，发展为无极而太极的学说，这大概是接近于道的了。而学者们议论纷纷，尚且不能完全没有疑惑，千年间，能完全理解的人，寥寥无几。汉代的儒家学者拘泥于外在的象，将一切仁义、忠孝、礼乐、教化、经纶的表象，当作是一成不变的定理，一定先苦心思索这些表象，然后将其当作定理，并以此作为待人接物的法则，这差不多是从太极发展而来的，却不知道太极是无中之有，不可以有名；隋、唐以来，道家和佛家的人物兴起，在思想史中发挥重要作用，他们认为经纶都是糟粕，于是又用窈冥玄虚的学说对其加以调整，大力抨击、批判仁义，消灭礼教，将一切都归之于无，这差不多是从无极发展而来的，却不知道无极是有中之无，又不可以无名。周敦颐洞见了两者的不足以及大家在传承中发生的错误，无可奈何，想要挽救这些问题，于是建立了《太极图说》，来彰显圣人学说的正宗，用中正仁义而主静的理论来安定正道。中正仁义，就是太极，而主静就是无极，人极于是就确立了。有人竟然以为无极的理论出自道家，将中正仁义分为动和静两种，因而不能领悟主静无欲的要领，这还有什么好说的呢？从伏羲一画开天地，而开启心极这个源头以来，神就是没有边际的，而易也是没有实体的，这就是无极，孔子本来就已经说明了这个理论。因而周敦颐的学说是儒家学说的继承和发展，这是毋庸置疑的。圣人之学，以一以贯之为要领。这个一以贯之，就是无欲。人的欲望大约有两种：高层次的，坏在私心偏见；低层次的，坏在贪痴沉沦。二者都是心的负累。没有欲望就没有分别，没有欲望就会达到明通公溥的境界，然后圣人的境界就是可以学习的了。君子少欲，因此修行大道而吉祥；小人多欲，因此违背大道而不祥。吉凶的几率，极的树立与不树立，由此区分。明白这个道理，就明白了卫峰阮子所说心极的理论了。”

二十三年甲辰，门人徐珊建虎溪精舍于辰州，祀先生。

译文

嘉靖二十三年甲辰（1544），门人徐珊在辰州建立虎溪精舍，祭祀先生。

精舍在府城隆兴寺之北。师昔还自龙场，与门人冀元亨、蒋信、唐愈贤等讲学于龙兴寺，使静坐密室，悟见心体。是年，珊为辰同知，请于当道，与诸同志大作祠宇、置赡田。邹守益为作《精舍记》，罗洪先作《性道堂记》。又有见江亭、玉芝亭、鸥鹭轩，珊与其弟杨珂俱多题志。

译文

精舍在辰州府城兴隆寺的北边。先师从龙场回来，与门人冀元亨、蒋信、唐愈贤等人，在隆兴寺讲学，让他们在密室静坐，体悟心体。同年，徐珊担任辰州同知，向掌权者请示后，和同志们大规模兴建祠堂、屋宇，购买赡田。邹守益为此写作《精舍记》，罗洪先写作《性道堂记》。又兴建了见江亭、玉芝亭、鸥鹭轩，徐珊和他的弟弟杨珂，多有题写。

二十七年戊申八月，万安同志建云兴书院，祀先生。

译文

嘉靖二十七年戊申（1548）八月，万安的同志们修建云兴书院，祭祀先生。

书院在白云山麓，前对芙蓉峰，幕下秀出如圭，大江横其下。同志朱衡、刘道、刘弼、刘岘、王舜韶、吴文惠、刘中虚等迎予讲学于精修观，诸生在座者百五十人有奇。晚游城闉，见民居井落，邑屋华丽。洪曰：“民庶且富，而诸君敷教之勤若此，可谓礼义之乡矣。”衡曰：“是城四十年前犹为赤土耳。”问之，曰：“南、赣峒贼，流劫无常，妻女相率而泣曰：‘贼来曷避，惟一死可恃耳。’师来，荡平诸峒，百姓始得筑城生聚，乃有今日，皆师之赐也。”洪嘉叹不已，乃谓曰：“沐师德泽之深若此，南来郡邑，俱有祠祀，何是地独无？”众皆蹙然曰：“有志未遂耳。”乃责洪作疏纠材。是夕来相助者盈二百金。举人周贤宣作文祀土，众役并兴。中遭异议，止之。至嘉靖甲子，衡为尚书，贤宣为方伯，与太仆卿刘悫复完书业，祭祀规制大备，名曰“云兴书院”云。

译文

书院在白云山山麓，正对着芙蓉峰，帘幕之下的秀丽景致，如美玉呈前，又有大江横流其下。同志朱衡、刘道、刘弼、刘岘、王舜韶、吴文惠、刘中虚等人，请我到精修观讲学，有一百五十多人在座。夜晚游览阛城，看见民居井落，城市繁华，钱德洪就说：“人民富庶，各位又像这样勤勉地布施教化，可谓礼义之乡了！”朱衡说：“这里四十年前还是荒地罢了。”问他为何，他回答道：“南、赣地区多山贼，不时流窜作案，女子们纷纷哭泣着说：‘贼人来了能逃去哪儿呢？惟有一死而已。’先生到此，荡平山贼，百姓才能够建城，繁衍聚集，有今日气象，都是先生的恩赐。”钱德洪赞叹不已，说：“沐浴先师恩德如此，南行以来，各地多有先师祠堂，为何独独此地没有？”众人悲伤地说：“有这份志愿，没能实现罢了。”于是请求钱德洪写作疏文，收集材料来建造祠堂。这天来相助的人，共出资二百多两。举人周贤宣写作文章，祭祀土地后，各项工程便一同展开。中间遭受异议，停止施工。直到嘉靖四十三年甲子（1564），朱衡担任尚书，周贤宣担任布政使，和太仆卿刘悫共同完成建设书院的事业，祭祀的规制也完备起来，并将书院命名为“云兴书院”。

九月，门人陈大伦建明经书院于韶，祀先生。

译文

九月，门人陈大伦在韶这个地方，建立明经书院，祭祀先生。

书院在府城。先是，同门知府郑骝作明经馆，与诸生课业，倡明师学。至是大伦守韶，因更建书院，立师位，与陈白沙先生并祀。是月，洪谒甘泉湛先生，逾庾岭，与诸生邓鲁、骆尧知、胡直、王城、刘应奎、钟大宾、魏良佐、潘槐、莫如德、张昂等六十三人谒师祠，相与入南华二贤阁，与邓鲁、胡直等共阐师说。至隆庆己巳，知府李渭大修祠宇，集诸生与黄城等身证道要，师教复振。

译文

书院在府城。此前，同门知府郑骝建立明经馆，替学生上课，提倡并阐明先师的学说。陈大伦驻守此地，趁此机会建立书院，设立先师牌位，与陈白沙先生一同享有祭祀。这个月，钱德洪拜谒甘泉先生，翻越庾岭，与邓鲁、骆尧知、胡直、王城、刘应奎、钟大宾、魏良佐、潘槐、莫如德、张昂等六十三人，拜谒先师祠堂，一同进入南华二贤阁，与邓鲁、胡直等人，共同阐发王阳明学说。到隆庆三年己巳（1569），知府李渭大力修建祠堂屋宇，会集诸生和黄城等人，身体力行地学习王学，王学又振兴起来。

二十九年庚戌正月，吏部主事史际建嘉义书院于溧阳，祀先生。

译文

嘉靖二十九年庚戌（1550）正月，吏部主事史际在溧阳建立嘉义书院，祭祀先生。

书院在溧阳救荒溣。史际因岁青，筑溣塘以活饥民，塘成而建书院于上。延四方同志讲会，馆谷之。籍其田之所入，以备一邑饥荒，名曰“嘉义”，钦玉音也。际与吕光洵议延洪主教事，乃先币聘，越三年，兹来定盟。是月，同志周贤宣、赵大河，诸生彭若思、彭适、袁端化、王燮、徐大经、陈三谟等数十人，际率子侄史继源、继志、史铨、史珂、史继书、继辰、致詹，偕吾子婿叶迈、郑安元、钱应度、应量、应礼、应乐定期来会，常不下百余人。立师与甘泉湛先生位，春秋奉祀。

译文

书院在溧阳救荒水塘边。史际因灾荒，修筑水塘来赈济饥民，水塘完成后在其旁建立书院。邀请四方同志讲学会集，并提供住宿饭食。登记田地收入，用以防备整个城邑的饥荒，所以将书院命名为‘嘉义’，是尊奉上旨而起的名字。史际与吕光洵商议，请钱德洪主持教务，于是带着礼物去浙江聘请他，过了三年，才定下盟约。这个月，同志周贤宣、赵大河，诸生彭若思、彭适、袁端化、王巙、徐大经、陈三谟等几十人，史际率领儿子、侄子史继源、继志、史铨、史珂、史继书、继辰、致詹以及我的儿子和女婿叶迈、郑安元、钱应度、应量、应礼、应乐，定期集会，常常不少于一百人。设立先师与甘泉先生的牌位，春秋两季，举行祭祀。

《天成篇·揭嘉义堂示诸生》曰："吾人与万物混处于天地之中，为天地万物之宰者，非吾身乎？其能以宰乎天地万物者，非吾心乎？心何以能宰天地万物也？天地万物有声矣，而为之辩其声者谁欤？天地万物有色矣，而为之辩其色者谁欤？天地万物有味矣，而为之辩其味者谁欤？天地万物有变化矣，而神明其变化者谁欤？是天地万物之声非声也，由吾心听，斯有声也；天地万物之色非色也，由吾心视，斯有色也；天地万物之味非味也，由吾心尝，斯有味也；天地万物之变化非变化也，由吾心神明之，斯有变化也。然则天地万物也，非吾心则弗灵矣。吾心之灵毁，则声、色、味、变化不得而见矣。声、色、味、变化不可见，则天地万物亦几乎息矣。故曰：'人者，天地之心，万物之灵也，所以主宰乎天地万物者也。'

译文

在嘉义堂张贴《天成篇》，开示诸生说："我们人类与万物同在天地中，却能成为天地万物的主宰，是因为我们的身体呢？还是因为我们的心灵呢？心怎么能够主宰天地万物呢？天地万物有声音，而能够辨别这些声音的是什么呢？天地万物有颜色，而能够辨别这些颜色的是什么呢？天地万物有味道，而能够辨别这些味道的是什么呢？天地万物有变化，而能够意识到这些变化的又是什么呢？这天地万物的声音不是声音的由来，我们的心听了，才有了声音；天地万物的颜色不是颜色的由来，我们的心看了，才有了颜色；天地万物的味道不是味道的由来，我们的心尝了，才有了味道；天地万物的变化也不是变化的由来，我们的心灵活动了，才有了变化。既然这样，那么天地万物，没有我们心的参与，就没有灵。我们的心停止活动了，声音、颜色、味道、变化就都消失了；声音、颜色、味道、变化都消失了，天

地万物也就差不多都静止了。所以前人说：‘人，是天地的心，万物的灵，是天地万物的主宰。’

“吾心为天地万物之灵者，非吾能灵之也。吾一人之视，其色若是矣，凡天下之有目者，同是明也；一人之听，其声若是矣，凡天下之有耳者，同是聪也；一人之尝，其味若是矣，凡天下之有口者，同是嗜也。一人之思虑，其变化若是矣，凡天下之有心知者，同是神明也。匪徒天下为然也，凡前乎千百世已上，其耳目同，其口同，其心知同，无弗同也；后乎千百世已下，其耳目同，其口同，其心知同，亦无弗同也。然则明非吾之目也，天视之也；聪非吾之耳也，天听之也；嗜非吾之口也，天尝之也；变化非吾之心知也，天神明之也。故目以天视，则尽乎明矣；耳以天听，则竭乎聪矣；口以天尝，则不爽乎嗜矣；思虑以天动，则通乎神明矣。天作之，天成之，不参以人，是之谓天能，是之谓天地万物之灵。

译文

“我们的心是天地万物的灵，不是我们自己能够使之成为万物的灵。我们一个人看，颜色是这样的，那么天下所有有眼睛的人，都能看见；一个人听，声音是这样的，那么天下所有有耳朵的人，都能听到；一个人吃，味道是这样的，那么天下有嘴巴的人，都能尝到；一个人想，变化是这样的，那么天下所有有心智的人，都能想到。不仅当下的世界是这样，此前的千百世，人们的耳朵、眼睛是一样的，嘴巴是一样的，心智是一样的，没有什么是不同的；此后的千百世，人们的耳朵、眼睛是一样的，嘴巴是一样的，心智是一样的，也没有什么是不一样的。既然这样，那么能看见，就不是我的眼睛能看见，而是上天赐予的力量；能听清，也不是我的耳朵能听到，而是上天赐予的能力；能有味觉，也不是因为我有嘴巴，而是上天赐予的能力；明白变化也不是我的心明智，而是上天赐予的能力。所以顺应天道使用眼睛，就能看得明白；顺应天道使用耳朵，就能听得清楚；顺应天道使用嘴巴，就能不尝错味道；顺应天道地思考，就能够通达神明。上天产生它，上天发展它，人不参与其中，这就是天能，这才是天地万物的灵。

“吾心为天地万物之灵，惟圣人为能全之，非圣人能全之也，夫人之所同也。圣人之视色与吾目同矣，而目能不引于色者，率天视也；圣人之听声与吾耳同矣，而耳能不蔽于声者，率天听也；圣人之嗜味与吾口同矣，而口能不爽于味者，率天尝也；圣人之思虑与吾心知同矣，而心知不乱于思虑者，通神明也。吾目不引于色，以全吾明焉，与圣人同其视也；吾耳不蔽于声，以全吾聪焉，与圣人同其听也；吾口不爽于味，以全吾嗜焉，与圣人同其尝也；吾心知不乱于思虑，以全吾神明焉，与圣人同其变化也。故曰‘圣人可学而至’，谓吾心之灵与圣人同也。然则非学圣人也，能自率吾天也。

译文

“我们的心是天地万物的灵，只有圣人能够保全它的力量，不是圣人自己能够保全它的力量，而是人们都具有这个天赋。圣人看到的颜色，和我们看到颜色是一样的，但是圣人的眼睛能够不被颜色吸引，因为这是顺应天道的看；圣人听到的声音，和我们听到的声音是一样的，但是圣人能够不被听到的声音蒙蔽，因为这是顺应天道的听；圣人尝到的味道，同我们嘴巴吃到的是一样的，但是圣人能够不被味觉欺骗，因为这是顺应天道的吃；圣人思考和我们思考是一样的，但是圣人能不被思虑迷惑心智，是因为他们能通达神明。如果我们的眼睛不被颜色吸引，而保全我们的视力，就能和圣人一样看得明；如果我们的耳朵能够不被声音遮蔽，而保全我们的听力，就能和圣人一样听得清；如果我们的嘴能够不被味道欺骗，而保全我们的味觉，就能和圣人一样尝得对；我们的心智不被思虑迷惑，而保全我们的精神清明，就能和圣人一样理解变化。所以前人说‘圣人的境界是可以通过修养、学习而达到的’，因为我们的心与圣人的心都是有灵的，既然是这样，那么学习圣人就不是机械地模仿圣人，而是要能够自己遵循我们的天赋力量啊。

“吾心之灵与圣人同，圣人能全之，学者求全焉。然则何以为功耶？有要焉，不可以支求也。吾目蔽于色矣，而后求去焉，非所以全明也；吾耳蔽于声矣，而后求克焉，非所以全聪也；吾口爽于味矣，而后求复焉，非所以全嗜也；吾心知乱于思虑矣，而后求止焉，非所以全神明也。灵也者，心之本体也，性之德也，百体之会也；彻动静，通物我，亘古今，无时乎弗灵，无时乎或间者也。或生而知之，或学而知之，或困而知之，皆自率是灵以通百物，勿使间于欲焉已矣。其功虽不同，其灵未尝不一也。吾率吾灵而发之于目焉，自辩乎色而不引乎色，所以全明也；发之于耳焉，自辩乎声而不蔽乎声，所以全聪也；发之于口焉，自辩乎味而不爽乎味，所以全嗜也；发之于思虑焉，万感万应，不动声臭，而其灵常寂，大者立而百体通，所以全神明也。人一能之，己百之；人十能之，己千之。必率是灵而无间于欲焉，是天作之，人复之，是之谓天成，是之谓致知之学。"

译文

"我们的心和圣人的心都有灵，圣人能够完全发挥其能量，学习的人也应该追求这种境界。但是应该怎么办呢？是有要领的，不能片面地、机械地学习。我的眼睛被颜色遮蔽了，就去追求去除遮蔽眼睛的东西，这不是用来保全视力的方法；我的耳朵被声音遮蔽了，就去追求克服遮蔽听力的东西，这不是用来保全听力的方法；我的嘴巴已经被各种滋味搅乱了，就去追恢复味觉的办法，这不是用来保全味觉的方法；我的心智被思虑迷惑了，就去追求心灵的平静，这不是用来保全神志清明的方法。灵，是心的本体，是人性的道德，是多种感官的融合，它融合动静，联通物我，贯穿古今，没有什么时候不存在，也没有什么时候停歇。有的人生下来就懂，有的人学习后懂，有的人困惑了才懂，但都是自己遵循这个灵，而通达万物，并且不让自己的欲望阻隔这种连接。发挥的作用虽然不同，但灵没有什么不同。我们遵循我们的灵，而运用在眼睛上，自然能够分辨颜色却不被颜色吸引，这是保全上好的视力的方法；运用在耳朵上，自然能分辨声音而不被声音蒙蔽，这是保全良好的听力的方法；运用在嘴巴上，自然能够辨别味道，而不被滋味搅乱，这是保全味觉的方法；运用在思虑上，就能感应万物，不动用视觉、嗅觉，保持心灵的静寂，大的方面树立了，而后身体的各方面就会通达，这是保全神志清明的方法。别人一遍能做到，自己即使做百遍，也要努力做到；别人十遍就能做成，自己即使做千遍，也要努力做成。一定要遵循心灵的力量而不被私欲阻隔，这是上天赋予了人以灵，而人恢复了它，这就是天成，也是致知的学问。”

增刻先生《朱子晚年定论》。《朱子定论》，师门所刻止一卷，今洪增录二卷，共三卷，际令其孙致詹梓刻于书院。

译文

增加刊刻《朱子晚年定论》。《朱子定论》，师门先前刻印的只有一卷，如今钱德洪增加了两卷，共为三卷。史际让他的孙子史致詹，在书院付梓刻印。

重刻先生《山东甲子乡试录》。《山东甲子乡试录》皆出师手笔，同门张峰判应天府，欲番刻于嘉义书院，得吾师继子正宪氏原本刻之。

译文

重新刻印先生的《山东甲子乡试录》。《山东甲子乡试录》完全出自先师手笔。同门张峰在应天府担任通判，计划在嘉义书院翻刻这本书，以先师养子王正宪所收藏的原本为底本。

四月，门人吕怀等建大同楼于新泉精舍，设师像，合讲会。

译文

四月，门人吕怀等人，在新泉精舍建立大同楼，设立先师画像，会合讲学。

精舍在南畿崇礼街。初，史际师甘泉先生，筑室买田为馆谷之资。是年，怀与李遂、刘起宗、何迁、余胤绪、吕光洵、欧阳塾、欧阳瑜、王与槐、陆光祖、庞嵩、林烈及诸生数十人，建楼于精舍，设师与甘泉像为讲会。会毕，退坐昧昧室，默对终夕而别。是月，洪送王正亿入胄监。至金山，遂入金陵趋会焉。何迁时为吏部文选司郎中，偕四司同僚邀余登报恩寺塔，坐第一层，问曰：“闻师门禁学者静坐，虑学者偏静，沦枯槁也，似也。今学者初入门，此心久濡俗习，沦浃肤髓，若不使求密室，耳目与物无所睹闻，澄思绝虑，深入玄漠，何时得见真面目乎？师门亦尝言之，假此一段以补小学之功。又云：‘心罹疾痼，如镜面斑垢，必先磨去，明体乃见，然后可使一尘不容。’今禁此一法，恐令人终无所入。”洪对曰：“师门未尝禁学者静坐，亦未尝立静坐法以入人。”曰：“舍此有何法可入？”曰：“只教致良知。良知即是真面目。良知明，自能辩是与非，自能时静时动，不偏于静。”曰：“何言师门不禁静坐？”曰：“程门叹学者静坐为善学，师门亦然。但见得良知头脑明白，更求静处精炼，使全体著察，一滓不留；又在事上精炼，使全体著察，一念不欺。此正见吾体动而无动，静而无静，时动时静，不见其端，为阴为阳，莫知其始：斯之谓动静皆定之学。”曰：“偏于求静，终不可与入道乎？”曰：“离喜怒哀乐以求中，必非未发之中；离仁敬孝慈以求止，必非缉熙之止；离视听言动以求仁，必非天下归仁之仁。是动静有间矣，非合内合外，故不可与语入道。”曰：“师门亦有二教乎？”曰：“师尝言之矣：‘吾讲学亦尝误人，今较来较去，只是致良知三字无病。’”众皆起而叹曰：“致知则存乎心悟，致知焉尽矣！”下塔，由画廊指《真武流形图》曰：“观此亦可以证儒佛之辩。”众皆曰：“何如？”曰：“真武山中久坐，无得，欲弃去。感老妪磨针之喻，复入山中二十年，遂成至道。今若画《尧流形图》，必从克明峻德，亲九族，以至协和万邦；画《舜流形图》，必从舜往于田，自耕稼陶渔，以至七十载陟方，又何时得在金碧山水中枯坐二三十年，而后可以成道耶？”诸友大笑而别。

译文

精舍在南京崇礼街。起初，史际拜甘泉先生为师，建筑屋室，购买田产作为精舍的经费。这年，吕怀与李遂、刘起宗、何迁、余胤绪、吕光洵、欧阳塾、欧阳瑜、王与槐、陆光祖、庞嵩、林烈等几十人，在精舍内建大同楼，摆放先师与甘泉先生画像，进行集会讲学。讲学完毕，退回去坐在昧昧室，默默相对，通宵达旦后分别。这个月，钱德洪送王正亿进入国子监。到了金山，然后进南京城参加集会。何迁当时担任吏部文选司郎中，偕同四司同僚邀请我登报恩寺塔，坐在第一层，问道：“听闻你们师门禁止学者静坐，是担忧学者偏颇于静，而沦为枯槁，学得似是而非。如今学者初入门，本心长久地濡染世俗习气，这习气透入肌肉和骨髓，假使不让学生在密室中静坐，寻求本心，眼不看耳不闻，停止思虑，深入到寂静的境界，他们什么时候能找到道的真谛呢？师门也曾经说，这个方法是借这手段来弥补初学者的功夫。又说：‘心病的时间久了，就好比镜子上有顽渍，必须先磨去脏污，干净澄明的本体才能呈现，才能一尘不染地映现万物。’现在禁止静坐，恐怕会让人一直无法入门。”钱德洪回答说：“我师门不曾禁止静坐，也不曾教人以静坐入门。”又问：“除了静坐，还有什么方法可以入门呢？”回答：“先师只教致良知。良知就是真面目。良知明，自然能分辨是与非，自然能时静时动，不偏废于静。”接着问：“为什么说你们师门不禁止静坐呢？”钱德洪回答道：“程颐、程颢之学，以静坐为能学，我们师门也这么认为。只要见得良知，头脑清醒明白，又在静处精进修炼，使万事万物都通透清晰，不留一点渣滓；又在事情的变动中精进修炼，使万事万物都清楚明白，不使一念之间有所欺瞒。这正可以发现我们心体（万物），动而无动，静而无静；时动时静，看不见它的开端；有阴有阳，不知道它的起始。这就是说：动和静都是定的学问。”追问：“一味求静，终究不能入道吗？”钱德洪说：“脱离喜怒哀乐求中，一定不是中庸的中；脱离仁敬孝慈而求止，一定不是止于至善的止；脱离视听、行动、言语而追求仁，一定不是天下归仁的仁。（一味求静）这种思想，将动与静隔离，就不是内外和合，所以是不可以和他论道的。”又问：“你们师门也有另外的教法吗？”钱德洪回道：“先师曾经说：‘我讲学也曾误导过他人，如今比较来比较去，只有致良知这三个字没有问题’。”众人都起身而感叹：“致知就在于觉悟本心，致知的道理已经说尽了啊！”从报恩寺塔下，经过画廊，（钱德洪）指着《真武流行图》说：“看这幅画，也可以体悟儒家和释家的区别。”众人都问：“怎么看出来的呢？”钱德洪说：“真武在山中久坐，没有什么收获，想要放弃离开，但感悟山中老妇人铁杵磨成针的比喻，又回到山中，二十年才成就至道。现在如果要画《尧流行图》，一定画他修养崇高品行，亲睦宗族，直至协和万邦。画《舜流行图》，一定会画舜在田地之中亲自耕种，制陶、捕鱼，直到七十岁巡狩天下。（他们）又怎么会在金碧色的山水中，枯坐二十年，然后就得道呢？”朋友们大笑着告别。

三十年辛亥，巡按贵州监察御史赵锦建阳明祠于龙场。

译文

嘉靖三十年辛亥（1551），巡按贵州监察御史赵锦，在龙场建立阳明祠。

龙场旧有龙冈书院，师所手植也。至是，锦建祠三楹于书院北，旁翼两序，前为门，仍题曰“龙冈书院”，周垣缭之，奠师位于中堂。巡抚都御史张鹗翼、廉使张尧年、参政万虞恺、提学副使谢东山，共举祠祀。罗洪先撰《祠碑记》。记略曰：“予尝考龙场之事，于先生之学有大辩焉。夫所谓良知云者，本之孩童固有，而不假于学虑，虽匹夫匹妇之愚，固与圣人无异也。乃先生自叙，则谓困于龙场三年，而后得之，固有不易者，则何以哉？今夫发育之功，天地之所固有也。然天地不常有其功，一气之敛，闭而成冬，风露之撼薄，霜霰之严凝，陨获摧败，生意萧然，其可谓寂寞而枯槁矣。郁极而轧，雷霆奋焉。百蛰启，群草茁，氤氲动荡于宇宙之间者，则向之风霰为之也。是故藏不深则化不速，蓄不固则致不远，屈伸剥复之际，天地且不违，而况于人乎？先生以豪杰之才，振迅雄伟，脱屣于故常，于是一变而为文章，再变而为气节。当其倡言于逆瑾蛊政之时，挞之朝而不悔，其忧思恳款，意气激烈，议论铿訇，真足以凌驾一时而托名后世，岂不快哉！及其摈斥流离，而于万里绝域，荒烟深箐，狸鼯豺虎之区，形影孑立，朝夕惴惴，既无一可骋者，而且疾病之与居，瘴疠之与亲，情迫于中，忘之有不能，势限于外，去之有不可，辗转烦瞀，以需动忍之益，盖吾之一身已非吾有，而又何有于吾身之外。至于是，而后如大梦之醒，强者柔，浮者实，凡平日所挟以自快者，不惟不可以常恃，而实足以增吾之机械，盗吾之聪明。其块然而生，块然而死，与吾独存而未始加损者，则固有之良知也。然则先生之学，出之而愈张，晦之而愈光。鼓舞天下之人至于今日不怠者，非雷霆之震，前日之龙场，其风霰也哉？嗟乎！今之言良知者，莫不曰固有固有。问其致知之功，任其固有焉耳，亦尝于枯槁寂寞而求之乎？所谓盗聪明、增机械者，亦尝有辩于中否乎？生于忧患，死于安乐，岂有待于人乎！”

译文

龙场原有的龙岗书院，是先师亲自建立的。到这一年，赵锦在书院北侧建造三间正房作为祠堂，祠堂两边各建一列房屋，两列房屋的前面是大门，仍然题名为“龙岗书院”，四周建墙，在中堂设立牌位，祭奠先生。巡抚都御史张鹗翼、廉使张尧年、参政万虞恺、提学副使谢东山，在祠堂共同举行祭祀。罗洪先撰写《祠碑记》。内容大略如下：“我曾经考察过先生在龙场的事迹，对于先生的学问有了更深的理解。所谓良知，本来是孩童所固有的，不需要借助学习和思考，即使是普通的男人、女人，他们的良知和圣人本也没有不同。而先生自己却说，自己在龙场被困三年，然后才悟道。本来就有却不容易达成，这是为什么呢？生发化育，是天地本来就有的功能。但是天地不经常发挥它的功能，一年的生气收敛，关闭而成为冬，风吹露打，使之稀薄；霜霰深重，使之凝结；志气颓败，缺少生机，可以算得上是寂寞而枯槁了。（生气）压抑到极点就会爆发，使春雷震动，蛰虫复苏，草木萌发。在天地间不断运动的生气，正是之前风霜所侵蚀而收敛的。因此蕴藏不深就化育不快，积累不固就所到不远，伸展、收缩、减少、增加的时机，是天地尚且不能违背的，更何况是个人呢？先生凭借杰出的才能，奋发精神，不同流于世俗，于是一变而成就了文章，再变而成就了气节。他在刘瑾败坏朝纲之时，仗义执言，在朝堂上被鞭挞也不后悔。他的忧思，恳切忠诚；他的神气，慷慨激昂；他的议论，铿锵有力，真的足以超越时代而流芳后世，这难道不痛快吗！等到他被贬谪流放，在万里之外的边地，在荒凉的深山老林，和野兽活动的山区里，形单影只，孤孤单单，每天都惴惴不安。既没有一个可以尽情施展的地方，又与疾病和瘴疠共处。情绪在内心逼迫他，使他不能释然；形势在外部限制他，使他不能摆脱。反复烦恼、困惑，以致需要坚守本心，增益不能，大概是因为我们连身体都不能自主，而又在我们身体之外还能控制什么呢？到了这种境界，才如梦初醒，将强变为柔，将浮变为实，明白所有平日里让自己愉快的东西，都是不能长久拥有的，却能增加自己的呆板、盗取自己的聪明罢了。那与我同生同灭，伴随我终身不增不减的，只有我内心固有的良知啊。既然是这样，那么先生的学问，排挤它而更加显著，贬抑它而更加光明，到今天仍然能够不停鼓舞天下人的原因，不正是春雷震动、龙场悟道的事迹吗？不正是那风霜侵蚀后的勃发吗？哎！如今议论良知的人，都在说良知是固有的，良知是固有的。但追问他们致良知的作为，都说只是听任良知本来面貌罢了，哪里有形容枯槁、内心寂寞地去追求过它呢？所谓偷盗聪明、增加呆板的事物，哪里在心中辨别过呢？生于忧患，死于安乐，哪里有等待别人去知行合一的道理啊！”

三十一年壬子，提督南、赣都御史张烜建复阳明王公祠于郁孤山。

译文

嘉靖三十一年壬子（1552），提督南、赣都御史张烜，在郁孤山修复阳明王公祠。

祠在赣州郁孤台前，濂溪祠之后。嘉靖初年，军卫百姓思师恩德不已，百姓乃纠材建祠于郁孤台，以虔尸祝。军卫官兵建祠于学宫右，塑像设祀，俱有成式。继后异议者，移郁孤祠像于报功祠后，湫隘慢亵，军民怀忿。至是，署兵备佥事沈谧访询其故，父老子弟相与涕泣申告。谧谒师像，为之泫然出涕。报功祠旧有赡田米三十八石，见供春秋二祭。郁孤祠则取诸赣县，均平银两。乃具申军门。烜如其议，修葺二祠，迎师像于郁孤台，庙貌严饰，焕然一新。军卫有司各申虔祝，父老子弟岁腊骏奔。烜作记，立石纪事。师自征三浰，山寇尽平。即日班师，立法定制。令赣属县俱立社学，以宣风教。城中立五社学，东曰义泉书院，南曰正蒙书院，西曰富安书院，又西曰镇宁书院，北曰龙池书院。选生儒行义表俗者，立为教读。选子弟秀颖者，分入书院，教之歌诗习礼，申以孝悌，导之礼让。未期月而民心丕变，革奸宄而化善良。市廛之民皆知服长衣，叉手拱揖而歌诵之声溢于委巷，浸浸乎三代之遗风矣。继后异议者尽堕成规，而五院为强暴者私据，礼乐之教息矣。至是谧询士民之情，罪逐僭据，修举废坠，五社之学复完。慎选教读子弟而淬砺之，风教复兴，沨沨乎如师在日矣。

译文

祠堂在赣州郁孤台前，濂溪祠之后。嘉靖初年，军人百姓非常感激先师，于是百姓自发收集建筑材料，在郁孤台前建造祠堂，用来祭祀先生；军人、官兵则在学宫右侧建立祠堂，设立塑像来祭祀，都有法度。后来有人对此有异议，将郁孤台的先生塑像移动到报恩祠后，那里低湿狭小，军人、百姓都对此事心怀愤恨。这时，暂代兵备佥事职务的沈谧，寻访这件事，父老乡亲都哭泣着报告申诉。沈谧拜谒了先师塑像，对着塑像哭泣。报恩祠原有赡田产米三十八石，被用来供养春秋两季的祭祀。郁孤祠则从赣州各县获得经费，平均分担花费。于是沈谧将这事详细地报告给了军门。张烜按照大家的商议，修葺了这两座祠堂，将先师塑像迎回郁孤台，并好好地装饰了祠堂，使之焕然一新。军队和官署都恭敬地举行祭祀，百姓则在年底争相奔走，前来祭祀。张烜为此写作文章，并立碑记事。自从先师出征三浰，山贼都被平息了。先师即日班师回朝时，在此确立了制度规范。下令赣州下属各县都建立社学，来宣传教化。城中设立五个社学，东城是义泉书院，南城是正蒙书院，西城是富安书院和镇宁书院，北城是龙池书院。又选择德行道义表率众人的儒生，担任教师。选拔天资聪颖的孩子，分配到各个书院，教他们诗歌、礼仪，并用孝顺父母，尊重兄长的道义反复教导他们，用守礼谦让引导他们。未满一个月，民心大变，使坏人而转化为好人。市集中的百姓都穿上了长衣，插手行礼作揖，而歌咏诗歌的声音从小巷中传出，渐渐地有了尧、舜、禹三代的遗风。后来有人对此有异议，尽数废弃先师所定制度，而五所书院也被强横暴力的人私人占有，礼乐的教化就停止了。这时，沈谧向百姓询问情况，责罚违规的人，重振失落的各项制度，五所社学的教学重新恢复。谨慎地选择教师和学生，勉励他们发展教育，教化的风气又重新恢复，（歌咏之声）宛转悠扬，好像回到先师在的时候一样。

建复阳明王公祠于南安。

译文

在南安修复阳明王公祠。

南安青龙铺，师所属纩之地也，士民哀号哭泣，相与建祠于学宫之右。岁时父老子弟奔走祝奠，有司即为崇祀，庙貌宏丽。后为京师流言，承奉风旨者，遂迁祠于委巷，隘陋污秽，人心不堪。谧与有司师生议，复旧址原制，楼五楹，前门五楹，取委巷祠址之值于民助。完工作，具申军门。烜从之。自是师祠与圣庙并垂不朽矣。

译文

南安的青龙铺，是先师去世的地方。士人百姓们哀号哭泣，一同在学宫的右侧建立了这座祠堂。平时父老乡亲们奔走祭奠，官员们也来祭祀，祠堂庄严华丽。后来因为京师中的流言，奉承上意的人，就将祠堂迁到小巷里，那里闭塞、狭小、破败、污秽，使人内心不能忍受。沈谧与有司以及先师门生商议，恢复祠堂旧址和原来的规模，楼五间，前门五间，把小巷中祠堂的地卖给百姓，来获得资金，完成重修祠堂的事，并将这件事的情况都报告给了军门。张烜听从了他们的建议。从此，先师祠堂与圣庙一样，永垂不朽了。

三十二年癸丑，江西佥事沈谧修复阳明王公祠于信丰县。

译文

嘉靖三十二年癸丑（1553），江西佥事沈谧在信丰县修复阳明王公祠。

按谧《虔南公移录》曰："赣州府所属十一县，俱有前都察院右副都御史阳明王公祠，巍然并存。盖因前院功业文章，足以匡时而华国；谋猷军旅，足以御暴而捍灾。南、赣士民咸思慕之，歌颂功德，久而不衰，尚有谈及而下泪者。本县原有祠堂，后有塞门什主者，废为宴憩之所，是诚何心哉！为此仰本县官史照牌事例，限三日内即查究清理，仍为洒扫立主，因旧为新。不惟一邑师生故老，得以俱兴瞻仰之私，而凡过信丰之墟者，咸得以尽展拜俎豆之礼。古人所谓爱礼存羊、礼失求野之意，即是可见矣。"时谧署南、赣兵备事，故云。

译文

据沈谧《虔南公移录》记载："赣州府所属的十一个县，都有前都察院右副都御史王阳明先生的祠堂，规模宏大。大概是因为先师的功业、文章，足以匡救天下而光华祖国；统率军队，又足以抵御强敌而对抗灾祸。南、赣地区的士人和百姓都感恩、仰慕他。歌颂功德，长久不衰，到现在仍然有谈到他就落泪的人。本县原来有祠堂，后来趋炎附势的人，将祠堂废弃，改为宴会休息的场所，这到底是什么用心呢？针对这种情形，仰仗本县官吏，依法整顿，限定三天内调查清楚并整改完毕。仍然将此地作为祠堂，并打扫干净，再供养牌位，按照祠堂原本的样子重新修建。这样，不仅一地师生、雅士能够私人祭拜先师，而且所有路过信丰地区的人，都能够实现祭拜的礼仪。古人所谓爱礼存羊、礼失求野的内涵，就由此可见了。”当时沈谧暂代南、赣兵备佥事的职务，有如此记载。

三月，改建王公祠于南康。

译文

三月，在南康改建王公祠。

南康旧有祠，在学宫右。后因异议者迁师像于旭山韩公祠内，谧往谒祠，见二像并存于一室。王公有祭而无祠，韩公有祠而无祭。其室且卑陋。访祠西有乡约所，前有堂三间，后有阁一座，规模颇胜。乃置师像于堂而复其祭，韩公祠另为立祭。使原有祠者，因祠而举祭；原有祭者，因祭而立祠。则两祠之势并峙，而各全其尊；报功之典同行，而咸尽其义矣。

译文

南康原来有先生的祠堂，在学宫的右侧。后来因为有异议的人，将先师遗像迁移到旭山韩公祠内。沈谧前往拜谒，看到两位先生的遗像放在一间屋子里，王公有祭奠却无祠堂，韩公有祠堂却无祭奠，而且那里房屋低矮、简陋。沈谧寻访发现，祠堂西边有一处乡约所，前面有三间堂屋，后面有一座阁楼，规模很大。于是在中堂放置先师遗像，并且恢复他的祭祀。韩公祠另外为他举行祭祀。这就让原本有祠堂的，因祠堂而享有祭祀；原来有祭祀的，因祭祀而建立祠堂。这样两个祠堂并存，各自保全其尊敬；报功的典礼也一同举行，这样就都能尽善尽美了。

三月，安远县知县吴卜相请建王公报功祠。

译文

三月，安远县知县吴卜相，请求建立王公报功祠。

安远旧无师祠，百姓私立牌于小学，父老子弟相率馈奠，始伸岁腊之情。卜相见之，乃惕然曰："此吾有司之责也。"乃具申旧院道谓："前都御史阳明王公，功在天下，而安远为用武之地，教在万世，而虔州为首善之区。本县正德年间中，有广寇叶芳拥众数千，肆行剽掠，民不聊生。自受本院抚剿以来，立籍当差，无异于土著之齐民，后生小子，不忘乎良知之口授。今询舆情，择县西旧堤备所空处，堪以修建祠堂。本县将日逐自理词讼银两，买办供费，庶财省而功倍，祀专而民悦。"嘉靖二十九年，申据前提督军门卢，俱如议行之。见今像貌森严，祠宇宏丽，申兵备佥事沈、提督军门张，扁其堂曰"仰止"，门曰"报功祠"。烜为作记，立石纪事。

译文

安远县本来没有先师的祠堂，百姓私下在小学设立了先师牌位，父老乡亲们都来祭奠，抒发了想要祭奠的心情。吴卜相看见了这种情况，就反省自身地说："这是我们的责任啊！"于是详细地向上级申请报告说："前都御史王阳明先生，功在天下，安远县又是先生用兵之地，先生所教导的，功在万世，而虔州正是先生首先示范的地区。本县正德年间，有广东贼寇叶芳，带着几千人，肆意抢劫、俘虏，民不聊生。自从受先生招安、围剿以来，他们登记了户籍，接受差役，和本地的人民没什么差别；后来学者们，也都没有忘记先生口授的良知学说。如今顺应民心，选了县城西边旧堤岸上的一块空地，确定用来修建祠堂。本县将日常词讼银两，作为供奉祭祀的费用，这样财政负担轻而且效果好，王阳明先生有专门的祭祀而百姓心情愉悦。"嘉靖二十九年庚戌（1550），向前提督军门卢会民申请报告，并获准实行。如今看到祠堂庄严肃穆，宏伟华丽，报告兵备佥事沈谧、提督军门张烜，在中堂上题匾"仰止"二字，大门题匾"报功祠"三字。张烜为此写作文章，并刻石立碑，记录这件事。

四月，瑞金县知县张景星请建王公报功祠。

译文

四月，瑞金县知县张景星，请求建立王公报功祠。

按《虔南公移录》，景星申称："正德初年，岁侵民饥，奮贼冲炽，民不聊生，逃亡过半。赖提督军门王公剪除凶恶，宣布德威，发粟赈饥，逃民复业，感恩思德，欲报无酎。今有耆民苏振等愿自助财鸠工，拓乡校右，以崇祠像，李珩禄愿自助旱田八十亩，以承春秋尸祝。"佥事沈谧嘉奖之，申照军门，张烜严立规制，题曰"报功"，立石纪事。

译文

据《虔南公移录》记载，张景星报告说："正德年初，收成减少，百姓饥荒，蠡贼猖狂，民不聊生，全县逃跑流亡的百姓，超过一半。仰仗提督军门王公，扫除恶人，宣传布施德行和威望，分发粮食，赈济饥荒，逃亡的百姓才能回乡耕种。百姓们感恩王公的恩德，想要报答却没有醇酒。如今有年高且有德的乡民苏振等人，愿意自己出资召集工匠，开拓乡校右侧的土地，来修建祠堂，供奉先生画像；李珩禄愿意自己资助八十亩旱田，来供奉春秋两季的祭祀。"佥事沈谧赞赏他们，呈报军门。张烜于是为之制定祠堂规制，题名为"报功祠"，并刻石立碑，记录这件事。

六月，崇义县知县王廷耀重修阳明王公祠。

译文

六月，崇义县知县王廷耀，重修阳明王公祠。

崇义县在上犹、大庾、南康之中，相距各三百余里，师所奏建也。数十年来，居民井落，草木茂密，生聚繁衍。百姓追思功德，家设像以致奠祝。至是，廷耀请于前军门卢会民，建师祠于儒学东隅，卢从之。佥事沈谧、巡县廷耀，请新旧制。谧为增其未备，设制定祀如信丰诸县，立石纪事。

译文

崇义县在上犹、大庾、南康的中间，相距各三百多里，这里是先师上奏朝廷而建制的地方。几十年来，人民安居乐业，条理井然，草木繁茂，人丁兴旺。百姓追忆王公功德，在家摆放先生画像来进行祭祀。到这时，王廷耀向前军门卢会民申请，在儒学的东边建立先师祠堂。卢会民听从了他的建议。佥事沈谧、知县王廷耀，请求允许更改旧有规模。沈谧改善了其中没有完备的地方，将祠堂的规制比照信丰各县祠堂建设，并刻石立碑，记录这件事。

九月，太仆少卿吕怀、巡按御史成守节改建阳明祠于琅琊山。

译文

九月，太仆少卿吕怀、巡按御史成守节，在琅琊山改建阳明祠。

山去城五里。旧有祠在丰乐亭右，湫隘不容俎豆。兹改建紫薇泉上。是年，畿谒师祠，与怀、戚贤等数十人大会于祠下。十月，洪自宁国与贡安国谒师祠，见同门高年，犹有能道师教人初入之功者。

译文

琅琊山距离县城五里远。原来先生的祠堂在丰乐亭右边，狭小潮湿，不能容纳举行祭祀的礼仪。于是改建在紫薇泉上。这年，王畿拜谒先师祠堂，与吕怀、戚贤等几十人，在祠堂集会。十月，钱德洪从宁国和贡安国一起前来，拜谒先师祠堂，看见同门中上了年岁的人，仍然能谈论先师当年教导他人入学的功夫。

三十三年甲寅，巡按直隶监察御史闾东、宁国知府刘起宗建水西书院，祀先生。

译文

嘉靖三十三年甲寅（1554），巡按直隶监察御史闾东、宁国知府刘起宗，建立水西书院，祭祀先生。

水西在泾县、大溪之西，有上中下三寺。初与诸生会集，寓于各寺方丈。既而诸生日众，僧舍不能容，乃筑室于上寺之隙地，以备讲肆。又不足，提学御史黄洪毗与知府刘起宗创议建精舍于上寺右。未就，巡按御史闾东、提学御史赵镗继至。起宗复申议。于是属知县邱时庸恢弘其制，督成之。邑之士民好义者，竞来相役。南陵县有寡妇陈氏，曹按妻也，遣其子廷武输田八十亩有奇，以廪饩来学。于时书院馆谷具备，遂成一名区云。起宗礼聘洪、畿间年至会。

译文

水西在泾县、大溪的西边，有上中下三座寺庙。起初，先师与诸生集会讲学，寄宿在各寺庙之中。不久，诸生越来越多，寺庙的房屋住不下了；就在上寺的空地上建筑房屋，用来作为讲学的住处。仍然不够，提学御史黄洪毗，与知府刘起宗，提议在上寺的右侧建立精舍，没能完成。之后，巡按御史闾东、提学御史赵镗到来，刘起宗又重新提出申请。这样以后，委派知县邱时庸扩大原有规制并监督完成这项工程。城中崇尚道义的人士，都争着来出力相助。南陵县有位姓陈的寡妇，是曹按的妻子，派她的儿子曹廷武，送了八十多亩田，来供给书院学生的伙食。当时书院馆舍、伙食都全备，于是名噪一时。刘起宗又礼聘了钱德洪、王畿，他们隔一年，来此相会。

三十四年乙卯，欧阳德改建天真仰止祠。

译文

嘉靖三十四年乙卯（1555），欧阳德改建天真山仰止祠。

德揭天真祠曰："据师二诗，石门、苍峡、龟畴、胥海皆上院之景，吾师神明所依也。今祠建山麓，恐不足以安师灵。"适其徒御史胡宗宪、提学副使阮鹗，俱有事吾浙，即责其改建祠于其上院，扁其额曰"仰止"。江西提学副使王宗沐访南康生祠，塑师像，遣生员徐应隆迎至新祠，为有司公祭。下祠塑师燕居像，为门人私祭。邹守益撰《天真仰止祠记》。记曰："嘉靖丙辰，钱子德洪聚青原、连山之间，议葺《阳明先生年谱》，且曰：'仰止之祠，规模耸旧观矣，宜早至一记之。'未果趋也。乃具颠末以告。天真书院本天真、天龙、净明三寺地。岁庚寅，同门王子臣、薛子侃、王子畿暨德洪建书院，以祀先生新建伯。中为祠堂，后为文明阁、藏书室、望海亭，左为嘉会堂、游艺所、传经楼，右为明德堂、日新馆，傍为翼室。置田以供春秋祭祀。岁甲寅，今总制司马梅林胡公宗宪按浙，今中丞阮公鹗视学，谋于同门黄子弘纲、主事陈子宗虞，改祠于天真上院，距书院半里许。以薛子侃、欧阳子德、王子臣附，俱有事师祠也。左为叙勋堂，右为斋堂，后崖为云泉楼，前为祠门。门之左通慈云岭，磴道横亘若虹。立石牌坊于岭上，题曰‘仰止’。下接书院，百步一亭，曰‘见畴’，曰‘泻云’，曰‘环海’。右拓基为净香庵，以居守僧。外为大门，合而题之曰‘阳明先生祠’。门外半壁池，跨池而桥曰‘登云桥’。外即龟田亭，其上曰‘太极’云。岁丁巳春，总制胡公平海夷而归，思敷文教以戢武士，命同门杭二守、唐尧臣重刻先生《文录》《传习录》于书院，以嘉惠诸生。重修祠宇，加丹堙泉石之胜，辟凝霞、玄阳之洞，梯上真，蹑蟾窟，经苍峡，采十真以临四眺，湘烟越峤，纵足万状，穷岛怒涛，坐收樽俎之间。四方游者愕然，以为造物千年所秘也。文明有象，先生尝咏之，而一旦尽发于群公，鬼神其听之矣。”守益拜首而复曰：“真之动以天也微矣，果畴而仰应，又畴而止之。先师之训曰：‘有而未尝有，是真有也；无而未尝无，是真无也；见而未尝见，是真见也。’而反覆师旨，慨乎颜子知几之传。故其诗曰：‘无声无臭，而乾坤万有基焉’，是无而未尝无也。又曰：‘不离日用常行，而直造先天未画焉’，是有而未尝有也。无而未尝无，故视听言动于天则，欲罢而不能；有而未尝有，故天则穆然，无方无体，欲从而末由。兹颜氏之所以为真见也。吾侪之服膺师训久矣，饬励事为，而未达行著习察之蕴，则倚于滞像，研精性命，而不屑人伦庶物之实，则倚于凌虚，自迩而远，自卑而高，未免于歧也。而入门升堂，奚所仰而止乎！独知一脉，天德所由立，而王道所由四达也。慎之为义，从心从真，不可人力加损。稍涉加损，便入人为而伪矣。古之人受命如舜，无忧如文，继志述事如武王、周公，格帝飨庙，运天下于掌，举由孝弟以达神明，无二涂辙。故曰：夫微之显，诚之不可掩如此，指真之动以天也。先师立艰履险，磨瑕去垢，从直谏远谪，九死一生，沛然有悟于千圣相传之诀。析支离于众淆，融阙漏于二氏，独揭良知以醒群梦。故惠流于穷民，威袭于巨寇，功昭于宗社，而教思垂于善类。虽罹谗而遇娼，欲掩而弥章。身没三十年矣，干戈倥偬中，表扬日力。此岂声音笑貌可袭取哉！惟梅林子尝受学于金台，至取师门学术勋烈相与研之。既令余姚，谙练淬励，荐拜简命，神谋鬼谋，出入千古，旁观骇汗，而竟以成功，若于先师有默解者。继自今督我同游暨于来学，骏奔咏歌，务尽斋明盛服之实。其望也若跂，其至也若休，将三千三百，盎然仁体，罔俾支离阙漏。杂之以古所称忠信笃敬，参前倚衡，蛮貊无异于州里，省刑薄敛，亲上死长，持挺于秦、楚。是发先师未展之秘，达为赤舄，隐为陋巷，俾圣代中和位育之休熙，光天化日之中，是谓仰止之真。”

译文

欧阳德在天真祠指出：“根据先师的两首诗歌，石门、仓峡、龟畴、胥海都是上院的景色，是先师精神依托的地方。如今祠堂建立在山脚，恐怕不能够安慰先师的亡灵。”恰逢他的门徒御史胡宗宪、提学副使阮鹗，都在浙江地区任职，就请他们将祠堂改建到上院，并题写其匾额为“仰止”。江西提学副使王宗沐，拜谒南康的先生祠堂，雕塑先师造像，派生员徐应隆送到新祠堂，用于公署祭祀；山下祠堂设立先师居家塑像，用于门人私祭。邹守益为此撰写《天真仰止祠记》。其内容是：“嘉靖三十五年丙辰（1556），钱德洪先生在青原、连山之间聚集同门，商议编辑《阳明先生年谱》时说：‘仰止祠，规模已经远超原来，应该早日去一趟，并为此做些文章记录。’没能成行。于是写文章将天真书院的详细情况告诉他。天真书院本来占据天真、天龙、净明三座寺院的地方。嘉靖九年庚寅（1530），同门王臣、薛侃、王畿还有钱德洪，建立了天真书院，用来祭祀新建伯王阳明先生。书院中堂是祠堂，其后是文明阁、藏书室、望海亭；其左侧是嘉会堂、游艺所、传经楼；其右侧是明德堂、日新馆；两旁是厢房，并购置了田地，来供奉春秋两季的祭祀。嘉靖三十三年甲寅（1554），现任总制司马梅林胡宗宪，巡按浙江，现任中丞阮鹗在浙江视学，与同门黄弘纲、主事陈宗虞商议，改在天真上院祭祀先生，距离书院差不多半里。带领薛侃、欧阳德、王臣一起，改设先师祠堂。改设后，祠堂左边是叙勋堂，右边是斋堂，后崖是云泉楼，前面是祠堂门。门的左边通向慈云岭，石梯横亘，仿若飞虹。慈云岭上是石牌坊，其上题写‘仰止’二字。祠堂下连书院，每百步有一亭，分别是‘见畴亭’‘泻云亭’‘环海亭’。门的右边开拓地基，建立了净香庵，供僧侣居住。外面是大门，大门上题写了‘阳明先生祠’。大门外有半壁池，池塘上有‘登云桥’。桥外就是龟田亭，亭上题写‘太极’二字。嘉靖三十六年丁巳（1557），春天，总制司马胡宗宪平定了倭寇，想要发展文化教育来安定武士，让同门杭二守、唐尧臣在书院重新刊刻先生的《文录》和《传习录》，来供诸生阅读。重新修建祠堂的屋宇，又增加了假山、泉石的美景；开辟了凝霞洞和玄阳洞。沿着石梯访仙，追随明月而前，经过苍翠的山峡，登上天真山，眺望四方，则山水秀美，移步换景；琼岛怒涛，席间坐赏。各地的游客都惊叹，认为这是大自然千年来所孕育的神奇景象。先生曾经有歌咏天真山'文明原有象'的诗句，而今被诸位发扬光大，连鬼神都能听见吧。”邹守益行拜首之礼，接着说：“天道的运行是很精微的，有时地与天相呼应，有时地与天相制衡。先师的遗训是：'有却不曾有，这是真有；无却不曾无，这是真无；看到了却不曾看见，这是真见。'我反复思索先师的意思，感悟颜渊真是洞见天机的儒门传人！所以先师曾有'无声无臭独知时，此是乾坤万有基'这样的诗句，这就是'无却不曾无'的意思；先师还有'不离日用常行内，直造先天未画前'这样的诗句，这就是'有却不曾有'的意思。无却不曾无，所以视觉、言语按照天地的规律运行，想要停止是不能做到的；有却不曾有，所以天地的规律是静穆的，是没有边界和形体的，想要追随它却没有途径的。这正是颜渊称得上是真正悟道之人的原因啊！我们这些人，听从先师教诲很久了。如果勉励做事，却没有通达习以为常之事的本质和规律，就会拘泥于静止的表象；如果致力于探讨性命之学，却不屑于从事人伦日常的实际事务，就会偏向于虚空。即使采用由近到远，由低到高的修养方法，仍然难以避免走入歧途。而登堂入室的人，哪里有什么仰或止呢！只有良知一脉，天德由此树立，王道由此通达。修养要谨慎，顺从本心和天真，不可以用人为之力量去增加或减损。稍微增加、减损，人就落入了造作的境地。古代天命所归如舜这类人，没有忧愁如文王这类人，继承祖辈志向、成就事业，如武王、周公这类人，感通上帝，享受祭祀，治理天下而很轻松，由孝悌被推举，至于通达神明，没有其他的途径（只有致良知而已）。因此，即使细微也会显现，果真如此不能被掩盖，这就是大道的自然运行。先师历经险阻，不断自我砥砺修养，在直言上谏后被贬谪远地，九死一生后，才对于千百年来，圣学相传的心诀大有觉悟。从混乱、破碎的思想中提取精粹，从佛、老两家的思想中圆融缺漏，独创性地提出良知学说，来觉悟众人。所以先师的恩德能惠及普通百姓，威势能震慑奸贼，功绩昭明于国家，而思想教化垂范于有德之士。即使先师遭受诽谤和忌妒，也难以被埋没。先师去世三十年了，战乱之中，一天天地更受赞扬。这哪里是先生只有音容笑貌值得传承呢？胡宗宪曾经在金台学习王学思想，以致将先师的学术和先师的功勋细细研习。后来胡宗宪担任余姚县令，磨炼自我，尽忠职守，全力谋划，以史鉴今，旁观骇汗，而最终成功，仿佛和先师的思想有相通的地方。到如今，督促我辈及后来学者，同游歌咏，务必追求洁净心灵，端庄服饰，不做不符合礼仪的事，达到内外兼修的实际。他追求良知时就好像是踮起脚眺望一般，恳切真诚；而达成后就好像休止在那种境界一般，静穆祥和。统率众人，仁心盎然，不使真心离散、缺漏；发扬古人所说忠信笃敬的品质，参前倚衡，时刻不忘，即使在蛮貊之地，也和在家乡一样畅行无阻；减省刑罚，薄收赋敛，亲近尊长和君主，并为之效命，在秦、楚之地持挺。这是阐发了先师没有言说的思想，显达就为官作宰，归隐就安心陋巷，使当今圣朝中和位育的美好和谐，在太平盛世中彰显，这才是所谓仰止的真谛。”

三十五年丙辰二月，提学御史赵镗修建复初书院，祀先生。

译文

嘉靖三十五年丙辰（1556）二月，提学御史赵镗，修建复初书院，祭祀先生。

书院在广德州治。初邹守益谪判广德，创建书院，置赡田，以延四方来学。率其徒濮汉、施天爵过越，见师而还。复初之会，遂振不息。后汉、天爵出宦游，是会兴复不常者二十年。至洪、畿主水西会，往来广德，诸生张槐、黄中、李天秩等邀会五十人，过必与停骖信宿。是年，汉、天爵致政归，知州庄士元、州判何光裕，申镗复大修书院，设师位，以岁修祀事。

译文

书院在广德州治所。当初，邹守益被贬谪为广德州判官，创建了书院，购买了赡田，邀请四方学子前来学习。率领他的门徒濮汉、施天爵前往浙江，拜见过先师后回来。复初书院的集会，从此振兴而不衰。之后，濮汉、施天爵因外出做官而离开，这个书院的集会，断断续续地又进行了二十年。到了钱德洪、王畿主持水西集会的时候，往来广德间，诸生张槐、黄中、李天秩等就邀请参加水西集会的五十人，路过广德复初书院时，一定要停留两三日。这一年，濮汉、施天爵辞官归乡，知州庄士元、州判何光裕，向赵镗申请之后，又大规模地整修了书院，设立先师牌位，用来每年举行祭祀。

五月，湖广兵备佥事沈宠建仰止祠于崇正书院，祀先生。

译文

五月，湖广兵备佥事沈宠，在崇正书院建立仰止祠，祭祀先生。

书院在蕲州麒麟山。宠与州守同门谷钟秀建书院，以合州之选士，讲授师学。是年，与乡大夫顾问、顾阙，迎洪于水西。诸生钟沂、史修等一百十人有奇，合会于立诚堂。宠率州守首举祀事。属洪撰《仰止祠记》。其略曰："二三子，尔知天下有不因世而异，不以地而隔，不为形而拘者，非良知之谓乎？夫子于诸生，世异地隔形疏，而愿祠而祀之，尸而祝之，非以良知潜通于其间乎？昔舜、文之交也，世之相后千有余岁，地之相去千有余里，揆其道则若合符节者，何也？为其良知同也。苟求其同，岂惟舜、文为然哉？赤子之心与大人同，夫妇之愚不肖与圣人同，蒸民之不识不知与帝则同。故考诸往圣而非古也，俟诸百世而非今也，无弗同也，无弗足也。故历千载如一日焉，地不得而间也；通千万人如一心焉，形不得而拘也。三代而降，世衰道微，而良知真体炯然不灭。故夫子一登其端，而吾人一触其几，恍然如出幽谷而睹天日。故诸生得之易而信之笃者，为良知同也。虽然，诸生今日得之若易，信之若笃矣，亦尚思其难而拟其信之若未至乎？昔者夫子之始倡是学也，天下非笑诋訾，几不免于陷阱者屡矣。夫子悯人心之不觉也，忘其身之危困，积以诚心，稽以实得，见之行事。故天下之同好者，共起而以身承之，以政明之。故诸生之有今日，噫亦难矣！诸生今日之得若火燃泉达，能继是无间，必信其燎原达海，以及于无穷，斯为真信也已。是在二三子图之。"

译文

书院在蕲州麒麟山。沈宠与州守同门谷钟秀，建立了书院，并从整个蕲州选拔人才，讲授先师学问。这一年，和乡大夫顾问、顾阙从水西书院请来了钱德洪。诸生钟沂、史修等一百一十几人，在立诚堂会合。沈宠率领蕲州太守第一次举行了祭祀，并嘱托钱德洪撰写了《仰止祠记》。文章的大概内容是："诸位，你们知道天下有除了良知以外，还能不因时代而改变，不因地理而隔绝，不受形势而局限的东西吗？先师与诸位生于异世，处于异地，且形势迥然不同，（各位）却仍然愿意建立祠堂而祭祀他，向他祝祷，这难道不是因为有良知在其间无形地联通吗？古时，舜和文王神交，时代相隔一千多年，地理位置相距一千多里，衡量他们的道，却好像符节一样契合，为什么呢？因为他们的良知是一样的。假如推求这种相同的道，哪里只有舜和文王是这样呢？小孩子的良知与大人一样，普通男女的良知与圣人一样，没有知识和智慧的百姓的良知与帝王一样。所以，考察过往圣贤的道，发现这些道并非过去才有的道；推究百世以后的道，也并无非是现在的道，古今的道，没有什么不一样，也没有什么不完备的。所以过了千年就像只过了一天，地理位置不能让它发生变化；联通万人的心就好像一个人的心，形势变化不能局限它。夏、商、周三代以来，世道衰微，而良知真实本体，光耀不灭。所以先师一有启发，我们一有领会，就恍然大悟，好像从幽深的山谷中出来，而看到了太阳。所以各位如此容易领会，并且笃信先师之道，是因为良知都是一样的啊！即使如此，各位今日接受先师学说好像是容易的，信仰它也好像是笃定的，但还是有想着致良知是艰难的，并且不确定自己能不能达到致良知的境界吧？过去，先师开始提倡致良知的学说，天下之人，嘲笑他，诽谤他，先师多次差点遭受陷害。先师怜悯众人不能觉察本心，不顾个人安危，积累诚心，知行合一，将致良知的学说表现在所做的事情当中。所以天下有共同志向的人，都奋起追随他，用政治来证明这学说。因此才有今天各位在书院学习的盛况，这也是很不容易的啊！各位今日所拥有的学术氛围，就像是烈火燃烧、清泉涌流一般，兴旺发达而充满生机，如果能继续而不间断地探索，一定能够使学问发展得更加盛大、辉煌，以至于无穷的境界，这才是真正的信仰。诸位，请各自勉励吧！”

四十二年癸亥四月，先师年谱成。

译文

嘉靖四十二年癸亥（1563）四月，先师年谱完成。

师既没，同门薛侃、欧阳德、黄弘纲、何性之、王畿、张元冲谋成年谱，使各分年分地搜集成稿，总裁于邹守益。越十九年庚戌，同志未及合并。洪分年得师始生至谪龙场，寓史际嘉义书院，具稿以复守益。又越十年，守益遗书曰：“同志注念师谱者，今多为隔世人矣，后死者宁无惧乎？谱接龙场，以续其后，修饰之役，吾其任之。”洪复寓嘉义书院具稿，得三之二。壬戌十月，至洪都，而闻守益讣。遂与巡抚胡松吊安福，访罗洪先于松原。洪先开关有悟，读《年谱》若有先得者。乃大悦，遂相与考订。促洪登怀玉，越四月而谱成。

译文

先师去世后，同门薛侃、欧阳德、黄弘纲、何性之、王畿、张元冲，计划完成先师年谱，请大家分年份、分地域收集材料，写成书稿，再请邹守益汇总，定稿。过了十九年，到嘉靖二十九年庚戌（1550），一同编写年谱的人还没来得及会合。钱德洪分到自先师出生到贬谪龙场这一部分，住在史际开办的嘉义书院中，写完后，交给了邹守益。又过了十年，邹守益写信给钱德洪说：“整理先师年谱的同志，如今大多已经阴阳永隔了，死在后面的人能不为此而担忧吗？请将年谱接着龙场往后写，而修饰润色的任务，就交给我了。”钱德洪于是又住在嘉义书院，编写年谱，完成了三分之二。嘉靖四十一年壬戌（1562）十月，钱德洪到南昌，听到邹守益去世的消息。于是和巡抚胡松前往安福吊唁，然后到松原访问罗洪先。罗洪先是有所觉悟的人，读《年谱》有仿佛已经看过的感觉，于是非常愉快，和钱德洪一起考订《年谱》。敦促钱德洪前往玉山，四个月之后，《年谱》就完成了。

八月，提学御史耿定向、知府罗汝芳建志学书院于宣城，祀先生。

译文

八月，提学御史耿定向、知府罗汝芳，在宣城建立志学书院，祭祀先生。

洪、畿初赴水西会，过宁国府，诸生周怡、贡安国、梅守德、沈宠、余珊、徐大行等二百人有奇，延至景德寺，讲会相继不辍。是年，畿至。定向、汝芳规寺隙地，建祠立祀，于今讲会益盛。后知府钟一元扁为"昭代真儒"，遵圣谕也。

译文

钱德洪、王畿第一次参加水西集会，路过宁国府，诸生周怡、贡安国、梅守德、沈宠、余珊、徐大行等二百多人，请他们到景德寺，于是不断开展讲学活动。这一年，王畿到了志学书院。耿定向、罗汝芳用寺庙空地建立祠堂，举办祭祀，到现在讲学集会更加兴盛。之后，知府钟一元题匾为"昭代真儒"，是遵从圣上旨意。

四十三年甲子，少师徐阶撰《先生像记》。

译文

嘉靖四十三年甲子（1564），少师徐阶撰写《先生像记》。

《记》曰："阳明先生像一幅，水墨写。嘉靖己亥，予督学江西，就士人家摹得先生燕居像二，朝衣冠像一。明年庚子夏，以燕居之一赠吕生，此幅是也。先生在正德间，以都御史巡抚南赣，督兵败宸濠，平定大乱，拜南京兵部尚书，封新建伯。其后以论学为世所忌，竟夺爵。予往来吉、赣，问其父老，云：濠之未叛也，先生奉命按事福州，乞归省其亲，乘单舸下南昌。至丰城闻变，将走还幕府，为讨贼计。而吉安太守松月伍公议适合。郡又有积谷可养士，因留吉安。征诸郡兵与濠战湖中，败擒之，其事皆有日月可按覆。而忌者谓先生始赴濠之约，后持两端，遁归。为伍所强，会濠攻安庆不克，乘其沮丧，幸成功。夫人苟有约，其败征未见，必不遁。凡攻讨之事，胜则侯，不胜则族。苟持两端，虽强之必不留。武皇帝之在御也，政由嬖幸。濠悉与结纳，至或许为内应。方其崛起，天下皆不敢意其遽亡。先生引兵而西，留其家吉安之公署，聚薪环之。戒守者曰：‘兵败即纵火，毋为贼辱。’呜呼！此其功岂可谓幸成，而其心事岂不皎然如日月哉！忌者不与其功足矣，又举其心事诬之，甚矣小人之不乐成人善也！自古君子为小人所诬者多矣，要其终必自暴白。乃予所深慨者，今世士大夫，高者谈玄理，其次为柔愿，下者直以贪黩奔竞，谋自利其身。有一人焉，出死力为国家平定大乱，而以忌厚诬之，其势不尽驱士类入于三者之途不止。凡为治不患无事功，患无赏罚。议论者，赏罚所从出也。今天下渐以多事，庶几得人焉，驰驱其间，而平时所议论者如此，虽在上智，不以赏罚为劝惩，彼其激励中才之具，不已疏乎？此予所深慨也。濠之乱，孙、许二公死于前，先生平定之于后，其迹不同，同有功于名教。江西会城，孙、许皆庙食，而先生无祠。予督学之二年，始祀先生于后圃。未几被召，因摹像以归，将示同志者，而首以赠吕生。予尝见人言，此像于先生极似。以今观之，貌殊不武，然独以武功显于此，见儒者之作用矣。吕生诚有慕乎，尚于其学求之。”

译文

文章写道：“有阳明先生水墨画像一幅。嘉靖十八年己亥（1539），我在江西任督学，到士人家中，临摹了两幅先生的私服画像和一幅先生的朝服画像。第二年，嘉靖十九年庚子（1540），夏天，将那幅先生私服画像送给了吕生，就是现在这一幅。先生在正德年间，以都御史的身份巡抚南、赣，带领军队，打败朱宸濠的叛军，平定了大乱，被授予南京兵部尚书的职位，并被封为新建伯。此后，先生因为议论学问被忌惮，竟然被夺去了爵位。我在吉安、赣州之间往来，访问那儿的父老乡亲，他们说：‘朱宸濠没反叛时，先生奉命巡按福州，请求归乡省亲，乘小船前往南昌。到了丰城听闻宁王叛变，打算回到幕府，商议讨伐反贼之事。但与吉安太守武松月的想法正相合，城里又有充足的粮食供养士兵，于是就留在了吉安，召集各地的兵马，与朱宸濠在湖中交战，最终打败宁王，将其擒拿。’这些事情都可以按照时间来核查，但是忌妒先生的人说：‘先生刚开始确实与朱宸濠有约定，后来摇摆不定，准备逃跑，被军队强迫留下，适逢朱宸濠攻打安庆失败，趁其不备，侥幸获得了成功。’如果先生已经与朱宸濠有约定，没有发现失败的征兆，一定不会逃跑；而但凡有进攻和讨伐的战事，获胜就是封侯的成果，失败就是灭族的后果，如果先生摇摆不定，即使军队强迫他留下，也一定留不住他。武宗在位之时，政治被宦官、奸佞把持。朱宸濠与他们勾结，以至于他们有人已经成为内应。宁王刚刚起兵造反时，天下的人都不敢设想他会很快灭亡。先生带兵向西进攻，将家眷留在吉安公署，用木柴环绕公署，告诫守卫的人说：'如果我兵败了，就立即放火，不要被贼人侮辱。'哎！他的功绩怎么会是侥幸而成就的呢？而他的内心难道不像日月一般皎洁光明吗！忌妒的人，不认同他的功绩就罢了，还要污蔑他的用心，这是小人十分不愿意看到别人做得好啊！自古以来，君子被小人诬陷的情况太多了，但最终君子一定能昭雪。而我深深感慨的是，如今士大夫们，高尚的谈论玄理，其次是柔顺质朴之人，而卑下的只会贪污腐败、钻营巴结，为自身谋取利益。如今有一个人，愿意献出生命为国家平定叛乱，就要因为忌妒而大大地污蔑他，这形势，不将所有士人都逼迫成以上三类（无所作为的人）就不会停下来。但凡治理国家，不怕没有丰功伟绩，就怕没有赏罚分明。而议论，是赏罚的根据。如今天下逐渐多事，难得出现能人力士，在天下间奔走忙碌，却像这样议论他们，即使是对拥有杰出才能的人，也不能公正赏罚，那么对于中等才智的人，赏罚不就更不明了吗？这是我深深感慨的地方。宁王之乱，孙、许两位先生死在前，而王阳明先生在其后平定叛乱，他们的事迹不同，但都对礼教有贡献。在江西省城，孙、许两位先生都享有祠庙祭祀，而王阳明先生却没有祠庙。我担任督学的这两年，才在后园祭祀先生。不久被召回，因此临摹先生的画像带回，想要供同志们瞻仰，并且首先赠送给了吕生。我曾经听别人说，这幅画特别像先生。现在看，先生的容貌并不威武，却因为军事成就而扬名天下，由此可见儒生的作用（之大）。吕生真的仰慕先生吗？如果是真的，那就用追随他的学说来实现吧！"

巡按江西监察御史成守节重修洪都王公仰止祠。

巡按江西监察御史成守节，重新修建了洪都王公仰止祠。

大学士李春芳作《碑记》。记曰："阳明先生祠，少师存翁徐公督学江右时所创建也。公二十及第，宏词博学，烨然称首词林，一时词林宿学，皆自以为不及。而公则曰：'学岂文词已也。'日与文庄欧阳公穷究心学。闻阳明先生良知之说而深契焉。江右为阳明先生过化，公既阐明其学以训诸生，而又为崇祀无所，不足以系众志，乃于省城营建祠宇，肖先生像祀之。遴选诸生之俊茂者，乐群其中，名曰'龙沙会'。公课艺暇，每以心得开示诸生，而一时诸生多所兴起云。既公召还，洊跻纶阁，为上所亲信，盖去江右几二十年矣。有告以祠宇倾圮者，则愀然动心，捐赐金九十，属新建钱令修葺之。侍御甘斋成君闻之曰：'此予责也。'遂身任其事，鸠工拓材，饰其所已敝，增其所未备，堂宇斋舍，焕然改观。不惟妥神允称，而诸生之兴起者，益勃勃不可御矣。噫！公当枢管之任，受心膂之寄，无论几务丛委，即宸翰咨答，日三四至，而犹之不可以已也。夫致知之学发自孔门，而孟子良知之说，则又发所未发。阳明先生合而言之曰'致良知'，则好善恶恶之意诚，推其极，家国天下可坐而理矣。公笃信先生之学，而日以验之身心，施之政事，秉钧之初，即发私馈，屏贪墨，示以好恶，四海向风，不数年而人心吏治，翕然丕变。此岂有异术哉？好善恶恶之意诚于中也。故学非不明之患，患不诚耳。知善知恶，良知具存。譬之大明当天，无微不照，当好当恶，当赏当罚，当进当退，锱铢不爽，各当天则。循其则而应之，则平平荡荡，无有作好，无有作恶，而天下平矣。故诚而自慊，则好人所好，恶人所恶，而为仁；不诚而自欺，则好人所恶，恶人所好，而为不仁。苟为不仁，生于其心，害于其事，蠹治戕民，有不可胜言者矣。公为此惧，又举明道《定性》《识仁》二书发明其义，以示海内学者，而致知之学益明以切。诸生能心惟其义而体诸身，则于阳明先生之学几矣。业新舍者，其尚体公之意，而殚力于诚，以为他日致用之地哉！"

译文

大学士李春芳写作《碑记》，写道："阳明先生的祠堂，是少师徐阶督学江右时所建。徐阶先生二十岁考中了进士，宏词博学，成为文坛新秀，一时间，文坛老将都认为自己比不上他。但他说：'学问哪里只是文词而已。’每天和欧阳德认真探究心学。听闻王阳明先生致良知的学说，而深感契合。江右是王阳明先生所教化过的地方，徐阶向诸生阐明了王学的教诲后，又因为没有地方举行祭祀，不足以维系众人的志向，于是在省城建筑祠堂，画王阳明先生肖像而祭祀。选拔聪明优秀的诸生，与他们相聚，而聚会起名为‘龙沙会’。徐阶在教课之余，常常用心得体会启发诸生，一时间诸生中有许多兴起的人。徐阶被召回后，进入内阁，被皇帝亲近并信任，离开江右差不多二十年了。有人告诉徐阶，王阳明先生的祠堂倒塌毁坏了，他非常难过，于是出资九十金，嘱托新建钱代为修葺。侍御成甘斋听说此事，就说：‘这是我的责任。’于是承担了修葺的任务，召集工匠，购买材料，将已经破坏的地方修复，并增补不完备的地方，整个祠堂焕然一新。不仅先生神明称允，而且诸生也随之兴起，生意蓬勃，不能抑制。啊！徐阶先生您承担重要的职务，接受心腹的寄托，不是议论国家的大小事情，就是皇帝的墨宝咨询，每天至少有三四次。致知的学说源自孔子，孟子‘良知’的学说发展了孔子的致知学说，阳明先生综合而提出‘致良知’。如果将追求美好，厌恶丑恶的诚心，发挥到极致，那么家国天下，就很容易治理得好了。徐阶深信王阳明先生的学说，并且每天用以检验身心，指导政务，执政之初，就告发行贿，杜绝贪腐，来表现其好恶。天下人仰慕他的品德，受其影响，没几年，社会心态和政治生态都自然地发生了很大的改变。这哪里有什么其他的方法呢？只有追求美好，厌弃丑恶的诚心在其中。所以修养无需担忧不明事理，只需担忧不够诚心而已。懂得善，懂得恶，良知都完好保存，就好比日月当空，无所不照。应该喜欢还是厌弃，应该奖赏还是惩罚，应该拔擢还是贬斥，都分毫不差地符合天地的法则。遵循那法则并与之相适应，就会一切安好，没有徇私偏好，没有作奸犯科，而后天下就太平了。所以心诚并自适，就会与人民同好恶，而成仁；心不诚而自欺，就会与人民的好恶相违，而成为不仁。假如成为了不仁之人，不仁就会在他的心中生长，在他的行事中表现，破坏政治，残害百姓，有说不尽的坏处。徐阶先生担心会如此，又拿出论说大道的《定性》《识仁》这两本书，阐发其中的要义，让天下的学子学习，从而致知的学说变得更加清晰、切实了。诸生如果能够在心中思考这种要义并身体力行，那么对王阳明先生的学说就差不多掌握了。进入书院的学生们，你们能够体会徐阶先生的用意，并致力于诚心的功夫，为以后学以致用做准备吗？”

四十五年丙寅，刻先生《文录续编》成。

译文

嘉靖四十五年丙寅（1566），刻印完成先生的《文录续编》。

师《文录》久刻于世，同志又以所遗见寄，汇录得为卷者六。嘉兴府知府徐必进见之曰：“此于师门学术皆有关切，不可不遍行。”同志董生启予征少师存斋公序，命工入梓，名曰《文录续编》，并《家乘》三卷行于世云。

译文

先师《文录》已经问世很久了，但同志们又将《文录》所遗漏的文稿寄送给我，我收集起来，汇编得到六卷。嘉兴知府徐必进看了说：“这都与师门的学问密切相关，不能不留存。”于是同志董启予邀请少师徐阶写序，付梓刻印，命名为《文录续编》，加上三卷《家乘》，一同流传于世。

今上皇帝隆庆元年丁卯五月，诏赠新建侯，谥文成。

译文

当今圣上，隆庆元年丁卯（1567）五月，下诏书赐封先生新建侯，谥号文成。

丁卯五月，诏病故大臣有应得恤典赠谥而未得者，许部院科道官议奏定夺。于是给事中辛自修、岑用宾等，御史王好问、耿定向等上疏：“原任新建伯兵部尚书兼都察院左都御史王守仁，功勋道德，宜膺殊恤。”下吏、礼二部会议，得：“王守仁具文武之全才，阐圣贤之绝学，筮官郎署，而抗疏以犯中珰，甘受炎荒之谪。建台江右，而提兵以平巨逆，亲收社稷之功。伟节奇勋，久见推于舆论。封盟锡典，岂宜遽夺于身终？”疏上，诏赠新建侯，谥文成。制曰：“竭忠尽瘁，固人臣职分之常；崇德报功，实国家激劝之典。矧通侯班爵，崇亚上公，而节惠易名，荣逾华衮。事必待乎论定，恩岂容以久虚？尔故原任新建伯南京兵部尚书兼都察院左都御史王守仁，维岳降灵，自天佑命。爰从弱冠，屹为宇宙人豪。甫拜省郎，独夺乾坤正论。身濒危而志愈壮，道处困而造弥深。绍尧、孔之心传，微言式阐；倡周、程之道术，来学攸宗。蕴蓄既宏，猷为丕著；遗艰投大，随试皆宜；戡乱解纷，无施勿效。闽、粤之箐巢尽扫，而擒纵如神；东南之黎庶举安，而文武足宪。爰及逆藩称乱，尤资仗钺渊谋。旋凯奏功，速于吴、楚之三月；出奇决胜，迈彼淮、蔡之中宵。是嘉社稷之伟勋，申盟带砺之异数。既复抚夷两广，旋至格苗七旬。谤起功高，赏移罚重。爰遵遗诏，兼采公评，续相国之生封。时庸旌伐，追曲江之殊恤，庶以酬劳。兹赠为新建侯，谥文成，锡之诰命。於戏！钟鼎勒铭，嗣美东征之烈；券纶昭锡，世登南国之功。永为一代之宗臣，实耀千年之史册。冥灵不昧，宠命其承！”六月十七日，遣行人司行人赐造坟域，遣浙江布政使司堂上正官参政，与祭七坛。

译文

隆庆元年丁卯（1567）五月，皇帝下诏：“应该得到抚恤恩典，赐予谥号而未得到的病故大臣，准许部院科道官员上奏，议论定夺。”于是，给事中辛自修、岑用宾等人，还有御史王好问、耿定向等人上疏说：“原任新建伯，兵部尚书，兼都察院左都御史王守仁，按照他的功勋和道德，应当享有特殊的抚恤。”下发吏部、礼部共同议论，认为：“王守仁是文武之全才，阐发了圣人的学说，担任郎署官职时，抗言上疏而冒犯了宦官，甘愿忍受被贬荒凉之地。在江右，能带兵而平定宁王之乱，是亲自收复国土的功劳。而他不凡的气节和奇特的功勋，也长久地被舆论推崇。封赏的爵位，怎么应该在他去世后就立刻褫夺呢？”奏疏上达，皇帝下诏，赐新建侯封号，谥号文成。表文写道：“竭尽忠心，鞠躬尽瘁，是臣子应尽的本分；崇尚道德，回报有功，是国家激励劝勉的法典。更何况是侯爵的封赏，尊崇仅次于君主；而追封谥号，荣耀又过于贵服。事情一定要有定论，恩德怎么能够长久地空虚呢？去世的原任新建伯，南京兵部尚书兼都察院左都御史王守仁，天降神明，保佑天下。从弱冠之年起，就是傲然宇宙间的人杰。刚刚担任郎官，就独自匡扶了天地间的正论。身处险境，但个人志气愈壮；大道不行，但学术造诣愈深。继承了尧和孔子的心传之学，微言大义得以被阐发；倡导了周敦颐和二程的学说，使后来的学者追随。积累浑厚，深谋远虑；委以重任，使命必达；平息纷乱，百试百灵。闽、粤的盗匪都被扫除，王公用兵如神；东南地区的百姓都安定了，王公文武之才足以为后世效法。等到藩王作乱，王公依仗超人的谋略，立刻克敌制胜，三个月内安定吴、楚之地；又出奇制胜，前往淮、蔡之地平乱。这是对国家有美德的伟大功勋，是重新稳固江山的奇特运数。后来又安抚了两广地区，不久又用了七十天平定了苗地。诽谤起于功高，赏赐被取消而变为惩罚。尊奉先帝遗诏，兼采公众评论，延续相国生时的封赏；因其功勋，追赠抚恤和酬劳。现赠为新建侯，谥号文成，赐给诰命。呜呼！钟鼎刻功，代代赞美其东征的事迹；文史昭著，世世记载其在南国的功勋。永远是一代之名臣，彪炳史册，光耀千年。神明不灭，承受恩宠！”六月十七日，派遣行人司行人赏赐敕造坟墓，派遣浙江布政使，享有七坛祭祀。

二年戊辰六月，先生嗣子正亿袭伯爵。

译文

隆庆二年戊辰（1568）六月，先生长子王正亿承袭伯爵之位。

元年三月，给事中辛自修、岑用宾等为开读事上疏，请复伯爵。吏部尚书杨博奉旨移咨江西巡抚都御史任士凭，会同巡按御史苏朝宗查覆征藩实迹，及浙江巡抚都御史赵孔昭、巡按御史王得春奏应复爵荫相同。于是吏部奉钦依会同成国公朱希忠、户部尚书马森等议得：“本爵一闻逆濠之变，不以非其职守，急还吉安，倡义勤王。未逾旬朔，而元凶授首，立消东南尾大之忧。不动声色，而奸宄荡平，坐贻宗社磐石之固。较之开国佐命，时虽不同，拟之靖远咸宁，其功尤伟。委应补给诰券，容其子孙承袭，以彰与国咸休，永世无穷之报。”议上，诏遵先帝原封伯爵，与世袭。至三年五月，御史傅宠奏议爵荫，吏部复请钦依，会同成国公朱希忠、户部尚书刘体乾议得：“诚意伯刘基食粮七百石，乃太祖钦定。靖远伯王骥一千石，新建伯王守仁一千石，系累朝钦定，多寡不同。夫封爵之典，论功有六：曰开国，曰靖难，曰御胡，曰平番，曰征蛮，曰擒反。而守臣死绥，兵枢宣猷，督府剿寇，咸不与焉。盖六功者，关社稷之重轻，系四方之安危，自非茅土之封，不足以报之。至于死绥、宣猷、剿寇，则皆一身一时之事，锡以锦衣之荫则可，概欲剖符，则未可也。窃照新建伯王守仁，乃正德十四年亲捕反贼宸濠之功。南昌、南、赣等府，虽同邦域，分土分民，各有专责，提募兵而平邻贼，不可不谓之倡义。南康、九江等处，首罹荼毒，且进且攻，人心摇动，以藩府而叛朝廷，不可不谓之劲敌。出其不意，故俘献于旬月之间。若稍怀迟疑，则贼谋益审，将不知其所终。攻其必救，故绩收乎万全之略。若少有疏虞，则贼党益繁，自难保其必济。肤功本自无前，奇计可以范后。靖远、威宁，姑置不论，即如宁夏安化之变，比之江西，难易迥绝。游击仇钺，于时得封咸宁伯，人无间言。同一藩服捕反，何独于新建伯而疑之乎？所据南京各道御史，欲要改荫锦衣卫，于报功之典未尽，激劝攸关，难以轻拟。合无将王守仁男袭新建伯正亿，不必改议，以后子孙仍照臣等先次会题，明旨许其世袭。”诏从之，准照旧世袭。

译文

隆庆元年丁卯（1567）三月，给事中辛自修、岑用宾等人，为呈报商议应赏而未赏已故大臣之事而上疏，请求恢复王阳明伯爵封号。吏部尚书杨博奉旨移送咨文，让江西巡抚都御史任士凭，会同巡按御史苏朝宗，核查出征藩王的实际情况。调查结果和浙江巡抚都御史赵孔昭、巡按御史王得春相同，都上奏回复应该恢复爵位和世袭的赏赐。于是吏部奉旨，会同成国公朱希忠、户部尚书马森等人，商议认定：“王阳明一听说叛贼朱宸濠发动兵变，不因这不是他的职责而退却，就紧急赶回吉安，发扬大义，兴兵勤王。没过多久，宁王就投降了，立即消除了东南地区尾大不掉的忧患。不动声色，而奸人被荡平，使国家政权稳定，和开国辅佐的功劳相比较，时代虽然不同，但与靖远、咸宁这类相比，他的功绩更伟大。应该要给予赐封爵位的诏书，让他的子孙可以承袭爵位，来彰显他与国同存，永世不灭的功勋。”奏议上报，皇上下诏，按照先帝原来旨意，封予伯爵，赐予世袭。到了隆庆三年己巳（1569）五月，御史傅宠上奏，商议爵位世袭的事情。吏部又奉旨，会同成国公朱希忠、户部尚书刘体乾商议决定：“诚意伯刘基享粮食七百石，是太祖皇帝钦定。靖远伯王骥一千石，新建伯王守仁一千石，是各朝钦定，多少是各自不同的。根据封爵的典章，有六种功绩可封赏，分别是：开国、平定国难、抵御外族入侵、平定藩王作乱、征讨蛮夷、擒拿反贼。而守国大臣效死沙场、兵部官员出谋划策、军队剿除贼匪，都不在封爵之列。因为以上六种功绩，都关系到国家的稳定和安全，自然除了王、侯的封爵，不足以回报他们。至于战死沙场，出谋献策，剿除贼寇，都是一人一时的事情，赏赐给他们锦衣卫的荫补即可，想要以此获得分封却是不可以的。比照新建侯王守仁，是正德十四年亲手捉拿反贼朱宸濠。当时南昌、南、赣等地区，虽然是一国之内，但是土地和人民分散治理，各有各的专门职责，王守仁能调动募兵，平定邻近的反贼，不得不说他做到了倡导大义；南康、九江等地区，首先遭受反贼荼毒，并且一直被进攻，人心动摇，凭借藩王府邸的力量反叛朝廷，不得不说是强劲的敌人。王守仁出其不意，所以能在短时间内将其俘虏。如果他稍有迟疑，那么反贼的谋划就会更加周密，后果不堪设想。王阳明攻打反贼必然会救援之地，所以这功绩也是源自他极为周到的策略。如果稍有疏忽或思虑不周的地方，那么贼人的势力会更强大，自然难以保证成功。大功本就史无前例，而奇谋足以示范后人。靖远、威宁，姑且搁置不论，即使像宁夏安化王之乱，与江西比较起来，难易程度也是迥然不同的。仇钺（平定安化王乱），在当时被封为咸宁伯，人们没什么争议。同样是捉拿了反叛藩王，为什么独独对于新建伯的封爵怀疑呢？南京各道御史，想要将其赐封改成荫补锦衣卫，不合法典。而这是关系到激励、劝勉世人的大事，不应轻率决定。何不让王守仁的儿子王正亿，承袭新建伯的爵位，不必改动，后世子孙仍然按照我们先前提及的那样安排呢？请颁发圣旨，允许他们世代承袭。”诏书按照他们的建议下达，准许照旧世袭爵位。

卷之三十六　附录五　年谱附录二

增订年谱刻成，启原检旧谱，得为序者五，得论年谱书者二十。乃作而叹曰："谱之成也，非苟然哉！阳明夫子，身明其道于天下，绪山、念庵诸先生心阐斯道于后世，上以承百世正学之宗，下以启百世后圣之矩。读是谱者，可忽易哉？"乃取叙书汇而录之，以附谱后，使后之志师学者，知诸先生为道之心身，斯谱其无穷乎？

译文

增订的《年谱》刻印完成后，启原与旧版《年谱》进行校验，发现了五篇序文和二十篇议论《年谱》的文章。于是叹息："《年谱》的编写，不是随随便便的啊！王阳明先生用自身的言行为天下人阐明了大道，绪山、念庵诸位先生用心为后来的人阐述这门学问，上承百世正宗之学术，下启百世圣学之规矩。读这本《年谱》，哪里是可以轻忽的事情呢？"于是选取序文与议论的文章汇编而附录于《年谱》之后，假如后来有志学习的人，能懂得各位先生探索大道的用心和实践，那么这本《年谱》大概就能永世流传了吧？

阳明先生年谱序

门人钱德洪

嘉靖癸亥夏五月，阳明先生年谱成，门人钱德洪稽首叙言曰：昔尧、舜、禹开示学端，以相授受曰“允执厥中，四海困穷，天禄永终。”噫！此三言者万世圣学之宗与？“执中”，不离乎四海也。“中”也者人心之灵，同体万物之仁也。“执中”，而离乎四海，则天地万物失其休矣。故尧称峻德，以自亲九族以至和万邦，舜称玄德，必自定父子以化天下，尧、舜之为帝，禹、汤、文、武之为王，所以致唐虞之隆，成三代之盛治者，谓其能明是学也。后世圣学不听，人失其宗，纷纷役役，疲极四海，不知“中”为何物。

译文

嘉靖四十二年，癸亥（1563），夏天，五月，《阳明先生年谱》完成，门人钱德洪稽首叙说：过去尧、舜、禹开示圣学之端，而递相传授说：“诚实地保持那不偏不倚的中道吧，假如天下百姓都隐于困苦和贫穷，上天赐给你的禄位就会永远终止。”啊！这三句话，难道不是万世学问的宗旨吗？保持中道，是不能脱离天下百姓的立场的。“中”就是人心之灵，就是保持体察万物的仁心。“执中”而脱离现实，就会失去对天地万物的体察。尧被称颂为“峻德”，是因从他亲睦九族做起，以至于协和万邦；舜被称颂为“玄德”，也定是因他从自己确定了父子的伦理关系做起，而至于化成天下。尧、舜能称帝，禹、汤、周文、周武能称王，并达成唐尧、虞舜时期的兴隆和夏商周三代的治世，都是因为他们能够明达这个学问。后世圣学不昌，人们丢失了这门学问的宗旨，熙熙攘攘，奔忙不停，天下困倦，却不知道什么是“中”。

伯术兴，假借圣人之似以持世，而不知逐乎外者遗乎内也。佛老出，穷索圣人之隐微以全生，而不知养乎中者遗乎外也。教衰行弛，丧秋无日，天禄亦与之而永终。噫！夫岂无自而然哉？寥寥数千百年，道不在位，孔子出，祖述尧、舜、颜、曾、思、孟、濂溪、明道继之，以推明三圣之旨，斯道灿灿然复明于世。惜其空言无征，百姓不见三代之治，每一传而复晦，寥寥又数百年。吾师阳明先生出，少有志于圣人之学，求之宋儒不得，穷思物理，卒遇危疾，乃筑室阳明洞天，为养生之术，静摄既久，恍若有悟，蝉脱尘盆，有飘飘遐举之意焉。然即之于心，若未安也，复出而用世。谪居龙场，衡困拂郁，万死一生，乃大悟"良知"之旨。始知昔之所求，未极，性真，宜其疲神而无得也。盖吾心之灵，彻显微，忘内外，通极四海而无间，即三圣所谓"中"也。本至简也，而求之繁；至易也而求之难，不其谬乎？征藩以来再遭张、许之难，呼吸生死，百炼千摩而精光焕发，益信此知之良，神变妙应而不流于荡，渊澄静寂而不堕于空。征之千圣，莫或纰缪，虽百氏异流，咸于是乎取证焉。噫！亦已微矣。始教学者，悟从静入，恐其或病于枯也，揭"明德""亲民"之旨，使加"诚意""格物"之功。至是而特揭"致良知"三字，一语之下，洞见全体，使人人各得其中。由是以昧入者以明出，以塞入者以通出，以忧愤入者以自得出，四方学者翕然来宗之。噫！亦云兆矣。天不慭遗，野死遐荒，不得终见三代之绩，岂非千古一痛恨也哉？

译文

霸者的权术兴盛，假借学习圣人的旗号来主持天下，却不知道这是在外追求圣学而在内遗失圣学。佛学、道家兴起，不断探索圣人学问的隐微之处，来保全天性，却不知道这是保养了内在而遗失了对外部世界的体悟。教化衰微，品行倒退，天下一直处在混乱之中，天禄也就和他永远无缘了啊。唉！哪里是无端端这样的呢？短短千百年，道就不在其正位了。孔子出现，继承了尧、舜的思想，颜回、曾参、子思、孟子、周敦颐、程颢又继承孔子创立的儒学，来向上推求三位圣人的宗旨，这中正的大道才又在世界上大放光彩。可惜的是，这些继承都只有理论而无实绩来证明，百姓看不到夏商周三代的盛况，所以每一次大道被继承后又都晦暗几百年。先师王阳明先生出生，年少时便有志求圣人之学，学习宋儒，发现无法学成圣人，努力推求物理，最终病重。于是修建“阳明洞天”，修习养生之术，静养了许久，突然有悟，超脱世俗，有遁世修行的念头。但是内心还是有不安的地方，就又出仕做官。之后他被贬谪龙场，长久困顿抑郁，九死一生后才领悟到‘良知’这一宗旨，这才知道过去所追求的，都不涉及性情本真，难怪精神疲敝而无所得。我们的心灵，是通透至极，不计内外，贯通四海而没有缺漏的，这就是三位圣人所说的‘中’。本真是最简单的，却用繁琐的方法去求取；本真是最容易的，却用最难的方法去求取，不是很荒谬吗？平定宁王之乱后，又遭遇了张忠、许泰的诬陷，死生一线，经历百炼千锤却精光焕发，更加坚信这良知的力量，随机应变却不流于放纵，清澈静寂而不堕于虚空。验证于成千上万的圣人，也没有错误；即使是百种学说，也都能从中验证。啊！这真是太精微了啊！开始的时候，先师教授学生，从静心开始悟道，担忧有人沦为枯坐，就又指出“明德”“亲民”的主张，让学生们加强“诚意”“格物”的功夫。到此才特别指出“致良知”三字，一句话就洞见全体，使每个人都能达到自己的中道。从此从幽暗入门的，以光明得其中道；从堵塞入门的，以贯通得其中道；从忧愤入门的，以心胸开阔得其中道。各地的学者都前来以先师为宗。啊！这真是惠及众人啊！遭上天遗弃，死在荒野之地的人，不能看见尧、舜、禹三代的功业，难道不是千年的憾事吗？

师既没，吾党学未得止，各执所闻以立教。仪范隔而真意薄，微言隐而口说腾。且喜为新奇谲秘之说，凌猎超顿之见，而不知日远于伦物。甚者认知见为本体，乐疏简为超脱，隐几智于权宜，蔑礼教于任性。未及一传而淆言乱众，甚为吾党忧。迩年以来，亟图合并，以宣明师训，渐有合异统同之端，谓非良知昭晰，师言之尚足征乎？谱之作，所以征师言耳。始谋于薛尚谦，顾三纪未就。同志日且凋落，邹子谦之遗书督之。洪亦大惧湮没，假馆于史恭甫嘉义书院，越五月，草半就。趋谦之而中途闻讣矣，偕抚君胡汝茂往哭之。返见罗达夫闭关方严，及读谱，则喟然叹曰：“先生之学，得之患难幽独中，盖三变以至于道。今之谈‘良知’者，何易易也？”遂相与刊正。越明年正月，成于怀玉书院，以复达夫。比归，复与王汝中、张叔谦、王新甫、陈子大宾、黄子国卿、王子健互精校阅，曰：“庶其无背师说乎？”命付之梓。

译文

先师去世后，我们师门的讲学并没有停止，大家各自以自己所学立教。但是先生仪容不再，就真意稀薄；精深微妙的言辞隐没，就议论纷纷。而且喜欢标新立异，凌驾超拔的见解，而不知道已经日渐远离了真实世界的人伦日用。更有甚者，将知见当作本体，将散漫、随便当作超拔、洒脱，在权宜之中隐没机智，在任性之中蔑视礼教。先师的学说还没有传到下一代，就已经有混淆视听的言论出现，迷惑众人，这令我们这些人感到很担忧。近年来，我们急于合并众说，来宣传、阐明先师教诲，渐渐地达成了弥合差异，统一立场的看法：认为除了良知清楚明白，先师所言还有什么可以证明？写作《年谱》，是用来以此证明先师的学说。开始时，这个想法由薛侃提出的，但是过了多年，这件事都没有完成。同志们日渐凋零，邹守益便写信督促此事。我也很担忧这件事半途而废，就借住在史际开办的嘉义书院之中，过了五个月，草稿完成了一半。前去与邹守益会合时，在半路上听闻他去世的消息，就和巡抚胡松一同前往吊唁。返回时，去见了正在闭关的罗洪先，等到罗洪先读到了《年谱》，就叹息着说：“先生的学问，是在困苦孤独中领悟的，经过三次变化才悟道。如今谈论‘良知’的人，为什么这么容易就改变了呢？”于是同我一起编订《年谱》。到第二年正月，在怀玉书院完成《年谱》，来回复罗洪先。等到回去，又和王汝中、张叔谦、王新甫、陈大宾、黄国卿、王健一同精心校阅，说：“差不多没有违背先师学说的地方了吧？”于是才出版刊刻。

然其事则核之奏牍，其文则禀之师言，罔或有所增损。若夫力学之次，立教之方，虽因年不同，其旨则一。洪窃有取而三致意焉，噫！后之读谱者，尚其志逆神会，自得于微言之表，则斯道庶乎其不绝矣！僭为之序。

译文

《年谱》中记载的事迹在奏章中核实，文章则是领受先师之言，没有一点增加或者删减。至于学习的次序，立教的方法，虽然记录的年份不同，但宗旨是一致的。我也受益匪浅而多次表达。啊！后世读《年谱》的人，请看重书中的思想内涵，领会其精神，从精妙语言的表象中自己领悟大道，那么这大道差不多就不会断绝了！不才为此写作序文。

阳明先生年谱考订序

后学罗洪先

嘉靖戊申，先生门人钱洪甫聚青原，言年谱，佥以先生事业多在江右，而直笔不阿，莫洪先若，遂举丁丑以后五年相属。又十六年，洪甫携年谱稿二三册来，谓之曰："戊申青原之聚，今几人哉？"洪甫惧，始坚怀玉之留。明年四月，年谱编次成书，求践约，会滁阳。胡汝茂巡抚江右，擢少司马，且行，刻期入梓，敬以旬日毕事。已而即工稍缓，复留月余，自始至卒，手自更正，凡八百数十条。

译文

嘉靖二十七年，戊申（1548），先生门人钱德洪在青原召开集会，讨论编写年谱的事宜，众人都认为王阳明先生的功绩大多在江右，而能够正直公正地书写其事迹的人，没有比我更合适的。于是将先生正德十二年，丁丑（1517）以后五年的年谱交给我编写。又过了十六年，钱德洪带着两三册年谱的书稿前来，我对他说："戊申年在青原集会的人，如今还有几人活着呢？"钱德洪感到恐惧，才坚定地留在怀玉。第二年四月，年谱编写完成，他请求与我在滁阳会合。胡松巡抚江右，升任司马，将要前行，想在期限内将《年谱》刻印出版，计划十天完成此事。不久，工期稍缓，又停留了一个多月，从开始到结束，亲手更八百几十条书稿。

其见闻可据者，删而书之。岁月有稽，务尽情实，微涉扬诩，不敢存一字。大意贵在传信，以俟将来。于是年谱可观。

译文

有依据的见闻，经过删减就记录下来。有年岁可考的事情，就务必穷尽事情的真实情况，稍微涉及赞扬先生的文字，一个字都不敢保留。用意是本书贵在将确信的事实传告于后人，来等待将来的学者发现其中大道。这样以后，年谱就真正完成了。

洪先因订年谱，反覆先生之学，如适途者颠仆沉迷泥淖中，东起西陷。亦既困矣，然卒不为休也。久之，得小蹊径，免于沾途，视昔之险道有异焉。在他人宜若可以已矣，然卒不为休也。久之，得大康庄，视昔之蹊径又有异焉。在他人宜若可以已矣，乃其意则以为出于险道而一旦至是，不可谓非过幸，彼其才力足以特立而困为我者固尚众也，则又极力呼号，冀其偕来以共此乐，而颠迷愈久，呼号愈切。其安焉而弗之悟者，顾视其呶呶，至老死不休，而翻以为笑。不知先生盖有大不得已者恻于中。呜呼！岂不尤异也乎？故善学者竭才为上，解悟次之，听言为下。盖有密证殊资，嘿持妙契，而不知反躬自求实际，以至不副夙期者多矣。固未有历涉诸难，深入真境，而触之弗灵，发之弗莹，必有俟于明师面临，至语私授，而后信久远也。洪先谈学三年，而先生卒，未尝一日得及门，然于三者之辨，今已审矣。学先生之学者视此何哉？无亦曰是必有得乎其人，而年谱者固其影也。

译文

我因为要修订年谱，再三研究先生的学说。就好像走在路上的人，在泥潭之中跌倒并深陷其中，在东边起来，在西边跌落，已经很疲累了，但最终还是不能停下来。过了很久，找到一条小路。这条路使我免于泥泞，与过去凶险的道路相比是不同的。在他人看来，应该差不多可以了，但我终究不为此停止（探索）。又过了很久，找到一条康庄大道，这条康庄大道与过去的小路相比又有不同。在他人看来，差不多可以了，他们心中大概是认为从危险的道路上出来，而一下子到达康庄大道上，不可以说不是非常幸运了。那些才学能力足以超拔出群，但被自我困惑的人还有许多，于是圣贤们就极力呼吁众人，希望人们能够一同享受这种快乐，而对昏乱迷惑得越久的人，就呼吁得更加殷切。那些安于现状而执迷不悟的人，只看到了那些圣贤们呼吁个不停，直到老了死了都不停止，反而将他们看作笑话，这是不懂先生饱含无可奈何的悲悯之心啊！哎！这样不是差距更大了吗？所以擅长学习的人以竭尽才智为上，其次是开悟，最后是听别人的话。天资聪颖，默然相应，却不知道在现实生活中付诸实践，以至于辜负早前心愿的人，实在是很多；本就没经历过各种困难，也没有深入到本真境界，而且不能被触动、启发的人，一定要等到高明的老师亲自前来，用语言教导他，这样以后才能信仰得长久。我谈论学问才三年，而先生已经去世，我没能够拜先生为师，但对于这三种学习的区别，已经看得很清楚了。学习王阳明先生学问的人，怎么看待这个问题呢？无不也是说一定要学习先生的为人，而年谱只是先生的影子罢了。

刻阳明先生年谱序

门人王畿

年谱者何？纂述始生之年，自幼而壮，以至于终，稽其终始之行实而谱焉者也。其事则仿于《孔子家语》，而表其宗传，所以示训也。《家语》出于汉儒之臆说，附会假借，鲜稽其实，致使圣人之学黯而弗明，偏而弗备，驳而弗纯，君子病焉。求其善言德行，不失其宗者，莫要于《中庸》。盖子思子忧道学之失传，发此以诏后世。其言明备而纯，不务臆说，其大旨则在“未发之中”一言，即虞廷道心之微也。本诸心之性情，致谨于隐微显见之几，推诸中和位育之化，极之乎无声无臭，而后为至，盖家学之秘藏也。

译文

年谱是什么呢？是记叙人出生的年份，从幼年记录到壮年，一直记录到他去世的文本，是考察人一生的行事并按照年份记录的文本。这种体裁模仿《孔子家语》，借此赞扬其开创儒学的功绩，并以此传承孔门思想，用来开示后人。《孔子家语》出于汉代儒者的想象和发挥，牵强附会，很少有核实实情的，这导致圣人的学问暗淡而不明，偏废而不全备，驳杂而不纯粹，君子对此多有不满。探求儒家美好的理论和德行，不失去其宗旨，没什么比得上《中庸》更切中要害。子思担忧道学失传，阐发《中庸》来昭明后世。《中庸》言论明确、周全而纯粹，不追求臆想，其根本思想在于“未发之中”这一句，也就是虞廷“人心惟危，道心惟微；惟精惟一，允执厥中”这十六字。以心灵性情为本，发展到慎独的谨慎修身，再推广为中和位育的教化，最终发挥到无声无臭的境界，这样以后才算做到“中”，这大概就是孔子家学的不传之秘。

孟轲氏受业子思之门，自附于私淑，以致愿学之诚，于尹、夷、惠则以为不同道，于诸子则以为姑舍是。自生民以来，莫盛于孔子，毅然以见而知之为己任，差等百世之上，若观诸掌中，是岂无自而然哉？所不同者何道，所舍者何物，所愿学者何事，端绪毫厘之间，必有能辨之者矣。汉儒不知圣人之学本诸性情，屑屑然取证于商羊萍实，防风之骨，肃慎之矢之迹，以遍物为知，必假知识闻见助而发之，使世之学者不能自信其心，伥伥然求知于其外，渐染积习，其流之弊历千百年未已也。

译文

孟子受业于子思之门徒，自附于私淑，来表达学习儒学的诚心，他认为伊尹、伯夷、柳下惠（这类人）为不同道，他对于先秦其他学派的理论也姑且置之不理。自人类诞生以来，没有比孔子更伟大的学者，孟子毅然以了解和掌握孔子学说为己任，与孔子时代相隔甚远，却能轻松掌握其思想，这难道是自然而然的事情吗？他认为不同的道是什么呢？应该舍弃的学说是什么呢？愿意学习的又是什么呢？在这些细微的差别里，一定有能够分辨的地方。汉代儒者不懂圣人的学问以性情为本，琐碎地求证于“商羊萍实”“防风之骨”“肃慎之矢”这样的事迹，将个别事物的经验作为知识，又必假借这知识闻见来发挥儒学，让世上的学者不能相信自己的心灵，迷茫地向外部探求，逐渐习染世俗风气，这种流弊，千年来都没有停止。

我阳明先师崛起绝学之后，生而颖异神灵，自幼即有志于圣人之学。盖尝泛滥于辞章，驰骋于才能，渐渍于老释，已乃折衷于群儒之言，参互演绎，求之有年，而未得其要。及居夷三载，动忍增益，始超然有悟于"良知"之旨，无内外，无精粗，一体浑然，是即所谓"未发之中"也。其说虽出于孟轲氏，而端绪实原于孔子。其曰："吾有知乎哉？无知也。""盖有不知而作，我无是也。"言"良知"无知而无不知也，而知识闻见不与焉。此学脉也。师以一人超悟之见，呶呶其间，欲以挽回千百年之染习，盖亦难矣！浸幽浸昌，浸微浸著，风动雷行，使天下靡然而从之，非其有得于人心之同然，安能舍彼取此，确然自信而不惑也哉？虽然，道一而已，学一而已。"良知"不由知识闻见而有，而知识闻见莫非"良知"之用。

译文

我阳明先师在圣学断绝后崛起，生而聪颖神秀，幼年就有志于圣人之学。开始曾经研究过文学，展示其才能，后来又学习过佛家和道家的思想，不久又尝试调和儒家各家学说，这些思想互相掺杂演绎，先师探求多年，而没能找到要领。等到他被贬谪，在边远之地居住了三年，动心忍性，增益不能，才超然地悟出了"良知"的宗旨，"良知"不论内外，不论精粗，是浑然一体的，这就是《中庸》所说的"未发之中"。"良知"的概念虽是由孟子提出，但其思想源头出于孔子。孔子说："我哪里有知识呢？我没有知识。""大概有人不能知而造作，我不是这样的人。"这就是说"良知"没有知识却无不能知，而知识见闻不是"良知"。这是学问的关键。先师以他一人超人的洞见，在众多迷失之人中呼告，想要借此挽回千百年来沾染的世俗习气，也确实是很难的！逐渐从幽暗发展到光明，从微小发展到显著，如风动雷行一般，使天下之人无不受到教化而归服，如果不是先师的学说符合人心的共性，怎么能让众人舍弃千年积习而选择致良知，并定心自信而不感到迷惑呢？这样以后便懂得道是浑然一体的，学问也浑然一体的，"良知"不因知识见闻而存在，但知识见闻却依赖"良知"发挥作用。

文辞者，道之华；才能者，道之干；虚寂者，道之原；群儒之言，道之委也，皆所谓“良知”之用也。有舍有取，是内外精粗之见未忘，犹有二也。无声无臭，散为万有，神奇臭腐，随化屡迁，有无相乘之机，不可得而泥也。是故溺于文辞，则为陋矣。道心之所达，“良知”未尝无文章也。役于才艺，则为鄙矣。天之所降，百姓之所与，“良知”未尝无才能也。老佛之沉守虚寂，则为异端。无思无为，以通天下之故，“良知”未尝无虚寂也。世儒之循守典常，则为拘方。有物有则以适天下之变，“良知”未尝无典要也。盖得其要则臭腐化为神奇，不得其要则神奇化为臭腐。非天下之至一，何足以与于此？夫儒者之学，务于经世，但患于不得其要耳。昔人谓以至道治身，以土苴治天下，是犹泥于内外精粗之二见也。动而天游，握其机以达中和之化，非有二也。功著社稷而不尸其有，泽究生民而不宰其能，教彰士类而不居其德，周流变动，无为而成，莫非“良知”之妙用，所谓浑然一体者也。如运斗极，如转户枢，列宿万象，经纬阖辟，推荡出于大化之中，莫知其然而然，信乎儒者有用之学，“良知”之不为空言也。师之缵承绝学，接孔孟之传以上窥姚姒，所谓闻而知之者非耶？

译文

文学，是道的文饰；才能，是道的载体；虚寂，是道的本原；儒家各家的学说，是道的发展，这些都是“良知”的运用。有取舍，这是内外精粗的偏见还没能去除，仍然认为有内外之分别，精粗之分别。良知无声无臭，散为天地万物，随着造化不断变化，有无相乘，不受拘泥。因此沉迷于文辞，是鄙陋的，因为达到道心的境界，“良知”不曾没有文章；局限于才艺，也是鄙陋的，上天所赐，百姓所共有，“良知”不曾没有才能；而痴迷道家、佛家学说，固守虚寂，就会沦为异端，“良知”没有思考也没有造作，而能联通万物，所以“良知”不曾没有虚寂；俗世儒者因循经典，这是拘泥方寸之间，“良知”中有万物，有规律，而能与天下的变化相适应，所以“良知”不曾没有常道、常法。能够得“良知”的要领，就能化腐朽为神奇，否则即使是神奇也将化为腐朽。不是天下至大之道，怎么能够达到这个境界呢？儒家学说，追求经世济民，只担忧不得儒学要领罢了。过去曾经有人说用大道保养自身，用剩余的渣滓来治理天下，这是仍然拘泥于内外精粗的分别之见。顺应天道，放任自然，把握时机，促成中和，这里面是没有内外精粗的分别。功在社稷却不贪恋享有天下，泽被众生却不借此主宰众人，教化士人却不占德名，随着万物变化，无为而无不为，这些无不也是“良知”的运用，这就是所谓的浑然一体。如同天空中运行的星斗一样自然，如同转动门轴一样轻松，宇宙万物，纵横开阖，运化推移，没有人知道它为什么这样，它就这样了，儒学确实是实用的学说，“良知”不是不切实际的话。先师继承绝学，接续孔子、孟子的思想，而向上可以推及尧、舜，这不是所谓的闻而知之的人吗?

友人钱洪甫氏与吾党二三小子虑学脉之无传而失其宗也，相与稽其行实终始之详，纂述为谱，以示将来。其于师门之秘，未敢谓尽有所发；而假借附会，则不敢自诬，以滋臆说之病。善读者以意逆之，得于言铨之外，圣学之明，庶将有赖，而是谱不为徒作也已，故曰所以示训也。

译文

友人钱德洪与我们这几个人，担忧圣人学问失传，于是一同考察先师行藏终始，编辑、记叙而写成《年谱》，来供后人观看。对于师门的思想不敢说已经全部阐发，但是绝不敢造假附会而滋长胡思乱想的毛病。善于读书的人，请在读《年谱》时，以意逆志，得意忘言，圣学的昌明，差不多就有希望了。那么这本《年谱》就不算白写，所以说这本书是用来体现先师教诲的。

又

后学胡松

人有恒言：真才固难，而全才尤难也。若阳明先生，岂不亶哉其人乎？方先生抗议忤权，投荒万里，处约居贫，困心衡虑，茕然道人尔。及稍迁令尹，渐露锋颖矣。未几内迁，进南太仆若鸿胪，官曹简暇，日与门人学子讲德问业，尚友千古。人皆哗之为禅。后擢佥副都御史，至封拜，亦日与门人学子论学不辍，而山贼逆藩之变，一鼓歼之。于是人始服先生之才之美矣。虽服先生之才而犹疑先生之学，诚不知其何也。

人们常说：真正的人才本就难得，而全才更加难得。像王阳明先生这样，不就是全才吗？当先生反抗权贵，被贬谪到万里之外的龙场时，环境艰难，而他内心苦痛忧虑，像孑然一身的道人罢了。等到后来迁为令尹，逐渐崭露锋芒。不久内迁，升任南太仆若鸿胪，公务之余，时常与门人讲学，进德修业，以千古贤人为友，人们都说他在学禅。之后先生升任佥副都御史，直到被封为新建侯，也还是时常与门人学子不停讨论学问。而山贼作乱，宁王造反，先生一举将他们歼灭后，人们才叹服先生才能出众。人们虽然叹服先生的才能，却仍然怀疑先生的学说，真是不知道为什么啊！

松尝谓先生之学与其教人，大抵无虑三变。始患学者之心纷扰而难定也，则教人静坐反观，专事收敛。学者执一而废百也，偏于静而遗事物，甚至厌世恶事，合眼习观，而几于禅矣，则揭言“知行合一”以省之，其言曰：“知者行之始，行者知之成。”又曰：“知为行主意，行为知工夫。”而要于去人欲而存天理。其后，又恐学者之泥于言诠，而终不得其本心也，则专以“致良知”为作圣为贤之要矣。不知者与未信者，则又病“良知”之不足以尽道，而群然吠焉。岂知“良知”即“良心”之别名？是“知”也，维天高明，维地广博，虽无声臭，万物皆备，古今千圣万贤，天下百虑万事，谁能外此“知”者？而“致”之为言，则笃行固执，允迪实际，服膺弗失，而无所弗用其极，并举之矣。岂专守灵明，用知而自私耶？专守灵明，用智自私，而不能流通著察于伦物云为之感，而或牵引转移于情染伎俩之私，虽名无不周偏，而实难与研虑，虽称莫之信果，而实近于荡恣。甚至藐兢业而病防检，私徒与而挟悻嫉，废人道而群鸟兽，此则禅之所以病道者尔！先生之学，则岂其然乎？故其当大事，决大疑，夷大难，不动声色，不丧匕鬯，而措斯民于衽席之安。皆其“良知”之推致而无不足，而非有所袭取于外。

译文

我曾经认为先生的学说，与他所教人的思想，大概不出于“三变”的范畴。开始的时候，先生担心学习的人内心纷扰，难以安定，就教人静坐，反观内心，专心从事收敛心神的功夫。但是学习的人片面认识，举一废百，一味地追求内心的宁静，而遗忘外物，甚至厌恶世事，闭上眼睛修行，而近乎于学禅了，先生就提出“知行合一”来警醒他们，他说：“知是行的开始，行是知的完成。”又说：“知是行的指导思想，行是知的实践锻炼。”关键在于去除私欲而保有天理。那以后，又担忧学习的人被言语局限，而终究不能求得本心，就提出“致良知”三个字作为成为圣贤的要义。不明白的人和不相信他的人，就有纷纷批判“良知”二字不足以代表道的。这哪里是知道“良知”就是“良心”的别名呢？这种“知”，普天之下，四海之内，虽无声无臭，却万物具备，古今千万圣贤，天下百万思虑，哪个能出于这个“知”呢？而加上“致”这个字，则表明要坚定地践行“良知”，要实事求是，莫失莫忘，而能在万事万物中灵活运用，这是兼顾两端的学说，哪里是只持守心灵，玩弄才智而自私自利呢？持守心灵，玩弄才智而自私自利，就不能将观察放在变动的人事物之中，而是容易将心思转移到私心杂念上，虽然名头上无所不包，但实际上难以细究，虽然号称讲求信义，但实际上接近于放纵自我，甚至藐视精勤自修而批判礼法道德，结党营私而心怀嫉恨，废除人道而像鸟兽一样聚集，这就是禅学损害大道的原因啊！先生的学说，哪里是这样的呢？所以先生面对大事，处理大的疑惑，解决大的难题，能不动声色，军纪严明，百姓安堵，不废宗庙祭祀，而使天下人安居乐业。这都是因为先生将“良知”发挥到极致而无所不能，并不是从外部获得的力量。

他日读书，窃疑孔子之言，而曰：“我战则克，祭则受福。”夫圣非夸也，未尝习为战与斗也，又非有祝诅厌胜之术也，而云必克与福，得无殆于诬欤？是未知天人之心之理之一也。夫君子斋戒以养心，恐惧而慎事，则与天合德，而聪明睿知，文理密察，溥博渊泉，而时出之矣，则何福之不获，何战之弗克，而又奚疑焉？不然，传何以曰：“明乎郊社之礼，禘尝之义，治国其如视诸掌乎？”夫效社、禘尝之礼，则何与于治国之事也？夫道一而已矣，通则皆通，塞则皆塞，文岂为文武岂为武。盖尚父之鹰扬本于敬义，而周公之东征破斧，实哀其人而存之。彼依托之徒，呼喝吒咤，豪荡弗检，自诡为道与学，而欲举天下之大事，只见其劳而敝矣。

译文

有一天读书，曾对孔子的话有过疑惑，孔子说：“我参加战争就一定能够获胜，举行祭祀就一定能够得福。”圣人夸大其词了吧？孔子没有学习过战斗，又不是神职人员，但却说一定能够胜利和得福，难道不是近于欺骗吗？这其实是我还不懂得天人之心与天人之理一致的道理。君子斋戒养心，内心警惕而做事谨慎，就会与天同德，而聪明睿智，明察秋毫，崇高广大的德行和深远卓识的智略，就能自然而然地在每一个言行上表现出来，那么什么福气不能获得，什么战争不能胜利呢？这又有什么可怀疑的呢？不然，传为什么说：“明白了祭祀天地的礼仪，明白了天子在夏季和秋季举行的盛大祭祀礼仪的含义，要治理好国家就像把东西放在手掌上来看那么清楚明白啊。”祭祀天地的礼仪，夏秋两季的祭祀，与治理国家有什么关系呢？因为道是同一的，一通则无不通，一塞则无不塞，文哪里只是文，武哪里只是武。对吕望的尊敬，本于对大义的尊崇，而周公东征，实际上是哀怜当地百姓而拯救他们。那些打着追求大道名义的人，到处叫嚣，放荡不知检点，而诡辩自己是求道与求学，想要成就天下大事，只能徒劳无获罢了。

绪山钱子，先生高第弟子也，编有先生年谱，旧矣，而犹弗自信，溯钱塘，逾怀玉，道临川，过洪都，适吉安，就正于念庵诸君子。念庵子为之删繁举要，润饰是正，而补其阙轶，信乎其文则省，其事则增矣。计为书七卷，既成，则谓予曰：“君滁人，先生盖尝过化，而今继居其官，且与讨论，君宜叙而刻之。”余谢不敢，而又弗克辞也，则以窃所闻于诸有道者，论次如左，俾后世知先生之才之全，盖出于其学如此。必就其学而学焉，庶几可以弗畔矣夫！

译文

钱德洪是先生的高足，编写先生的《年谱》，是老人了，但仍然不敢专信自己，从钱塘江逆流而上，越过怀玉，取道临川，经过洪都，到达吉安，向罗洪先等人请教。罗洪先替他删繁就简，提炼精要，润色修饰，并补充缺漏，果真使文字简省而记录的事情增加了。《年谱》一共七卷，完成后，钱德洪就对我说："您是滁州人，先师曾经在那里有过教化，而今您继任其官，且关于《年谱》的事情我也与您讨论过，您也应该写一篇序文一并刻印。"我推辞不敢，但又最终推辞不过，就斗胆将我的见闻编次如上，使后世的人明白先生才能之全备来自于其学说。一定要亲近先生的学说来向先生学习，这样差不多就不会背离先生的用心了！

又

后学王宗沐

昔者，孔子自序其平生得学之年，自十五以至七十，然后能从心所欲，不逾矩。其间大都诣入之深，如浚井者必欲极底里以成，而修持之渐，如历阶者，不容躐一级而进。至哉粹乎！千古学脉之的也。然宗沐尝仰而思之，使孔子不至七十而没。岂其终不至于从心耶？若再引而未没也，则七十而后将无复可庸之功耶？嗟乎！此孔子所谓苦心，吾恐及门之徒，自颜、曾而下，有不得而闻者矣。

译文

过去，孔子曾经叙述自己平生各个学习的阶段，从十五岁到七十岁，这样以后才能从心所欲而不逾矩。这中间造诣不断深入，就如同挖井的人，一定要挖到井水涌出，而修养的进程，就如同爬楼梯不能跨越着前进。这个论述太精粹了！这是千古学习的关键。但是我曾经思考过，假如孔子没有活到七十岁就去世了，难道他最终也不能到达从心所欲而不逾矩的境界吗？假如孔子超过七十而没有去世，那么七十岁之后将没有可以用功的地方了吗？唉！这就是孔子的良苦用心了，但是我担忧，孔子门徒，除了颜回、曾子，没有人能够懂得啊。

夫矩，心之体而物之则也。心无定体，以物为体。方其应于物也，而体适呈焉，炯然焕然，无起无作，不以一毫智识意解参于其间，是谓动以天也，而自适于则。加之则涉于安排，减之则阙而不贯。毫厘几微，瞬目万里，途辙倚着，转与则背，此非有如圣人之志，毕余生之力，精研一守，以至于忘体忘物，独用全真，则固未有能凑泊其藩者。而况于横心之所欲，而望其自然不逾于矩哉？此圣学所以别于异端，毙而后已。不知老之将至者也。不逾矩由不惑出，而不惑者，吾心之精明本体，所谓知也。自宋儒濂溪、明道之没，而此学不传。

译文

规矩，是心的体现和物的法则。心没有固定的体现，就将物作为体现。当心与万物相适应，那么体的呈现就是合适的，光明显著，毫不造作，不将一点知识见闻的内容加入其中，这就是顺应上天的变化，而自然合乎万物的法则。用力过猛则会变得刻意，用力不足就会残缺不连贯。失之毫厘，谬以千里，意念转瞬万里，像道路与车辙本来相依，转瞬就相互背离。如果没有圣人之志愿，穷尽一生的力气去专注研究，以至于忘记物与我的区别，只专注运用本真，就不能从众多事物中体悟大道，更何况是达到随心所欲而不逾越规矩的境界呢？这是圣人学问区别于异端的地方，圣人终生求学，死而后已，一生追随大道，乐以忘忧，不知道老之将至。不逾越规矩是因为内心没有疑惑，而内心没有疑惑，是因为我们有心灵的本真，这就是所谓的知。宋代儒者周敦颐、程颢去世后，这门学问就失传了。

我朝阳明王先生，盖学圣人之学者，其事功文章，与夫历涉发迹，颇为世所奇，而争传之以为怪。年几六十而没，而其晚岁始专揭“致良知”为圣学大端，良有功于圣门。予尝览镜其行事，而参读其书，见其每更患难则愈精明，负重难则愈坚定，然后知先生英挺之禀虽异于人，而所以能邃于此学，而发挥于作用者，亦不能不待于历岁践悟之渐。而世顾奇其发迹，与夫事业文章之余，夫亦未知所本也与？

译文

我朝王阳明先生，是学习圣人学说的人，他的功业成就和文学作品，以及他所经历过的事情，被世人称奇而争相传说。先生将近六十岁去世，而他在晚年特别提出“致良知”三字作为圣学的宗旨，对儒学的发展确实有巨大的贡献。我曾经将他所做的事情与他的书籍对照着研究，发现他每次经历患难后反而更加精深明确，面对重重困难后反而更加坚定，这样以后我知晓，先生虽然天资禀赋超出常人，但他之所以能够对于学问有深入的研究，而能发挥其作用，是因为他能长期实践而逐渐领悟。而世人只是惊叹他的成功，但是在他的功绩和作品之外，能仰慕他之所以成功的根本吗？

先生高弟，余姚钱洪甫氏，以亲受业，乃能谱先生履历始终，编年为书。凡世所语奇事不载，而于先生之学，前后悟入，语次犹详，书成而俾予为之序。

译文

先生的高足，余姚钱德洪，因亲身受业，而能谱写先生生平，并按照年份，编订为《年谱》。所有世人所惊奇的事迹都没有记载，但对于先生的学说，前后思想的变化与发展，叙述得格外详细。《年谱》编写完成后，请我写作了这篇序言。

论年谱书

邹守益

浮峰公归浙，托书促聚复真，以了先师年谱，竟不获报。乌泉归，审去岁兄在燕峰馆修年谱，以大水乃旋。今计可脱稿，为之少慰。同门群公，如中离、静庵、善山、洛村、南野，皆勤勤在念，又作隔世人矣。努力一来，了此公案，师门固不藉此，然后死者之责，将谁执其咎？伫望伫望！归自武夷，劳与暑并，静养寡出，始渐就愈。老年精力更须爱惜，愿及时励之！风便，早示瑶音，以快悬跂。

译文

浮峰公回到浙江，写信催促我到复真书院聚合，以完成先师年谱，最终没有成行。乌泉回来后，详细地看了去年您在燕峰馆所修的年谱，因发大水就回去了。现在年谱应该完稿了，为此我感到稍许安慰。同门众人，如中离、静庵、善山、洛村、南野，对于编修先师年谱这件事情始终牵挂，但现在都已经去世。希望您勉力前来，结束这件事情，虽然师门本来也不借此流传，但是除了我们这种还活着的门人，还有谁能够承担年谱编写不力的责任呢？盼望您的到来！盼望您的到来！我从武夷回来后，劳累和暑气相并，一直在静养，很少出门，这才渐渐觉得气力恢复。老年人的精力，更加需要爱惜，希望您一同前来，做有意义的事情。方便的话，期望您早日给予回复，我在这里翘首盼望您的到来。

论年谱书（凡九首）

罗洪先

数年一晤，千里而来，人生几何，几聚散遂已矣，可不悲哉！信宿相对，受益不浅。正通书炉峰问行踪，书扇至矣，好心指摘，感骨肉爱，儿辈何知，辱诲真语，且波其父，两世衔戢，如何为报？计南浦尚有数月留，稍暇裁谢也。年谱自别后即为册事夺去，自朝至暮不得暇，竟无顷刻相对，期须于岁晚图之，幸无汲汲。所欲语诸公者，面时当不忘。别后见诸友，幸语收静之功。居今之世，百务纷纷中，更不回首，宁有生意？不患其不发扬，患不枯槁耳。会语教儿辈者可以语诸友也，如何？

译文

多年一面，千里一会，不知人生还剩多少岁月，也不知我们还能聚散几次，这难道不值得悲哀吗？与您交谈了两天，受益匪浅。我正给炉峰写信，问行踪，您的书信和扇子就到了，好心指正，我感受到的是骨肉至亲般的关爱，儿辈的人还什么都不懂，也烦您教诲，而且还提到了他的父亲，我们两代人都衷心感激，不知道何以为报。想到您还要在南浦停留数月，有些闲暇，便写信致谢。年谱的编写任务，从分别后就被其他事物占用，从早到晚都没有空闲，竟然没有一点时间去做，希望能在年底时编写，希望不要汲汲于世俗。想要和诸位说的话，见面时应当还没有忘记。分别后和诸位朋友重逢，希望讨论收敛静心的功夫。当今世界，事务纷乱错杂，还不回头，哪里能够还有机会？不担忧内心不躁动，担忧不能沉静罢了。这类说给儿辈听的话也可以说给朋友们听，您觉得怎么样呢？

天寒岁暮，孤舟漾漾，不知何日始抵南浦，此心念之。忽思年谱非细事，兄亦非闲人，一番出游，一番岁月，亦无许多闲光阴。须为决计，久留僻地一二月，方可成功。前所言省城内外，终属宣嚣是非之场，断非著书立言之地。又不过终日揖让饮宴而已，何益于久处哉？今为兄计，岁晚可过鲁江公连山堂静处，且须谢绝城中士友，勿复往来。可久则春中始发，不然初正仍鼓怀玉之棹，闲居数月，日间会友，皆立常规。如此，更觉稳便，即使柏泉公有扳留意，亦勿依违。如此方有定向，不至优游废事矣。弟欲寄语并谱草，亦当觅便风不长远也。深思为画此策，万万俯听，不惑人言，至恳至恳！

译文

天气寒冷，年关将至，孤舟一叶，飘飘荡荡，不知道什么时候才能到达南浦，我的心始终挂念着您。又突然想到，编修年谱绝对不是小事，而您也不是闲人，出游一趟就要花些时光，您也没有多少闲暇时间。必须要下定决心，留在一个僻静的地方，专心撰写一两个月，才可以成功。之前与您说，省城内外终究是喧嚣是非之地，绝对不是可以著书立说的地方。整天宴饮交际，长久地停留能有什么好处呢？现在替您计划，年底可以去鲁江公连山堂这种僻静地方，而且请一定闭门谢客，不要与城中的朋友往来。如果可以长久停留，就请春天才出发，不这样的话，请在正月初仍然乘船到怀玉，闲居几个月，平时与朋友交际也设立规矩，像这样更加稳妥，即使柏泉公有挽留的意思，也请您不要顺从。这样做，您才有确定的方向和目标，不至于沉迷于游玩交际而耽误正事。我想要给您寄我编写年谱的草稿，也应该找寻方便的时候，估计不会拖延太久。深思熟虑，为您出了这个主意，希望您能采纳，而不被他人的言论迷惑，一片赤诚，恳请参考。

玉峡人来，得手书，知兄拳拳谱草。前遇便，曾附一简，为公画了谱之计极周悉，幸俯听！且近时人之好尚不同，讹言诮谤，极能败人兴味。纵不之顾，恐于侍生之愆，不免犯瞽之戒，知公必不忍也。附此不尽。

译文

玉峡人来，送来了亲笔信，知道您正在认真谱写年谱。之前顺便写了一封信，替您详细计划了完成年谱的计划，希望您采纳。而且近来人们的喜好不同，常有喧嚣毁谤的言论，极容易破坏人做事的兴致。即使您不顾虑他们，但我难免犯不看脸色贸然说话的错误，我知道您一定不忍心如此。不再多说了。

倏焉改岁，区区者年六十矣。七十古稀，亦止十年间。年月日，可成何事？前此只转瞬耳，可不惧哉！前连二书，望留兄了谱事，只留鲁江兄宅上，百凡皆便。有朋友相聚者，令寄食于邻，如此宾主安矣。不然柏泉公有馆谷之令，则处怀玉为极当，好景好人好日月，最是难得。如不肖弟者，已不得从，可轻视哉！省中万不可留，毋为人言所诳。再嘱再嘱！年谱一卷，反覆三日，稍有更正。前欲书者，乃合叠日事，而观纲上言学，心若未安。今已入目，于目中诸书揭标，令人触目，亦是提醒人处。入梓日，以白黑地别之。二卷、三卷如举“良知”说，皆可揭标于目中矣，望增入。不识兄今何在，便风示知之。

译文

突然又过了一年，我今年六十岁了。距离七十古稀，也只有十年时间了。短短十年，可以做成什么事情呢？此前的时光转瞬即逝，我能够不恐惧吗？之前接连写了两封信给您，希望留下您，完成谱写年谱的事情，只要留在鲁江兄家中，各种事情都会很便利。有朋友相会，就在邻居家暂住，如此，宾主都很安心。不想这样的话，柏泉公可以安排食宿，那住在怀玉是最合适的，好景好人好年岁，最是难得。愚钝如我，想要这样却不能，哪里可以轻视呢？省城中千万不可以停留，不要被别人所说的话诓骗。千万记住！千万记住！一卷《年谱》，我已经看过多次，稍微做了一些修改。之前想要给您写信，是关于先生的成婚那天的事，但看纲目上标明讨论学问，心里好似觉得不妥。如今已经放入纲目，纲目是揭示书中内容，令人一眼看到的，也是提醒人的地方。印刷的时候，以白色底和黑色底区分。二卷、三卷如提出“良知”的地方，也都可以在目录中标明，希望您可以采纳。不知道您现在在何处，如果方便的话，请告诉我一声。

正月遣使如吴江迎沈君，曾附年谱稿并小简上，想已即达。龙光之聚，言之使人兴动。弟谬以不肖所谱言之诸兄，是执事说假譬以兴发之。在诸君或有自得，在不肖闻之愧耳。供张不烦有司，甚善。只恐往来酬应，亦费时日。兼彼此不便，则何如？诸君之意方专诚，不知何以为去留也？年谱续修者，望寄示。柏泉公为之序，极善，俟人至当促之。来简“精诣力究”四字，真吾辈猛省处，千载圣人不数数，只为欠此四字。近读《击壤》之集，亦觉此老收手太早。若是孔子，直是停脚不得也。愿共勉之！

译文

正月派人到吴江迎接沈君，将年谱草稿并短信一封呈上，想来已经送达。龙光的聚会，使人振奋激动。不才以所编写的年谱与诸位讨论学问，这是您借此来启发众人。众人听了或许有启发，但是在下实在有愧。供奉陈设不劳烦有司，非常好。只是担忧交往应酬，也耗费时间。再加上彼此都不便利，怎么办才好呢？诸位的心意正专注诚挚，不知道是否考虑去留的问题？

续修的年谱，希望您能寄来一看。柏泉公替年谱写作序言，美事一件，等他到了，请催促他完成。来信中有“精诣力究”四个字，真是我们应该深刻反省的地方，千年以下，圣人寥寥，只是因为少了这四个字。近日在读《击壤集》，也觉得这位先生收手太早了。如果能像孔子一样，一定是脚步不停（地追求）。希望我们以此共勉！

承别简数百言，反覆于仆之称谓。谓仆心师阳明先生，称后学不称门人，与童时初志不副。称门人于没后，有双江公故事可援，且谬加许可，以为不辱先生门墙，此皆爱仆太过，特为假借推引耳。在仆固有所不敢。窃意古人之称谓，皆据实不苟焉，以著诚也。昔之愿学孔子者，莫如孟子，孟子尝曰：“予未得为孔子徒也。”盖叹之也。彼其叹之云者，谓未得亲炙见而知之，以庶几于速肖焉耳。固未始即其愿学，而遂自谓之徒也。夫得及门，虽互乡童子亦与其进；不得及门，虽孟子不敢自比于三千。后之师法者，宜如何哉？此仆之所以不敢也。虽然仆于先生之学，病其未有得耳。如得其门，称谓之门不门，何足轻重？是为仆谋者，在愿学，不在及门也。今之称后学者，恒不易易。必其人有足师，焉，然后书之。如是则仆之称谓，实与名应，宜不可易。若故江公与仆两人，一则尝侍坐，一则未纳贽，事体自别，不得引以为例。且使仆有不得及门之叹，将日俯焉跂而及之，亦足以为私淑之助，未惟戚也，惟兄言。

译文

承蒙您专门写了几百字的信，来与我讨论我的称谓问题，您认为我在心中拜阳明先生为师，自称后学而不称门人，与年轻时的志向不符合。在先生去世后自称门人，有双江公的旧事可以援引，而且谬赞于我，认为我不辱没先生门墙，这都是太过抬爱我，特意替我找些理由罢了。但我还是不敢自称先生门人，我私下想古人的称谓，都是依据事实而不能苟且的，这是用来表示诚实的心意。过去愿意学习孔子思想的，没有人比得上孟子，孟子曾经说：“我没能成为孔子的弟子啊！”这大概是慨叹的话。他感叹的是没能亲自接受孔子的教化，而有希望快速成就学业罢了。能够入孔子门下，即使是互乡的童子，孔子也赞许他（能努力求学）；不能入孔子门下，即使圣贤如孟子，也不敢自比于孔门三千弟子。后世效法的人，应当如何呢？这是我不敢自称门人的原因。即使这样，我只担忧我对于先生的学问，有学习不到的地方。如果能够领悟到先生学问的精髓，那么称谓上称不称门人，又有什么重要呢？因此我考虑的是我学习的意愿和诚心，而不是能不能成为先生的门人。如今自称后学，不轻易改换学习的思想，一定是其人有足以师法的地方，然后这么称呼。像这样，那么我的称谓就是名与实相符合，不应该更改。至于双江公和我，一位曾经侍坐，一个不曾馈送晋见礼物，事情自然就有区别，不能一概而论。况且让我有不能拜师门下的慨叹，我将每日勉励自己，奋进追慕，也足以成为无名而有实的弟子了，不必替我忧伤。

廿六日吐泄大作，医云内有感冒，五日后方云无事。在五六日中，自分与兄永诀，方见门前光景，未能深入，究意亦无奈何。惟此自知耳，虽父子间，不能一语接也。初四日复见正月廿日书，始知廿四之期决不可留人，为怅怅。盖兄在南浦一日未安，则弟不能安松原一日。今离去太远，此心如何！此心如何！见兄论夜坐诗，中间指先天之病，非谓非先天也，谓学也。记得白沙夜坐有云："些儿若问天根处，亥子中间得最真。"又云："吾儒自有中和在，谁会求之未发前？"是白沙无心于言也，信口拈来，自与道合。白沙虽欲靳之，有不可得者也。不肖正欲反其意，而言不自达，为之愧愧，然不敢妄言，乃遵兄终身之惠，不敢不敬承，病戒多言，复此喋喋，不任惶恐。附此再呈不次。

译文

二十六日，上吐下泻，医生说内有感冒，五天后才痊愈。这五六天中，我私下以为要与您生死永别，这才发现我刚刚领略了学问的门前光景，没有能够深入，也是无可奈何啊。这只能自己知晓，即使是父子，也不能用语言传达。初四这天，又看到正月二十日的信，才知道您二十四日的期限，绝对不能再拖延，为之惆怅。您在南浦一天没有安心，那么我在松原也一日不能安心。但是如今距离太远，我的心该怎么办呢？该怎么办呢？看见您谈论

《夜坐》诗，中间指出先天的病不是说先天的，而是指学习。记得陈白沙《夜坐》诗写到："些儿若问天根处，亥子中间得最真。"又说："吾儒自有中和在，谁会求之未发前？"这是白沙对于言语毫无用心，而信口拈来，就自然与道相合。白沙即使想要吝惜它，也不能做到。我正好相反，有思想要表达，但是却不知道该怎么表达，我为此感到羞愧，不敢乱说。但是承蒙您终身的教诲，不敢不恭敬地说出我的心里话。病中忌多话，我又在这里喋喋不休，不胜惶恐。

前病中承示行期，即力疾具复。未几，王使来，复辱惠以年谱，即日命笔裁请，缘其中有当二三人细心商量者。而执事得先生真传，面对口语，不容不才亿度，比别样叙，作用不同。故须再请于执事，务细心端凝，曲尽当时口授大义，使他年无疑于执事可也。自整不妨连下，或至来年总寄来，不肖不敢不尽其愚。此千载之事，非一时草草。然舍今不为，后一辈人更不可望矣。峡江胡君知事者，书来托之，断不稽缓。

译文

之前病中承蒙您告知行程，之后我的病就恢复了。不久，王畿派人前来，又带给我您编写的年谱，我当天就提笔编辑，只是其中有些地方，还需要两三个人细心商量才好。而您得先生真传，当面所说的话，不容我们猜疑揣测，和其他的记叙相比，作用不同。所以还需要又一次请您帮忙，请务必细心凝神，将当时先生口授学问的详情告知，使人们在多年后也不会对您所说的内容产生怀疑。完整的内容不妨连续撰写，到明年一并寄来，不才不敢不竭尽我的愚笨，用心编写年谱。这是千年大计，不可草草了事。但是如果现在放弃不做这件事，后一辈人就更加不能指望了。峡江的知事胡君，已经来信嘱托，我断然不会拖延。

八月十一日始得兄六月朔日书，则知弟六月下旬所寄书，未知何日至也。柏泉公七月发年谱来，日夕相对，得尽寸长。平生未尝细览《文集》，今一一详究，始知先生此学进为始末之序，因之颇有警悟。故于《年谱》中手自披校，凡三四易稿，于兄原本，似失初制，诚为僭妄。弟体兄虚心求益，不复敢有彼我有限隔耳。如己卯十一日始自京口返江西，游匡庐。庚辰正月赴召归，重游匡庐，二月九江还南昌；又乙亥年自陈疏，乃已亥年考察随例进本，不应复有纳忠切谏之语，亦遂举据文集改正之。其原本所载，本稿不敢滥入，岂当时先生有是稿未上欤？愚意此稿只入集，不应遂入《年谱》，不及请正，今已付新建君入梓，惟兄善教之。草草裁复，不尽请正。

译文

八月十一日才收到您六月初一写的信，就知道我六月下旬所寄的信，不知道什么时候才能送达。柏泉公七月寄来的《年谱》，我每天努力阅读，有了些进步。以前没有仔细阅读过先生的《文集》，如今一一详细研究，才明白先生探讨学问的先后次序，借此多有领悟。所以将《年谱》亲手校对，一共改了三四稿，对于您的原稿有更改的地方，实在是我唐突。但我感受到您虚心求好的心情，所以不敢再有你我的分别。例如己卯十一日才从京口返回江西，游览匡庐；庚辰正月奉诏归来，重游匡庐，二月从九江回到南昌；乙亥年上疏，是己亥年考察随例上奏，不应该再有尽忠切谏的话，也都从《文集》中找出证据而修改。所载的原稿，我不敢乱改，难道是当时先生有这一本没有进奏吗？我的建议是这一本只收录在《文集》中，而不收入《年谱》。来不及向您请教，如今已经交给新建君刻印，希望您见谅。这是我潦草的回复，有不对的地方，烦请指正。

得吴尧山公书，知《年谱》已刻成。承陆北川公分惠，可以达鄙意矣。绵竹共四十部，此外寄奉龙溪兄十部，伏惟鉴入。虽然，今所传者，公之影响耳。至于此学精微，则存乎人自得之，固不在有与无、多与少也。弟去岁至今，皆在病中，无能复旧。然为学之意，日夕恳恳，始知垂老惟有此事紧要。若得影响，即可还造化，无他欠事也。兄别去一年，此件自觉如何？前辈凋落，双翁已归土。所赖倡明此学者，却在吾辈。吾辈若不努力，稍觉散漫，即此已矣，无复可望矣。得罪千古，非细事也，悲哉悲哉！千里寄言，不尽缱绻。

译文

收到吴尧山先生的信，得知《年谱》已经刻印完成。承陆北川先生的德惠，可以表达我的粗鄙之见。绵竹一共四十部，这以外再有龙溪兄十部，希望您明鉴。即使这样，当今所流传的只是先生的影响罢了。至于这门学问的精妙之义，仍然在于个人自己的体悟，本来也不在于有与无、多与少。我从去年到现在，都在生病，不能恢复到原来的状态。但是求学的心态，早晚恳切，才懂得年老的时候只有这件事是要紧的。如果能有影响，就算现在死去，也没有什么遗憾了。您离开了一年，这件事您觉得怎么样了呢？前辈凋落，双翁已经入土。昌明王学的责任，正在我们这辈人啊！我们这辈人如果不努力，稍微散漫，这件事就完了，不再有什么指望。这是千古之罪，绝不是小事，难过啊，难过！千里传书，情意不尽。

答论年谱书（凡十首）

钱德洪

承兄下榻，信宿对默，感教实多。兄三年闭关，焚舟破釜，一战成功，天下之太宇定矣。斯道属兄，后学之庆也，珍重珍重！更得好心消尽，生死毁誉之念忘，则一体万化之情显，尽乎仁矣，如何如何？师谱一经改削，精彩迥别，谢兄点铁成金手也。东去谱草有继上，乞赐留念。外诗扇二柄，寄令郎以昭，并祈赐正。诗曰：“我昔游怀玉，而翁方闭关。数年论睽合，岂泥形迹间。今日下翁榻，相对无忤颜。月魄入帘白，松标当户闲。我默镜黯黯，翁言玉珊珊。剑神不费解，调古无庸弹。喜尔侍翁侧，倾听嶷如山。见影思立圭，植才贵删繁。远求忧得门，况乃生宫阛。毋恃守成易，俯惟创业艰。”又书会语一首：“程门学善静坐，何也？曰：其悯人心不自觉乎？声利百好，扰扰外驰。不知自性之灵，炯然在独也。稍离奔骛默悟，真百感纷纭，而真体常寂，此极深研几之学也。入圣之机，庶其得于斯乎？”

译文

承蒙您留宿，两宿对谈，受益匪浅。您闭关三年，有焚舟破釜的决心，一鼓作气而至于成功，天下的大道定了。而这大道得您传承，是后人的福泽，珍重珍重！如果能更进一步消尽私心，忘记生死毁誉的念头，那么与万物同一的性情就会显现，这就将仁做到极致了，怎么样呢？怎么样呢？先师年谱一经您的修改，就变得精彩万分，感谢您点铁成金的手笔。我将东去后继续写作的年谱草稿一并奉上，希望您能给我一些建议。另外有两把写了诗的扇子，送给您的公子以昭，并希望得到您的指正。诗歌是这么写的："我昔游怀玉，而翁方闭关。数年论睽合，岂泥形迹间。今日下翁榻，相对无怍颜。月魄入帘白，松标当户闲。我默镜黯黯，翁言玉珊珊。剑神不费解，调古无庸弹。喜尔侍翁侧，倾听嶷如山。见影思立圭，植才贵删繁。远求忧得门，况乃生宫阑。毋恃守成易，俯惟创业艰。"还有一段感悟："程子门人善于静坐，为什么呢？因为他怜悯人的本心不能自觉吗？各种各样的欲望向外张扬，而不知道自己的性灵是在静寂中光明。稍稍远离追逐外物，静默体悟真性，百感纷纭而真实本体始终寂静，这是探究深刻真理的学问。成为圣人的门道，差不多就在这里了吧？"

奉读手诏，感惓惓别后之怀。心同道同，不忘尔我，一语不遗，共彻心髓，真所谓"同心之言，其臭如兰"也，感惕如之何！年来同志凋落，慨师门情事未终，此身怅怅无依。今见兄诞登道岸，此理在天地间，已得人主张，吾身生死短长，乌足为世多寡，不觉脱然无系矣。此番相别，夫岂苟然哉？宜兄之临教益切也。师谱得兄改后，誊清再上，尚祈必尽兄意，无容遗憾，乃可成书。令郎美质，望奋志以圣人为己任，斯不辜此好岁月耳。乡约成册，见兄仁覆一邑，可以推之天下矣。信在言前，不动声色，天载之神也。余惟嗣上不备。

译文

读您的来信，感受到您离别后的真挚情感。心同道同，忘记你我的区别，不用说一句话，但我内心的想法您全都了解，这真是所谓"同心之言，其臭如兰"。我的内心是多么感伤啊！近年来，同志相继去世，我常常感叹师门的事情还没能完成，而我惆怅无依。如今看见您得道，这理在天地间，已经有人能够伸张，我个人的生命的短长，哪里还值得挂念，不觉有了了无牵挂的感觉。这次离别，难道是偶然的吗？这正好是您恳切教导我的时机。先师年谱被您修改后，誊写清晰，再次呈上，希望务必将您的心意表达清楚，不留遗憾，这样就可以完成本书的编写了。您的公子才智出众，希望他能够发奋志气，将成为圣人作为自己的任务，这才是不辜负好年华啊！您编写的《乡约》装订成册后，您的仁德覆盖全城，并由此可以推广到天下。忠信之事做在言语之前，不动声色，这是上天赐予的神灵。剩下的话，不再多说了。

别后沿途阻风，舟弗能前。至除夜，始得到龙光寺。诸友群聚，提兄"丕显待旦"一语为柄，听者莫不耸然反惕。谓兄三年闭关，即与老师居夷处困，动忍熟仁之意同。盖慨古人之学必精诣力究，深造独得，而后可以为得，诚非忽慢可承领也。诸生于是日痛发此意。兄虽在关，示道标的，后学得所趋矣。喜幸喜幸！城中王缉诸生，夙办柴米，为久留计，供应不涉有司。五日一讲会，余时二人轮班，代接宾客，使生得静处了谱。见其志诚恳，姑与维舟信宿以试之。若果如众计，从之；若终涉分心，必难留矣。二书承示周悉，同体之爱也。今虽久暂未定，必行兄意，不敢如前坚执硬主也。柏泉公读兄《年谱》，深喜，经手自别，决无可疑，促完其后。昨乞作序冠首，兄有书达，幸督成之。留稿乞付来人，盖欲付人誊真也。

译文

分别后沿途逆风，船不能前行。到了除夕夜，我才到达龙光寺。众多朋友聚集，提到您"丕显待旦"一句，听到的人没有不反躬自省的。大家认为您闭关三年，就和先师贬谪龙场，动心忍性，然后精熟仁的内涵的意义是一样的。感慨古人求学一定苦心孤诣，尽心钻研，然后才能够有所得，真不是疏忽轻慢的人可以领受的。诸生于是每天痛下决心，发扬这种钻研的精神。您虽然在闭关，但展示了学道的标杆，后世学者都将以您为榜样。欢喜欢喜！城中王缉等人，早就准备好了粮食物资，打算长久停留，物资供应不必劳烦有司。每五天讲学一次，其余时间两个人轮班，接待宾客，让我能够安心编写年谱。我看他们态度诚恳，姑且停船，停留几日试试看。如果果然和大家计划的一样，我就听从他们的建议；如果终究要使我分心，一定不会停留。您的两封信我都认真读过，这是对我深深的关爱。如今虽然还没有确定的计划，但一定会按照您的想法来办，不敢像以前一样自作主张。柏泉公读到您编写的《年谱》，非常喜爱，经过您的修改，自然比别处精彩，绝对没有可疑的，请您加紧完成剩余的部分。之前请求他写作序言放在《年谱》之前，如今收到您的来信，万幸他已经完成。留存在您那儿的文稿，请交给来这里的人顺便带来，我想要交给别人用楷书誊写。

兄于师谱，不称门人，而称后学，谓师存日未获及门委贽也。兄谓古今称门人，其义止于及门委贽乎！子贡谓："得其门者或寡矣。"孔门之徒三千人，非皆及门委贽者乎！今载籍姓名，七十二人之外无闻焉，岂非委贽而未闻其道者，与未及门者同乎？韩子曰："道之所在，师之所在也。"夫道之所在，吾从而师之。师道也，非师其人也。师之所在，吾从而北面之，北面道也，非北面其人也。兄尝别周龙冈，其序曰："予年十四时，闻阳明先生讲学于赣，慨然有志就业。父母怜恤，不令出户庭。然每见龙岗从赣回，未尝不愤愤也。"是知有志受业，已在童时，而不获通贽及门者，非兄之心也，父母爱护之过也。今服膺其学既三纪矣，匪徒得其门，且升其堂，入其室矣，而又奚歉于称门人耶？昔者方西樵叔贤，与师同部曹，僚也，及闻夫子之学，非僚也，师也，遂执弟子礼焉。黄久庵宗贤见师于京师，友也，再闻师学于越，师也，非友也，遂退执弟子礼。聂双江文蔚见先生于存日，晚生也，师没而刻二书于苏，曰："吾昔未称门生，冀再见也，今不可得矣。"时洪与汝中游苏设香案告师称门生，引予二人以为证。汪周潭尚宁始未信师学，及提督南赣，亲见师遗政，乃顿悟师学，悔未及门而形于梦，遂谒师祠称弟子，遗书于洪、汝中以为证。夫始未有闻，僚也，友也；既得所闻，从而师事之，表所闻也。始而未信师学于存日，晚生也；师没而学明，证于友，形于梦，称弟子焉，表所信也。吾兄初拟吾党承颜本体太易，并疑吾师之教，年来翕聚精神，穷深极微，且闭关三年，而始信古人之学丕显待旦，通昼夜，合显微而无间。试与里人定图徭册，终日纷嚣，自谓无异密室。乃见吾师进学次第，每于忧患颠沛，百炼纯钢，而自征三年所得，始于洞然无疑。夫始之疑吾师者，非疑吾师也，疑吾党之语而未详也；今信吾师者，非信吾师也，自信所得而征师之先得也。则兄于吾师之门，一启关钥，宗庙百官皆故物矣。称称入室弟子，又何疑乎？谱草承兄改削，编述师学，惟兄与同。今谱中称门人，以表兄信心，且从童时初志也。其无辞。

译文

您在先师年谱中，不自称门人，而自称后学，说是在先师在世时，未能行拜师礼。您认为古今称门人的含义只在于登门行拜师礼仪吗？子贡说："能找到门户进去的可能是很少的。"孔门弟子三千，不都是带着礼物，登门行拜师礼的人吗？但如今在书籍中留有姓名的，除了那七十二人，没有其他人了，这不就是拜在孔子门下却不能领会大道与没有能够拜孔子为师的人是一样的吗？韩愈说："道存在的地方，就是老师存在的地方。"我们是以道为师，不是以人为师。老师所在的地方，我们拜他为师，不是以人为师，而是以道为师。您曾经写过《别周龙岗》，序中说："我十四岁的时候，听说王阳明先生在江西讲学，就有想要去拜师学习的志向。父母怜爱，不让我出门。但是每次见到龙岗从江西回来，没有不内心苦痛的。"这已经表明您在年少时，已经有志于学，而不能登门拜师的原因，不是您内心不愿，而是父母爱护太过啊。如今您追随先师学问已久，不仅是已经入门，而且可以称得上登堂入室了，却又为什么不好意思自称门人呢？以前，方西樵叔贤，与先师同在部曹，是同僚；等到他们听闻夫子学问，就不再是同僚了，而是以先师为师，于是就行弟子礼。黄久庵宗贤在京师会见先师，是朋友，过后在浙江向先师学习学问，就是师徒了，不再是朋友，于是就行弟子礼仪。聂双江文蔚在过去见到先师，是后辈，先师去世后，在江苏刊刻了先师的两本书，说："我过去没有拜先生为师，想要再次见到先生，如今已经不可能了。"当时我和王畿在江苏游览，他摆设香案告祭先师，行拜师礼，将我们二人作为证人。汪周潭尚宁开始的时候不相信先师的学问，等到先师提督南赣，亲眼见到先师政绩，才顿悟先师学问，后悔没能拜先师为师，而在梦中拜师，于是拜谒先师祠堂而自称弟子，写信给我和王畿，让我们作为人证。一开始没有听闻先师学问，是同僚、朋友；听闻先师学问后，拜先师为师，这是表明对先师学问的尊重；一开始没有信仰先师学问，是后辈；先师去世而学问明白，以友人为证，在梦中拜师，这是表明对先师学问的信任。您起初认为我们太容易相信先师学问，而且怀疑先师教化，近年来汇聚精神，深入探究，而且闭关三年，才相信古人学问，无时不有，无处不在。您与乡里众人制定徭役的册子，每天都纷纷扰扰，自己却说与在密室中没有差别。于是发现先师进学的先后顺序，每次在忧患颠沛中，百炼成钢，而根据自己这三年的实践，您才对先师的学问没有怀疑。您开始时怀疑先师，并不是怀疑先师，是因为我们这些人说得不清楚而怀疑；您现在信奉先师，也并非信奉先师，是信仰自己实践所得之真理，而这恰好就是先师先前所悟之道。那么您对于我师门的学问已掌握其关键，其他细枝末节自然也都熟悉了。自称入室弟子，又有什么可迟疑的呢？年谱草稿承蒙您修改，编写叙述先师学问的人，只有您和我了。如今在年谱中自称门人，来表明您的信仰之心，并能遂了儿时的志向。希望您不要推辞！

南浦之留，见诸友相期恳切，中亦有八九辈，肯向里求入，可与共学矣。亦见其中有一种异说，为不羁少年，助其愚狂，故愿与有志者反覆论正，指明师旨，庶几望其适道。诸生留此，约束颇严，但无端应酬，终不出兄所料。已与柏泉公论别，决二十日发舟登怀玉矣。兄第五简复至，感一体相成之爱，无穷已也，仰谢仰谢！精诣力究。昨据兄独得之功而言，来简揭出四字以示，更觉反惕。谓“康节收手太早，若在孔门，自不容停脚矣。”实际之言，真确有味，闻者能无痛切乎？别简谓：“孟子不得为孔子徒，盖叹己不得亲炙，以成速肖也。”诵言及此，尤负惭恐！亲炙而不速肖，此弟为兄罪人也。兄之所执，自有定见，敢不如教。闲中读兄《夜坐》十诗，词句清绝，造悟精深，珍味入口，令人隽永。比之宋儒感兴诸作，加一等矣，幸教幸教！然中有愿正者，与兄更详之。吾党见得此意，正宜藏蓄，默修默证，未宜轻以示人。恐学者以知解承功未至，而知先及本体，作一景象，非徒无益，是障之也。盖古人立言，皆为学者设法，非以自尽其得也，故引而不发，更觉意味深长。然其所未发者，亦已跃如，何也？至道非以言传，至德非以言入也。故历勘古训。凡为愚夫愚妇立法者，皆圣人之言也。为圣人说道妙发性真者，皆贤人之言也。与富家翁言，惟闻创业之艰。与富家子弟言，惟闻享用之乐。言享用之乐。非不足以歆听闻而起动作也，然终不如创业者之言近而实也，此圣贤之辩也。调息、杀机、亥子诸说，知兄寓言，然亦宜藏默。盖学贵精，最忌驳。道家说“性命”，与圣人所间毫厘耳。圣人于家国天下，同为一体，岂独自遗其身哉？彼所谓“术”，皆吾修身中之实功，特不以微身区系念，辄起绝俗之想耳。关尹子曰：“圣人知之而不为。”圣人既知矣，又何不为耶？但圣人为道，至易至简，不必别立炉灶，只致良知，人已俱得矣。知而不为者，非不为也，不必如此为也。夫自吾师去后，茫无印正。今幸兄主张斯道，慨同志凋落，四方讲会虽殷，可与言者亦非不多，但炉中火旺，会见有融释时，毫厘滓化未尽，火力一去，滓复凝矣，更望其成金足色，永无变动，难也，而况庸一言之杂其耳乎？兄为后学启口容声，关系匪细。立言之间，不可不慎也。故敢为兄妄言之，幸详述以进我。情关血脉，不避喋喋，惟兄其谅之。

译文

停留在南浦，朋友们殷勤邀约，其中有八九人，愿意深入探求，是可以与他们共同探讨学问的。也发现其中有一种异端的说法，这是助长放荡不羁的少年的愚昧和狂妄。所以愿意和有志向的人一起，反复讨论，指明先师宗旨，希望他们能够与道相合。诸生留在这里，有很多规矩，但是无聊的应酬，终究没有出乎您的意料。我已经和柏泉公道别，决定在二十日出发乘船前往怀玉。您的第五封信我已经收到，感受到了您深深的关爱，这种情感没有穷尽，真是太感谢了！“精诣力究”，您根据独特的见解，写信提出这四个字，让我更加警醒反省。信中又说：“康节（邵雍的谥号）的《击壤集》收手太早，如果在孔子门下，自然不能停止探求的脚步。”这种切中实际的话，真实而有意味，听到的人能无动于衷吗？又有一封信中写到：“孟子不能够成为孔子的徒弟，所以感叹自己不能亲身感受孔子的教诲，而尽快成就学业。”读到这些话，让我特别愧疚。我亲身感受了先师教诲，却不能及时有所成就，这是我的不是。您的想法，自然有自己的道理，我不敢不听从。闲暇的时候，读您十首《夜坐》诗，词句清丽绝伦，思想感情博大精深，读到这些诗歌，好像是美味入口，令人回味而觉深刻。您的诗与宋代儒者所写的诗歌比起来，更胜一筹，感谢您的指教！但是其中有想要提出建议的地方，希望供您参考。我们有诗中这类的思想感情，正应该收敛含蓄，默然修养，默然自证，不应该轻易向他人展示。这是担忧学习的人自己还没有体悟，但是先触及到了您对真实本体的感悟，而（使他人）局限于一种表象，这不仅没有好处，而且还是他学习的障碍。而古人立言，都是替学习的人提供学习的路径和方法，而不是要展现自己学习的收获。所以他们往往指引思考却不发表观点，反而让人觉得意味深长。但是他们所没有阐发的，也在人们心中显现，为什么呢？因为最高的道不是用语言传授的，最高的道也不是用语言学习的。所以查遍古训，但凡能替普通人立法的，都是圣人的话；但凡替人们讲说大道的奥妙，启发真实本性的，都是贤人的话。与富家老者谈话，只听到创业的艰难；与富家子弟谈话，只听到享用的快乐。谈论享受的乐趣，不是不能够让人受到鼓舞，采取行动，但是终究比不上创业者的话那么切近而平实，这就是圣人和贤人的区别。调息、杀机、亥子等理论，我明白您的用意，但还是应该收敛静默。因为学习贵在专精，最忌讳驳杂。道家所谓“性命”之学，与圣人思想的差别是很细微的。圣人与家国天下是一体的，怎么会独独忘记对自己身体的关照呢？他们所谓的“术”，都是我们修身中的实际功夫，只是不会因为以自身为念，就兴起脱离世俗的想法罢了。关尹子说：“圣人了解却未必会做。”圣人已经了解了，又为什么不做呢？只是因为圣人修道，用最容易最简洁的办法，不必另起炉灶，只要做到“致良知”，人的各个方面就都完备了。了解却不去做，不是不能做，而是不需要这样做。自从先师去世，他的学问就茫然无所印证。幸而您主张这学问，感慨的是，同志相继去世后，各地的讲学虽然兴盛，但可以讨论学问的人却不多。这就像炉子中的火烧得旺盛，正看见金属有融化消解的机会，但是火力一消失，渣滓又凝固了，而期望得到纯粹的足金，使之永不褪色，是很难的了，更何况仅仅是靠一两句话在耳边唠叨呢？您替后世学者发言，这是一件关系重大的事情，不可以不谨慎啊！所以我斗胆对您说这些话，希望您仔细斟酌。与您感情深厚，忍不住说了很多话，希望您见谅。

前月二十五日，舟发章江，南昌诸友追送，阻风樵舍。五日入抚州，吊明水兄。又十日而始出其境。舟中特喜无事，得安静构思，谱草有可了之期矣。乏人抄写，先录庚辰八月至癸未二月稿奉上，亟祈改润，即付来手。

译文

上个月二十五日，我乘船从章江出发，南昌的朋友们送我，被风所阻，借宿于樵舍。这个月初五，到达抚州，吊唁了明水兄。又过了十天，我才离开抚州。我特别喜欢船上清静无事，正好能够安静构思，先师年谱草稿有希望完稿了。但是没有抄写的人，我先抄录庚辰八月到癸未二月的草稿奉上，希望您帮忙修改润色，再予寄回。到了广信，再续写其他部分。月中，估计就能完稿。

到广信，再续上。出月中旬，计可脱稿也，龙溪兄玉山遗书谓："初以念庵兄之学偏于枯槁，今极耐心，无有厌烦，可谓得手。但恐不厌烦处落见，略存一毫知解；虽无知解，略着一些影子；尚须有针线可商量处，兄以为何如？"不肖复之曰："吾党学问，特患不得手，若真得手，'良知'自能针线，自能商量。苟又依人商量而脱，则恐又落商量知解，终不若'良知'自照刷之为真也。"云云。昨接兄回书，云："好心指摘，感骨肉爱。"只此一言，知兄真得手矣，真能尽性尽仁，致践履之实，以务求于自慊矣。沧海处下，尽纳百川，而不自知其深也；泰山盘旋，凌出霄汉，而不自知其高也。"良知"得手，更复奚疑？故不肖不以龙溪之疑，而复疑兄也，兄幸教焉，何如？舟中诸生，问："如何是知解？如何是影子？"洪应之曰："念翁悯吉水徭赋不均，穷民无告，量己之智足与周旋，而又得当道相知，信在言前，势又足以完此，故集一邑贤大夫、贤士友，开局以共成此事。此诚出于万物一体，诚爱恻怛之至情，非有一毫外念参于其中也。若斯时有一毫是非毁誉、利害人我相参于其中，必不能自信之真而自为之力矣。此非尽性尽仁，'良知'真自得手，乌足与语。此或有一毫影子，曰：我闭关日久，姑假此以自试，即是不倚静知解。终日与人纷纷，而自觉无异密室，此即是不厌动知解。谓我虽自信，而同事者或未可以尽信，不信在人，于我无污，此即是不污其身之知解。谓我之首事，本以利民，若不耐心，是遗其害矣；我之首事。本以宜民，若不耐心，是不尽人情矣；我之首事，本承当道之托，若不耐心，无以慰知己，此义落在不耐心之知解也。‘良知’自无是非毁誉利害人我之间，自能动静合一，自能人我同过，自能尽人之情，慰知己之遇。特不由外入，起此知解。毫厘影子与‘良知’本体尚隔一尘。一尘之隔，千里之间也。”诸生闻之，俱觉惕然有警。并附以奉陈左右，亦与局中同事诸君一照刷，可以发一笑也。幸教幸教！

译文

到了广信，继续写。预计在月中就可以脱稿了，龙溪兄从玉山写信来说：“起初认为念庵兄的学问偏颇于枯槁，而他现在极有耐心，没有厌烦的时候，可以称得上得道了。只是我担忧他从静入门，落在不厌烦的定见上，稍有一些知解；即使没有知解，也会留存一些影子。还需要在细节上修正，您以为如何呢？”我回复他说：“我们的学问，只担忧不能学成，如果已经学成，‘良知’自然能够修正，自然能够协调。如果又依靠他人力量协调而解脱，那么恐怕就又落入另外一种知解，终究比不上用‘良知’使自己不离真实。”之前收到您的来信，说：“您好心指出错误，使我感受到骨肉血脉之爱。”就这一句话，便能明白您是真的学成了，也是真的能尽性尽仁，并知行合一，而积极追求不断完善自我。沧海处在低处，汇聚百川，却不自知其深广；泰山高耸，直至青云之上，却不自知其高峻。“良知”已经成就，还有什么好怀疑的呢？所以我不会因为龙溪的怀疑而怀疑您，您觉得怎么样呢？船上诸生中有人问：“什么是知解呢？什么又是影子呢？”我回答说：“念庵先生怜悯吉水徭役不均，穷苦百姓申告无门，考察自己的才智足以解决这个问题，而又有当权者支持，还没开口说话就已获得信任，形势上来说又能够完成这件事。所以他聚集全城的贤能人才，集思广益，共同完成此事。这果真是出于万物一体的仁爱之心，是仁爱恻隐的不变人情，没有一点儿外念掺杂其中。如果当时有一点儿是非毁誉、利害人我这样的私心杂念掺杂其中，一定不能如此相信自己而奋发作为。这如果不是尽性尽仁，达成‘良知’，怎么做到呢？这里如果还有一些影子，就会想：‘我闭关很长时间了，姑且借这件事情来测试自我’，那么这就是不偏好静的知解。人事终日纷纷，但他却觉得与在密室中的生活没有差别，这就是不厌恶动的知解。认为我虽然要相信自己，共事的人们或许未必能完全信任我，但信不信在于他人，对于我自己却没有影响，这就是不玷污自身的知解。认为我最重要的事情是造福人民，如果不耐心，这是制造灾难；我最重要的事是帮助百姓，如果不耐心，这是不能穷尽人情；我最重要的事是完成掌权人的嘱托，如果不耐心，无法告慰知己，这就落在了不耐心的知解。‘良知’本来就没有对于是非毁誉、利害人我的分别，自然能动静合一，自然能人我同过，自然能穷尽人情，告慰知己知遇之恩。只要不从外部因素出发，不兴起这些知解，一些影子和‘良知’本体仍然有些许差别，而这细小的差别，却能造成很大的差距。”诸生听到，都有所感悟警醒。一并附上，供您身边的人检验，也供您的同事们当作笑谈。非常希望能得到您的教诲！

连日与水洲兄共榻，见其气定神清，真肯全体脱落，猛火炉煅，有得手矣。自是当无退转也。但中有一种宿惑，信梦为真，未易与破耳，久之当望殊途同归。然窥其微，终有师门遗意在也。师门之学，至有究极根柢者，苟能一路精透，始信圣人之道至广大，至精微，儒、佛、老、庄更无剩语矣。世之学者逐逐世累，固无足与论。有志者又不能纯然归一，此适道之所以难也。吾师开悟后学，汲汲求人，终未有与之敌体承领者。临别之时，稍承剖悉，但得老师一期望而已，未尝满其心而去也。数十年来，因循岁月，姑负此翁。所幸吾兄得手，今又得水洲共学，师道尚有赖也。但愿简易直截，于人伦日用间无事拣择，便入神圣，师门之嘱也。《大学》一书，此是千古圣学宗要，望兄更加详究。略涉疑议，便易入躐等径约之病也，慎之慎之！即日上怀玉，期完谱尾，以承批教，归日当卜出月终旬也。

译文

最近几天与水洲兄同榻，见他气定神清，洒脱率真，像用旺火烧炉一般锻炼自己，已经得道，他的思想自然是不会退转的了。只是有一种长久的迷惑，将梦幻当作真实，这是不容易破除的，希望能随着时间推移而殊途同归。但是我观察他细微之处，还是有师门的思想。师门学问，对于有探究精神的人来说，如果能够一路精熟通透，就能信仰圣人之道至大至广，也最为精妙细致，儒、佛、老、庄无所不包。世俗中求学的人，追逐外物，被世俗所拖累，当然就不能与他们谈论道了。有志于大道的人又不能专心致志，这就是达道难以成就的原因。先师开悟后来学者，积极寻找人才，但终究没能找到能够完全继承先师学问的继承者。先师临终之时，我们这些弟子能够稍稍领会大道，这只给了老师一点希望而已，不曾让先师心满意足地离去。几十年来，岁月更迭，没有成就，辜负先师。所幸您学有所成，如今又有水洲先生共同学习，先师学问的传承，如此就有了依托。只希望能够用简单直接的方法，对于人世间的万事万物都不加分别，在人伦日用之间直接进入神圣的境界，这是师门的嘱托。《大学》这本书，是千古学问正宗的要领，希望您仔细研究。稍有疑惑，便容易落入越级学习并进入歧途的毛病，请千万谨慎！今天我就会前往怀玉，希望在那儿写完年谱的最后一部分内容，来给您修改。回来的时间差不多是下个月下旬。

谱草苟完，方自怀玉下七盘岭，忽接手教，开缄宛如见兄于少华峰下，清洒殊绝，感赐深也。四卷所批种种皆至意。先师千百年精神，同门逡巡数十年，且日凋落，不肖学非夙悟，安敢辄承？非兄极力主裁，慨然举笔，许与同事，不敢完也。又非柏泉公极力主裁，名山胜地，深居廪食，不能完也。岂先师精神，前此久未就者，时有所待耶？伸理冀元亨一段，如兄数言，简而核，后当俱如此下笔也。闻老师遣冀行，为刘养正来，致濠殷勤，故冀有此行，答其礼也。兄所闻核，幸即裁之，铺张二字，最切病端，此贫子见金而喜也。平时稍有得，每与师意会，便起赞叹称羡。富家子只作如常茶饭，见金而起喜心者，贫子态也。此非老成持重如兄巨眼，安能觑破？兄即任意尽削之，不肖得兄举笔，无不快意，决无护持疼痛也，信之信之！教学三变诸处，俱如此例。若不可改，尽削去之。其余所批要收不可少处，此弟之见正窃比于兄者。

译文

年谱草稿完成后，我刚刚从怀玉到七盘岭，就收到您批改后的稿件，打开一看，仿佛看到了您在少华峰下，清雅绝伦，洒脱不俗，真是感谢您的厚爱。您四卷文稿中所批改的地方都非常好。先师的学问思想可流传千百年，我们同门徘徊几十年，又相继去世，我学问悟性不高，怎么敢承担编写年谱的重任？不是依赖您极力帮忙，提笔修改，答应与我一同从事年谱的编写工作，这本书怕是不能完成。又如果没有柏泉公的全力支持，提供名山胜地，让我深居简出，且衣食无忧，这本书也不能完成。难道先师年谱，在此之前一直不能完成，是有所等待吗？您所整理冀元亨事迹一段，说的几句话，简明扼要，以后我也应该像这样下笔。听说先师派冀元亨前往，是因为刘养正前来，表达了朱宸濠殷切的求学之意，所以才派冀元亨前往，这是回应邀请的礼节而已。您根据您了解的情况加以核定后，就请立即裁定修改，铺张这两个字，最切中我原稿的毛病。我就像是穷人，见到金子就开心，平时稍微有所得，与先师思想相合，就赞叹不已，其实这些发现对于像富家子弟的您来说，只当作家常便饭而已。见到金子就开心，这正是贫穷人的心态。如果不是您老成持重，慧眼如炬，怎么能够看破我这样的毛病呢？请您任意削减，我能够劳您动笔，没有任何不快，也绝对没有心疼文字的心思，请您务必相信我！您所写教学三变这类的地方，都是很好的例子。如果我的原稿差到不能更改，就请您尽数删除。而其他您批注绝对不能减少的地方，正是我与您意见一致的地方。

自古圣贤，未有不由忧勤惕励而能成其德业。今之学者，只要说微妙玄通，凌躐超顿，在言语见解上转。殊不知老师与人为善之心，只要实地用功，其言自谦逊卑抑。《大学》“诚意”章：“惟不自欺者，其心自谦，非欲谦也，心常不自足也。”兄所批教处，正见近来实得与师意同也。

译文

自古圣贤，无不是从忧患谨慎，勤勤勉勉中成就其德行功业。如今求学的人，只看重精妙的理论，玄远超脱，但都是在言语见解上打转。殊不知先师与人为善的用心，只要在实际生活中努力，其言语自然就会谦逊低调。《大学》中“诚意”一章中记载：“只要是不欺骗自己的人，他的心自然能谦虚，不是他想要谦虚，而是本心一直不自足。”您所帮忙批改的地方，正可见您近来所得与先师之思想是一致的。

舒国裳在师门，《文录》无所见，惟《行福建市舶司取至军门》一牌。《传习继录》则与陈惟浚、夏于中同时在坐问答语颇多。且有一段，持纸乞写“拱把桐梓”一章，欲时读以省。师写至“至于身而不知所以养”之句，因与座中诸友笑曰：“国裳中过状元来，岂尚不知所以养，时读以自警耶？”在座者闻之，皆竦然汗背，此东廓语也。

译文

舒国裳在师门，《文录》中没有记载，只有《行福建市舶司取至军门》一牌，《传习续录》中则记载他与陈惟浚、夏于中同时在座，有许多问答。而且有一段，说他拿着纸请求先生写“拱把桐梓”这段《孟子》中的文章，想要时常拿来阅读警醒自我。先师写到“至于身而不知所以养”这句时，就与在座的众人笑着说：“国裳已经中过状元，哪里还不知道如何修养，需要时时读文章来警醒自己呢？”在座的众人听到这话，都惭愧不已。这是邹守益所说。

又丙午年游安福复古书院，诸友说张石盘初不信师学。人有辩者。张曰：“岂有好人及其门耶？”辩者曰：“及门皆好人也。”张曰：“东廓岂及门乎？”辩者曰：“已在赣及门矣。”又曰：“舒国裳岂及门乎？”曰：“国裳在南昌及门矣。”张始默然俯首，后亦及门。

译文

又有丙午年游览安福复古书院，众人说张石盘起初并不信仰先师学说。有人问他，张石盘便说：“难道有好人拜入他门下的吗？”那人说：“拜师的人都是好人。”张石盘说：“邹守益难道拜师了吗？”回答说：“他在江西已经拜师。”又说：“舒国裳难道已经拜师了吗？”回答说：“国裳在南昌已经拜师。”张石盘不再说话，行了拜师礼。

是年石盘携其子会复古。其子举人□□，至今常在会，未有及门之说。昨南昌闻之诸友，相传因问律吕元声，乃心服而拜，盖其子侄辈叙其及门之端也。昨见兄疑，又检中离《续同志考》，舒芬名在列，则其诸所相传者不诬也。如兄之教，去前“不欲”一段，存后“问元声”语可矣。

译文

这一年，张石盘带着他的儿子在复古书院参加集会。他的儿子举人□□，至今仍然参加集会，没听说过他拜没拜师的事情。之前在南昌听众人说，他是因为请教律吕元声的问题，而后心中叹服而拜师，这大概就是他子侄辈所讲的拜师的情况。您怀疑这段记录，我又查看中离《续同志考》，舒芬的姓名在其中，那么之前的传闻就不是谎言。按照您的指教，现在去掉前面“不欲”这一段，留下后面“问元声”这一段就好。

徐珊尝为师刻《居夷集》，盖在癸未年，及门则辛巳年九月，非龙场时也。

译文

徐珊曾经为先师刻印《居夷集》，大概是在癸未年，而他拜师则是辛巳年九月，不是在龙场的时候。

继后可商量处甚多，兄有所见，任举笔裁之。兹遣徐生时举持《全集》面正门下。弟心力已竭，虽闻指教，更不能再著思矣。惟兄爱谅之。

译文

以后可以商榷的地方还有很多，您如果看见，请任意提笔删改。现在派遣徐生带着《全集》前往，受您指教。我心力已经耗尽，即使听闻您的指教也不能再思考了。希望您能见谅。

不肖五月季旬到舍下，又逾月十日，始接兄二月四日峡江书。一隔千里，片纸之通，遂难若此，感慨又何深也！玉体久平复，在怀玉已得之柏泉兄。兹读来谕，更觉相警之情也。深入究竟，虽父子之间，不能一语接，诚然诚然！此可与千古相感，而不可与对面相传，在有志者自究自竟之耳。天根亥子，白沙诗中亦泄此意。达“性命”之微者，信口拈来，自与道合。但我阳明先师全部文集，无非此意，特无一言搀入者，为圣学立大防也。兄之明教究悉，然于此处幸再详之！兄卧处卑湿，早晚亦须开关，径行登眺，以舒泄蔽郁之气，此亦去病之一端也。徐时举来，师《谱》当已出稿，乞早遣发，远仰远仰！

译文

我五月下旬到家，又过了一个月多十天，才收到您二月四日峡江的信。相隔千里，靠着一纸书信维持联系，如此艰难，真是令人感慨啊！您身体康复的消息，我在怀玉已经从柏泉兄那里得知。现在读到您的来信，更加感觉到您警醒我及时当勉励的深情厚谊。仔细想来，圣人的大道即使是父子之间，也不能靠语言说清楚，确实是这样！这道可以相隔千年而感，却不能面对面用语言传授，只在于有志于学之人的自我探究罢了！天根亥子，陈白沙先生的诗中也有这种思想。通达“性命”之精微的人，信口拈来，自然与道相合。先师阳明先生全部文集，都是在表达这个思想，但绝对没有其他思想学术的语言混杂其中，这是为圣人的学问设立鲜明的界限。您的教诲非常详细，但是在这里还是希望您再思考思考。您的卧室位置偏低而潮湿，您早晚还是要开关，行走眺望，来抒发堵塞的气血，这也是养生的一种方法。徐时举已经回来，先师《年谱》应当已经完成，请您早日派发，致敬致敬！

春来与王敬所为赤城会，归天真，始接兄峡江书，兼读师《谱》考订，感一体相成之心，庆师教之有传也。中间题纲整洁，增录数语，皆师门精义，匪徒庆师教之有传，亦以验兄闭关所得，默与师契，不疑其所行也。

译文

春天，与王敬所举办赤城会，回到天真书院，才收到您峡江的信，并一起读到了您考订的先师《年谱》，感谢您全力相助之情，庆幸从此先师的教诲能够流传了！《年谱》中间题目纲领清晰明白，您增加的内容，都是师门的重要思想，我便不仅庆幸师门思想能够传承，并且明白您闭关确有所得，与先师默然相契，不再怀疑他的所作所为。

去年归自怀玉，黄沧溪读谱草，与见吾肖溪二公互相校正，亟谋梓行。未几，沧溪物故，见吾闽去，刻将半矣。六卷已后，尚得证兄考订。然前刻已定，不得尽如所拟，俟番刻，当以兄考订本为正也。中间增采《文录》《外集》《传习续录》数十条，弟前不及录者，是有说，愿兄详之。

译文

去年我从怀玉回来，黄沧溪读完年谱草稿，和见吾、肖溪二人一起校正，打算尽快刻印。不久，沧溪去世，见吾前往福建，书刻了将近一半。六卷以后的内容，还能按照您考订的来校正，但是这之前的内容已经刻好，不能都按照您所编写的刻印，等到以后有机会，再翻刻修改。中间增加《文录》《外传》《传习续录》几十条内容，我之前来不及收录，是有一些说法，希望您参详。

先师始学，求之宋儒，不得入，因学养生，而沉酣于二氏，恍若得所入焉。至龙场再经忧患，而始豁然大悟“良知”之旨。自是出与学者言，皆发“诚意”“格物”之教。病学者未易得所入也，每谈二氏，犹若津津有味。盖将假前日之所入，以为学者入门路径。

译文

先师刚开始求学时，学习宋代儒家的学说，不能由此体悟大道，于是学习养生，而沉迷于佛、老二家的学说，仿佛已经投入这两派思想。等到先师在龙场再次经历忧患，才豁然开朗，恍然大悟，而得到“良知”的思想。从此与求学的人论道，都是阐发“诚意”“格物”这类的教意。担忧求学的人不容易体悟大道，常常援引佛、老二家的学说，好像津津有味，是因为要假借之前先师自己领悟的方法，作为求学者领悟的路径。

辛巳以后，经宁藩之变，则独信“良知”，单头直入，虽百家异术，无不具足。自是指发道要，不必假途傍引，无不曲畅旁通。故不肖刻《文录》，取其指发道要者为《正录》，其涉假借者，则厘为《外集》。谱中所载，无非此意。盖欲学者志专归一，而不疑其所往也。

译文

辛巳年以后，经过宁王叛乱，先师就只信奉“良知”一说，一以贯之，直中要害，即使是百种学术流派，也都包含其中。从此阐发大道要领，不必假借其他学说，无不畅通。所以我刻录《文录》，选择那些阐发大道的内容编成《正录》，而那些涉及其他学说的内容，就编写成《外集》。年谱中所记录的，也都是这个思想，这是想要求学的人能够专心，而不怀疑自己所追求的大道。

师在越时，同门有用功恳切而泥于旧见，郁而不化者，时出一险语以激之，如水投石，于烈焰之中，一击尽碎，纤滓不留，亦千古一大快也。听者于此等处，多好传诵，而不究其发言之端。譬之用药对症，虽芒硝大黄，立见奇效；若不得症，未有不因药杀人者。故圣人立教，只指揭学问大端，使人自证自悟，不欲以峻言隐语，立偏胜之剂，以快一时听闻，防其后之足以杀人也。

译文

先师在浙江的时候，同门中有非常用心学习，但是被刻板的思想禁锢而不能转化的人，他就不时说出一句耸人听闻的话来刺激他，这就像是在水中投入一块石头，在烈焰之中一击打就都碎了，一点渣滓也没有，真是古今一大乐事。而听众们在这些地方，多喜好传诵，却不能探究先师发出这些言论的根源。这就像对症用药，即使是芒硝、大黄，也能立刻显现奇效；如果不对症，那么无不是用药杀人。所以圣人立教，只阐发学问大的方向，使人自己了悟体会，不想要用严正的言辞、影射的语句，讲一些过头的言论，来使当时听闻的人快意，这是要预防这些话成为后人的杀人药。

师殁后，吾党之教日多歧矣。洪居吴时，见吾党喜为高论，立异说，以为亲得师传，而不本其言之有自。不得已，因其所举而指示言之端。私录数条，未敢示人，不意为好事者窃录。甲午主试广东，其录已入《岭表》，故归而删正。刻《传习续录》于水西，实以破传者之疑，非好为多述，以耸学者之听也，故谱中俱不欲采入，而兄今节取而增述焉。然删刻苦心，亦不敢不谓兄一论破也，愿更详之！

译文

先师去世后，我们师门的教学日渐产生分歧。我在吴地时，发现我们师门中有人，喜欢高谈阔论，标新立异，认为自己获得了先师的真传，却不去探求先师这些言论的来历，无可奈何，就依照他们所举而指出先师这些言论的来源。私下收录了几条，不敢给别人看，不料被好事的人私自收录。甲午年在广东主持考试，收录的文章已经编入《岭表》，所以回来删除并修正。在水西书院刻录《传习续录》，实际上是为了破除传播者的疑惑，不是为了追求多多记述，来吸引求学之人的视听，所以年谱之中都不收入，而您如今节选而增加其中，这种删除刻录的用心，也不敢不对您说清楚，希望您能再参详参详。

室远，书札往复甚难，何时合并，再图面证，以了未尽之私。德教在思，寤寐如见，惟不惜遐音，仰切仰切！（是书复去，念庵随以讣报，竟不及一见，痛哉痛哉！）

译文

我们两人相距遥远，书信往来非常困难，什么时候能够会合，再次当面探讨，来表达我内心没有说完的心意。想念您的道德教化，每时每刻仿佛都能看到您，希望您不要吝惜来信，致敬致敬！（这封信送去后，听闻罗洪先去世的消息，竟然来不及再见一面，痛心啊，痛心啊！）